Das erweiterte
der Em

MW01273767

L'Europe élargie: la participation des salariés
aux décisions dans l'entreprise

Travaux Interdisciplinaires et Plurilingues
en Langues Etrangères Appliquées

Vol. 11

Collection placée sous la direction
de Klaus Morgenroth et Paul Vaiss

PETER LANG
Bern · Berlin · Bruxelles · Frankfurt am Main · New York · Oxford · Wien

Peter Jansen & Otmar Seul (Hrsg./éds)

Das erweiterte Europa: Arbeitnehmerbeteiligung an der Entscheidungsfindung im Unternehmen

L'Europe élargie: la participation des salariés aux décisions dans l'entreprise

Traditionen im Westen,
Innovationen im Osten?

Traditions à l'Ouest,
innovations à l'Est?

PETER LANG

Bern · Berlin · Bruxelles · Frankfurt am Main · New York · Oxford · Wien

Information bibliographique publiée par «Die Deutsche Bibliothek»

«Die Deutsche Bibliothek» répertorie cette publication dans la «Deutsche Nationalbibliografie»; les données bibliographiques détaillées sont disponibles sur Internet sous ‹http://dnb.ddb.de›.

Ouvrage publié avec le concours de l'Université Paris Ouest-Nanterre-La Défense.

Réalisation de la couverture: Thomas Jaberg, Peter Lang SA

ISBN 978-3-03911-669-0
ISSN 1660-9964

© Peter Lang SA, Editions scientifiques internationales, Bern 2009
Hochfeldstrasse 32, Postfach 746, CH-3000 Bern 9
info@peterlang.com, www.peterlang.com, www.peterlang.net

Imprimé en Allemagne

Abstract

In the course of Europe's eastward enlargement, European directives, respecting the tradition of Western member states, must be conceived so as to ensure certain minimum standards of labour rights in the new member states. This involves particularly granting workers the right to be informed as well as the right to be heard. Will this lead to the transfer of a specific "European model" of labour participation in companies' decision-making process?

In this regard no unitary Western European model has ever existed. In fact, the quarrels over a harmonisation of labour rights legislation are fuelled by competing national traditions.

As the studies presented here point out, the present trend tends to institutionalise labour representation through the unions. Does this make the British rather than the German model the reference for defining a "social dialogue" in Europe? The present volume, incorporating articles by legal experts of labour rights, social scientists, as well as by representatives of employers associations and labour unions, aims to establish points of reference in order to answer this question.

Remerciements

Cet ouvrage collectif reprenant la plupart des interventions du Colloque franco-allemand et européen sur les «Droits et pratiques de la participation des salariés aux décisions dans l'entreprise dans les pays de l'Union européenne élargie», organisé les 4, 5 et 6 novembre 2004 à l'Université de Paris X-Nanterre avec le soutien du *Ministère de l'Emploi, du Travail et de la Cohésion sociale* (Paris), *l'Université Franco-Allemande* (Sarrebruck/Allemagne), l'Office allemand d'échanges universitaires (DAAD, Paris), la *Maison Heinrich Heine* (Cité Universitaire, Paris), nous tenons à remercier toutes celles et tous ceux qui, à l'Université de Paris X-Nanterre, nous ont encouragés et aidés à organiser ce colloque et à publier ses actes, notamment:

Michel Kreutzer, Vice-Président délégué à la recherche; Bernard Darbord, Directeur de l'UFR de Langues; Danièle Lochak, Directrice de l'Ecole doctorale de sciences juridiques et politiques; Thomas Gomez, Directeur de l'Ecole doctorale *Lettres, langues, spectacles*; Gérard Laudin, Directeur du *Centre de Recherches sur l'Allemagne contemporaine*; Paul Vaiss, Directeur du CRIPLEA, et Brigitte Krulic, Directrice du *Centre de recherche pluridisciplinaire multilingue* (CRPM).

Nos plus vifs remerciements vont à Bérénice Sitbon pour ses traductions ainsi qu'à Josie Mély, Gislaine Guittard et Monika Breitkopf pour la relecture des textes.

Table des matières

Deuxième partie:

Traditions nationales de la participation dans l'Europe des Quinze
Nationale Traditionen der Partizipation im Europa der Fünfzehn

Troisième partie:

Europe centrale et orientale: vers des nouvelles formes de participation?
Mittel- und Osteuropa: hin zu neuen Formen der Partizipation?

Quatrième partie:

Conclusion

Schlussfolgerungen

Liste des auteurs

Ont collaboré à cet ouvrage collectif:

Thérèse AUBERT-MONPEYSSEN, professeure à l'UFR de sciences juridiques de l'Université de Toulouse I – Sciences sociales.

Irena BORUTA, professeure à la Faculté de droit de l'Uniwersytet Kardynała S.Wyszyńskiego, Varsovie; juge au Tribunal de la fonction publique de l'Union européenne, Luxembourg.

Tomas DAVULIS, professeur associé à la Faculté de droit de Vilniaus universiteto, Vilnius.

Jean-Pierre DURAND, professeur à l'UFR de sciences sociales à l'Université d'Evry, directeur du Centre Pierre Naville.

Lionel FULTON, directeur du Labour Research Departement, Londres.

Béla GALGOCZI, chercheur à l'Institut de recherches de la Confédération européenne des syndicats (ETUI), Bruxelles.

Jürgen HOFFMANN, professeur à la Faculté de sciences sociales de la Hochschule für Wirtschaft und Politik , Hambourg.

Renate HORNUNG-DRAUS, directrice des affaires européennes et internationales de la Bundesvereinigung der Deutschen Arbeitgeberverbände (BdA), Berlin.

Peter JANSEN, maître de conférences à la Faculté de sciences économiques de la Fachhochschule Brandenburg an der Havel.

Emmanuel JULIEN, directeur adjoint du service des relations sociales du MEDEF, Paris.

Norbert KLUGE, chercheur à l'Institut de recherches de la Confédération européenne des syndicats (ETUI), Bruxelles.

Volkmar KREISSIG, professeur au Centre de recherches sur l'environnement «Homs/Saxonia» à Homs (Syrie), Université Al-Baath / Hochschule für Wirtschaft und Technik Dresden.

Marita KÖRNER, professeure à la Faculté de sciences économiques de la Universität der Bundeswehr (droit du travail, droit des affaires), Munich.

Ulrich MÜCKENBERGER, professeur à la Faculté de sciences économiques et sociales (droit du travail, droit des affaires) de la Hochschule für Wirtschaft und Politik, Hambourg.

Danica PRAZAKOVA, gérante de la société Europrofis s.r.o., Prague.

Carlos PRIETO, professeur de sociologie des relations professionnelles à la Faculté de sciences sociales de l'Universidad Complutense de Madrid.

Otmar SEUL, professeur au Département d'Allemand de l'Université Paris Ouest-Nanterre-La Défense, coordonnateur des formations Droit français/Droit allemand.

Gaabriel TAVITS, professeur associé à la Faculté de droit de Tartu Ülikool, Tartu.

Volker TELLJOHANN, Chercheur à Istituto per il Lavoro, Bologne.

Jean-Maurice VERDIER, professeur émérite à l'UFR de sciences juridiques, administratives et politiques (IRERP) de l'Université de Paris Ouest-Nanterre-La Défense.

Marie WIERINK, chercheur au Ministère du travail, des relations sociales, de la famille et de la solidarité (DARES), Paris.

Introduction

Peter JANSEN, Otmar SEUL

L'élargissement de l'Union européenne (UE) exige une réflexion sur la nature, les dimensions et le fonctionnement de l'*Europe sociale*. Cette problématique met d'entrée en exergue les conflits d'intérêts entre anciens et nouveaux Etats membres. Alors que les syndicats des anciens Etats membres de l'Europe des Quinze défendent les acquis obtenus jusqu'en 2004 contre les risques d'un «dumping social» résultant de l'élargissement, les syndicats des nouveaux Etats membres s'opposent au «protectionnisme social» de leurs homologues de l'Ouest. Ils soutiennent qu'imposer des conditions de travail et des salaires calqués sur ceux de l'Ouest porte atteinte à la compétitivité de leur propre économie au regard de la faible productivité qui est la leur. En dehors du conflit portant sur le niveau des salaires qui demeure actuellement au premier plan, il convient également de savoir quels droits les anciens et les nouveaux Etats membres accordent aux salariés pour que ceux-ci puissent faire valoir leurs revendications en matière de salaires et de conditions de travail dans les processus décisionnels des entreprises. Dans la «communauté de valeurs» que constitue l'UE, la participation des salariés est vue comme une composante du *dialogue social*, lequel doit être établi à tous les niveaux. Rationalisation de la production et démocratisation des processus décisionnels dans l'entreprise doivent aller de pair selon la logique de la Conférence de Lisbonne (2006).

Les directives européennes contiennent des exigences minimales, qui doivent être prises en considération par tous les Etats membres lors de la réglementation de la *participation des salariés*, pierre angulaire de la construction de l'Europe et du *dialogue social* tant au niveau national qu'européen. Cependant, les directives sont formulées de façon très floue. Ainsi, les nouveaux Etats membres ne peuvent-ils tirer de ces directives que très peu d'indications quant à la mise en place d'organes de représentation des intérêts des salariés dans l'entreprise. Pour garantir

des droits des salariés conformes aux exigences de l'UE, les Etats de
l'ancien *bloc soviétique* n'auront-ils donc pas plutôt tendance à se référer
aux pratiques de participation développées au fil du temps dans les anciens Etats membres?

Pour traiter de cette problématique complexe à travers le droit et la
pratique de la participation des salariés dans les anciens et les nouveaux
Etats membres de l'UE, l'Université de Paris X-Nanterre a invité un
groupe d'experts en novembre 2004. De ces discussions sont nées les
contributions (en partie actualisées) du présent ouvrage. Elles invitent à
un *«benchmarking»* de la participation des salariés, étant entendu qu'il
faut prendre en compte les intérêts divergents aux niveaux national et
européen de trois acteurs (Etat, capital, travail).

Les contributions réunies dans *la partie I* exposent les intentions vé-
hiculées par la notion d'*Europe sociale*. Dans l'esprit de l'UE, la défense
de *principes sociaux* prend une importance centrale (cf. Jürgen Hoffmann). L'idée fondamentale d'une garantie matérielle des citoyens de
tous les Etats membres est un élément déterminant dans les différentes
conceptions de l'*Europe sociale*. Ce point est confirmé dans la deuxième
partie du *Traité établissant une Constitution pour l'Europe* par des
orientations politico-sociales, qui mettent nettement l'accent sur la sécurité sociale et la protection sociale des travailleurs. A côté de la sécurité
matérielle, la protection sociale doit aussi passer par la garantie de *droits
de participation des salariés*. L'intérêt des syndicats pour une harmonisation des droits de participation des salariés dans l'entreprise se heurte
au scepticisme des organisations patronales nationales qui considèrent
que la marge de manœuvre des entreprises dans leur recherche de formes
adaptées à la participation des salariés risque d'être alors par trop res-
treinte (cf. Emmanuel Julien). En prenant comme exemple la directive
relative au Comité d'Entreprise Européen, Norbert Kluge montre que les
directives européennes ne remplacent pas les institutions nationales de
représentation des intérêts des salariés, mais qu'elles les complètent,
dans le meilleur des cas.

Dans *la partie II*, des études comparatives par pays prouvent que les
anciens Etats membres avaient déjà largement reconnu le «droit fonda-
mental» à une participation des salariés dans leurs législations nationales, bien avant l'adoption de directives européennes. Deux types diffé-

rents de participation des salariés se sont mis en place: des formes de représentation des salariés *moniste* et *dualiste* (cf. Jansen/Seul). Dans certains systèmes de représentation dualiste les «conseils d'établissement» élus ont un quasi-monopole de la représentation au niveau de l'entreprise, comme le *Betriebsrat* en Allemagne (cf. Marita Körner), ou aux Pays-Bas (cf. Marie Wierink) et en Autriche. En France, les organes élus de représentation sont en concurrence avec les organisations syndicales d'entreprise dans un système autrement plus complexe qui en fait une complémentarité fonctionnelle des différents acteurs (cf. Aubert-Monpeysson/Verdier). En France, cette complexité est d'autant plus manifeste qu'il existe non seulement une *participation par délégation* (sections syndicales et organes élus) mais aussi des modalités de *participation directe* (groupes d'expression directe et collective), qui sont en concurrence avec les nouvelles formes du *management participatif* proposées par les dirigeants d'entreprise (cf. Jean-Pierre Durand).

Dans les autres pays dotés de systèmes dualistes de représentation des intérêts des salariés, ces organes de représentation sont instaurés par des conventions collectives et non par la loi. Le mode de fonctionnement de tels systèmes, qui prévalent dans les pays scandinaves, s'applique également à d'autres Etats comme cela ressort de l'exemple italien (cf. Volker Telljohann). Les contraintes d'adaptation se sont imposées également dans des Etats membres de l'Europe occidentale dont l'adhésion est plus «récente», comme en Espagne (cf. Carlos Prieto), où les bases d'un système complet de relations professionnelles ont dû être repensées après la fin du régime franquiste. Une situation par certains points analogue à celles que connaissent aujourd'hui les pays d'Europe centrale et orientale (PECOS).

La Grande-Bretagne (cf. Lionel Fulton), quant à elle, est sans cesse citée comme exception européenne, car les syndicats ont pu jusqu'à maintenant conserver leur monopole de représentation des salariés dans l'entreprise (conception moniste). En outre, le droit à une participation des salariés dans l'entreprise en Grande-Bretagne (tout comme en Irlande) se fonde non pas sur des lois, mais sur des conventions conclues entre les partenaires sociaux.

Dans les anciens Etats membres, il existe des systèmes de représentation dualistes aussi bien que monistes. C'est justement toute cette palette de solutions institutionnelles relatives à la participation des salariés qui permet aux nouveaux Etats membres d'opter pour l'une ou l'autre forme de cette alternative, lorsqu'il s'agit de transposer les directives de l'UE. Le champ laissé aux nouveaux Etats membres est d'autant plus vaste que les modalités de représentation des salariés dans les anciens Etats membres sont soit en crise, soit en pleine mutation. Ulrich Mückenberger montre, en s'appuyant sur l'exemple particulièrement frappant de l'Allemagne, que les nouveaux modèles de production (*lean production* ou *flux tendu*) sont liés à des stratégies de management. Celles-ci mettent en jeu de nouvelles formes de participation directe des salariés, qui sont alors amenées soit à concurrencer, soit à compléter les dispositifs de représentation classiques. Jean-Pierre Durand va même jusqu'à émettre, pour la France, la thèse selon laquelle le recours à la participation directe est instrumentalisé par le management comme étant une démarche «obligatoire» qui contribue au fonctionnement harmonieux et efficace de l'entreprise. Cette exigence est également soulignée par Renate Hornung-Draus qui considère que l'organisation de la participation des salariés doit prendre en compte les questions liées à la compétitivité internationale (et intra-européenne) des entreprises.

Les contributions réunies dans *la partie III* donnent un aperçu de l'évolution qui a lieu dans les nouveaux Etats membres. Bela Galgóczi décrit l'état des systèmes de relations de travail dans les PECOS du point de vue de la Confédération Européenne des Syndicats (CES) et indique explicitement que le volet social de l'élargissement de l'UE doit être vu comme un moyen de maîtriser les «forces destructrices» de la concurrence. Il voit dans la participation des salariés aussi bien un instrument de démocratisation de l'économie et de la société que d'amélioration de la compétitivité dans les entreprises des nouveaux Etats membres. D'après lui, il s'agit, lors de la transposition des directives, d'ancrer les structures fondamentales de représentation dualiste dans les entreprises et les établissements.

Les auteurs des contributions portant sur les nouveaux Etats membres reprennent cette idée pour la contester. Les réformes du droit du travail sont ici aussi liées au passé récent. Dans les anciennes républiques soviétiques de Lituanie (cf. Tomas Davulis) et d'Estonie (Gaabriel Tavits), on s'aperçoit, notamment lors de la transposition de la directive sur *les droits d'information et de consultation des travailleurs* (2002/14/CE), qu'il est pratiquement impossible de dépasser tout d'un coup l'héritage de l'époque socialiste par une réforme fondamentale du droit du travail. Les deux auteurs analysent les raisons pour lesquelles ce sont les systèmes de représentation moniste qui s'imposent en général dans les pays d'Europe centrale et orientale. Le système, souvent qualifié de «modèle tchèque» par les auteurs allemands, dans lequel les organes de représentation élus doivent être dissous dès que se constituent des organisations syndicales d'entreprise (cf. Danica Prazaková), a inspiré la législation du travail dans d'autres nouveaux Etats membres; ceux-ci misent en priorité sur les syndicats comme acteurs principaux de la délégation participative dans l'entreprise. Les syndicats de ces pays voient dans la mise en place d'organes élus de représentation une tentative de concurrence par rapport à leur action, donc l'amorce de leur propre affaiblissement, au lieu de les considérer comme des moyens d'expression complémentaires visant à vivifier la *démocratie industrielle*. C'est également ce que l'on remarque en Pologne (cf. Irena Boruta).

En effet, dans les pays visés par notre étude, le «modèle allemand» de représentation dualiste des intérêts des salariés est loin d'être réalisé. Par contre dans le Belarus, situé à la frontière de l'UE, on constate certains «frémissements» dans le sens d'une «participation octroyée», levier permettant d'augmenter la productivité des entreprises – ainsi que le souhaitent notamment les investisseurs étrangers (cf. Volker Kreissig/Peter Jansen). La participation des salariés reflète effectivement un conflit d'intérêts ouvert: alors que les syndicats ont tendance à s'accrocher au modèle de la *démocratisation industrielle* pérennisant leur propre représentativité, le patronat y voit une démarche post-taylorienne pour s'approprier les savoir-faire des salariés afin d'améliorer la productivité des entreprises. La participation devient dès lors un simple élément stratégique dans la gestion moderne des ressources humaines.

Dans *la partie IV*, nous concluons en nous demandant si la transposition de la directive sur *les droits d'information et de consultation des travailleurs* favorise le développement de formes innovantes et démocratiques de participation des salariés dans les pays d'Europe centrale et orientale. Nous constatons que ces derniers tendent à s'inspirer du «modèle britannique» jusqu'alors peu repris dans l'ancienne Europe des Quinze.

Première partie

L'Europe sociale:
émergence et impact d'une idée

Soziales Europa:
Entstehung und Einfluss einer Idee

Traditions et perspectives du dialogue social dans les entreprises et les établissements de l'Union européenne

Peter JANSEN, Otmar SEUL

Introduction

Le processus d'unification européenne ne s'inspire d'aucun modèle historique antérieur – ni de celui des Etats fédéraux (par exemple, les Etats-Unis), ni d'une coopération renforcée entre Etats (par ex. Benelux et Mercosur). L'Union européenne (UE) constitue, selon la Cour constitutionnelle fédérale d'Allemagne *(Bundesverfassungsgericht)*, une catégorie à part, qui peut être qualifiée de regroupement d'Etats. Dans ce cas de figure, la répartition des compétences entre institutions européennes (Commission européenne, Parlement européen, par exemple) et institutions nationales des Etats membres (gouvernements, parlements) n'est pas encore déterminée de façon définitive. Néanmoins, les compétences en matière de réglementation relèvent désormais pour l'essentiel de l'UE.

> En France, «comme dans tous les autres Etats membres de l'Union, entre deux tiers et trois quarts des actes juridiques régissant la vie des citoyens, ne procèdent pas d'initiatives du gouvernement ou du Parlement, mais sont directement dérivés du droit communautaire, lui-même décidé au niveau intergouvernemental sans aucun contrôle des élus et encore moins des électeurs.» (Cassen, 2007, p. 22)

Il existe dans le domaine économique de nombreux règlements ayant un effet obligatoire, ce qui signifie que leur violation est passible de sanctions. Dans le domaine social, les directives européennes ne sont pas assorties de ce caractère contraignant. Bien que les idées de principe d'une «Europe sociale» eussent été déjà contenues dans les Traités de Rome, l'harmonisation des conditions de travail et de vie reste bien en deçà des réussites économiques (création d'un marché intérieur en 1993, introduction de l'euro en 1999).

Le modèle d'un dialogue social propice à la démocratisation de la société et de l'économie tel qu'il a été élaboré sous la houlette de Jacques Delors – alors Président de la Commission européenne –, aboutit pour l'essentiel à adopter des directives visant à traduire la volonté générale. Là où ces directives touchent aux structures des relations industrielles et de travail dans les pays membres, l'UE renonce à l'adoption de dispositions ayant effet obligatoire. Elle demande toutefois aux gouvernements des Etats membres de transposer les directives européennes dans leur droit national en s'appuyant sur le principe de subsidiarité.

L'élargissement de l'UE à l'Est entraîne une série de problèmes d'une envergure nouvelle: les directives inspirées par les traditions d'Europe occidentale portant sur les relations industrielles et de travail telles qu'elles prévalaient dans l'Europe des Quinze, ont servi de références à tous les candidats à l'adhésion pour mettre en place leurs réformes. Il convient donc de s'interroger sur l'impact des traditions soviétiques d'économie planifiée pour la mise en place de réformes du droit du travail.

Nous étudions cette question en partant de la transposition des directives de l'UE invitant à instaurer un dialogue social dans les entreprises et leurs établissements. A cette occasion, nous nous intéresserons moins aux comités d'entreprise européens qu'aux droits d'information et de consultation des représentants des salariés qui doivent assurer la participation de ces derniers, même dans les petites et moyennes entreprises. Ainsi, la directive 2002/14/CE est interprétée en Allemagne comme une incitation à la création de «conseils d'établissements» *(Betriebsräte)* dans les entreprises et leurs établissements. Cependant, l'UE est loin d'imposer aux Etats membres d'adopter le modèle dualiste allemand. Une comparaison entre la France et l'Allemagne permettra de dégager trois variantes de la participation des salariés dans l'établissement: la *participation par délégation* soit par les *syndicats*, soit par des *élus des salariés* ainsi que la *participation directe* des salariés. La nature, les objectifs et le fonctionnement de ces institutions varient d'un pays à l'autre. Elles constituent dans les anciens Etats membres des plates-formes destinées à organiser le dialogue social dans les entreprises et leurs établissements. Les dispositifs nationaux ne sont pas remis en question par la directive européenne; en effet, la directive légitime plutôt la diversité d'approches de la participation des salariés héritées de la tradition de chaque Etat membre. Nous partons du principe que tout ce qui est possible en Europe occidentale doit l'être en Europe de l'Est.

L'élargissement de l'UE renforce les disparités entre les différentes économies nationales. Afin de contenir dans des «limites socialement acceptables» la concurrence en matière de localisation des sites de production, les nouveaux pays membres sont tenus de respecter les normes minimales de l'UE relatives au droit du travail.

L'élargissement de l'Union européenne

En 2004, l'élargissement de l'UE à dix nouveaux Etats membres a été motivé par des raisons politiques et économiques. En accueillant des pays de l'ancien *bloc de l'Est* et des anciennes républiques soviétiques (pays baltes), il s'agissait pour l'UE, d'un point de vue géopolitique, de consolider sa sphère d'influence. Cette évolution va par ailleurs dans le sens des *Pays d'Europe centrale et d'Europe de l'Est* (PECO), désireux d'assurer leur indépendance nationale après l'effondrement de l'Union soviétique par leur entrée dans l'UE contre une menace latente qui continue à exister de la part de la Russie.

Avant l'élargissement, les entreprises d'Europe occidentale avaient déjà découvert et mis à profit de manière systématique les avantages salariaux que représentaient les PECO en y installant des unités de production et en sy créant des débouchés. Au regard des risques de dumping social dans les pays de l'ancienne Europe des Quinze, la Confédération européenne des syndicats (CSE) a exigé de l'UE des règles qui protègent les acquis contre une concurrence effrénée entre sites de production. On en constate la nécessité en considérant le fossé économique qui existe entre les anciens et les nouveaux Etats membres.

Le 1er mai 2004, l'Union européenne a accueilli dix nouveaux pays: Chypre, Estonie, Hongrie, Lettonie, Lituanie, Malte, Pologne, République tchèque, Slovaquie et Slovénie. Cela représente une augmentation

de l'espace géographique de 25% et de la population de près de 20%
(soit 454,9 millions d'habitants au total), mais le poids économique de
l'ensemble des dix nouveaux adhérents se situe entre la Belgique et les
Pays-Bas, soit moins de 5% du PIB des quinze «anciens» membres. La
richesse par habitant y est inférieure de 40% à la moyenne des Quinze[1].

En ajoutant la Bulgarie et la Roumanie, affiliées à l'UE depuis 2007,
l'Europe des 27 compte désormais presque 500 millions d'habitants.
D'autres Etats ayant le plus souvent un faible niveau de revenus sont
candidats à l'entrée dans l'UE. Les élargissements accomplis ou prévus
par l'UE accentuent la concurrence intra-européenne entre sites de production.

La question de compétitivité en fonction de la localisation des sites de
production est perçue différemment par les syndicats des nouveaux pays
membres. Même s'ils sont intéressés par l'augmentation du niveau de vie
et par les droits de leurs adhérents, ils sont conscients que des augmentations de salaires trop rapides porteraient atteinte à la compétitivité des
entreprises et feraient peser des menaces sur l'emploi. Une harmonisation des normes définie unilatéralement par les pays de l'Europe occidentale est par conséquent interprétée comme l'expression d'un protectionnisme social par lequel les syndicats de l'Ouest veulent protéger
leurs membres face à la nouvelle concurrence venue de l'Est. Afin de
pouvoir représenter de manière effective les intérêts des salariés, les
syndicats, déstabilisés au cours du processus de transition, doivent se
réformer pour se consolider. A eux de savoir s'ils veulent conserver dans
les entreprises et leurs établissements le monopole de représentation des
intérêts des salariés ou bien s'ils sont prêts à partager leurs compétences
avec des organes de représentation élus.

Dans le *bloc soviétique,* les syndicats communistes possédaient jusqu'à la fin des années 1980 un monopole de représentation. Or, ils ne
veulent pas y renoncer d'emblée. Il faut éviter d'interpréter cette réaction
comme une volonté de pérenniser un système dépassé. En effet, en Europe de l'Ouest aussi, dans certains pays (comme la Grande-Bretagne),
certaines confédérations syndicales tiennent au monopole de représenta-

1   http://www.ladocumentationfrancaise.fr/dossiers/elargissement-union-europeenne/
     nouveaux-membres.shtml.

tion dans le cadre de la démocratie industrielle prévalant dans leur pays. Dans d'autres pays, des représentants syndicaux coexistent avec des représentants élus. La situation de la France est encore plus complexe puisque avec *les groupes d'expression directe et collective* des salariés dans les entreprises et les établissements, il existe une troisième instance de participation des salariés.

Systèmes moniste, dualiste et mixte/élargi de représentation des intérêts des salariés

Dans les pays d'Europe de l'Ouest, trois institutions de représentation des intérêts des salariés au sein de l'entreprise sont apparues au fil de l'Histoire. Le système qui prédomine jusqu'en 1982 est celui des organisations syndicales d'entreprise et des organes de représentation élus. Une modélisation simplificatrice établit une distinction entre «système à canal unique» et «système à double canal». Là où existe un seul canal de représentation des intérêts des salariés, on parle également de *système moniste*. Les syndicats ont un monopole de représentation au niveau de l'établissement, de l'entreprise et de la branche. Dans les systèmes à double canal, la représentation résulte de deux institutions juridiquement indépendantes l'une de l'autre: les syndicats et les représentants élus des salariés. Des structures de ce type sont aussi appelées *systèmes dualistes*.

La réforme française de droit du travail, adoptée en 1982, a introduit un *droit d'expression directe et collective* des salariés, qui vient compléter le système dualiste de représentation des intérêts des salariés. Pour la première fois en Europe de l'Ouest[2], une législation autorise des salariés à s'impliquer directement dans le processus décisionnel de l'entreprise[3].

---

2   Les *groupes d'expression directe et collective* des salariés reprennent dans leur concept les idées de l'autogestion telle qu'elle avait été mise en place juridiquement par exemple dans l'ex-Yougoslavie.

3   Nous avons explicité la différence qualitative entre «droit d'expression directe et collective» et organes collectifs de représentation des intérêts des salariés par la distinction entre participation *directe* et participation *par délégation*. Dans le cas des organes collectifs de représentation, les salariés *délèguent* le droit à une repré-

Ainsi le système dualiste de représentation est-il élargi à un *système plu-raliste* de représentation des salariés avec plusieurs canaux.

Représentation des intérêts des salariés et participation des salariés ne sont pas des notions équivalentes. C'est ce qu'a montré par exemple le débat sur le modèle de production japonais engagé à la fin des années 1970. Les innovations concernant l'organisation du travail (des «cercles de qualité» au «travail de groupe») sont présentées comme l'ébauche d'un *management* participatif. Cependant, dans ce cas de figure, la parti-cipation ne sert pas à faire triompher les intérêts des salariés; il s'agit surtout de mettre à profit de l'entreprise les savoirs et savoir-faire que les salariés ont acquis par l'expérience. Les salariés sont tenus de s'engager au sein de l'entreprise en mobilisant l'ensemble de leurs connaissances et de leurs compétences. C'est la raison pour laquelle nous parlons ici plutôt *«d'implication»* que de *«participation»*. Selon nous, la notion de participation devrait être réservée à des démarches qui permettent aux salariés de peser dans leur propre intérêt sur les processus décisionnels dans l'entreprise.

Genèse des systèmes dualistes de représentation des intérêts des salariés

L'histoire de la participation par délégation est inséparable de celle du mouvement ouvrier. Les syndicats sont nés de la nécessité de s'organiser collectivement pour défendre les intérêts des ouvriers contre ceux du patronat au XIXe siècle. Les syndicats, souvent d'inspiration socialiste, constituaient un contre-pouvoir notamment au niveau des entreprises, mais pas uniquement. Leur action s'inscrivait dans une stratégie (réfor-miste ou révolutionnaire) de remise en cause des systèmes politiques et économiques en place.

Dans les Etats européens, au moment où les syndicats ont été recon-nus légalement, leurs droits ont été, en règle générale, limités au do-

---

sentation de leurs intérêts à des syndicats ou des représentants élus (cf. Jansen/Seul 2003).

maine économique – les grèves politiques leur ont été interdites (à l'exception de l'Italie).

Au cours de la Première Guerre mondiale, le rapprochement entre syndicats et gouvernements conduisit, dans plusieurs pays d'Europe continentale, à un conflit entre la base et l'appareil syndical. Les salariés tentèrent de faire triompher leurs intérêts dans les entreprises à travers la formation de «conseils ouvriers». Les gouvernements des pays en guerre réussirent temporairement à canaliser ces mouvements en instaurant des organes de représentation élus et à les instrumentaliser pour garantir la bonne marche des usines d'armement. Vers la fin de la Première Guerre mondiale, les conseils ouvriers outrepassèrent le rôle qui leur avait été imparti – notamment en Allemagne. Ils se fixèrent des objectifs politiques révolutionnaires visant à créer une «République des conseils». Il en résulta ainsi un conflit avec les syndicats réformistes habitués à défendre l'amélioration des conditions de vie et de travail. Ces organisations étaient donc peu enclines à mettre en cause leur monopole de représentation.

L'évolution qui eut lieu avant et après la Première Guerre mondiale montre que la mise en place d'organes élus n'est pas due – contrairement à un malentendu très répandu – à une demande de la part des syndicats, y compris en Allemagne. Les syndicats s'efforcèrent plutôt de réduire l'influence des conseils ouvriers. Au cours de la République de Weimar, l'adoption de la première loi sur l'organisation interne des établissements des entreprises *(Betriebsverfassung)* impliquait une limitation des droits des organes élus, appelés désormais «conseils d'établissement» *(Betriebsräte)*. Dans d'autres pays également, le conflit entre la base et l'appareil syndical se solda en faveur des syndicats puisque les conseils ouvriers se voyaient attribués des compétences plus restreintes que les syndicats.

Pour ceux des pays qui basculèrent après la Seconde Guerre mondiale dans le camp soviétique, c'est la forme communiste de gestion des entreprises qui s'imposa, avec un monopole absolu de représentation accordé aux syndicats (du moins *de jure*). Après l'effondrement de l'URSS, les vieux conflits portant sur la répartition des compétences en matière de représentation au niveau de l'entreprise – mis entre parenthèses par la Guerre froide – éclatèrent à nouveau. Les syndicats, autrefois d'obédience communiste, redoutent leur propre affaiblissement à travers l'instauration d'organes élus de représentation. Ils s'opposent à la formation de conseils d'établissements et se prononcent en faveur du modèle de représentation moniste fondé uniquement sur la représentation syndicale en vigueur en Grande-Bretagne *(shop stewards)*.

Des variantes différentes du système dualiste de représentation des intérêts des salariés en France et en Allemagne

La comparaison entre la France et l'Allemagne portant sur l'évolution avant ou après la Seconde Guerre mondiale fait ressortir une différence significative: alors qu'en Allemagne s'est établie, avec la Confédération allemande des syndicats *(Deutscher Gewerkschaftsbund: DGB)*, une confédération unitaire dominant largement le paysage syndical, en France, s'est développé un pluralisme syndical marqué par une concurrence entre des confédérations syndicales ayant des idéologies différentes. La comparaison entre les deux pays autorise à supposer que la composition et la fonction des organes élus de représentation des salariés dépendent du système syndical retenu (syndicalisme unitaire ou pluralisme syndical).

Les syndicats unitaires allemands ont réussi à contrôler le travail des conseils d'établissement élus, puisqu'ils proposaient leurs propres candidats lors des élections dans l'établissement et que ceux-ci n'avaient pas de concurrents. Partant du concept «un établissement – un syndicat», le conseil d'établissement a pu, pendant longtemps, faire fonction de courroie de transmission du syndicat dans l'établissement, la distinction juridique entre organes de représentation syndicaux et organes de représentation élus ne constituant pas une réalité pertinente dans la pratique. C'est la raison pour laquelle les syndicats renoncent à imposer une reconnaissance légale du syndicat dans l'entreprise. Le pluralisme syndical français conduit par contre à ce que, dans les grandes entreprises, des listes syndicales concurrentes s'affrontent lors des élections. Les organes élus des salariés sont dans la majorité des cas composés de représentants des différents syndicats présents dans l'entreprise. Les syndicats majoritaires interdisent de fait aux syndicats minoritaires d'imposer leurs idées.

Les derniers ont intérêt à prouver la légitimité et la puissance de leur organisation, afin de ne pas perdre de terrain face aux syndicats «majoritaires». De surcroît, bon nombre de Délégués du personnel et de membres du Comité d'entreprise ne sont aucunement syndiqués. C'est également une raison pour laquelle les syndicats n'ont pas intérêt à ce que le rôle de ces organes élus soit renforcé.

En mai 1968, les syndicats français ont revendiqué et imposé, non pas un renforcement des droits des représentants élus des salariés – comme l'avaient fait leurs partenaires allemands –, mais la reconnaissance légale de *sections syndicales* dans l'entreprise. Depuis cette époque, les sections syndicales, dont est issu le délégué syndical qui négocie les accords collectifs, peuvent avoir recours à des actions collectives revendicatives (par exemple des grèves) au cours des négociations, ce qui est interdit aux conseils d'établissement allemands. En même temps, les sections syndicales cherchent à s'imposer comme *chef d'orchestre* des organes de représentation des intérêts des salariés dans l'entreprise[4]. Les syndicats dits «représentatifs» ont un avantage de départ, car eux seuls sont autorisés à présenter leurs candidats au premier tour des élections des Délégués du personnel et du Comité d'entreprise. Les représentants syndicaux siégeant dans les organes de représentation élus veillent – dans la mesure du possible – à ce que tous les organes de représentation des intérêts des salariés dans l'entreprise aillent dans le même sens. En principe, rien ne s'oppose à ce que des syndicats bien implantés dans une entreprise assurent la coordination entre les activités des institutions représentatives et leurs démarches revendicatives. Ces démarches sont en principe articulées avec la politique syndicale au niveau de la branche et avec la politique de la confédération afin d'éviter les risques d'un particularisme des entreprises.

Les syndicats français et allemands se sont accommodés de l'existence d'organes de représentation élus qui assoient leur légitimité sur des élections par l'ensemble du personnel de l'entreprise. Cette pratique va de pair avec la tentative de contrôler syndicalement le travail des représentants élus du personnel. Les syndicats veulent ainsi empêcher que les représentants élus agissent en «jaunes» dans l'entreprise.

4   Cf. Aubert-Monpeyssen/Verdier dans cet ouvrage.

Les syndicats veulent éviter un isolement des organes de représentation des salariés. Ils voient des risques dans les tendances actuelles visant à une décentralisation des négociations. En effet, un employeur peut menacer de fermer un site de production (établissement) si les salariés (leurs représentants) ne font pas de concessions, alors que l'entreprise dans son ensemble peut très bien ne pas rencontrer de difficultés économiques et qu'il n'est donc pas nécessaire d'exiger des concessions de la part des salariés.

Ces explications comparatives montrent que les conseils d'établissement allemands ne se substituent pas à 100% aux syndicats dans l'entreprise. Ce déficit n'apparaît clairement que depuis peu, au regard du recul des conventions collectives de branche; en effet, les conseils d'établissement ne peuvent pas négocier des conventions collectives à un niveau décentralisé. Avec la reconnaissance légale et la liberté des syndicats dans les entreprises et les établissements français, on assiste à une évolution du système dualiste *dans* l'entreprise. Il remplace un «dualisme supra-entreprise» qui reposait jusqu'en décembre 1968 en France, comme en Allemagne, sur une répartition des tâches entre instances syndicales externes à l'entreprise (compétentes pour la politique contractuelle de branche) et instances de représentation internes à l'entreprise (compétentes pour les intérêts en aval cantonnés à l'entreprise). Depuis la reconnaissance des sections syndicales dans l'entreprise, un dualisme au sein même de l'entreprise s'est développé en France, tandis qu'en Allemagne c'est un dualisme «supra-entreprise» qui se maintient.

Pour les PECO, dans lesquels se dessinent les contours d'un pluralisme syndical – là où le choix du système moniste ne s'est pas imposé –, la version française du système dualiste est plus attrayante que le «modèle allemand» dont le fonctionnement est conçu «sur mesure» pour un syndicalisme unitaire avec les conventions collectives de branche qu'il négocie. S'inspirer de la réglementation française permettrait aux différentes confédérations concurrentes des PECO de constituer dans les entreprises des organisations syndicales qui ont capacité à négocier des accords et conventions collectifs en interne. Au regard d'un système de conventions collectives de branche qui fonctionne mal actuellement, la mise en place du dispositif décrit paraît judicieuse.

La participation directe comme complément de la représentation collective des intérêts des salariés

L'Europe de l'Ouest a connu dans les années 1970 un faible taux de chômage. Dans ce contexte se sont fait entendre des revendications dites «qualitatives»[5]. Elles visaient l'«humanisation» des conditions de travail et la «démocratisation des entreprises et des établissements». Les revendications concernant une «cogestion sur le lieu de travail» furent à l'époque mal comprises par les syndicats allemands. En France, par contre, la Confédération Démocratique du Travail (CFDT) prôna *«l'autogestion»* en référence notamment au modèle yougoslave: il fallait reconnaître aux ouvriers une expertise dans leur travail et leur accorder des droits propres de participation, sans exclure l'autogestion des entreprises par leurs ouvriers dans la perspective d'une transformation de la société par des «réformes de structures» économiques et sociales. Le droit de créer des *groupes d'expression directe et collective*, garanti en 1982, sous la Présidence de François Mitterrand, reprend l'idée d'une extension des droits de participation des salariés afin de les revaloriser en tant que «citoyens dans l'entreprise».

Les revendications «qualitatives» constituaient également une critique à l'encontre des revendications «quantitatives» qui s'étaient concentrées sur les salaires, les primes etc. Avant même que la discussion sur la démocratisation des entreprises et des établissements soit close, les syndicats ont été confrontés à de nouveaux défis liés à l'émergence de nouveaux processus d'automatisation, à la production assistée par ordinateur. Ces innovations passaient par une réorganisation des processus de production. Les entrepreneurs européens renoncèrent à rejeter le «travail en groupe», notamment après la publication du rapport du Massachusetts Institute of Technology (MIT) sur le modèle de production ja-

---

5   Pour les grandes confédérations de gauche en France, la résolution des problèmes «qualitatifs» du travail quotidien était encore dans les années 70 largement subordonnée à la mise en œuvre préalable de «réformes de structures» économiques et sociales (un vaste programme de nationalisations, une forte planification de l'économie), qui, en consommant la rupture avec le capitalisme, allaient entraîner selon elles, pour ainsi dire automatiquement, une humanisation et une démocratisation du mode de travail; cf., entre autres, Seul (1988; 156 *sq.*).

ponais. Mais ils s'éloignèrent du «modèle Volvo» qui accorde la priorité
à l'amélioration des conditions de travail et préférèrent se tourner vers le
concept japonais du travail en groupe répondant à des objectifs de rationalisation. Dans ce contexte, les entreprises en appelèrent à *l'implication*
des salariés. Elle est quasiment assimilée à une «obligation à participer»,
ce qui ne manqua pas d'induire une certaine confusion. En effet, la notion de *participation directe* utilisée par les syndicats et les employeurs a
recouvert et recouvre depuis ce temps des contenus très variés. Les syndicats y voient un instrument permettant aux groupes de salariés d'intervenir directement pour régler rapidement, de leur propre initiative, les
problèmes du «tout-venant» liés au quotidien de leur poste de travail. Il
s'agit en l'occurrence de questions qui ne relèvent ni des conventions
collectives, ni d'accords d'entreprise, ni du règlement intérieur. Les employeurs reprennent l'idée de la participation afin d'«extraire l'or de la
tête des salariés» (Leo Kissler) en adaptant leurs suggestions pour améliorer les processus de production. La responsabilisation des salariés
permet en outre d'alléger les structures d'encadrement subalternes en
réduisant le nombre d'intermédiaires hiérarchiques.

Les syndicats français et allemands ont eu du mal à prendre en
compte les mutations économiques, technologiques et organisationnelles.
Ils ont tout d'abord rejeté les innovations technologiques et organisationnelles introduites par le *management*. Jusqu'au milieu des années
1980 prédominait une attitude réservée voire parfois ouvertement hostile
à l'égard du lien établi entre innovations technologiques et innovations
organisationnelles. Au lieu de participer à leur mise en œuvre, les syndicats se contentaient souvent d'évaluer leurs effets négatifs sur les conditions de travail, allant parfois jusqu'à bloquer l'informatisation. De surcroît, ils étaient loin d'être convaincus que la *participation directe*
conçue par le *management* pouvait constituer un moyen adéquat pour
humaniser le travail – en le *détaylorisant*. Cette participation était, du
point de vue syndical, trop souvent assimilée à une méthode de *rationalisation*, voire à une forme d'*auto-exploitation*, lorsque la surcharge tant
physique que mentale, ainsi que le potentiel de créativité étaient récupé-
rés sans contrepartie (prime, promotion) par le *management*.

Le *management participatif* était surtout soupçonné d'affaiblir syndicats et représentants élus, étant donné que le dialogue direct entre les

supérieurs et les subordonnés permet de *court-circuiter*, donc de margi-
naliser, les syndicats et les institutions représentatives. Un tel type de
démarche risquait de devenir une source de rivalités internes et de jeux
«individualistes», qui, dans une conception managériale de la participation, menaçaient de mettre à l'écart les représentants des salariés.

Au regard de l'offensive visant à introduire une participation *managée* par la direction de l'entreprise, les syndicats allemands changèrent
de stratégie. Faute de pouvoir faire obstacle à l'introduction du travail de
groupe, de cercles de qualité et d'autres instruments d'une participation
managée, les syndicats et les conseils d'établissement voulurent au
moins s'impliquer par voie de négociation dans la mise en forme des
innovations organisationnelles. Il s'agissait pour eux de préserver certaines conceptions du travail de groupe issues du «modèle Volvo» qui
visaient à améliorer les conditions de travail. Par ailleurs, les compétences des groupes de travail devaient être limitées et soumises à un contrôle par les syndicats ou, le cas échéant, par les *Betriebsräte*, afin de ne
pas affaiblir les structures de représentation des salariés existantes. Du
point de vue syndical, les structures nouvelles ne pouvaient constituer –
au mieux – qu'un complément aux structures de *représentation* existantes.

Dans la deuxième moitié des années 1980, les syndicats allemands
ont commencé à réfléchir à une stratégie plus offensive en matière de
travail de groupe. Ils y reprennent certains principes de la participation
directe avec une *cogestion sur les lieux de travail* – des idées qui avaient
émergé à la fin des années 60 dans la foulée des mouvements de contestation de la jeunesse allemande, mais qui avaient été rejetées par les appareils syndicaux. Depuis la réforme de la *Loi sur l'organisation interne
des entreprises* (BetrVG), les «conseils d'établissement» ont le droit,
selon l'article 3, de négocier sur l'introduction de groupes de travail et
sur les droits de participation des salariés qui y sont liés. Cependant,
certains d'entre eux avaient déjà réussi en amont – notamment dans les
grandes entreprises – à négocier des accords d'établissement prévoyant
la mise en place de groupes de travail / du travail en groupe.

En Allemagne, la pratique des accords d'établissements amène les
syndicats à devoir justifier l'accord signé par leurs élus au sein de
l'établissement. Pour cela, les syndicats reprennent la critique formulée

dès les années 1970 selon laquelle la cogestion *(Mitbestimmung)* serait un «colosse aux pieds d'argile» (Vilmar). Ils présentent le travail de groupe comme un terrain d'apprentissage pour exercer la cogestion sur les lieux de travail – celle-la même qu'ils rejetaient auparavant. Dans ce cadre, ouvriers et employés prennent peu à peu conscience de leurs capacités d'innovation et d'organisation en acquérant des compétences en termes de participation qui peuvent contribuer à doter la cogestion de pieds plus «solides».

Dans les entreprises françaises, l'introduction du travail en groupe, des cercles de qualités et d'autres démarches participatives restent en général l'apanage de décisions unilatérales de la part du management. Le *management participatif* a été ponctuellement mis à profit pour miner l'influence *des groupes d'expression directe et collective* garantis par la loi. Les syndicats peuvent, dans ce contexte, se permettre de critiquer les stratégies d'implication voulues par le patronat, puisqu'ils ne sont pas tenus contractuellement d'exercer une co-responsabilité (contrairement à ce qui se passe dans la mise en place de *groupes d'expression directe et collective*).

Dans les pays de l'ancienne Europe des Quinze, le chômage a fait passer à l'arrière-plan la discussion sur les avantages et les inconvénients comparés du travail en groupe – l'alternative française des *groupes d'expression directe et collective* sombrant elle-même progressivement dans l'oubli. Les *groupes d'expression* n'ont été copiés dans aucun pays de l'Europe des Quinze. Dans les entreprises, l'euphorie des débuts liée à la participation *managée* est un peu retombée, notamment après que ses limites soient clairement apparues. Dans les nouveaux Etats membres et dans les pays de l'Est limitrophes (voir sur ce point la contribution sur la Biélorussie dans le présent ouvrage), la participation *managée* continue à avoir la faveur des entreprises. La question est de savoir si des réformes du droit du travail visant à instaurer des droits d'information et de consultation des salariés et/ou, le cas échéant, de leurs représentants, ne risquent pas d'être battues en brèche par l'introduction du travail en groupe, des cercles de qualité et d'autres approches de même type.

Les processus de mutation technico-organisationnels internes à l'entreprise ont tendance à conduire les employeurs à reformuler à leur avantage les idées de participation directe pour en faire une participation *managée.* Les groupes de travail mis en place dans ce dernier cas de figure se voient investis de «compétences de codécision» qui se concentrent sur la mise en œuvre des objectifs assignés au préalable par les entreprises. Les droits et devoirs des salariés consacrés dans cette procédure sont impropres à garantir les droits d'information et de consultation exigés par la directive européenne 2002/14. Ils instaurent cependant une concurrence par rapport aux organes collectifs de représentation, car ils favorisent une individualisation des relations de travail. Ils sont de ce point de vue séduisants pour les directions d'entreprise des nouveaux Etats membres; mais en prévision de réformes du droit du travail, ils ne constituent pas une référence adéquate quant à l'introduction de droits de représentation et de participation des salariés.

Les forces motrices du dialogue social dans l'entreprise

L'innovation technologique ainsi que la modernisation de l'organisation du travail font partie de la restructuration *interne* des entreprises visant à améliorer la qualité et à augmenter la productivité.

Face à la mondialisation, de plus en plus d'entreprises européennes procèdent parallèlement à des restructurations *externes* de grande envergure. Pour réduire les coûts de production et de conquérir des nouveaux marchés, elles délocalisent certaines activités en créant des filiales dans des pays à faibles coûts de production. Par ailleurs, elles recourent de plus en plus à des sous-traitants, qui prennent en charge une partie croissante de la plus-value incorporée dans le produit final. Ces deux tendances en cours aboutissent à une réduction du personnel dans les sociétés-mères. Par ce biais, toute régulation interne de l'entreprise (conventions collectives, accords d'établissement signés par les représentants élus) perd en impact, puisque le nombre des salariés directement concernés baisse. L'atomisation des entreprises va de pair avec des fusions et la constitution de grandes multinationales. Chaque groupe (par exemple Volkswagen ou Renault) constitue une *entité économique,* mais celle-ci est dorénavant composée *d'unités juridiquement* indépendantes. Les filiales ainsi que les sous-traitants agissent juridiquement comme des entreprises autonomes. Par conséquent, même les filiales, dont 100% des actions se trouvent en possession de la société-mère, ne sont plus couvertes par les conventions collectives et les accords signés au siège social[6].

Juridiquement indépendantes, les filiales peuvent être soumises aux conditions de travail et de rémunération à réglementations différentes. La création de filiales dans des régions défavorisées – soit à l'intérieur du pays, soit à l'étranger – a souvent pour objectif de réduire les coûts de production via des salaires plus faibles. La délocalisation à l'étranger peut aussi être motivée par des législations sociales moins contraignantes pour les entreprises. Si, par exemple, une entreprise n'a plus envie de mener un «dialogue de sourds» avec les syndicats français, elle peut être tentée de délocaliser la production dans un autre pays, où aucune obligation n'existe en la matière. Des entreprises allemandes qui jugent les coûts de la cogestion «excessifs» suivent, elles aussi, ce même type de démarche. Il apparaît clairement que le risque du dumping social ne se limite pas à des questions salariales, mais concerne aussi les avantages acquis dans le domaine du droit du travail (individuel et collectif).

Dans les anciens et les nouveaux Etats membres, les syndicats et les représentants élus doivent par ailleurs faire face à de nouveaux défis; en effet, la multiplication des contrats de travail précaires (contrats de travail à durée déterminée) et la mise en place du travail intérimaire limitent aussi le champ d'application des règles internes aux entreprises. Contrer ce mouvement par l'intensification des négociations de branche paraît difficile étant donné la chute du taux d'organisation des employeurs[7] dans les fédérations patronales chargées de mener ces négociations de branche au nom de leurs membres – soit parce que les patrons démissionnent des organisations, soit parce qu'ils n'y adhèrent pas,

---

6   Morin (2005) souligne les conséquences des nouvelles formes d'organisation des entreprises sur le droit du travail. Cf. aussi la contribution de Mückenberger dans cet ouvrage.

7   En règle générale le taux de syndicalisation est en Europe également en baisse, mais la comparaison internationale indique que le taux de couverture des conventions collectives signées au niveau de la branche dépend plutôt de la densité de l'organisation patronale que de l'organisation syndicale.

comme dans les nouveaux *Länder* de la République fédérale d'Allemagne et dans les nouveaux Etats membres de l'UE.

L'élargissement de l'UE peut être comparé avec l'affiliation de l'ancienne RDA à la RFA (la «réunification»[8]): les tentatives des anciens Länder de façonner les relations industrielles dans les nouveaux Länder ne sont pas couronnées de succès. Malgré la constitution d'un espace juridique homogène les syndicats ouest-allemands ne réussissent pas à s'implanter à l'est – dans l'ancienne RDA. Il en découle une érosion des systèmes de négociations contractuelles et des dysfonctionnements du «partenariat social» traditionnel en Allemagne – pas seulement dans les nouveaux Länder mais aussi dans les anciens Länder. Les employeurs allemands et les partis qui partagent leurs valeurs montent de plus en plus souvent au créneau pour réclamer une décentralisation des compétences de négociation. En clair, certains patrons veulent réduire l'impact des conventions collectives de branches afin de renégocier les conditions de leur application avec les institutions présentes au niveau de l'entreprise, donc qui n'ont pas le droit de grève. L'idée d'un rôle renforcé des *Betriebsräte* n'est pourtant guère compatible avec la législation sur les conventions collectives en Allemagne *(Tarifvertragsgesetz)*. Les tentatives de contourner les négociations de branche pour agir sur un mode décentralisé ont pourtant aujourd'hui déjà un impact réel: en cas de délocalisation et de création de *greenfield sites* (nouvelles usines) dans les nouveaux Länder de l'Allemagne ou dans les nouveaux Etats membres de l'UE, les patrons peuvent rechercher, pour négocier, des partenaires plus enclins à conclure des conventions et accords conformes aux réalités de l'entreprise, c'est-à-dire favorables aux employeurs. L'affaiblissement du dialogue social au niveau de la branche peut être compensé partiellement par le renforcement du dialogue social au niveau de l'entreprise. C'est le but envisagé par la directive 2002/14/CE. Mais l'UE peut-elle imposer des réglementations européennes fixant des droits minimaux pour les salariés et leurs représentants et ayant force obligatoire? Autrement dit: est ce que l'UE peut octroyer le dialogue social et la participation des salariés dans l'entreprise?

---

8   Cf. la contribution de Kreissig/Jansen dans cet ouvrage.

Comment l'UE cherche-t-elle à promouvoir la participation des travailleurs?

La Commission européenne se prononce depuis 1989 avec détermination en faveur de la mise en place et du renforcement du dialogue social[9] au niveau européen et dans les Etats membres de l'UE. En matière de relations de travail, il s'agit de concéder aux travailleurs une participation aux processus décisionnels dans les entreprises et leurs établissements. Même si le *Traité instaurant une Constitution pour l'Europe* a été rejeté par les référendums en France et aux Pays-Bas, il demeure un document à la lumière duquel on peut interpréter la conception de l'«Europe sociale»: le Traité résume en un seul texte l'évolution de l'UE dans ce domaine. Le projet de Constitution, que le Conseil Européen de Thessalonique avait adopté le 20 juin 2003 sur proposition de la Convention affirme tout d'abord que «*l'Europe désormais réunie [...] souhaite renforcer le caractère démocratique et transparent de sa vie publique*» (Préambule partie II, Charte des droits fondamentaux). Le chapitre III, Titre VI, résume les grandes lignes de l'organisation de «la vie démocratique de l'Union». Elle repose notamment sur

– la démocratie représentative (Article I-46),
– la démocratie «participative» (Article I-47) et
– le dialogue autonome entre les partenaires sociaux (Article I-48).

Ainsi l'idée de la «démocratie industrielle», née au début de l'industrialisation en Grande-Bretagne, inspire-t-elle largement le «dialogue social», un concept dont le porte-parole le plus éminent a été Jacques

---

9   Le «dialogue social» ne figure pas seulement sur l'agenda de l'UE. Le Bureau International du Travail lui confère depuis longtemps un rôle central.
     «Social dialogue is defined by the ILO to include all types of negotiation, consultation or simply exchange of information between, or among, representatives of governments, employers and workers, on issues of common interest relating to economic and social policy. It can exist as a tripartite process, with the government as an official party to the diaalogue ort it may consist of bipartite relations only between labour and management (or trade unions and employers' organisations, with or without government involvement" cf. http.//www.ilo.org/public/English/dialogue/themes/sd.htm.

Delors. Ce dernier a considéré la *Charte communautaire des droits sociaux fondamentaux* de 1989[10] comme le *«pilier essentiel de la dimension sociale de la construction européenne»* qui *«fixe les grands principes sur lesquels se fonde notre modèle européen du droit du travail et, plus généralement, de la place du travail dans notre société.»*

Les syndicats ont pu enregistrer un premier succès dans le domaine de l'institutionnalisation du dialogue social dans leurs bastions du secteur privé – les grandes entreprises. L'institutionnalisation de «comités d'entreprise européens» – appelés aussi «comités de groupe européens» – *permet* l'organisation d'un dialogue social dans des sociétés de dimension communautaire, en dépassant le cadre national des entreprises[11]. Tels que conçus par la directive du 22 septembre 1994, les comités d'entreprise européens ont pour fonction de recueillir l'information, de la traiter, de la coordonner et de l'échanger avec l'ensemble du réseau des représentants élus et/ou syndicalistes du groupe. Leur rôle est:

– d'informer, notamment par l'échange de points de vue sur les questions économiques, financières ou sociales et sur l'évolution du périmètre du groupe;
– de développer le dialogue social sur la situation ou les orientations stratégiques du groupe et sur les conséquences pour l'adaptation des salariés.

Cette conception renforce la position des représentants des salariés dans les groupes d'entreprises, mais les syndicats poussent à d'autres réformes des comités d'entreprise européens[12]. La directive, faite pour les

---

10 Cf. http://ultraliberalisme.online.fr/documents/UE/1989_12_09.rtf.
11 Il faut rappeler que moins de 40% des entreprises assujetties à la directive ont installé un «comité d'entreprise européen» (cf. http://www.eurofound. europa.eu/pubdocs/2008/28/en/1/ef0828en.pdf).
12 La Fédération Européenne de la Métallurgie (FEM) a pris dès juin 2005 une décision de principe, qui (…) préconisait que l'action des Comités d'Entreprise Européens (CEE) «soit soutenue par un groupe de travail syndical lors de restructurations et fusions importantes» (cf. le rapport dans les CEE-News: www.euroce.org/pdf/022005.pdf = Bericht in den EBR news 2/2005). En effet, en cas de négociation avec la direction générale, celle-ci n'est pas menée, non pas par le CEE, mais par un «groupe spécial de négociation composé de représentants de l'ensemble des salariés» (Code du Travail, Art. L 439-7), dans lequel le CEE est

grandes sociétés agissant à une échelle transnationale, ne concerne pas les petites et moyennes entreprises. Pour y promouvoir les droits d'information et de consultation, il a fallu une directive complémentaire. La directive s'applique, selon le choix fait par les Etats membres:

> a) aux entreprises employant dans un Etat membre au moins 50 travailleurs, ou
> b) aux établissements employant dans un Etat membre au moins 20 travailleurs.
> Les Etats membres déterminent le mode de calcul des seuils de travailleurs employés. (directive 2002/14/CE, article 3)

La directive fait l'objet d'interprétations controversées. En Allemagne, les syndicats estiment qu'avec cette directive, tous les Etats membres de l'UE seraient tenus d'instaurer des «conseils d'établissements» comme en Allemagne. Cette interprétation n'est pas celle qui prévaut dans d'autres pays – surtout dans les nouveaux Etats membres. Ils peuvent faire valoir à juste titre que le texte de la directive parle de façon très neutre de «représentants des travailleurs». Ce terme ne dit pas si la représentation des salariés doit se faire par l'intermédiaire d'élus ou par des syndicats ou encore par ces deux types d'instances dans le cadre d'une répartition des tâches.

La décision d'adopter une formulation neutre résulte de la diversité des réglementations nationales déjà en vigueur dans l'Europe des Quinze. En outre, l'UE avait déjà clairement souligné dans un additif au texte sur le statut de la *Société Européenne* qui traitait de la participation des travailleurs, qu'elle n'attendait pas des Etats membres des réglementations institutionnelles uniformes en matière de participation des salariés. L'alinéa 5 de ce texte stipule:

> La grande diversité des règles et pratiques existant dans les Etats membres en ce qui concerne la manière dont les représentants des salariés sont impliqués dans le processus de prise de décision des sociétés rend inopportune la mise en place d'un modèle européen unique d'implication des salariés, applicable à la SE. (Directive 2001/86/CE –http://eur lex.europa.eu/LexUriServ/LexUriServ.do?uri= CELEX: 32001L0086:FR:NOT)

---

bien sûr représenté. Le travail du CEE évolue donc dans le sens du modèle français, où les Comités d'entreprise sont compétents en matière d'information et de consultation, tandis que les négociations d'entreprise sont menées par les syndicats. Des droits de négociation remplacent ainsi les droits de codétermination (EBR/News Nr. 4/2006).

A la différence des syndicats allemands, nous constatons que la directive n'enjoint pas aux gouvernements des Etats membres quelles institutions doivent être mises en place pour les droits d'information et de consultation. La directive n'impose même pas de mode selon lequel ces droits doivent être garantis: par la loi, par des conventions collectives ou selon le droit coutumier – toutes ces formes étant reconnues sur le même plan quant à leur fonction.

Il ressort de ces constatations que la directive 2002/14/UE n'offre pas de repères précis pour les réformes du droit du travail exigées. A défaut de telles précisions, les nouveaux Etats membres peuvent se laisser guider par la pratique des anciens Etats membres. Cela constitue néanmoins une entreprise difficile. Un aperçu comparatif à l'aide du tableau ci-dessous, récapitulant respectivement les systèmes de représentation monistes, dualistes et mixtes[13], indique les divergences présentes dans l'UE des Quinze. Dans cinq Etats membres, les syndicats constituent la seule filière de représentation des intérêts des salariés; dans neuf Etats est mis en place un système à deux filières qui repose sur une répartition des fonctions entre syndicats et représentants élus. Seul un pays – l'Italie – présente un système «mixte»: des organes de représentation élus peuvent être mis en place dans les entreprises et établissements dépourvus de représentants syndicaux. Autrement dit: la raison d'être des institutions élues résulte de la non-existence des syndicats dans l'entreprise. C'est précisément cette forme mixte italienne qui semble être aujourd'hui le point de repère le plus attrayant pour la réforme des relations professionnelles dans la majorité des nouveaux Etats membres en Europe centrale et Europe orientale.

Toujours est-il que six des dix anciens pays socialistes ont choisi des systèmes mixtes de représentation des intérêts des salariés. Il faut toutefois considérer qu'en règle générale, il s'agit d'une *solution transitoire* habituellement désignée par le terme *«modèle tchèque»*: les organes élus de représentation doivent être dissous, dès que seront créées des organisations syndicales dans l'entreprise. L'orientation vers des systèmes monistes est manifeste. Les syndicats doivent bénéficier, après leur con-

---

13   Les systèmes mixtes de représentation des intérêts des salariés, qui comprennent aussi le cas particulier français du *droit d'expression directe et collective*, ne sont pas pris en compte dans ce tableau.

solidation, d'un monopole de représentation au niveau de l'entreprise et au niveau inter-entreprise. L'évolution tend vers le «modèle britannique», lequel a d'ailleurs été aussi repris à Chypre et à Malte.

Trois types de systèmes en Europe prenant en charge les droits d'information et de consultation	
Système moniste *Single Channel System*: Suède, Danemark, Finlande, Irlande, Royaume-Uni, *Chypre, Malte, Pologne,* (Turquie)	Seuls les syndicats sont mandatés pour représenter les salariés dans le domaine de l'information et de la consultation
Système dualiste *Dual Channel System*: Autriche, France, Belgique, Luxembourg, Espagne, Grèce, Portugal, Pays-Bas, Allemagne, *Hongrie, Slovénie, Slovaquie*	Les représentants élus travaillent en parallèle avec des syndicats reconnus au niveau de la branche et / ou dans l'entreprise
Système mixte ou élargi *Mixed or extended Channel System*: Italie, *Estonie, Lettonie, Lituanie, République tchèque, Bulgarie, Roumanie,*	Les droits des salariés sont pris en charge directement par des syndicats (Italie); dans les entreprises qui ne sont pas organisées syndicalement, les salariés s'expriment par un «canal supplémentaire» (représentants élus)

Perspectives du dialogue social dans les entreprises et les établissements

Dans les anciens Etats membres, le principe établi d'une hiérarchie des normes portant sur les conditions de travail et de rémunération est actuellement mis à mal. Certes, la règle selon laquelle les conventions collectives ne sauraient être moins favorables aux salariés que les normes minimales légales reste valable, mais le droit de bénéficier des conventions collectives de branche est de plus en plus remis en question. Jusqu'au début des années 1980, les accords d'entreprise ne pouvaient être moins favorables aux salariés que les accords négociés au niveau de la branche. Les évolutions en France et en Allemagne prouvent que la règle précitée devient de plus en plus fragile. L'orientation vers le principe néo-libéral de «déréglementation» est évident.

Face à la mondialisation, les employeurs réclament une «flexibilisation» des conventions collectives. D'après la majorité des patrons, la «flexibilité» de l'emploi, les salaires et le temps de travail doivent être négociés au niveau de l'entreprise, puisque ses acteurs connaissent mieux la situation que les syndicats de branches. La «déréglementation», voire la décentralisation, vise avant tout à réduire la portée des accords de branche. En optant pour des clauses dérogatoires, les employeurs cherchent à signer des accords moins contraignants, dont l'application est négociée entreprise par entreprise. Le risque majeur pour les salariés et leurs syndicats réside dans l'effritement de la solidarité au niveau de la branche et à l'intérieur de l'entreprise (en tant qu'entité économique), à partir du moment où la situation économique de chaque site de production devient la seule référence pour la fixation des conditions de travail, des salaires et du temps du travail (cf. Jansen 1999).

Les syndicats sont en principe opposés à la décentralisation des négociations collectives. Cependant, au regard de la concurrence accrue entre sites de production, ils doivent faire des concessions. Afin de protéger les différents sites de production et leurs emplois respectifs, les syndicats allemands accordent aux *Betriebsräte* la compétence de négocier des accords d'entreprise qui dérogent aux conventions collectives. Mais ils insèrent dans les conventions collectives de la branche des «clauses d'ouverture» qui stipulent que tout accord dérogeant à la convention collective dans un sens moins favorable aux salariés n'entre en vigueur qu'après acceptation par le syndicat. Le centre de gravité des négociations collectives se déplacera-t-il, tôt ou tard, du niveau de la branche au niveau des entreprises ou même des établissements?

Si cette tendance devait s'imposer durablement dans les anciens Etats membres de l'UE, il est peu opportun, du point de vue des syndicats des nouveaux Etats membres, de renoncer à la mise en place d'organisations syndicales dans l'entreprise ayant capacité à négocier et à faire grève. Il suffit d'analyser la politique contractuelle dans les PECO pour constater qu'à l'heure actuelle quasiment aucune convention de branche n'a été conclue. Les syndicats industriels sont par conséquent tenus de veiller à la mise en place d'organisations syndicales au niveau des entreprises pour pouvoir développer une base organisationnelle susceptible de promouvoir des conventions collectives spécifiques au moins dans les grandes entreprises et dans le secteur public. Ceci explique, selon nous, que le «modèle allemand» des *Betriebsräte* est peu attractif du point de vue syndical. Dans le doute, le «modèle français» de la représentation dualiste des intérêts des salariés, qui repose sur la coexistence au sein de l'entreprise entre sections syndicales et organes de représentation élus, correspond mieux aux exigences auxquelles sont confrontés les syndicats dans les pays d'adhésion récente. S'il faut de surcroît prendre en compte la tradition socialiste du monopole syndical de représentation, il apparaît alors clairement que le système britannique de représentation moniste est encore le plus conforme à l'héritage des syndicats précédemment communistes.

Les options des nouveaux Etats membres

Parmi les nouveaux Etats membres, les pays d'Europe centrale et orientale, qui faisaient partie de l'ancien «bloc soviétique», éprouvent les plus grandes difficultés à maîtriser les incidences politiques, économiques et socioculturelles liées aux processus de transformation de l'ère postcommuniste (Bohle 1999).

Il est important d'insister sur les effets de la désintégration sociale et économique induits par les politiques de privatisation en cours dans ces pays, en vue d'adapter leur système productif à l'économie de marché et, plus précisément, aux modes de gestion des entreprises européennes, américaines et japonaises qui s'y sont implantées après la désagrégation du COMECON. Ces multiples processus de transformation marquant le passage de l'économie planifiée à l'économie de marché ne restent évidemment pas l'apanage des seuls pouvoirs publics et du patronat. Après leur refondation, les syndicats – conseillés et appuyés par la *Confédéra-*

tion européenne des syndicats (CES) – tentent à leur tour d'influer sur la restructuration et la modernisation de l'économie, afin qu'elles soient compatibles avec des conditions de travail et de vie décentes pour les salariés et d'éviter le dumping social dans les anciens Etats membres.

Si, respectant le droit international du travail sur le droit de coalition, les législations sociales des pays autrefois d'obédience communiste garantissaient aux salariés le droit de s'organiser dans un syndicat, elles ne prévoyaient en revanche que rarement d'autres structures participatives, notamment l'intervention d'institutions représentatives impliquant des délégués élus des salariés dans les processus décisionnels de l'entreprise. Les nouveaux Etats membres ont la possibilité de maintenir leur héritage du monopole syndical de représentation, puisque l'UE n'impose aucun modèle particulier en matière de «démocratie industrielle». Comme la discussion sur les comités d'entreprise européens l'a encore montré dans les années 1990, toutes les tentatives visant à établir un seul et unique modèle de relations de travail / de représentation des personnels à l'intérieur de l'UE ont échoué en se heurtant au poids des traditions nationales.

Tous les pays candidats à l'adhésion à l'UE sont donc, en principe, libres de s'orienter vers le «modèle» de leur choix. Ils peuvent s'inspirer des pratiques européennes, américaines ou japonaises ou bien développer, en combinant plusieurs «modèles», leurs propres normes et structures. Au regard de la diversité des intérêts respectifs des partis, des syndicats et des entreprises, qui sont conflictuels, les nouveaux Etats membres deviennent des «laboratoires sociaux» dans lesquels il devient possible d'inventer des formes alternatives de représentation des intérêts des salariés dans l'entreprise. Pour cela, seul le dénominateur commun constitué par la directive relative aux droits d'information et de consultation des salariés doit être pris en compte: dans le droit du travail national, les salariés doivent être autorisés à mettre en place une instance de représentation institutionnelle, quelle qu'elle soit.

Le droit de constituer des organes idoines de représentation des intérêts des salariés, ne doit pas être confondu avec l'obligation d'instaurer de tels organes dans toutes les entreprises d'au moins 50 salariés ou dans tous les établissements d'au moins 20 salariés. La pratique dans les anciens Etats membres montre que les droits existants sont en règle générale parfaitement mis à profit dans les grandes entreprises – les petites et moyennes entreprises restant au contraire bien souvent dépourvues d'organes de représentation des salariés. De surcroît, une obligation de mise en place d'organes de représentation des intérêts des salariés dans l'entreprise ne peut être imposée dans les pays qui s'orientent vers le maintien d'un monopole syndical de représentation. L'introduction contraignante d'organisations syndicales d'entreprise entrerait en conflit avec la liberté de coalition/liberté syndicale consacrée par le droit international du travail: les salariés sont libres de s'organiser syndicalement ou non.

Eu égard à l'évolution en cours dans les nouveaux Etats membres, l'élargissement de l'UE vers l'Est et l'entrée de Chypre et de Malte ont déplacé, au sein de l'Europe, le rapport de forces entre les protagonistes des systèmes de représentation monistes et dualistes.

Le pourcentage de pays ayant un système à une seule filière a augmenté. La solution favorisée dans les pays d'Europe centrale et orientale, qui consiste à reconnaître les organisations syndicales dans l'entreprise, crée un champ pour la «localisation» du dialogue social sur l'entreprise[14]. Son application visible est la politique contractuelle. Dans l'hypothèse où cela s'avérerait fonctionnel du point de vue des entreprises, il est fort probable que les entrepreneurs soient tentés d'orienter les relations du travail vers les modèles esquissés par les nouveaux Etats membres. Ainsi la tendance à une localisation des négociations sur l'entreprise s'en trouverait-elle finalement encore renforcée.

Bibliographie

AMT FÜR AMTLICHE VERÖFFENTLICHUNGEN DER EUROPÄISCHEN GEMEINSCHAFTSCHAFTEN (2005): *Vertrag über eine Verfassung für Europa.* Luxemburg.
BETRIEBSVERFASSUNGSGESETZ, in: http://www.gesetze-im-internet.de/bundesrecht/betrvg/gesamt.pdf.

---

14   Ce qu'on appelle en Allemagne «*Verbetrieblichung*».

BOHLE, D. (1999): «Der Pfad in die Abhängigkeit? Eine kritische Bewertung institutionalistischer Beiträge in der Transformationsdebatte», Discussion Paper FS I 99 – 103; Wissenschaftszentrum Berlin für Sozialforschung.

CASSEN, B. (2007): «L'avenir de l'Europe», in: Le Monde Diplomatique, Mai 2007; 22.

CHARTE COMMUNAUTAIRE DES DROITS SOCIAUX FONDAMENTAUX (1989), in: http://ultraliberalisme.online.fr/Documents/UE/1989_12_09.rtf, 19.06.07.

DELORS, J. (2005a): «La Constitution, un pas en avant pour l'Union européenne», Intervention, rencontre organisée par le Mouvement Européen-France Samedi 9 avril 2005, in http://www.notre-europe.eu/upload/tx_publication/Mouvementeuropéen-09.04.05_01.pdf, 19.06.07.

DELORS, J. (2005b): Intervention de Jacques Delors en ouverture des travaux du Conseil Economique et Social, Reunion du 14 avril 2005 – Le Dialogue Social Européen, in: http://www.notre-europe.eu/upload/tx_publication/DialoguesocialeeuropeenJD_02.pdf, 19.06.07.

GREIFENSTEIN, R. / JANSEN, P. / KISSLER, L. (1993): *Gemanagte Partizipation. Qualitätszirkel in der deutschen und der französischen Automobilindustrie.* München und Mering.

JANSEN, P. (1999): «Europäische Regulierung und verbetriebliche Anarchie. Perspektiven der Mitbestimmung im neuen Europa», in: NUTZINGER, H. G. (Hg.): *Perspektiven der Mitbestimmung. Historische Erfahrungen und moderne Entwicklungen vor europäischem und globalem Hintergrund.* Marburg (Metropolis-Verlag); 305-334.

JANSEN, P. / KIßLER, L. / KÜHNE, P. / LEGGEWIE, C. / SEUL, O. (1986): *Gewerkschaften in Frankreich. Geschichte, Organisation, Programmatik.* Frankfurt/New York.

JANSEN, P. / SEUL, O. (2003): «Droits et pratiques de la participation des salariés aux décisions dans l'entreprise dans l'Union européenne élargie», in: SEUL, O. / ZIELINSKI, B. / DUPUY, U. (Dir.): *De la communication interculturelle dans les relations franco-allemandes: Institutions – Enseignement – Entreprises.* Ed. Peter Lang, Bern, 197-222.

JANSEN, P. / SEUL, O. (2005): «Law and Practice of Employee Participation in Corporations and Companies of the Enlarged European Union», in: Law and Justice, Special Issue 2005, Riga; 2-8.

KISSLER, L. (Hg.) (1989): *Modernisierung der Arbeitsbeziehungen. Direkte Arbeitnehmerbeteiligung in deutschen und französischen Betrieben.* Frankfurt/New York.

LA DOCUMENTATION FRANÇAISE (ed) (2007): «Elargissement de l'Union européenne», in: http://www.ladocumentationfrancaise.fr/dossiers/elargissement-union-europeenne/nouveaux-membres.shtml.

LE MONDE du 18 juin 2003: *Projet de la Convention pour une Constitution européenne.* Paris.

MORIN, M.-L. (2005): «Le droit du travail face aux nouvelles formes d'organisation des entreprises», in: Revue Internationale du Travail, vol. 144 (2005), n° 1; 5-30.

RICHTLINIE 2002/14/EG des Europäischen Parlaments und des Rates vom 11. März 2002 zur Festlegung eines allgemeinen Rahmens für die Unterrichtung und Anhörung der Arbeitnehmer in der Europäischen Gemeinschaft – Gemeinsame Erklärung des Europäischen Parlaments, des Rates und der Kommission zur Vertretung der Arbeitnehmer Amtsblatt Nr. L 080 vom 23/03/2002; 0029-0034, in: http://soliserv.de/pdf/EBR-EU-Richtlinie-Information+Konsultation.pdf.

SCHRÖDER, W. (2000): *Das Modell Deutschland auf dem Prüfstand. Zur Entwicklung der industriellen Beziehungen in Ostdeutschland,* Opladen.

SCHULTE, B. (2004): «Die Entwicklung der Sozialpolitik der Europäischen Union und ihr Beitrag zur Konstituierung des europäischen Sozialmodells», in: KAELBLE, H. / SCHMID, G. (Hg.): *Das europäische Sozialmodell. Auf dem Weg zum transnationalen Sozialstaat. WZB-Jahrbuch 2004.* Berlin.

SEUL, O. (1988): *Das Arbeitermitspracherecht und andere neue Arbeitnehmerrechte in Frankreich aus der Sicht der französischen Gewerkschaften. Theoretische Vorstellungen und Reformpraxis (1982-1985).* Diss. druck Universität Oldenburg.

SEUL, O. (Ed.) (1994): *Participation par délégation et participation directe des salariés dans l'entreprise. Aspects juridiques et socio-économique de la modernisation des relations industrielles en Alle-*

magne, en France et dans d'autres pays de l'Union européenne. Ed. Chlorofeuilles, Nanterre.

Europäische Union: Gibt es ein gemeinsames Sozialmodell?

Voraussetzungen, Schwierigkeiten und Perspektiven einer europäischen Sozialpolitik

Jürgen HOFFMANN

Einleitung

Die europäische Integration ist seit der Montan-Union und den Römischen Verträgen Anfang und Mitte der 50er Jahre substanziell vor allem eine *ökonomische* Integration. Die bekannten vier Freiheiten, die durch den Integrationsprozess durchgesetzt werden sollen, sind Freiheiten ökonomischer Faktoren (Waren, Arbeitskräfte, Dienstleistungen, Kapital), durch die ein gemeinsamer Markt hergestellt werden soll. Eine Freisetzung von Märkten hatte historisch im nationalen Rahmen aber immer Reaktionen der politischen Akteure zur Folge, durch die die negativen Folgen der Freisetzung – oder in den Worten von Karl Polanyi: ihrer „Entbettung" – eingegrenzt oder gar aufgehoben werden sollten. Diese „marktkorrigierende" Politik mündete auf der national-staatlichen Ebene in (unterschiedliche) Formen eines *Sozialstaates* oder auch – weiter gefasst – eines *Wohlfahrtsstaates*, dessen soziale (oder auch ökologische) Normen den Märkten Grenzen auferlegten, sie also wieder „einbetten" in sozialverträgliche Formen ökonomischen Handelns. Im weiteren Sinne gehören zu diesen Sozialstaatsformen die unterschiedlichen Formen der sozialen Sicherungen (Alter, Krankheit, Arbeitslosigkeit), des Arbeitsschutzes, der Arbeitsbeziehungen und der staatlichen Beschäftigungspolitik.

Charakteristisch für den europäischen Integrationsprozess ist, dass es
seit den Römischen Verträgen 1957 und besonders seit der Einheitlichen
Europäischen Akte und der Herstellung des gemeinsamen Binnenmarktes in den 90er Jahren im Rahmen der Vertragswerke gelungen ist, politisch die Freiheit der Märkte oberhalb der Ebene der Mitgliedstaaten
durchzusetzen (im Sinne einer marktschaffenden Politik), während eine
marktkorrigierende Politik auf der europäischen Ebene bisher weitgehend versagt hat oder aber ausgeblieben ist.

Hintergrund dieses Versagens europäischer Integrationspolitik sind
die Unterschiede, die sich historisch bei der Herausbildung marktkorri-
gierender Politiken zwischen den Nationalstaaten ergeben haben und die
als unterschiedliche Sozialstaatstypen heute in der Europäischen Union
neben- und gegeneinander stehen. Aber damit nicht genug: nicht nur die
Sozialstaatstypen, auch die sozialökonomischen Grundlagen der nationalen Ökonomien unterscheiden sich, so dass auf der europäischen Ebene
nicht nur unterschiedliche Sozialstaatstypen konkurrieren, sondern vor
allem auch unterschiedliche Kapitalismustypen und unterschiedliche
Typen der Arbeitsbeziehungen aufeinander treffen (vgl. dazu auch Ebbinghaus 1999). Welche Schwierigkeiten ergeben sich aus dieser Konstellation – und wie steht es um die Perspektiven einer zukünftigen europäischen Sozialpolitik? Gibt es unter diesen Umständen überhaupt so
etwas wie ein gemeinsames europäisches Sozialmodell? Im Folgenden
sollen vor allem zunächst die Unterschiede typologisch heraus gearbeitet
werden, um dann im abschließenden Teil die sozialpolitischen Antworten auf den ökonomischen Integrationsprozess und deren Perspektiven
auf der EU-Ebene zu umreißen.

„Varieties of Capitalism“:
Kapitalismusmodelle in der Europäischen Union

Ein erster Aspekt der sozialökonomischen Unterschiede zwischen den
Mitgliedsländern ergibt sich in der Europäischen Union aus den Unterschieden der „sozialen Systeme der Produktion“ (vgl. zum Begriff: Hollingsworth 1997) in den Mitgliedsländern. Ökonomisches Handeln – in

kapitalistischen marktwirtschaftlichen Systemen von dem Prinzip des „aus Geld mehr Geld machen" /der Kapitalverwertung geleitet – ist nie allein eindeutig ökonomisch ausgerichtet. Schon rein rational-ökonomisches Handeln hat Alternativen der sachlichen, sozialen und zeitlichen Dimension (prozedurale oder finale, individualistische oder kooperative, kurz- oder langfristige Orientierung). Einzelwirtschaftliches Handeln ist zudem eingebettet in soziale Institutionen (Normen, Regeln, Gesetze), die ökonomisches Handeln erwartbarer, sicherer machen (vgl. dazu und zum Folgenden Albert 1990, Crouch/Streeck 1997, Hall/ Soskice 2001, Abelshauser 2003 und Hoffmann 2005). Historisch haben sich in Westeuropa dabei zwei Grundtypen heraus gebildet:

– *Erstens:* der marktradikale liberale Kapitalismustyp, der kurzfristig-einzelwirtschaftlich orientiert ist, sich vorwiegend an der Börse re-finanziert und dessen Koordinierungsmechanismus vorrangig marktgeleitet ist.
– Dagegen steht *zweitens* ein eher langfristig-kooperativ ausgerichte-ter Kapitalismustyp, der neben dem Markt außermarktliche Koor-dinationsinstanzen entwickelt hat – sei es in Form von korporatisti-schen Arrangements (so der „Rheinische Kapitalismus" in Deutschland, den Niederlanden, Belgien, z.T. in Österreich), sei es durch die dominante Rolle des Staates (so im „etatistischen Kapita-lismus" in Frankreich und Italien), sei es durch die hegemoniale po-litische Parteien (so im „sozialdemokratischen Kapitalismustyp" in Skandinavien, besonders in Schweden).

Kennzeichnend für die Stabilität und Pfadabhängigkeit der hier genann-ten Kapitalismustypen sind je spezifische institutionelle Komplemen-taritäten (Amable 2003) zwischen den Modi der Finanzierung, des *cor-porate governance* Systems, des Systems der Qualifikation der Arbeitskraft, des Systems der industriellen Beziehungen und der Ver-bände und deren Verhältnis zum Staat, und des Innovationssystems. Das Aufbrechen der jeweiligen institutionellen Komplementaritäten etwa durch die Übernahme von Systemelementen anderer Kapitalismustypen – z.B. im Rahmen der Integrationspolitik der Europäischen Union – kann dabei zu Produktivitäts- und Wohlfahrtsverlusten bis hin zur Erosion eines ehemals erfolgreichen Modells führen.

So ist z.b. der radikal marktgeleitete angloamerikanische Typ – in der EU: der britische Kapitalismus – vorwiegend börsenfinanziert und damit von den Kurzfristerwartungen der shareholder bestimmt. Das System der *corporate governance* in den in Großbritannien vorwiegend kleinen Unternehmen wird von betriebswirtschaftlichen Zielsetzungen (kurzfristig hohe Renditen als Ziel) geleitet, im Zentrum der Unternehmensführung steht dabei der den shareholdern allein verantwortliche *Chief Executive Officer* (CEO). In diesem spezifischen sozialen System der Produktion Großbritanniens dominieren in der Industrie (die allerdings nur noch ca. 20 v.H. der Beschäftigten stellt) standardisierte Massenproduktionen mit niedrig qualifizierten Arbeitnehmern/innen in *„hire and fire"* – Arbeitsmärkten (*„screwdriver manufacturing"*, *„low skill – low wage"* – Beschäftigungsverhältnisse). Die Arbeitnehmer müssen daher ein Interesse an einer möglichst breiten „Jedermannqualifikation" haben, um mobil und flexibel in unterschiedlichen Unternehmen einsetzbar zu sein. Dort, wo im deutschen System Facharbeiter eingesetzt werden, werden in Großbritannien (hoch bezahlte), innerbetrieblich ausgebildete und nach dem Senioritätsprinzip abgesicherte Arbeitskräfte oder aber gleich Akademiker beschäftigt. Neben der standardisierten Massenproduktion wird aber auch mit Hilfe von schnellem, an der Börse mobilisierten Risikokapital in neue Märkte und neue high-tech Produkte investiert, wobei diese Produktionen mit (zur Verhinderung von Abwerbungen – des *poachings*) gut bezahlten, hoch qualifizierten Beschäftigten durchgeführt werden. Preiselastische Massenprodukte niedriger Qualität und high-tech Produkte sind so gleichermaßen charakteristisch für das Innovationssystem der *„liberal market economy"*, für die in der EU Großbritannien und Irland stehen können.

Soziale Systeme der Produktion in den koordinierten kapitalistischen Marktökonomien bilden gewissermaßen den Antipoden. Hier wird – wie im Prototyp, dem deutschen korporatistisch organisierten *„Rheinischen Kapitalismus"* – die Produktion entweder durch langfristige Bankanleihen oder aber durch strategische Investoren an der Börse (so genannte *„stakeholder"*) finanziert. Das System der *corporate governance* ist kooperativ und langfristig ausgelegt (Aufsichtsrat – Vorstand; Vorstandsvorsitzender als Erster unter Gleichen, Mitbestimmung durch Arbeitnehmervertreter); Unternehmensziele sind neben einer nachhaltigen

Profitabilität die langfristige Sicherung und Ausweitung der Märkte und die Beschäftigungsstabilität. Die internen Arbeitsmärkte sind durch hohe Barrieren (Kündigungsschutz) gesichert, die Qualifikation wird kooperativ zwischen Unternehmen, Staat und Gewerkschaften organisiert (duales Ausbildungssystem) und aufgrund des Kündigungsschutzes wird das Sich-Einlassen auf eine innerbetriebliche Qualifizierung seitens des Arbeitnehmers ebenso gefördert wie Investitionen in die Qualifikation durch die Arbeitgeber – die Gefahr des Abwanderns bzw. der Abwerbung ist gering. Die Arbeitsmärkte sind aufgrund der hohen, variabel einsetzbaren Qualifikation intern hoch flexibel, *weil* sie extern inflexibel sind! Auf dieser Basis dominiert ein inkrementalistisch sich entwickelndes Innovationssystem, das preisunelastische Qualitätsprodukte vorwiegend im *medium tech* Bereich hervor bringt. Dieses System der „diversifizierten Qualitätsproduktion" wird in der Wissenschaft mit der Trias *„high qualification – high wage – high quality"* etikettiert, einer Trias, die z.B. für die Produkte des so genannten „Exportweltmeisters Deutschland" typisch ist.

Im *co-ordinated market* Typ des Rheinischen Kapitalismus üben die Verbände im Zusammenspiel mit dem Staat die koordinierende Funktion neben und gegenüber dem Markt au. Diese Funktion wird im *etatistischen* Typ – Frankreich, auch mit Einschränkungen Italien – vom Staat übernommen, während im *sozialdemokratischen* Typ – Skandinavien, besonders Schweden, aber auch mit Einschränkungen Österreich – die Sozialdemokratie als hegemoniale Partei im Verbund mit Staat und Verbänden/Gewerkschaften auftritt. Für alle drei Unterfälle des *„co-ordinated market capitalism"* (Korporatismus, Etatismus, Sozialdemokratischer Typ) gilt, dass sie sich in den Formen der sozialen Einbettung ökonomischen Handelns durch Kooperation oder Hierarchie untereinander und zugleich gemeinsam deutlich von der marktradikalen Form des *„liberal market capitalism"* unterscheiden.

Die unterschiedlichen Kapitalismustypen bilden die sozialökonomische Basis für die Unterschiede der in ihnen entwickelten wohlfahrtsstaatlichen Typen und der unterschiedlichen Systeme der Arbeitsbeziehungen in der EU. Besonders der koordinierte Kapitalismustyp gerät zur Zeit durch dramatische Veränderungen in der internationalen Finanzarchitektur und dadurch bewirkte Veränderungen in den *corporate gover-*

nance Orientierungen (in Richtung auf einen kurzfristig orientierten *shareholder value* – Typ) sowie durch die Internationalisierung der Märkte unter Druck, worauf aber in unserem Zusammenhang nicht näher eingegangen werden kann (vgl. dazu u.a. Hoffmann 2004).

Vielfalt der Sozialstaatsmodelle in der EU-15

Mit der historischen Entwicklung unterschiedlicher Kapitalismen haben sich auf dem Gebiet der EU auch unterschiedliche Antworten auf die soziale Frage heraus gebildet, die mit dem Übergang zum kapitalistischen Wirtschaftssystem und mit der Demokratisierung der bürgerlichen Gesellschaften in Westeuropa aufkam. Wenn wir vier „Referenzländer" in der EU betrachten (Großbritannien, Frankreich, Schweden, Deutschland), wird deutlich, dass die sozialen Sicherungssysteme sich einmal auf dem Hintergrund der jeweiligen gesellschaftlichen Entwicklungen und Problemlagen herausgebildet haben und zum anderen deutliche Bezüge zum jeweilig vorherrschenden Kapitalismustyp existieren. Der historische Zusammenhang wird besonders deutlich, wenn wir die unterschiedlichen Ausgangspunkte und Leitprobleme aufgreifen (vgl. dazu und dem Folgenden Schmid 2002, Kaufmann 2003).

Für das sozialstaatliche System in Großbritannien stand/steht die *Armutsfrage* im Mittelpunkt, deren Lösung sich der Staat unter dem Druck von sozialen Konflikten zur Aufgabe machen musste. Da die britische Gesellschaft über kein stark entwickeltes Verbandssystem verfügte und verfügt, das in korporatistischer Weise soziale Sicherungssysteme neben oder jenseits des Staates hätte entwickeln können, wurde die seit der Frühzeit des britischen Kapitalismus existierende staatliche Armenfürsorge in Form einer Grundsicherung ausgebaut. Es wurde eine steuerfinanzierte Alterssicherung auf niedrigen Niveau etabliert, eine Kranken- und Arbeitslosigkeitsversicherung auf Beitragsbasis im National Insurance Act von 1911 aufgebaut. In der Mitte des zwanzigsten Jahrhunderts wurde dann unter der Labour Regierung ein staatliches Gesundheitssystem eingerichtet, das geradezu „sozialistische" Züge trägt. Die starke Konzentration auf den Staat als Organisator steht dabei nur scheinbar im Gegensatz zum *liberal market capitalism* – Typ: Gerade weil der britische Kapitalismus – trotz entgegengesetzter Tendenzen unter Labour Regierungen – marktzentriert war und ist, unterblieb der Aufbau einer starken intermediären Ebene mit starken Verbänden und zivilgesellschaftlichen Institutionen, mit deren Hilfe soziale Sicherungssysteme hätten entwickelt werden können. Es fehlten schlicht die potentiellen Träger solcher Sicherungssysteme jenseits des Staats. Alternativ zu einer Verbandsträgerschaft hätte die Organisation des Gesundheitssystems auf rein privater Basis gestanden – eine Alternative, die angesichts des shareholder geleiteten, marktradikalen Kapitalismus in Großbritannien keine gesellschaftliche Akzeptanz fand und findet, was übrigens selbst für Konservative gilt. Gut ausgebaute soziale Dienste des Staates, ein niedrig angesetztes, weitgehend beitragsfinanziertes einheitliches System der sozialen Grundsicherung (besonders die Altersarmut ist eines der drängendsten Probleme im britischen System) und ein staatliches, universalistisch ausgerichtetes Gesundheitssystem sind charakteristisch für den Sozialstaat in Großbritannien, der aufgrund des staatlichen Gesundheitssystems einen höheren Anteil am Sozialprodukt ausmacht als der der USA, aber dieser Anteil liegt weit unter dem der kontinentaleuropäischen westeuropäischen EU-Mitgliedstaaten.

In den drei kontinentaleuropäischen Referenzstaaten liegt der Anteil der sozialstaatlichen Ausgaben am Sozialprodukt weit höher als in den liberalen Marktökonomien. Aber zwischen den kontinentaleuropäischen Systemen bestehen deutliche qualitative Unterschiede.

Für den schwedischen Sozialstaat bildet nicht die Armut, sondern die *Gleichheit* das Leitproblem für die Entwicklung der sozialen Sicherung. Hinter den Forderungen nach sozialstaatlich geförderter Gleichheit in den Lebenschancen und nach Möglichkeit auch in den Lebenslagen standen die Ansprüche einer mittelbäuerlichen Mehrheit in der Bevölkerung, die Anteil am ökonomischen Fortschritt des sich entwickelnden Kapitalismus einforderte. Diese Inhalte wurden programmatisch von der seit Mitte des 20. Jahrhunderts politisch hegemonialen Sozialdemokratie vertreten, die dabei auf die hohe Solidarität im Sinne eines vormodernen Gemeinschaftsgefühls innerhalb der schwedischen Bevölkerung bauen konnte (das „schwedische Volksheim"). Ein weitgehend steuerfinanziertes, universalistisch wirkendes Modell der sozialen Sicherung existiert seit 1946. Es garantiert eine bedarfsunabhängige Grundsicherung für alle alten Menschen. Es wird flankiert durch ein stark ausgebautes System öffentlicher sozialer Dienstleistungen. Erst gegen Ende der sozialdemokratischen Regierungsära erfolgte eine vorsichtige Ergänzung durch beitragsfinanzierte Anteile, wobei im Unterschied zu Deutschland eine Diskriminierung von Frauen vermieden wurde. Die Gesundheitsversorgung wird zum größten Teil öffentlich organisiert bei allgemeiner Krankenversicherungspflicht und hohem Krankengeld (90 v. H. des Lohns). Die gewerkschaftlichen Hilfskassen der Arbeitslosigkeitsunterstützung wurden gesetzlich subventioniert, die Versicherung für Gewerkschaftsmitglieder war obligatorisch, was praktisch den Gewerkschaften die Funktion einer „mittelbaren Staatsverwaltung" (Kaufmann) verlieh.

Das deutsche System der sozialen Sicherung hatte unter Bismarck die *Arbeiterfrage* zum Ausgangspunkt (allerdings – wie die Politik in Großbritannien und Schweden auch – mit der sozialen Frage im Hintergrund). Bismarck ging es bei der Etablierung der sozialen Sicherungssysteme im Kaiserreich um zweierlei: Einerseits um die Zurückdrängung des Einflusses der aufkommenden Arbeiterbewegung und der Gewerkschaften, die begonnen hatten, eigene genossenschaftliche Formen der sozialen Sicherung aufzubauen und denen er „das Wasser abgraben wollte" (also ein dem o.a. schwedischen Beispiel entgegengesetzter Weg!). Andererseits ging es darum, eine Form der *staatlich* kontrollierten sozialen Sicherung zu entwickeln, die Bismarck's korporativen Politikvorstellungen entgegen kam und gegen einen weiteren Machtzuwachs des Parlaments gerichtet war. Auf dieser Basis wurde ein beitragsfinanziertes Versicherungsmodell (Alter, Invalidität, Krankheit, später in der Weimarer Republik auch Arbeitslosigkeit) entwickelt, das paritätisch von Arbeitnehmern und Arbeitgebern finanziert wurde. Es beruhte auf dem männlichen Normalarbeitsverhältnis (die Ehefrau und die Kinder waren mitversichert). Insgesamt sollte das System den „status quo" der jeweiligen Beitragseinzahler in Zeiten sozialer Not auf Zeit weitestgehend sichern. Neben der gesetzlichen Pflichtversicherung entwickelten sich private Versicherungsinstitutionen, die in Beiträgen und Leistungen zusammen mit der gesetzlichen Versicherung die soziale Sicherung insgesamt garantieren, aber zugleich auch die Unterschiede zwischen Schichten und Klassen festschrieben. Das System passt sich in den korporatistischen

Typus des Rheinischen Kapitalismus ein; denn es basiert auf dem entwickelten Verbandssystem, es ist selbst eine wesentliche Ursache dafür. Die gesetzliche Pflichtversicherung ist seit der Weimarer Republik – mit der Unterbrechung in der NS-Zeit – tripartistisch organisiert (Beteiligung der Gewerkschaften und der Arbeitgeberverbände). Die öffentlich organisierten sozialen Dienste sind gegenüber dem schwedischen System zum Vergleich eher mäßig ausgebaut.

Das französische System der sozialen Sicherung weist Parallelen zum deutschen System auf, hat aber andere Ausgangspunkte. Es waren die im Vergleich zum potentiellen Gegner Deutschland stagnierenden bzw. sinkenden Bevölkerungszahlen, die den Anstoß zu einer vorwiegend familienzentrierten Sozialpolitik in Frankreich gaben. Die *Bevölkerungs- und Familienpolitik* stand und steht im Zentrum der Sozialpolitik in Frankreich. Deshalb wurde – so paradox dies klingt – einmal ein an Bismarck orientiertes Modell der paritätischen beitragsfinanzierten sozialen Sicherung eingeführt, das von einer Fülle von Familienausgleichskassen und drei voneinander getrennten öffentlichen Kassen, die nach Alter, Krankheit und Familie organisiert sind, umgesetzt wird. Ebenso wie das deutsche Modell ist das französische Modell nach Berufsgruppen umfassend, aber selektiv organisiert und trägt daher, wie Kaufmann (2003) betont, nicht zur Reduktion sozialer Ungleichheit bei. Allerdings ist das französische System auch dadurch gekennzeichnet, dass die Kinderbetreuung durch öffentliche Einrichtungen und staatliche Unterstützungen umfassend gewährleistet wird und so die Erwerbstätigkeit der Frau erheblich erleichtert, was sich in einer gegenüber Deutschland höheren Frauenerwerbsquote ausdrückt. Unterfüttert wird das französische System durch den staatlich garantierten Mindestlohn (SMIC).

Esping-Andersen (1990) verdeutlicht in seiner Untersuchung „*The Three Worlds of Welfare Capitalism*" die Unterschiede zwischen den Wohlfahrtsstaaten der EU. Er unterscheidet den *liberalen*, den *sozialdemokratischen* und den *konservativen* Typ. Für die ersten beiden (Großbritannien als liberalen, Schweden als sozialdemokratischen Typ) gilt, dass die Erwerbsquote der Frauen hoch ist. Die Ursache liegt im liberalen Typ darin, dass Frauen aufgrund mangelnder staatlicher Sicherung im liberalen System gezwungenermaßen sind, zu arbeiten. Im sozialdemokratischen Typ führt das reichhaltige Angebots an öffentlichen

Dienstleistungen der Kinderbetreuung und Bildungseinrichtungen dazu, dass die Erwerbsquoten von Frauen und Männern auf einem vergleichbaren Niveau liegen. Dies stimuliert den Arbeitsmarkt – denn: *„a working woman needs a wife"*. Eine Frau, die erwerbstätig ist, muss Frauen beschäftigen, die die Arbeit der Ehefrau (*„wife")*, Hausarbeit und/oder Kinderbetreuung, gegen Lohn an ihrer Stelle machen. In „konservativen" wohlfahrtsstaatlichen Typen (Deutschland, Frankreich) wird demgegenüber die Ehefrau im sozialen Sicherungssystem durch den Ehemann abgesichert. Die Ehegattin bleibt in der Regel vom männlichen *„bread-winner"* abhängig, weil das System der sozialen Sicherung vom männlichen Normalarbeitsverhältnis ausgeht. Diese „Selbstbedienungsgesellschaften" bewahren das Patriarchat und überlassen der Ehefrau die Arbeiten im Haushalt und der Kinderbetreuung – mit der Folge einer niedrigen Erwerbsquote der Frauen und einer mangelnden Mobilisierung des Arbeitsmarktes in den angesprochenen Arbeitsmarktsegmenten. Aufgrund der Einrichtungen zur Kinderbetreuung und der Ganztagsschule gilt dies jedoch nicht für Frankreich.

Leitbilder, Finanzierungsmodi und sozialen Leistungen der Sozialstaatstypen driften wie die Kapitalismustypen auseinander – was sich nicht zuletzt daraus erklärt, dass die Sozialstaatstypen immer in bestimmter Weise in institutionelle Muster der jeweiligen Kapitalismustypen eingebaut sind. Der Typus von Sozialstaat und Kapitalismus bedingen sich wechselseitig, sie stehen in einem Netzwerk institutioneller Komplementaritäten.

Variationen der Arbeitsbeziehungen

Noch deutlicher als die Sozialstaatssysteme sind die Systeme der Arbeitsbeziehungen in den westeuropäischen EU – Mitgliedsländern auf die Unterschiede der Kapitalismustypen bezogen – was kein Wunder ist, sind doch die Arbeitsbeziehungen stets der Kern des kapitalistischen Systems schlechthin. Die Unterschiede werden in der Struktur, der Kultur und der Politik der Akteure in den Arbeitsbeziehungen der verschiedenen Länder deutlich, wobei wir uns hier wiederum auf unsere Referenzländer konzentrieren (vgl. dazu: Ferner/Hyman 1998, Ebbinghaus 1999, Hyman 2001 und Waddington/Hoffmann 2002). In Großbritannien entwickelten sich kapitalistische Industrien schon sehr frühzeitig. Im industriellen Sektor dominierten und dominieren weiterhin börsenfinanzierte kleine Unternehmen. Die ebenfalls frühzeitig und zahlreich entwickelten Gewerkschaften waren vorwiegend Berufsvertretungen bzw. Vertretungen von bestimmten Beschäftigtengruppen. Auch wenn diese teilweise zu allgemeinen Gewerkschaften (*„general unions"*) ausgebaut wurden, blieben sie – abgesehen von wenigen Ausnahmen – klein, weil sie auf dem „Markt" potentieller Mitglieder miteinander konkurrierten. So konnten sich weder Industrieverbände noch Flächentarifverträge entwickeln. Die Tarifpolitik konzentriert sich auf *„company bargaining"* (Unternehmenstarifverträge). Über 210 (!) Einzelgewerkschaften (darunter wenige große und gut organisierte wie UNISON und GMB), die zusammen genommen auf einen vergleichsweise hohen Organisationsgrad kommen, konkurrieren auch in den Betrieben untereinander. Der Dachverband TUC ist auf die Vermittlung zwischen den Gewerkschaften und (vor allem) auf die Unterstützung der Labour Party ausgerichtet (was sich allerdings unter *„New Labour"* zu ändern beginnt). Der Staat greift in die Arbeitsbeziehungen ein, wenn es aus Sicht der jeweiligen Politik gilt, die Macht der Gewerkschaften ordnungspolitisch einzuschränken (typisch dafür die Gesetzgebung zu Gewerkschaftsfusionen im 19. Jahrhundert und die Thatcherschen Gewerkschaftsgesetze). Die Kultur der Arbeitsbeziehungen ist konfliktorisch ausgerichtet (Sozialpartnerschaft ist bekanntlich nur starken Verbänden möglich, diese existieren aber nur in einzelnen Segmenten, z.B. UNISON im öffentlichen Sektor!). Die *shop stewards* im Betrieb verstehen sich nicht als Mitbestimmungsorgane im Unternehmen, sondern im Sinne einer Gegenmacht gegen die *„bosses"*, wobei die politische Ausrichtung der Gewerkschaftsbewegung keineswegs sozialistisch, sondern strikt reformistisch ist und in der Tradition der *Fabian Society* steht. Allerdings werden mit der Einführung Europäischer Betriebsräte neuerdings in die britischen Arbeitsbeziehungen auch kontinentaleuropäische Mitbestimmungsstrukturen eingebaut.

Kontinentaleuropäische Systeme der Arbeitsbeziehungen zeigen ein anderes Profil. In der Regel dominieren große Gewerkschaftsverbände.

W. Streeck (2003) führt das darauf zurück, dass die kontinentaleuropäischen Gewerkschaften in ihrer Entstehungsphase bereits mit einem gut organisierten Kapitalismus als Gegner konfrontiert wurden. Starke Arbeitgeberverbände und starke Gewerkschaftsverbände bedingen sich wechselseitig. Sie sind mehr oder minder organisations- und verpflichtungsfähig sind. Die Verbände von Kapital und Arbeit orientieren ihre Politik vorwiegend sektoral (z.b. in der Form von Flächentarifverträgen), wenngleich aktuell ein Prozess einer „kontrollierten Dezentralisierung" (Traxler et al. 2001) zu beobachten ist. Rechtlich abgesicherte Formen der Mitbestimmung auf Betriebs- und Unternehmensebene sind stärker ausgebaut als in Großbritannien, wo diese – sieht man einmal von den Europäischen Betriebsräten ab – so gut wie nicht existiert. Aber es gibt in den Organisationsformen der Gewerkschaften und in der Rolle des Staates bzw. in dem Verhältnis zwischen Staat und Tarifpartnern entscheidende Unterschiede:

In skandinavischen Ländern dominieren – wie in Deutschland und Österreich – große Gewerkschaftsbünde, die vorwiegend nach dem Industrieverbandsprinzip (in Österreich nach Sparten) organisiert oder untergliedert sind. Die Einzelgewerkschaften schließen selbständig auf Basis der staatlich garantierten Tarifautonomie Flächentarifverträge ab (was Haustarifverträge oder Tarifverträge für Berufsgruppen nicht generell ausschließt). Die Umsetzung der Tarifverträge im Sinne der Anpassung an betriebliche Bedingungen wird oft (Deutschland, Österreich) durch betriebliche oder unternehmerische Mitbestimmungsorgane organisiert. Diese Mitbestimmungsorgane haben dabei nicht nur Informations- und Konsultationsrechte, sondern in ausgewählten Bereichen der Unternehmenspolitik Mitbestimmungs- und Mitentscheidungsrechte. In Österreich und in zwei Bundesländern in Deutschland werden die Arbeitsbeziehungen zudem zusätzlich durch die Zwangsmitgliedschaft der Beschäftigten in Arbeiterkammern ergänzt. Zugleich sind die Gewerkschaften im vorstaatlichen Bereich präsent, sei es, dass sie, wie in Skandinavien (s.o.), die Arbeitslosenversicherung organisieren und verwalten (was zu hohen Organisationsgraden geführt hat), sei es, dass sie wie in Deutschland, im korporatistischen System in halböffentlichen Organisationen mit den Arbeitgeberverbänden und dem Staat tripartistisch kooperieren (z.b. in der Sozialversicherung, im dualen Berufsausbildungssystem, in Forschungsinstitutionen).

In Ländern des etatistischen Kapitalismustyps (Frankreich, Italien) sind Gewerkschaften nach politischen bzw. religiösen Kriterien organisiert, zugleich aber jeweils national-zentralistisch aufgebaut. Innerbetrieblich existieren zwar Mitbestimmungsorgane – z.b. die *comités d'entreprise* in Frankreich oder die *RSU* in Italien – deren Rechte sind aber im Wesentlichen auf Information und Konsultation beschränkt (und deren Vorsitz nimmt im Falle der *comités d'entreprise* sogar der Unternehmer bzw. sein Stellvertreter ein). Obwohl die Verbände als zentralistisch organisierte Gewerkschaftsverbände ebenso wie die Arbeitgeber- bzw. Industrieverbände in der Politik eine wichtige Rolle spielen, haben die Gewerkschaften insbesondere in Frankreich nur einen geringen Organisationsgrad. Ihre Stärke liegt in der fallweisen Mobilisierung der Nichtmitglieder auf der Straße und dem dadurch auf die Regierung ausgeübten Druck, denn sowohl die Tarifverträge als auch wesentliche Bedingungen der Arbeitsbeziehungen (wie z.b. die Arbeitszeit) werden entweder häufig durch die Regierung gesetzlich geregelt. Der etatistische Typ des Kapitalismus prägt auch und gerade die Arbeitsbeziehungen, was sich in Frankreich darin zeigt, dass der gewerkschaftliche Organisationsgrad in der Privatwirtschaft gerade einmal 5 Prozent, die Tarifvertragsdeckensdichte aber knapp 90 Prozent beträgt!

Unabhängig davon, ob die Arbeitgeberseite sich überhaupt auf gemeinsame Tarifverhandlungen auf der europäischen Ebene einlassen will, ist absehbar, dass eine gemeinsame Plattform auf der Gewerkschaftsseite äußerst schwer herzustellen ist. Dagegen sprechen nicht nur die unterschiedlichen nationalen Interessen, sondern vor allem die unterschiedlichen Strukturen und Kulturen in den Arbeitsbeziehungen der Mitgliedsstaaten (vgl. Hoffmann 2002, Hoffmann et al. 2002).

Die gewerkschaftspolitischen Unterschiede lassen sich auch anders systematisieren. Richard Hyman (2001) verortet die politischen und kulturellen Orientierungen der europäischen Gewerkschaften in einem aus *Markt, Klasse und Gesellschaft* gebildeten Dreieck. Britische Gewerkschaften werden hier zwischen Klasse (Klassenopposition gegen die Kapitalisten) und Markt positioniert. Deutsche Gewerkschaften werden ähnlich wie schwedische Gewerkschaften zwischen Gesellschaft (Integ-

ration in die Gesellschaft, Sozialpartnerschaft) und Markt (Tarifautonomie) platziert, während italienische Gewerkschaften zwischen Klassen
(opposition) und Gesellschaft eingestuft werden. Diese Form der Syste-
matisierung von Unterschieden verdeutlicht, wie schwierig es ist, auf
europäischer Ebene eine gewerkschaftliche „Politik der Solidarität" zu
realisieren. Dies ist insbesondere für die Akteure eine Herausforderung,
die bereits in den Geburtsstunden ihrer Verbände das hohe Lied der internationalen Solidarität gesungen haben. Vertreter der Arbeitgeberverbände können sich hier eher zurücklehnen; denn ihre Mitglieder verzichten eher auf die Entwicklung europäischer Arbeitsbeziehungen: sie
setzen den Akzent auf Arbeitsbeziehungen in ihren Betrieben und Unternehmen.

Europäische Union: „*Race to the Bottom*" oder europäische Re-Regulierung? – Auf dem Weg zu einem europäischen Sozialmodell

Der Nationalstaat hat die hier anhand von drei Bereichen (Kapitalismustypen, Sozialstaatsystemen und Systemen der Arbeitsbeziehungen) dar-
gestellten unterschiedlichen institutionellen Formen der Einbettung der
Ökonomien immer ermöglicht und zugleich nach außen hin abgeschirmt.
Erst dadurch war es möglich, über lange Zeiträume stabile Systeme kapi-
talistischer Nationalökonomien zu entwickeln und sukzessive durch Systeme der Sozial- oder Wohlfahrtsstaaten sowie der Arbeitsbeziehungen
zu korrigieren. Nationalökonomien konkurrierten auf den Weltmärkten,
spielten ihre jeweiligen komparativen Vorteile gegeneinander aus. Durch
die Entwicklung der Europäischen Gemeinschaft – insbesondere durch
die Schaffung des gemeinsamen Binnenmarktes – werden nun aber jene
Barrieren, die die institutionellen Einbettungen ermöglichten und ab-
schirmten, tendenziell nieder gerissen. Dies hat zur Folge, dass im europäischen Binnenmarkt die unterschiedlichen institutionellen Systeme der
Mitgliedsstaaten gezwungen werden, miteinander zu konkurrieren – mit
der Gefahr eines „*race to the bottom*" im Wettbewerb um Kapitalinves-
titionen, oder aber sie werden gezwungen, sich einander anzupassen

(„gegenseitige Anpassung", Scharpf 2002). In beiden Fällen laufen die nationalen Systeme Gefahr, ihre jeweiligen komparativen Vorteile in Europa zu verlieren. Wenn es in diesem Prozess nicht gelingt, auf der europäischen Ebene äquivalente Formen einer marktkorrigierenden Politik etwa in der Form eines europäischen Sozialmodells zu etablieren, wirft dies Fragen der internationalen komparativen Vorteile der EU-Mitgliedstaaten auf.

Angesichts der Unterschiede der nationalen Systeme von alten Mitgliedstaaten der EU-15 ist zu fragen, ob es denn überhaupt jenseits des „kleinsten gemeinsamen Nenners", nämlich der Freisetzung des stummen Zwangs der Verhältnisse, des Marktes, eine Alternative gibt, auf die sich die europäischen Akteure aus den Mitgliedsstaaten einigen könnten.

Festzuhalten ist zunächst einmal, dass selbst unter Einbeziehung der Mitgliedsstaaten des *liberal market economy* Typs das Niveau der Sozialleistungen in den westeuropäischen Ländern – gemessen als Anteil am Bruttosozialprodukt – allgemein deutlich höher ist als etwa in den USA. Und es gibt spätestens seit den 90er Jahren eine Reihe von Ansätzen, mit denen versucht wird, den Prozess der negativen Integration (i.e. der Freisetzung der Märkte und der gemeinsamen Geldpolitik durch die EZB im Euro-Raum) durch Elemente einer positiven Integration zu ergänzen oder gar zu ersetzen.

Vorausgesetzt sind den Elementen positiver Integration – und darauf muss hier nicht näher eingegangen werden – die Anerkennung der Europäischen Menschenrechtskonvention und der *„core labour standards"* der International Labour Organisation (ILO) in Genf. Darüber hinaus können drei allgemeine Ansätze benannt werden, durch die gemeinsame Regulierungen auf der europäischen Ebene im Sinne einer Wieder – Einbettung der freigesetzten Märkte entwickelt werden:

Da ist *erstens* das Instrument der Mindeststandards, das im Sinne einer positiven Integration bereits in der Einheitlichen Europäischen Akte entwickelt wurde. In einer Vielzahl von Richtlinien *(directives)* – die oft genug zugleich nationale Regulierungen für unzulässig erklären – werden bestimmte Mindeststandards europaweit durchgesetzt, die sozusagen einen Sockel sozialer oder ökologischer Einbindung von ökonomischen Handeln garantieren. Der Vorteil dieses Instruments besteht zweifellos darin, dass das „Wie" der Einhaltung dieser Mindeststandards den nationalen Systemen überlassen bleibt. Der Nachteil liegt darin, dass die Standards oft (nicht immer!) niedrig liegen, das Niveau der entwickelten kontinentaleuropäischen Wohlfahrtsstaaten der EU 15 oft weit unterschreiten und immer noch Raum für ein *„race to the bottom"* lassen.

Zweitens gibt es den sozialen Dialog, in dem in allgemeiner Form und sektoral versucht wird, die Arbeitsbeziehungen auf der Europäischen Ebene zu regulieren. Die Konstruktion ermöglicht es den Sozialpartnern europaweite Vereinbarungen abzuschließen. Falls das nicht gelingt übernimmt die Kommission die Aufgabe, den Gegenstand des Dialogs durch eine Richtlinie zu regulieren. Diese muss dann von den Mitgliedsstaaten in nationales Recht umgesetzt werden. Der größte Erfolg des sozialen Dialogs besteht sicherlich bislang in der Einrichtung der Europäischen Betriebsräte (*„European Works Councils"*), die immer mehr neben dem oft sehr schwerfälligen sozialen Dialog zu Katalysatoren einer Europäisierung der Arbeitsbeziehungen werden. Das zentrale Problem des sozialen Dialogs besteht darin, dass die Arbeitgeberseite wenig Interesse an europäischen Kollektivverhandlungen hat, weil sie sieht, dass die Unternehmensinteressen auf der europäischen Ebene viel besser unternehmensintern durchgesetzt werden können. UNICE als Verband der Arbeitgeber auf europäischer Ebene hat daher wenig Kompetenzen und ist noch weniger willens, sich mit dem gewerkschaftlichen Dachverband ETUC oder den europäischen gewerkschaftlichen Industrieverbänden zum Zwecke von Tarifverhandlungen an einen Tisch zu setzen.

Drittens wurde in den 90er Jahren die „open method of coordination" (OMC) ins Leben gerufen, die offene Methode der Koordination. Damit wurde nicht zuletzt auf die Tatsache reagiert, dass in der Europäischen Union unterschiedliche bis gegensätzliche Regulierungssysteme (eben die hier referierten Kapitalismustypen, Sozialstaatsmodelle, Arbeitsbeziehungen) versammelt sind, die auf einer europäischen Regulierungsebene nicht miteinander kompatibel sind. Deshalb sollen die Länder, die ihre Systeme am ehesten aufeinander abstimmen können, stärker zusammen arbeiten, sich in einer offenen Weise koordinieren, so dass einerseits die Heterogenität und Komplexität innerhalb der Europäischen Union reduziert wird und auf dieser Basis die Annäherung an ein gemeinsames europäisches Sozialmodell erfolgen kann. Andererseits soll so verhindert werden, dass bisher funktionierende sozialökonomische Zusammenhänge zerrissen werden und so die Lösung des Problems – die europäische Regulierung – selbst zum Problem wird. Dazu sollen Nationale Aktionsprogramme (NAPs) dienen, die jeweils jährlich gemeinsam überprüft werden. So unzureichend die bisherigen empirisch nachweisbaren Ergebnisse dieses Ansatzes sind, der eine „Politik der Diversität" (F.W. Scharpf) umzusetzen versucht, so realitätstüchtig dürfte dieses Instrument auf lange Sicht sein. Denn mit dieser Politik wird nicht top-down ein bestimmtes Modell verordnet – mit unter Umständen katastrophalen Folgen für jene nationalen Systeme, die mit diesem verordneten Modell nicht kompatibel sind. Es wird vielmehr versucht, die unterschiedlichen nationalen Systeme vorsichtig und in einer offenen Weise von unten einander anzunähern.

Inwiefern sich aus diesen Elementen ein neues europäisches Sozialmodell entwickeln wird, das die Vielfalt mit der Einheit verbindet und ein *„race to the bottom"* zu verhindern vermag, bleibt zur Zeit offen und wird nicht zuletzt von der Politik zu beantworten sein. Der allgegenwärtige Verweis der Politiker auf die „Globalisierung" als Grund für die Hilflosigkeit der Politik taugt jedenfalls wenig. Zum Einen ist die Internationalisierung der Ökonomie selbst ein Produkt politischen Handelns. Zum Anderen sind die Waren- und Kapitalströme der Mitgliedsstaaten auf den europäischen Binnenmarkt konzentriert – gerade einmal 8 – 10 v.H. des EU-Bruttoinlandsprodukts werden mit außereuropäischen Ländern gehandelt. Eine europäische Regulierung böte insofern die historisch einmalige Möglichkeit, diese „entfesselten" Kapitalströme wieder oberhalb der nationalstaatlichen Ebene einzubetten in europäische soziale und ökologische Regulierungen. Diese große historische Chance der EU wäre vertan, wenn die politisch Verantwortlichen in Kommission und Ministerrat sich verhielten wie jener Zauberlehrling, den Johann Wolfgang Goethe so plastisch in seinem Gedicht beschrieben hat, und deshalb nicht mehr Herr eines Prozesses werden, den sie selbst wie jener Zauberlehrling losgetreten haben.

Fazit: Gibt es ein europäisches Sozialmodell?

Vorerst sicherlich nicht, wenn darunter ein geschlossenes System markt-
korrigierender sozialökonomischer Regulierung verstanden wird. Aber
es gibt erstens in allen westeuropäischen Mitgliedsstaaten ein vergleichsweise hohes Niveau sozialstaatlicher Absicherung und es gibt zweitens
auf der europäischen Ebene Ansatzpunkte für die Ausbildung eines eigenen sozialstaatlichen Rahmens. Dabei besteht immer die Gratwanderung
zwischen der Entwicklung eines durchsetzungsfähigen Regulierungsmo-
dells und dem Problem, dass eben dadurch für sich erfolgreiche nationale
soziale Systeme der Produktion, des Wohlfahrtsstaates und der Arbeitsbeziehungen beeinträchtigt oder gar zerstört werden. Diese Gratwanderung ist durch die Osterweiterung der EU nicht einfacher geworden. Der
Beitritt von Ländern, die bisher keine eigenen sozialen Systeme kapita-
listischer Produktion und der Arbeitsbeziehungen entwickeln konnten
und die begonnene Transformation sozialistischer Sozialstaatssysteme
machen die Realisierung eines Europäischen Sozialmodells mit Sicherheit nicht einfacher.
(Text abgeschlossen im Januar 2006)

Bibliografie:

ABELSHAUSER, W. (2003): *Kulturkampf – Der deutsche Weg in die neue
Wirtschaft.* Kulturverlag Kadmos, Berlin.
ALBERT, M. (1990): *Capitalisme contre capitalism.* Le Seuil, Paris.
CROUCH, C. / STREECK, W. (eds.) (1997): *Political Economy of Modern
Capitalism.* Sage, London, Thousand Oaks, New Delhi.
EBBINGHAUS, B. (1999): „Does a European Social Model exist and can it
survive?", in: HUEMER, G. / MESCH, M. / TRAXLER, F. (eds.): *The
Role of Employers Associations and Labour Unions in the European
Union.* Ashgate, Aldershot.
ESPING-ANDERSEN, G. (1990): *The Three Worlds of Welfare Capitalism.*
Cambridge University Press, Cambridge.

FERNER, A. / HYMAN, R. (eds.) (1998): *Changing Industrial Relations in Europe.* Oxford.

HALL, P. A. / SOSKICE, D. (eds.) (2001): *Varieties of Capitalism: the Institutional Foundations of Comparative Advantage.* Oxford University Press, Oxford.

HOFFMANN, J. (ed.) (2002): *The Solidarity Dilemma. Globalisation, Europeanisation and the Trade Unions.* ETUI Publisher, Brussels.

HOFFMANN, J. (2004): „Co-ordinated Continental European Market Economies under Pressure from Globalisation – Case Study: Germany's 'Rhineland capitalism'", in: German Law Journal No. 8 /2004.

HOFFMANN, J. (2005): „Kulturelle Grundlagen der sozialen Marktwirtschaft in Deutschland", Gutachten für die Gesellschaft für Technische Zusammenarbeit (GTZ). In: http://www.hwp-hamburg.de/cis/content _downloads/cp%203%20 Hoffmann.pdf.

HOFFMANN, J. / HOFFMANN, R. / KIRTON-DARLING, J. / RAMPELTS-HAMMER, L. (eds.) (2002): „Europeanisation of Industrial Relations in a Global Perspective – Literature Review", in: European Foundation, Dublin.

HOLLINGSWORTH, R. J. (1997): „Continuities and Changes in Social Systems of Production: The Cases of Japan, Germany and the United States", in: HOLLINGSWORTH, R. J. and BOYER, R. (eds.): *Contemporary Capitalism: The Embeddedness of Institutions.* Cambridge University Press, Cambridge; 265-310.

HYMAN, R. (2001): *Understanding European Trade Unionism. Between Market, Class and Society.* Sage, London, Thousand Oaks, New Delhi.

KAUFMANN, F.-X. (2003): *Varianten des Wohlfahrtsstaats. Der deutsche Sozialstaat im internationalen Vergleich.* Suhrkamp, Frankfurt/Main.

SCHARPF, F. W. (2002): „Regieren im europäischen Mehrebenensystem", in: Leviathan – Zeitschrift für Sozialwissenschaft Vol. 30 No. 1; 65-92.

SCHMID, J. (2002): *Wohlfahrtsstaaten im Vergleich.* Leske und Budrich, Opladen.

STREECK, W. (2003): „Gewerkschaften in Westeuropa", in: SCHROEDER, W. UND WESSELS, B. (Hrsg.): *Die Gewerkschaften in Politik und Ge-*

sellschaft der Bundesrepublik Deutschland. Westdeutscher Verlag, Opladen.

TRAXLER, F. / BLASCHKE, S. / KITTEL, B. (2001): *National Labour Relations in Internalized Markets. A Comparative Study of Institutions, Change and Performance.* Oxford University Press. Oxford.

WADDINGTON, J. / HOFFMANN, R. (Hrsg.) (2002): *Zwischen Kontinuität und Modernisierung. Gewerkschaftliche Herausforderungen in Europa.* Westfälisches Dampfboot, Münster.

Comment assurer la liberté de choix du système de participation au-delà des cadres nationaux?

Emmanuel JULIEN

Le modèle social européen

On peut discuter de l'existence ou non d'un modèle social européen. C'est devenu davantage une question de degré que de nature, donc sujet à controverse. Il y a une Europe sociale, plus aucun observateur sérieux ne prétend le contraire. On peut identifier cette «identité sociale» de l'Europe, au travers de cinq points caractéristiques:

– La priorité au dialogue social;
– Une politique sociale communautaire;
– Une politique européenne d'emploi;
– Les dispositions relatives à la lutte contre les discriminations;
– Les droits fondamentaux;
– Un certain nombre d'invariants comme le salaire minimum[1].

Mais l'addition de tout ceci constitue-t-elle un modèle? Par nature ou par volonté, peut-être, mais par degré il faut entrer dans le détail pour voir ce qui distingue le droit et la pratique au-delà de mots parfois trompeurs, par exemple le salaire minimum, ou l'information et la consultation des travailleurs.

---

[1] La grande majorité des Etats membres connaît le salaire minimum (15 sur 25). Mais l'Allemagne y fait exception. Ce n'est que depuis la constitution de la «Grande Coalition» que le Parti Social-Démocrate s'est lancé dans le débat de l'introduction du salaire minimum en Allemagne.

Le choix de la participation

Selon moi, la participation des travailleurs reflète un système de relations sociales très particulier, actuellement peu transposable, mais pas nécessairement pour toujours. Que le droit soit le fruit d'une histoire ne fait guère de doute, qu'il la fasse évoluer de temps en temps non plus. Les conditions de la participation:

- l'existence d'une homogénéité syndicale assez grande;
- le choix par l'organisation ou les organisations syndicales de la coopération;
- l'ancienneté de la culture industrielle collective.

En Europe, le cumul de ces critères est un test absolu de la possibilité d'organiser la participation des travailleurs dans l'entreprise. Encore est-ce là exprimer en photographie un constat qui requiert aussi une perspective dynamique au regard du contexte de la mondialisation, de la tertiarisation et de l'invasion technologique.

La participation dans l'Europe des quinze

Actuellement, six pays sur quinze (je ne possède pas d'informations sur la pratique dans les dix nouveaux pays) connaissent vraiment la participation, à des degrés et sous des régimes divers de seuils d'effectifs, de statut d'entreprise et de niveau de représentation dans l'instance d'administration. Dans le principal de ces pays, l'Allemagne, le droit a été imposé aux entreprises en deux fois, la première au début de l'occupation essentiellement par les autorités britanniques, la seconde durant les années 70 par le gouvernement social-démocrate. Il est aujourd'hui sérieusement contesté et parfois contourné.

La participation comme contrepoids

Ce droit ne concerne d'ailleurs pas les PME où bien souvent il n'y a pas non plus de comités d'entreprise, d'autant que l'information et la consultation ne sont pas toujours un droit. D'une certaine façon, la participation est un contrepoids à la puissance de la direction dans les grandes entités où le nombre de destins professionnels concernés rend plus logique une procédure destinée à consulter en amont cette partie des *stakeholders* qui vit à l'intérieur du lieu de production.

La participation face à l'internationalisation

Avec l'internationalisation économique et sociale, souvent au-delà des frontières de l'Union européenne, il y a un besoin d'élargir la palette des choix disponibles ou les marges de manoeuvre de l'entreprise, du point de vue:

– fiscal: harmoniser les assiettes mais surtout maintenir la concurrence des taux;
– financier: opter pour la stratégie financière la plus adaptée;
– social/managérial: pratiquer la gestion la plus efficace pour les différents sites;
– technologique: choisir le système d'information optimal.

L'élargissement de la palette des choix, application à l'entreprise de la liberté grandissante du consommateur qu'elle sert, implique une déconnexion progressive de l'entreprise et des systèmes juridiques nationaux ou locaux, ainsi que la possibilité de changer de système en cas de besoin.

La liberté du choix

Il convient donc d'assurer la liberté du choix du régime de participation au-delà des cadres nationaux. Cette nécessité se heurte à des considérations politiques et sociales, en particulier en Allemagne, ou bien dans les organisations syndicales qui ont besoin de points de fixation dans une tendance générale à la désyndicalisation.

Une proposition européenne neutre

Actuellement, la fragilité du principal système de participation interdit d'envisager un système européen qui autoriserait les options de façon neutre, car elle est considérée dans les pays fragiles comme le risque d'un effet de fuite du système. Une proposition européenne neutre serait celle qui prévoirait:

– la liberté de choix du système et du niveau de participation;
– sa négociation avec les représentants des salariés ou organisations syndicales;
– le dernier mot à la direction en cas d'échec de la négociation;
– la possibilité de s'exonérer totalement des règles nationales.

La question de la présence obligatoire (dans le principe) d'une participation serait à analyser si toute liberté était donnée pour y parvenir, quant aux moyens. Il est possible que la participation, si elle avait été mieux présentée, ou fait l'objet de réelles incitations, aurait suscité la vocation de nombreuses entreprises (cf. Société Européenne).

Difficultés du texte européen

Le texte européen actuel présente des difficultés telles que la probabilité qu'il remplisse son objectif – favoriser les fusions dans le marché intérieur – est très faible. Ces difficultés peuvent être résumées de la façon suivante:

– complexité et lenteur de la procédure (cf. groupe spécial de négociation / comités d'entreprise européens);
– absence de capacité de la direction d'intervenir;

- statut exorbitant pour les administrateurs salariés;
- inadaptation aux cultures syndicales non coopératives.

(Texte janvier 2006)

Europäischer Betriebsrat: Ergänzung oder Ersatz nationaler Instrumente der Interessenvertretung?

Norbert KLUGE

Warum Arbeitnehmerpartizipation?

Jede Gesellschaft benötigt zu ihrem inneren Funktionieren Mechanismen und Konfliktlösungsstrategien, die geeignet sind, eine soziale Integration herbeizuführen oder sicher zu stellen. Die Formen institutionalisierter Mechanismen sind sehr unterschiedlich – ihre Ausprägung ist von national spezifischen Pfaden der industriegesellschaftlichen Entwicklung abhängig (Abelshauser 2003). Unabhängig von der jeweiligen Spielart tragen derartige Institutionen zur sozialen Funktionsfähigkeit von Gesellschaften bei. Sie stellen Rahmen und Modi bereit, um alltäglich auftretende offene und neue Situationen zu bewältigen. Sie ermöglichen als soziale Gebilde auf der Mikroebene der Gesellschaft das Zusammenleben nach akzeptierten Regeln. Die Regeln verändern sich, sie werden Anforderungen aus dem gesellschaftlichen Umfeld angepasst.

Dies gilt auch für die Institutionen der Arbeitnehmerbeteiligung, deren pfadabhängige Ausgestaltung von Land zu Land sehr unterschiedlich ist. Unabhängig davon erfolgen in jedem Land funktionale Anpassungen an permanente Veränderungsprozesse. Modifikationen im Recht der Arbeitnehmerbeteiligung scheinen deren grundsätzlich Funktionsweise jedoch nicht in Frage zu stellen. Anscheinend haben die Institutionen der Arbeitnehmerbeteiligung einen stabilen – kulturell-institutionellen – Kern, der schwer veränderbar ist und aus dessen Mitte die Kraft zur stetigen Anpassung erwächst.

Es ist offensichtlich, dass Arbeitnehmerpartizipation als soziale Institutionen hilft, das Zusammenleben in der Arbeitswelt zu organisieren. Sie erbringt damit auch einen gesellschaftlichen Integrationsbeitrag. Sie hat in den gesetzlich fixierten Prinzipien und Verfahren der einschlägigen Direktiven zur Information, Konsultation und Partizipation[1] ihren lebendigen Ausdruck gefunden.

Im Prozess, der zur Entstehung des Entwurfs für eine europäische Verfassung führte, zieht sich die Auseinandersetzung über die Arbeitnehmerbeteiligung wie ein roter Faden durch die Geschichte – und zwar über alle nationalen und kulturellen Unterschiede hinweg. Vom Art. 13 der Europäischen Sozialcharta (1961) über die Charta von Arbeitnehmergrundrechten (1989) und die Charta der Grundrechte (2002) bis zum Art. II 87 des gegenwärtigen Verfassungsentwurfs sind Bestrebungen zu verzeichnen, mit denen Informations- und Konsultationsrechte am Arbeitsplatz als Grundrechte für Arbeitnehmerinnen und Arbeitnehmern kodifiziert werden sollen. Man könnte sagen, dass diese Grundrechte den Arbeitnehmer zum Bürger im Betrieb machen. Sie unterstreichen den gemeinsamen politischen Willen in Europa, Arbeitnehmer als zentrale gesellschaftliche Akteure zu akzeptieren und in die Gestaltung von Wirtschaft und Gesellschaft einzubeziehen.

Institutionen und Verfahren der Arbeitnehmerbeteiligung unterliegen einem Veränderungsprozess, der wesentliche Impulse aus dem wirtschaftlichen Strukturwandel erhält. Vorhandene Institutionen begleiten, gestalten und instrumentieren die Veränderungen und verändern sich dabei selbst. Bisher waren für die Dynamik ihres Wandels eher langsame inkrementale Veränderungen als dramatische Brüche charakteristisch. Die äußerliche Form scheint unverändert, weshalb weder die Legitimation noch die innere Begründung der Institutionen der Arbeitnehmerbeteiligung in Frage gestellt werden bzw. abhanden kommen. Dies ist das Merkmal der graduellen Umwandlung (gradual transformation, Streeck/ Thelen 2005).

Aber noch bleibt offen, ob graduelle Veränderungen langfristig zu tiefgreifenden Veränderungen führen, deren Entwicklungstendenzen sich in Begriffen wie „De-Institutionalisierung" und „Fragmentierung der Arbeitnehmerbeteiligung" ankündigen. Offen ist die Entwicklung, weil

---

1   Zu nennen sind im Kern die Euro-Betriebsratsrichtlinie (94/45/EG), die so genannte Standardrichtlinie zur Unterrichtung und Anhörung (2002/14/EG), sowie die Richtlinie über die Arbeitnehmerbeteiligung in der Europäischen Aktiengesellschaft, die das SE-Statut ergänzt (2003/72/EG; 1435/2003).

auch Gegentendenzen beobachtbar sind; denn die Veränderungsprozesse beinhalten auch eine „Re-Institutionalisierung". Die Überlagerung der beiden Entwicklungstendenzen bewirkt, dass die Institutionen veränderten Rahmenbedingungen angepasst werden und ihre Funktion weiterhin erfüllen können.

Als Beispiel mag das deutsche System der betrieblichen und Unternehmensmitbestimmung dienen. In der jeweiligen historischen Situation ihrer Entstehung war die gesetzliche Absicherung der Arbeitnehmerbeteiligung – 1921 das erste Betriebsrätegesetz und 1951 das Montanmitbestimmungsgesetz – systematisch politisch begründet. Auf dieser Basis unterstützte und unterstützt dieses System einen spezifischen Pfad der industriellen Fortentwicklung: die langfristige Bindung qualifizierter Arbeitskraft, die Kollektivvereinbarungen mit den Industriegewerkschaften, und die „differenzierte Qualitätsproduktion" sind Merkmale der deutschen Wirtschaft, die sich bis heute durch ihre Exportfähigkeit auszeichnet.

Anders als vielleicht von manchem politischen Architekten geplant, garantierte besonders die betriebliche Mitbestimmung im Zusammenspiel mit wirkungsmächtigen Flächentarifverträgen die notwendigen „Produktivitätspakte", samt der Zustimmung der Arbeitnehmer dazu. Wenn man so will, sind die in den neunziger Jahren des 20. Jahrhunderts aufkommenden „betrieblichen Bündnisse für Arbeit" eine weitere, vielleicht letzte Spielart dieses Modus, mit denen Standards des „deutschen Produktionsmodells" auch unter den neuen Bedingungen nunmehr weltoffener, anspruchsvoller Finanzmärkte aufrecht erhalten werden (sollen). Die Mitbestimmung auf Unternehmensebene hat sich in diesem Prozess als der verlängerte Arm der Betriebsräte herausgestellt und nicht als der Kern für eine andere Art der Unternehmensführung hin zu einer Wirtschaftsdemokratie. Im Zeitalter stark finanzkapitalgetriebener Unternehmensentwicklungen, in der Unternehmensstandorte allenfalls mit der kurzfristigen Renditebrille beurteilt werden und auch das ehrgeizigste gemeinsam verabredete Kostensenkungsprogramm im Zweifelsfall nichts zum Erhalt des Standorts auszurichten vermag, könnte sich sowohl Bedeutung wie Form der Arbeitnehmerbeteiligung auf Unternehmensebene wandeln.

Arbeitnehmerbeteiligung in Europa heute –
ein unvollendetes Puzzle

Aus europäischer Perspektive stellen sich die Elemente der Arbeitsbeziehungen heute als ein Flickenteppich dar. Systeme der sektoralen Industriepolitik, der Kapitalbeteiligung an Unternehmen, der Mitbestimmung, der kollektiven Arbeitnehmerbeteiligung, der direkten Partizipation und der Kollektivverträge stehen hier nebeneinander, fügen sich
aber nicht zu einem geschlossenen Bild zusammen. Die Komplexität des
Puzzles nimmt nicht zuletzt auf Grund der europäischen Gesetzgebung
zur Arbeitnehmerbeteiligung weiter zu (Kluge 2004).

Keins der nationalen Elemente verschwindet einfach durch die Europäisierung, aber neue europäische Elemente wie der Euro-Betriebsrat
oder in Zukunft die Arbeitnehmerbeteiligung an Unternehmensentscheidungen in Vorständen oder Aufsichtsräten Europäischer Aktiengesellschaften treten hinzu. Inwieweit die europäisch konstituierten Elemente die bestehenden nationalen Institutionen einfach bloß verlängern,
ergänzen oder sogar überformen, das ist heute eine offene Frage. Zum
Beispiel werden die europäischen Betriebsräte als gelungene erste „institutionelle lose Koppelung" zwischen nationaler und supranationaler
Ebene klassifiziert (Cattero), die zu einem gewissen Optimismus für die
Zukunft europäischer Arbeitsbeziehungen berechtigten.

Mehr empirische Untersuchungen von Praxis der Arbeitnehmerbeteiligung in grenzüberschreitenden Unternehmen werden allerdings
notwendig sein, um das genaue Funktionieren und Ineinandergreifen
verschiedener Elemente genauer kennen zu lernen. Soll aus den einzelnen und teils widersprüchlichen Entwicklungen jedoch ein intern abge-
stimmtes und effektives System europäischer industrieller Beziehungen
werden, so empfiehlt es sich, die Flicken als Teile eines Puzzles zu begreifen und nach ihren Passungen zueinander zu fragen.

Verbindliche Arbeitnehmerbeteiligung ist deshalb ein Kernelement
der europäischen Arbeitsbeziehungen, weil sie sich, in welcher nationalen Spielart auch immer, sowohl wirtschaftlich als auch gesellschaft-
lich als komparativer Vorteil in der globalen Wirtschaftskonkurrenz herausgestellt hat. Sie ermöglicht besonders Unternehmen, die auf das

Wissen ihrer Mitarbeiterinnen und Mitarbeiter angewiesen sind, wirtschaftliche Transaktionen zu niedrigen Kosten. Das ist das Ergebnis einer Vertrauenskultur im Unternehmen, welche die Motivation und Leistungsbereitschaft des Einzelnen fördert, ohne Interessenunterschiede zu negieren.

Vieles deutet darauf hin, dass Vertrauen in den Arbeitsbeziehungen noch wichtiger wird, wenn der strukturelle Wandel in wissensbasierte Industrie- und Dienstleistungsgesellschaften erfolgreich sein soll. Solche Zukunftsgesellschaften bedürfen – wie schon bisher – passender Institutionen eines rechtlich abgesicherten Systems der Arbeitnehmerbeteiligung. Die Absicherung dient dazu, die jeweiligen kulturellen Erfahrungen in Regeln für das Wirtschaftsleben umzuwandeln und Vertrauensbeziehungen für alle Beteiligten lohnend erscheinen zu lassen. Demnach wäre eine verbindlich geregelte Arbeitnehmerbeteiligung auch in einer mehr und mehr supranational organisierten, zumindest koordinierten europäischen Gesellschaft nicht nur der Weg, betrieblichen und wirtschaftlichen Wandel auszugestalten. Es hat sich herausgestellt, dass sie vielmehr entscheidend zum Erfolg von solchen Unternehmen beiträgt, die hochentwickelte und zugleich weltweit wettbewerbsfähige Produkte und Dienstleistungen hervorbringen (Frick/Kluge/Streeck 1999). Eine solche Vorstellung von Unternehmen befindet sich in vollem Einklang mit dem politischen Programm der Lissabonner Strategie, wirtschaftlich im Weltmarkt auf hohem sozialen (und ökologischen) Niveau erfolgreich zu bestehen (Kluge 2005). Diese Politik basiert auf der zutreffenden Annahme, dass europäische Unternehmen den globalen Wettbewerb nicht um jeden Preis und nur über einen reinen Kostenwettbewerb mit Niedriglöhnen und ausgedünnten Sozialleistungen bestehen werden (Vitols 2005).

Auf europäischer Ebene wurde in den letzten zehn Jahren mit den drei expliziten Direktiven zur Arbeitnehmerbeteiligung dem Sozialdialog ein zusätzliches Referenzsystem für eine Europäisierung der Arbeitsbeziehungen unter aktiver Einbeziehung der Arbeitnehmerinnen und Arbeitnehmer hinzu gefügt (Weiss 2002). Die drei Direktiven setzen erstmals europaweite Standards zur Einbeziehung der Arbeitnehmer. Sie kodifizieren auf europäischer Ebene Informations- und Konsultationsrechte, die als Standards der Gemeinschaft Auswirkungen auf nationale

Arbeitssysteme heben. Und sie führen zusätzliche Formen der Partizipation ein, um Vertretungsrechte in grenzüberschreitenden Aktiengesellschaften und Genossenschaften abzusichern. Dies stellt eine Errungenschaft für das soziale Europa dar.

Die praktischen Auswirkungen dieser Direktiven lassen sich wegen ihrer Aktualität noch nicht genau abschätzen. Fakt scheint aber, dass Effekte für nationale Praktiken und für die corporate culture von Großunternehmen entstehen. Wie anders wäre sonst z.B. die große Betroffenheit der deutschen, österreichischen, niederländischen oder schwedischen Wirtschaftsakteure von den Impulsen der Arbeitnehmerbeteiligung in der künftigen europäischen Aktiengesellschaft zu erklären. Und wie anders sollte man die ebenfalls große Betroffenheit der britischen, polnischen, ungarischen oder tschechischen Wirtschaftsakteure durch die Richtlinie zur Information und Konsultation interpretieren, die dort entweder wie in Großbritannien erstmals die Möglichkeit zur geregelten betrieblichen Interessenvertretung eröffnet oder offen die Frage nach dem Verhältnis zwischen geübter gewerkschaftlicher Interessenvertretung im Betrieb und davon formal unabhängigen Betriebsräten aufwirft.

Partizipation – Ersatz oder Ergänzung gewerkschaftlicher Interessenvertretung?

Folgen wir unserer These, dass unter den jeweiligen nationalen Bedingungen die verschiedenen Elemente der Arbeitnehmerinteressenvertretung zusammen spielen, dann lässt sich die Frage „Ersatz oder Ergänzung" sicher nicht technisch-strukturell klären, sondern nur entlang eines Prozesses der konkreten Problembearbeitung analysieren und beurteilen.

Nehmen wir als Beispiel den europäischen Betriebsrat (EBR). Ganz sicher ist er qua Gesetz nicht besonders stark ausgestattet. Aus Sicht eines deutschen Betriebsrats wird schon die Bezeichnung „Betriebsrat" für irreführend gehalten. Die europäische Richtlinie stellt jedoch eine rechtlich verbindliche Plattform für die rechtzeitige und umfassende Information und Konsultation der Arbeitnehmer zu Sachverhalten mit transnationaler Bedeutung zur Verfügung, nicht mehr – aber auch nicht weniger. Abgesehen von der Tatsache, dass die EBR's in der Praxis oft Abbildern des nationalen Zuschnitts der Interessenvertretung ihrer Herkunftsunternehmen gleichen, setzen sie mit ihrer supranationalen Struktur sehr unterschiedlich auf einen nationalen und/oder lokalen Unterbau auf. Keinesfalls ist immer automatisch eine Kommunikation zwischen der europäischen und den unteren nationalen Ebenen gewährleistet. Gründe liegen darin, dass die Vertreter im EBR oft nicht die gleichen Hüte in nationalen Strukturen tragen. Häufig genug spielen sie als betriebliche Vertreter keine große Rolle in den zu Hause dominierenden gewerkschaftlichen Vertretungsgremien, die das Herz in monistischen Vertretungssystemen darstellen. Oder sie sind mit nationalen Strukturen konfrontiert, in denen die Bedeutung des zusätzlichen europäischen Instruments für Information und Vertretung eher als gering eingeschätzt wird. Insgesamt gilt: Der EBR ersetzt keines der in den einzelnen Mitgliedstaaten bestehenden Interessenvertretungsorgane. Wenn es gut geht, bildet er eine Ergänzung zu nationalen / lokalen Ebenen und baut einen neuen, zusätzlichen Kanal auf.

Am Beispiel des Euro-Forums bei General Motors kann man allerdings studieren, wie unter den besonderen Bedingungen eines in Europa mit Überkapazitäten kämpfenden angeschlagenen US-amerikanischen Unternehmens der EBR als Instrument grenzüberschreitender gewerkschaftlicher Interessenvertretung genutzt werden kann, und zwar jenseits der europäischen gesetzlichen Vorgaben. Die Vereinbarung zwischen GM Management und den europäischen Arbeitnehmern darüber, wie Arbeitnehmer bei Maßnahmen zur Reduzierung oder Verlagerung von Produktion einzubeziehen sind, trägt die Unterschrift eines Vertreters des europäischen Metallarbeiterbundes. Sowohl ihr Inhalt als auch der Einbezug gewerkschaftlicher Vertragspartner geht weit über den EBR-Gesetzesrahmen hinaus (Eller-Braatz/Klebe 1998).

Gerade in der jüngsten Auseinandersetzung im Frühjahr 2006, zur Schließung eines ganzen Fertigungsstandorts in Portugal führen könnte, hat sich die Belastbarkeit des GM Euro Forums gezeigt: es konnte auf der Basis einer nunmehr langjährigen Zusammenarbeit koordinierte Protestaktionen zu Stande zu bringen. Mittlerweile haben auch die hinzugekommenen Vertreter der Arbeitnehmer in den Werken der neuen EU-Mitgliedsstaaten – und hier insbesondere in Polen – gemerkt, dass sie

nur temporär Gewinner von Verlagerungen sein können. Folgerichtig
beteiligen sie sich an Aktionen gegen eine Maßnahme des Unternehmens, die erstmals den Grundsatz und die Übereinkunft brechen
könnte, dass kein Standort in der Restrukturierung leer ausgehen soll
und, wenn schon unabwendbar, dann das „Leid" zwischen den Belegschaften Europas geteilt werden muss.

   Es kann als gesichert angesehen werden, dass ohne die gesetzliche
Vorgabe aus Brüssel weder die betrieblichen Arbeitnehmervertreter aus
den verschiedenen Standorten noch ihre Gewerkschaften eine ähnliche
Dynamik grenzüberschreitender Solidarität hätten entfalten können.
Auch aus anderen Beispielen wissen wir, dass die EBR's die Zusammenarbeit besonders der Gewerkschaften über die nationalen Grenzen
hinaus verbessern konnten. Sie haben insbesondere die Stellung der –
institutionell und kapazitär – schwachen europäischen Gewerk-
schaftsförderationen verbessern können (Pulignano 2005).

   Allerdings sind solche Einzelbeispiele von begrenztem Verallgemei-
nerungswert. So kann das GM Beispiel kaum als Blaupause für andere
Belegschaften, schon gar nicht in anderen Sektoren, heran gezogen werden. Viele andere Beispiele aus jüngster Zeit wie die Schließungen der
deutschen Niederlassungen nordischer Großkonzerne wie Electrolux mit
seiner AEG Fabrik in Nürnberg oder NorskHydro mit seiner Alumini-
umherstellung in Hamburg oder auch des Reifenherstellers Continental
mit der Entscheidung, die Reifenproduktion an seinem Stammsitz in
Hannover auslaufen zu lassen, zeigen, wie unterschiedlich gut das Spielen des formalen Partizipationsklaviers ausgehen kann, selbst im Falle
von Arbeitskämpfen gegen Schließungen an den betroffenen Standorten.

   Die EU-Erweiterung schlägt ein neues Kapitel auf. Während die Institutionen der betrieblichen Interessenvertretung in Mitgliedstaaten der
EU15 erodieren – unabhängig davon, ob wir es mit gewerkschaftlichen
und/oder gewählten Interessenvertretungsorganen zu tun haben – werden
die neuen Mitgliedsstaaten verpflichtet, Elemente für Information, Konsultation und Partizipation in ihre nationalen Systeme zu übernehmen,
die nicht einer organischen eigenen Entwicklung entstammen und von
außen aufgesetzt wurden. Vorherrschend handelt es sich unter den gege-
benen Umständen um ad hoc Entwicklungen. Dabei sind Modelle der
kollektiven Interessenvertretung schon aus historischen Gründen nicht

besonders attraktiv für die neuen Mitgliedstaaten. Misstrauen und fehlende Legitimation dürften die Wirkungsweise betrieblicher Vertretungsorgane einschränken. Arbeitnehmer dürften deshalb den Weg der „Eigenvertretung in der ersten Person" gegenüber ihrem Arbeitgeber häufig als erfolgversprechender ansehen, als die kollektive Vertretung – zumal durch Gewerkschaften.

Im Laufe der Jahre kam es immer häufiger dazu, dass sich verschiedene Ebenen miteinander verknüpfen. Die Möglichkeit, Vertreter in den EBR zu delegieren, gibt in vielen Fällen einen Anstoß, um auch unterhalb der europäischen Ebene bessere Vertretungs- und Verhandlungsstrukturen zu entwickeln – der EBR-Kopf wird quasi auf lokale Beine gestellt. Dies geht häufig nicht reibungslos und trifft nicht selten auf den Widerstand der einheimischen Gewerkschaften. Etwa dann, wenn zwar von der Belegschaft mehrheitlich gewählte, aber gewerkschaftlich nicht gebundene Vertreter in die EBR's einziehen. Es gibt viele Beispiele, in denen es sich dabei um Vertreter des (Personal-)Managements handelt. Dies könnte in den westeuropäischen Gremien so nicht passieren, weil die Gewerkschaften traditionell über die Zusammensetzung der betrieblichen Vertretungskörper entscheiden. In einer Phase stark zurück gegangener Anhängerschaft kommt das europäische Angebot des EBR einem Danaer-Geschenk an die Gewerkschaften gleich, da es sich für den Empfänger – die mittel- und osteuropäischen Gewerkschaften – als unheilvoll und schadensstiftend erweisen könnte. Selbst ein Blick durch die optimistischste Brille kann über eines nicht hinwegsehen: eine *gewerkschaftsfreie* Betriebratsstruktur unterhalb des EBR mag zwar für die Interessenvertretung funktional sein, aber sie bietet keinen „Ersatz" für orginär gewerkschaftliche Instrumente.

EBR's in Multinationalen Unternehmen (MNU) in mittel- und osteuropäischen Mitgliedstaaten der EU (Kerckhofs, 2006) sowie ihre nationale gewerkschaftliche und kollektivvertragliche Umgebung

Land	MNU, die einen EBR haben müssten	MNU, die einen EBR haben	MNU mit Vertretern aus den MOE Staaten	*Anteil von MNU, die Vertreter aus MOE in ihrem EBR haben*	Gewerkschaftlicher Organisationsgrad	Abdeckungsrate von Kollektivverträgen
CZ	636	333	81	*24,3%*	Ca 25%	Ca. 25%
PL	819	425	85	*20,0 %*	15%	40%
HU	662	334	60	*17,9%*	20%	40%
SI	185	108	16	*14,8%*	41%	95-100%
SK	340	199	26	*13,1%*	35%	40%
LT	162	87	9	*10,3%*	16%	10-20%
EE	181	101	10	*9,9%*	17%	20-30%
LV	155	84	8	*9,5%*	20%	10-20%

Darüber hinaus könnte das neue Terrain der industriellen Beziehungen besonders in den mitteleuropäischen neuen Mitgliedsstaaten von Arbeitgeberseite dafür genutzt werden, neue, wenig gewerkschaftsfreundliche Formen der Arbeitnehmerbeteiligung auszutesten. Selbst wenn der Wortlaut europäischer Arbeitnehmerrechte auf dem Feld von Information und Konsultation durch die neuen Mitgliedstaaten berücksichtigt wird, könnte sich durch deren praktische Anwendung für Interessenvertretungen in ganz Europa eine andere Klangfarbe ergeben. Deshalb sprechen wir von erwartbaren „Vice-Versa-Effekten", wenn wir das Auftreffen europäischer Rechtsstandards und Institutionen wie dem EBR auf lokale Arbeitskulturen und auch auf Unternehmenskulturen untersuchen (Kluge/Voss 2003). Dies könnte von den Gewerkschaften allerdings auch als neue Herausforderung begriffen werden und nicht nur als Angriff auf ihre (Rest)Existenz. Entwickelte Formen direkter Beteiligung könnten politisch interpretiert und aufgegriffen werden. Sie könnten von den europäischen Gewerkschaften insgesamt als komplementäre Bausteine zur Fortentwicklung der institutionellen Vertretungssysteme genutzt werden.

Schlussbetrachtungen

Unter dem Strich bleibt die Erkenntnis, dass ein Beteiligungsgremium wie der EBR in Kategorien wie „Ersatz" oder „Ergänzung" nur schwer zu fassen ist. Da, wo er Teil eines gesamten Vertretungssystem wurde, wie zum Beispiel in der traditionellen Großindustrie, die auch das angestammte Terrain der Gewerkschaften ist, hat sich dieser zusätzliche Kanal für Information und Austausch als Vorteil herausgestellt. Dies gilt vor allem auch für die grenzüberschreitende gewerkschaftliche Zusammenarbeit. Der EBR konnte hier bisher ungekannte Koordinierungs- und Abstimmungsleistungen erbringen. Kritiker müssten den Beweis erbringen, welche gewerkschaftliche Struktur bessere Ergebnisse für die Arbeitnehmer erbracht hätte, selbst wenn, sogar im Zusammenspiel mit starker Mitbestimmung auf Unternehmensebene, Arbeitsplatzabbau und Verlagerungen aus rein betriebswirtschaftlichen Gründen nicht verhindert werden konnten.

Dieser Vorteil stellt sich jedoch nicht von selbst ein. Gewerkschaften müssen schon eine Institution wie den EBR, oder in Zukunft die Präsenz von Arbeitnehmervertretern im Administrativorgan einer Europäischen Aktiengesellschaft, als Teil ihres eigenen Selbstverständnisses begreifen. Die Übung, sich gegenseitig die Unterschiede der Vertretungssysteme zu erklären, die eine bessere Zusammenarbeit verhindern würden, muss im eigenen Interesse überwunden werden. Der EBR hilft dabei, weil er gewerkschaftliches Handeln konkret und problembezogen fordert. Proklamationen und Programme genießen in dieser Situation nur geringe Wertschätzung. Wo Gewerkschaften betriebliche Interessenvertretungsstrukturen als Konkurrenz begreifen, schwinden ihre Handlungsmöglichkeiten wie der Sand von Wanderdünen. Umgekehrt wächst die Durchsetzungskraft betrieblicher Interessenvertretung nicht gerade, wenn die externe Unterstützung durch die Gewerkschaften fehlt oder nicht gesucht wird.

Aus Systemen mit einem dualistischen Vertretungssystem mit Gewerkschaften, Tarifautonomie und gesetzlicher Interessenvertretung in Betrieb und Unternehmen wissen wir vom Erfolg durch Arbeitsteilung und Zusammenspiel auf der Basis der Akzeptanz unterschiedlicher Rollenausübung (für die praktische Funktionsweise der deutschen Mitbestimmung siehe Bertelsmann Foundation/Hans-Böckler-Foundation 1998). Wir müssen allerdings auch beachten, wie von außen transportierte Strukturen der Interessenvertretung in nicht organisch gewachsenen Interessenvertretungssystemen mit eher instabilen gewerkschaftlichen Strukturen wirken. Statt zur gewünschten gesellschaftlichen Inklusion können sie im ungünstigen Falle zur weiteren Zerfaserung gesellschaftlicher Machtkonstellationen führen und die soziale Balance in Unternehmen weiter zu Ungunsten von Arbeitnehmern verschlechtern. Dies gilt für die neuen EU-Mitgliedsstaaten Mitteleuropas, aber nicht nur für sie.

Insgesamt bilden europäische Richtlinien – wie z.B. die EBR-Richtlinie – dort eine positive zusätzliche Referenz, wo sie auf vorhandene und funktionierende Interessenvertretungsstrukturen aufsetzen. Allerdings steht der Härtetest in einer Welt mit Unternehmen noch aus, die ihren Eigentümern nicht langfristigen Erfolg zeigen sollen, sondern kurzfristig hohe Gewinne auf das eingesetzte Kapital. Wo institutionelle Investoren fernab von Unternehmenszentralen und gesellschaftlichen Bindungsgefühlen über ganze Standorte samt Arbeitnehmern entscheiden, als wäre es beliebiges Handelsgut, stößt auch die bestorganisierte Arbeitnehmerschaft mit noch so meisterlichen Künsten an ihre Grenzen, auch wenn sie verfügbare Partizipationsinstrumente in allen ihren Facetten bedienen kann.

Wenn Arbeitnehmerbeteiligung ein Kernbestandteil des europäischen Gesellschaftsmodells bleiben soll, dass sowohl soziale Integration als auch langfristigen wirtschaftlichen Erfolg sichern soll, dann muss für

seine Weiterentwicklung auch eine europäische Politik formuliert werden. Dabei ist eine Frage zu beantworten: Wie kommen wir aus den Vorstellungen der industriellen Demokratie, wie sie die gesellschaftspolitischen Debatten der 60er bis 80er Jahre des letzten Jahrhunderts geprägt haben, und dessen Errungenschaften der obligatorischen Arbeitnehmerbeteiligung bis heute verteidigt werden, zur Formulierung von Gegenentwürfen für die Zeit nach dem Shareholder dominierten Kapitalismus? Denn dieser hat definitiv bereits heute seine Zukunft hinter sich.
(Text abgeschlossen im Januar 2006)

Bibliografie

ABELSHAUSER, W. (2003): *Kulturkampf. Der deutsche Weg in die Neue Wirtschaft und die amerikanische Herausforderung.* Kulturverlag, Berlin.

BERTELSMANN FOUNDATION / HANS-BÖCKLER-FOUNDATION (1998): *The German Model of Co-determination and Corporate Governance. Report from the Commission on Co-determinsation.* Verlag der Bertelsmann Stiftung, Gütersloh.

ELLER-BRAATZ, E. / KLEBE, T. (1998): „Benchmarking in der Automobilindustrie. Folgen für Betriebs- und Tarifpolitik am Beispiel General Motors", in: WSI-Mitteilungen 7; 442-450.

FRICK, B. / KLUGE, N. / STREECK, W. (eds) (1999): *Die wirtschaftlichen Folgen der Mitbestimmung.* Campus Verlag, Frankfurt und New York.

KERCKHOFS, P. (2006): *European works councils. Facts and figures 2006.* European Trade-Unions Institute (ETUI-REHS), Brussels.

KLUGE, N. (2004): „Workers involvement in Europe – A still unfinished jigsaw", in: MONKS, J. (ed): *European Trade Union Yearbook 2003/2004.* ETUI, Brussels; 115-136.

KLUGE, N. (2005): „Corporate Governance with co-determination – a key element of the European social model", in: Transfer – European Review of Labour and Research 11:2; 163-178.

KLUGE, N. / VOSS, E. (2003): „By-passing organized worker participation – Management styles and worker participation in foreign companies in the EU applicant countries Poland, Czech Republic an Hungary", in: Transfer – European Review of Labour and Research 9:1; 155-161.

PULIGNANO, V. (2005): „EWC's Cross-Nation EmployeeRepresentative Coordination: A Case of Trade Union Cooperation?", in: Economic and Industrial Democracy 26:3; 383-412.

STREECK, W. / THELEN, K. (2005): „Introduction: Beyond Continuity. Institutional change in advanced political economies", in: STREECK, W. / THELEN, K. (eds): *Beyond Continuity. Institutional change in advanced political economies.* Oxford University Press, Oxford.

VITOLS, S. (2005): „Prospects for trade unions in the evolving European system of corporate governance". ETUI-REHS Report 92, Brussels.

WEISS, M. (2002): „Workers participation: a crucial topic for the EU", in: HOFFMANN, R. et al. (eds): *Transnational industrial relations in Europe.* Hans Böckler Stiftung; Düsseldorf; 85 ff.

Deuxième partie

Traditions nationales de la participation
dans l'Europe des Quinze

Nationale Traditionen der Partizipation
im Europa der Fünfzehn

Deutschland: Arbeitnehmerbeteiligung im Mitbestimmungsrecht

Marita KÖRNER

Einleitung

„Die deutsche Mitbestimmung versteht im Ausland niemand" – so der Präsident des Bundesverbandes der Deutschen Industrie (BDI), Jürgen Thumann[1]. Diese plakative Aussage eines deutschen Arbeitgeberverbandsvertreters suggeriert eine wirtschaftsschädlich hohe Komplexität des deutschen Mitbestimmungs-Modells. Um sich ein Bild davon zu machen, wie das deutschen System aufgebaut ist, werden im Folgenden die rechtliche Struktur der deutschen Arbeitnehmervertretung dargestellt und die neuesten Entwicklungen aufgezeigt[2]. Dabei kann im Rahmen dieses Beitrags nur darauf hingewiesen werden, dass die rechtliche Struktur eines Systems der Arbeitnehmermitwirkung nicht die ganze Wahrheit ist. Besonders beim Vergleich der verschiedenen Systeme in den EU-Mitgliedsstaaten und erst recht bei der Suche nach europaweit gültigen Regelungen kommt es ganz besonders auf die Suche nach funktionalen Äquivalenten an. Diese Äquivalente relativieren auch die Kritik, das eine oder andere System sei besonders, das heißt zu komplex.

---

1   Süddeutsche Zeitung 19.10.2004.
2   Zur Umsetzung dieser Struktur in die betriebliche Praxis vgl. den Beitrag von Hornung-Draus im vorliegenden Band.

Unterscheidung zwischen betrieblicher Mitbestimmung und Unternehmensmitbestimmung

Von entscheidender Bedeutung für das Verständnis der deutschen Regelungen zur Arbeitnehmermitbestimmung ist zunächst die Differenzierung zwischen betrieblicher Mitbestimmung und Unternehmensmitbestimmung. Die beiden Mitbestimmungsformen werden weniger wegen ihrer Ausgestaltung, wohl aber wegen ihrer Begrifflichkeit leicht verwechselt. Allein die begriffliche Unsicherheit kann zu Fehleinschätzungen des deutschen Systems führen.

Betriebliche Mitbestimmung oder Mitwirkung bezieht sich auf die gewählten Arbeitnehmervertreter im Betrieb und ihre Rechte und Pflichten. In Deutschland ist das der im einzelnen Betrieb von der Belegschaft gewählte Betriebsrat, dessen Funktion und Befugnisse im Betriebsverfassungsgesetz (BetrVG) vom 15.1.1972[3], in der Fassung des Reformgesetzes vom 23.7.2001,[4] zuletzt geändert am 18.5.2004[5], niedergelegt sind. Die Befugnisse des Betriebsrats beziehen sich auf betriebliche Angelegenheiten, wobei die Betriebsratsrechte je nach Fragestellung unterschiedlich weit reichen – von reinen Anhörungsrechten bis zu echten Mitbestimmungsrechten. Bei Materien, für die der Betriebsrat echte Mitbestimmungsrechte hat – sie sind im BetrVG abschließend genannt –, kann der Arbeitgeber nicht ohne die Zustimmung des Betriebsrats handeln. Diese Mitbestimmungsrechte unterscheiden den Betriebsrat von allen anderen Arbeitnehmervertretungen in Europa. Bei den weniger weitreichenden Betriebsratsrechten ähnelt die Position des Betriebsrats dagegen dem *Comité d'entreprise*, wenn auch grundlegende strukturelle Unterschiede bleiben[6].

Unternehmensmitbestimmung dagegen spielt sich auf einer ganz anderen Ebene ab: hier geht es um die Beteiligung von Arbeitnehmervertretern in den Organen von Kapitalgesellschaften, d.h. vor allem von Aktiengesellschaften (AG) und Gesellschaften mit beschränkter Haftung

3   BGBl. I 13.
4   BGBl. I 1852.
5   BGBl. I 974.
6   Dazu ausführlich Körner (1999).

(GmbH). Seit 1951 sind Arbeitnehmervertreter aufgrund von drei verschiedenen Gesetzen – Montanmitbestimmungsgesetz von 1951, Betriebsverfassungsgesetz von 1952 bzw. Drittelbeteiligungsgesetz von
2004 und Mitbestimmungsgesetz von 1976 – in den Aufsichtsräten und
Vorständen vertreten und wirken dort an Unternehmensentscheidungen
mit. Auch diese Form der Arbeitnehmerbeteiligung ist in ihrer Reichweite einmalig in der Europäischen Union, weshalb es schwierig und lang-
wierig war, die Europäische Aktiengesellschaft auf den Weg zu bringen,
bei der Deutschland nicht auf seine Unternehmensmitbestimmung verzichten konnte, um eine Flucht deutscher Unternehmen aus der Unternehmensmitbestimmung zu verhindern.

Betriebliche Arbeitnehmermitbestimmung

Der Betriebsrat

Anders als in Frankreich mit der betrieblichen Dreiteilung der Arbeitnehmervertretung in *Comité d'entreprise*, *Délégués du personnel* und
Délégués syndicaux ist die deutsche betriebliche Interessenvertretung der
Arbeitnehmer mit dem Betriebsrat übersichtlicher. Der Betriebsrat, der
historisch auf Vorläufer im 19. Jahrhundert zurückgeht, kann (muss aber
nicht) in Betrieben mit mindestens 5 Arbeitnehmern (§ 1 I BetrVG) auf
vier Jahre gewählt werden (§ 13 BetrVG). Für Kleinbetriebe bis 50 Arbeitnehmer sieht § 14a BetrVG ein vereinfachtes Wahlverfahren vor. In
Unternehmen mit mehreren Betrieben werden zunächst von den Arbeitnehmern in den einzelnen Betrieben Betriebsräte gewählt. Darüber hinaus kann ein Gesamtbetriebsrat gebildet werden, der aber nicht direkt
gewählt wird. Vielmehr entsendet jeder Betriebsrat Mitglieder in den
Gesamtbetriebsrat (§ 47 BetrVG). Hier zeigt sich der unterschiedliche
Bezugsrahmen des deutschen Betriebsrats im Vergleich zum französischen *Comité d'entreprise*: bei letzterem ist das Unternehmen der Ausgangspunkt, beim Betriebsrat die kleinere Einheit, der Betrieb. Das System setzt sich auf Konzernebene fort: in einem Konzern mit mehreren
Unternehmen (§ 18 des Aktiengesetzes – AktG) können Konzern-

betriebsräte eingerichtet werden (§ 54 BetrVG), in den die Gesamtbe-
triebsräte Mitglieder entsenden. Für junge Arbeitnehmer ist darüber hinaus eine eigene Interessenvertretung vorgesehen: die Jugend- und Aus-
zubildendenvertretung (§ 60 BetrVG), die von den entsprechenden
jungen Arbeitnehmern wiederum gewählt wird.

Befugnisse des Betriebsrats

Mitwirkungs- und Mitbestimmungsrechte

Die Möglichkeiten der Einflussnahme des Betriebsrats auf die Entscheidungen des Arbeitgebers sind unterschiedlich stark ausgestaltet. Sie reichen von reinen Informationspflichten des Arbeitgebers (z.b. bei der
Einstellung eines leitenden Angestellten, § 105 BetrVG), gehen über in
Beratungspflichten (z.b. bei der Personalplanung, § 92 BetrVG), umfas-
sen das Recht, in bestimmten Fällen Widerspruch einzulegen (z.b. bei
Einstellungen von Arbeitnehmern, § 99 BetrVG) und enden bei der echten Mitbestimmung (§ 87 BetrVG).

§ 80 BetrVG scheint dabei eine Generalklausel der Betriebsratsrechte
zu sein. Diese Norm enthält die allgemeinen Aufgaben des Betriebsrats,
wozu z.b. gehört, die Beschäftigung im Betrieb zu fördern (Nr. 8) oder
die Vereinbarkeit von Familie und Erwerbstätigkeit zu unterstützen (Nr.
2 b). Daraus folgen jedoch keine handfesten Kompetenzen. So hat das
Bundesarbeitsgericht (BAG) entschieden, dass die Überwachung durch
den Betriebsrat, „dass die zugunsten der Arbeitnehmer geltenden Gesetze, Verordnungen, Unfallverhütungsvorschriften, Tarifverträge und Betriebsvereinbarungen durchgeführt werden" (§ 80 I Nr. 1) nicht bedeutet,
dass der Betriebsrat einen Rechtsanspruch gegen den Arbeitgeber auf
Durchführung von Gesetzen und Tarifverträgen hat[7].

Auch die Gesamt- und Konzernbetriebsräte haben im Prinzip diese
Mitwirkungs- und Mitbestimmungsrechte, allerdings beschränkt auf die
Unternehmens- bzw. Konzernebene. So ist der Gesamtbetriebsrat nur zu-
ständig für Angelegenheiten, die das gesamte Unternehmen betreffen

---

7   BAG, Neue Zeitschrift für Arbeitsrecht (NZA) 1990, 441.

und nicht durch die einzelnen Betriebsräte in ihren Betrieben geregelt werden können (§ 50 BetrVG). Entsprechendes gilt für den Konzernbetriebsrat mit Bezug zur Konzernebene (§ 58 BetrVG).

Personelle, wirtschaftliche und soziale Angelegenheiten

Will man sich über die Reichweite der Betriebsratsrechte einen Überblick verschaffen, ist zwischen personellen, wirtschaftlichen und sozialen Angelegenheiten zu unterscheiden.

Personelle Angelegenheiten

Die Beteiligungsformen des Betriebsrats bei Personalangelegenheiten sind unterschiedlich stark ausgeprägt. Bis zu echten Mitbestimmungsrechten reicht die Beteiligung jedenfalls nicht. Über Fragen der Personalplanung und daraus folgende personelle Maßnahmen und Maßnahmen der Berufsbildung hat der Arbeitgeber der Betriebsrat nur zu unterrichten (§ 92 BetrVG). Der Arbeitgeber ist allerdings zu einer Personalplanung nicht verpflichtet. Nur wenn er sie durchführt, besteht die Unterrichtungspflicht. Der Betriebsrat kann eine solche Planung nicht fordern. Ein Informationsrecht hat der Betriebsrat auch in Unternehmen (nicht Betrieben!) mit mehr als 20 Arbeitnehmern über Einstellungen und Versetzungen (§ 99 BetrVG), aber auch hier hat er kein Initiativrecht. Am weitesten reicht bei den personellen Angelegenheiten das Recht des Betriebsrats, vor jeder Kündigung angehört zu werden (§ 102 BetrVG). Der Betriebsrat kann dann einer Kündigung widersprechen, sie aber letztlich nicht verhindern. Die Bedeutung des § 102 BetrVG liegt deshalb darin, dass eine Kündigung ohne Betriebsratsanhörung schon aus formellen Gründen unwirksam ist (§ 102 I 3 BetrVG).

Wirtschaftliche Angelegenheiten

Die Mitwirkungsrechte des Betriebsrates in wirtschaftlichen Angelegenheiten, also in der unternehmerischen Sphäre, werden gemeinhin als schwach eingestuft. Das ist insoweit richtig als der Betriebsrat in wirtschaftlichen Angelegenheiten keine Mitbestimmungsrechte hat und Informationsrechte nur, soweit Betriebsänderungen, z.B. Umstrukturierungen, wesentliche Nachteile für die Belegschaft haben können (§ 111 BetrVG). Allerdings darf der indirekte Einfluss des Betriebsrats auf Unternehmensentscheidungen, die Auswirkungen auf die Belegschaft haben, nicht unterschätzt werden, denn nach § 112 BetrVG kann für derartige nachteilige Folgen ein Sozialplan zwischen Betriebsrat und Arbeitgeber vereinbart werden, den der Betriebsrat über die Anrufung einer Einigungsstelle erzwingen kann (§ 112 IV BetrVG). Da in Sozialplänen in der Regel Abfindungszahlungen, Weiterbildungsmaßnahmen und ähnliches vereinbart werden, sind diese Pläne für die Unternehmen kostspielig und damit ein wirksames Instrument des Betriebsrats.

Darüber hinaus wird auf Unternehmensebene in Unternehmen mit mehr als 100 Arbeitnehmern ein Wirtschaftsausschuss als Informations- und Beratungsgremium gebildet (§ 106 BetrVG). Der Wirtschaftsausschuss hat die Aufgabe, Angelegenheiten wie die wirtschaftliche und finanzielle Lage des Unternehmens, die Produktions- und Absatzlage, Rationalisierungsvorhaben oder die Verlegung oder Schließung von Betrieben mit dem Arbeitgeber zu beraten und den Betriebsrat zu unterrichten.

Soziale Angelegenheiten

Am weitesten gehen die Rechte des Betriebsrats bei den sogenannten sozialen Angelegenheiten, die in § 87 BetrVG aufgelistet sind. Hier hat der Betriebsrat echte Mitbestimmungsrechte, die ihn von anderen Mitbestimmungsorganen in Europa unterscheiden. Ohne die Einigung mit dem Betriebsrat kann der Arbeitgeber in den dort genannten Materien keine einseitige Entscheidung treffen. Der Betriebsrat hat in diesen Angelegenheiten ein Initiativrecht. Der Begriff „soziale Angelegenheiten" verwirrt allerdings mehr als das er erhellt, welche Bereiche gemeint sind; denn unter ihm versammeln sich in 13 Nummern Gegenstände wie die Lage der Arbeitszeit (z.b. gleitende Arbeitszeit oder Schichtarbeit), Überstunden oder Kurzarbeit, der Erlass einer Betriebsordnung (z.b. Rauchverbote), die Verwaltung von Sozialeinrichtungen oder die Einführung von technischen Anlagen, die geeignet sind, den Arbeitnehmer zu überwachen (z.b. durch Telefon- oder Computeranlagen). Daher hilft für die Feststellung, welche Gegenstände mitbestimmungspflichtig sind, nur ein Blick in die Liste des § 87 BetrVG. Die Mitbestimmung sieht in der Praxis so aus, dass der Betriebsrat mit dem Arbeitgeber über die Materien des § 87 BetrVG verhandelt und Vereinbarungen schließt (Betriebsvereinbarung).

Soziale Angelegenheiten nach § 87 BetrVG oder personelle Einzelmaßnahmen fallen nicht selten mit Betriebsänderungen nach § 111 BetrVG zusammen, sodass auch die Beteiligungsrechte in wirtschaftlichen und personellen Angelegenheiten berührt sind. Man denke nur an die konzernweite Einführung neuer Software, bei der das Mitbestimmungsrecht aus § 87 I Nr. 6 BetrVG[8] und das Informationsrecht aus § 111 S. 3 Nr. 4 und 5 BetrVG[9] betroffen sind. Ein anderes Beispiel ist die Verlegung eines Betriebes, die das Informationsrecht aus § 111 S. 3 Nr. 2 BetrVG und das Unterrichtungsrecht wegen Versetzung von Arbeitnehmern (§ 99 BetrVG) auslöst. Bei der Einschränkung eines Betriebes schließlich sind das Unterrichtungsrecht aus § 111 S. 3 Nr. 1 BetrVG sowie das Anhörungsrecht des Betriebsrats bei Kündigungen (§ 102 BetrVG) betroffen. In allen diesen Fällen bestehen die genannten Mitwirkungs- und Mitbestimmungsrechte des Betriebsrats nebeneinander.

Betriebsvereinbarung

Die Verhandlungsergebnisse zwischen Betriebsrat und Arbeitgeber zu den Gegenständen von § 87 BetrVG werden in der Regel in einer Betriebsvereinbarung niedergelegt. Dabei handelt es sich um einen Vertrag zwischen Arbeitgeber und Betriebsrat, der ähnlich einem Tarifvertrag unmittelbar und zwingend für die Arbeitnehmer des Betriebes wirkt, § 77 IV BetrVG. Wegen dieser strukturellen Ähnlichkeit zwischen Betriebsvereinbarung und Tarifvertrag sind Abgrenzungsprobleme zwischen diesen beiden Vertragtypen häufig. Um die Dualität im deutschen Arbeitnehmervertretungssystem zu wahren – Vertretung durch den Betriebsrat in Betrieb und Unternehmen, gewerkschaftliche Vertretung

---

8   Mitbestimmung bei Einführung und Anwendung von technischen Einrichtungen, die dazu bestimmt (oder – so die Rechtsprechung – geeignet) sind, das Verhalten oder die Leistung des Arbeitnehmer zu überwachen.

9   Betriebsänderung wegen Änderung der Betriebsanlagen und Einführung neuer Arbeitsmethoden.

überbetrieblich in Gestalt von Tarifverträgen – beschränkt § 77 III
BetrVG den zulässigen Regelungsinhalt von Betriebsvereinbarungen:
Arbeitsentgelte und Arbeitsbedingungen, die üblicherweise durch Tarifvertrag geregelt werden, dürfen nicht Gegenstand von Tarifverträgen
sein. Dazu gehört vor allem die Länge der Arbeitszeit, die klassisches
Terrain der Tarifvertragsparteien ist. Die Lage der Arbeitszeit aber, also
die Verteilung der in einem Tarifvertrag geregelten Arbeitszeit auf die
Woche, den Monat usw. darf in Betriebsvereinbarungen geregelt werden.
Allerdings wird gegen § 77 III BetrVG in den letzten Jahren vermehrt
verstoßen. Es findet faktisch zwei Dezentralisierungsprozesse statt. Zum
einen erfolgt die Verlagerung von Verhandlungen auf die Betriebsebene.
Dies ist zulässig, wenn Arbeitgeber und Gewerkschaften unternehmens-
bezogene Tarifverträge abschließen. Zum anderen treten neue Verhandlungspartner auf, an die Stelle des alten Tandems Arbeitgeber – Gewerkschaft tritt nun die neue Konstellation Arbeitgeber – Betriebsrat statt
(vgl. aktuelle Entwicklungen).

Funktion der Einigungsstelle

Können sich in den Mitbestimmungsangelegenheiten Betriebrat und
Arbeitgeber nicht einigen, kommt also eine Betriebsvereinbarung nicht
zustande, darf eine Einigungsstelle angerufen werden, die dann entschei-
det, § 76 BetrVG. Häufig wird sie ad hoc eingesetzt, aber auch eine
ständige Einigungsstelle ist denkbar. Ihr Spruch ersetzt die Einigung
zwischen Arbeitgeber und Betriebsrat. Daher kommt es besonders auf
deren Zusammensetzung an. Arbeitgeber und Betriebsrat dürfen eine
gleich große Zahl von Beisitzern bestimmen und müssen sich auf einen
neutralen Vorsitzenden einigen, häufig ein Richter aus der Arbeits-
gerichtsbarkeit. Da der Arbeitgeber die Kosten für die Einigungsstelle
trägt (§ 76a BetrVG) und bei Mitbestimmungsangelegenheiten der Betriebsrat allein ihre Einsetzung fordern kann, besteht ihre Funktion nicht
nur darin, bei Nichteinigung zwischen Betriebsrat und Arbeitgeber das
Patt aufzulösen. Vielmehr dient sie auch als Druckmittel schon im Vor-
feld ihrer Einsetzung, doch noch eine Einigung der beiden Parteien herbeizuführen. In diesem Zusammenhang muss allerdings auch bedacht
werden, dass der Betriebsrat keinen Arbeitskampf führen darf (§ 74 II
BetrVG), sondern zur „vertrauensvollen Zusammenarbeit" mit dem Ar-

beitgeber verpflichtet ist (§ 2 BetrVG). Auch wenn deren Reichweite umstritten ist, ist der Betriebsrat zur Konfliktlösung auf die Einigungs- stelle angewiesen, die allerdings längst nicht in allen Bereichen, in denen der Betriebsrat Mitwirkungsrechte hat, zuständig ist.

Aktuelle Entwicklungen und Probleme

Verbreitung von Betriebsräten

Genaue Statistiken über die Verbreitung von Betriebsräten gibt es nicht. Die Wahl ist freiwillig und wird nicht systematisch erhoben. Schätzun- gen von Gewerkschaften und Wirtschaftsinstituten gehen davon aus, dass Betriebsräte durchweg erst in Betrieben ab 100 Arbeitnehmern ge- wählt werden[10], obwohl nur 5 Arbeitnehmer Voraussetzung für die Wahl sind und dass es daher in mehr als 80% der Betriebe keine Betriebsräte gibt. Nimmt man die Beschäftigten als Maßstab, dürfte etwa die Hälfte der deutschen Arbeitnehmer in Betrieben mit Betriebsrat arbeiten. Die Tendenz zu betriebsratslosen Betrieben wird sich wohl mit der Entwick- lung hin zu kleineren Betriebseinheiten durch Betriebsaufspaltungen noch weiter ausprägen, obwohl das Betriebsverfassungs-Reformgesetz von 2001 Vereinfachungen bei der Betriebsratswahl eingeführt hat.

Verhältnis zwischen Betriebsrat und Gewerkschaften

Ein wichtiges Kennzeichen des deutschen kollektiven Arbeitsrechts ist, im Unterschied zu anderen Rechtsordnungen, seine historisch zu erklä- rende Dualität: zum einen die Interessenvertretung der Arbeitnehmer im Betrieb durch den Betriebsrat, zum anderen die überbetriebliche Vertre- tung durch die Gewerkschaft. Diese Zweigleisigkeit äußert sich schon darin, dass die Mitglieder des Betriebsrats nicht von einer Gewerkschaft vorgeschlagen werden noch einer Gewerkschaft angehören müssen. In

---

10   Vgl. Bellmann/Ellguth/Seifert (1998).

der Praxis allerdings sind zwei Drittel der Betriebsratsmitglieder zugleich Gewerkschaftsmitglieder. Auch rechtlich gibt es Berührungspunkte. So kann eine im Betrieb vertretene Gewerkschaft eine Betriebsratswahl initiieren oder auch bei groben Verstößen gegen betriebsverfassungsrechtliche Pflichten gerichtlich gegen den Arbeitgeber oder den Betriebsrat vorgehen (§ 23 BetrVG). Als im Betrieb vertreten gilt eine Gewerkschaft, wenn mindestens ein Arbeitnehmer des Betriebes ihr angehört[11].

Auch Betriebsratsschulungen werden durchweg von Gewerkschaften organisiert. Konfliktfrei ist das Verhältnis zwischen Betriebsrat und Gewerkschaft aber nicht, was vor allem mit den verschiedenen Regelungsinstrumenten, dem Tarifvertrag einerseits und der Betriebsvereinbarung andererseits, zu tun hat. Beide Normsetzungsinstrumente konkurrieren mit einem rechtlichen Vorrang für den Tarifvertrag in den Bereichen, die üblicherweise durch Tarifvertrag geregelt werden, also vor allem Entgelthöhe und Arbeitszeit. Hier verbietet § 77 III BetrVG den Abschluss von Betriebsvereinbarungen auch dann, wenn kein konkreter Tarifvertrag existiert. Allein der Umstand, dass diese Materien in den Kompetenzbereich des Tarifvertrages, also der Gewerkschaften und Arbeitgeber fallen, verbietet eine Vereinbarung zwischen Betriebsrat und Arbeitgeber. Die zweite Kollisionsregel im Betriebsverfassungsgesetz, § 87 I 1 ist nicht ganz so streng: in den Bereichen der echten Mitbestimmung darf der Betriebsrat nur dann keine Betriebsvereinbarungen schließen, wenn tatsächlich ein konkurrierender Tarifvertrag besteht. § 77 III BetrVG erlaubt eine Abweichung von der Kollisionsregel dann, wenn der Tarifvertrag eine entsprechende Öffnungsklausel enthält, d.h. wenn die Tarifvertragsparteien Gewerkschaft und Arbeitgeber eine Abweichung durch Betriebsvereinbarung ausdrücklich zulassen. Auf diese Art und Weise behalten die Tarifvertragsparteien die Autonomie über den Umgang mit den Tarifvertragsinhalten. Allerdings sind nach § 4 III Tarifvertragsgesetz (TVG) auch solche Abweichungen vom Tarifvertrag zulässig, die für den Arbeitnehmer günstiger sind. Hier gibt es viel Streit, denn das Günstigkeitsprinzip kann durchaus unterschiedlich ausgelegt werden, wie schon der Blick auf die deutsche und die französische Situation in

---

11   Bundesarbeitsgericht (BAG) 25.3.1992, NZA 1993, 134.

den Fällen zeigt, wo tarifvertragliche Arbeitszeit verlängert werden soll und als Gegenleistung vom Arbeitgeber ein befristeter Kündigungsverzicht zugesagt wird[12]. Vor allem in diesem Bereich gibt es viele tarifwidrige Betriebsvereinbarungen. Daher wird zum Teil die Forderung erhoben, doch gleich gesetzliche Öffnungsklauseln dergestalt vorzusehen, dass durch betriebliche Regelungen unter sehr viel weniger restriktiven Bedingungen als jetzt vom Tarifvertrag abgewichen werden darf. Das allerdings würde die Tarifautonomie vollends untergraben und den Tarifvertrag zu einer reinen Rahmenempfehlung machen.

Wachsende Bedeutung des Gesamtbetriebsrats versus Unternehmensaufspaltungen

Anders als beim *Comité d'entreprise* in Frankreich ist der deutsche Betriebsrat primär im Einzelbetrieb zuständig und nur in quasi abgeleiteter Funktion auch auf der Unternehmens- und Konzernebene. Diese Konstruktion wird mehr und mehr durch zwei gegenläufige Entwicklungen in Frage gestellt. Zum einen nehmen Unternehmenskonzentrationen und konzernmäßige Verflechtungen zu und werden Entscheidungskompetenzen auf höhere Ebenen verlagert, mit der Folge, dass den Betriebsräten in den Einzelbetrieben die Verhandlungspartner abhanden kommen. Damit gewinnen die Gesamt- und Konzernbetriebsräte an Bedeutung, obwohl die Hauptkompetenzen nach wie vor beim Betriebsrat liegen und das Betriebsverfassungsgesetz den Gesamt- und Konzernbetriebsräten eher nur koordinierende Funktion zuerkennt (§§ 50, 58 BetrVG).

Zum anderen unterminieren Betriebsaufspaltungen oder Unternehmensteilungen die Befugnisse des Betriebsrats[13]. Zwar ist für die Wahl eines Betriebsrats die Schwelle mit 5 Arbeitnehmern sehr niedrig; viele Betriebsratsrechte sind aber an höhere Schwellenwerte von 20, 100 oder 300 gebunden. Wenn die durch Aufspaltungen nicht mehr erreicht werden, kann auch ein bestehender Betriebsrat die entsprechenden Rechte nicht mehr geltend machen. So ist z.B. die Mitwirkung des Betriebsrats

---

12 Vgl. Körner (2000, S. 140).
13 Dazu Klebe/Trittin (1994).

bei personellen Einzelmaßnahmen nur in Unternehmen mit mehr als 20 Arbeitnehmern möglich (§ 99 BetrVG). Auch ein Sozialplan darf nur ab dieser Arbeitnehmerzahl aufgestellt werden (§ 111 ff. BetrVG) und die Bildung eines Wirtschaftsausschusses ist nur in Unternehmen mit mehr als 100 Arbeitnehmern erlaubt. Einzig das Umwandlungsgesetz (UmwG)[14] enthält einige Normen zur Sicherung von Arbeitnehmerrechten, vor allem bei Verschmelzung und Spaltung, wenn auch Arbeitnehmerrechte beim Erlass dieses Gesetzes im Jahre 1994 nur sehr am Rande eine Rolle spielten. So gelten Verschmelzung und Spaltung als Betriebsänderung im Sinne von § 111 BetrVG, woraus Informations- und Beratungsrechte des Betriebsrats folgen. Auch dessen Übergangsmandat ist – im Betriebsverfassungsgesetz – geregelt (§ 21 a BetrVG). Ein solches Übergangsmandat gibt es aber nicht, wenn im aufnehmenden Betrieb schon ein Betriebsrat besteht oder abgespaltete Teile weniger als 5 Arbeitnehmer haben.

Unternehmensmitbestimmung

Noch im Jahre 1998 konnte mit Recht in einem grundlegenden Aufsatz zur Unternehmensmitbestimmung festgestellt werden, dass die Gesellschaftsrechtspraxis ihren Frieden mit der Arbeitnehmermitbestimmung geschlossen habe[15]. Davon kann mittlerweile keine Rede mehr sein. Die Unternehmensmitbestimmung steht auf dem Prüfstand[16]. Rechtlich gehören die entsprechenden gesetzlichen Regelungen zum Gesellschaftsrecht, geschichtlich und sachlich hängen sie aber eng mit dem Arbeitsrecht zusammen. Erste Ansätze enthielt die Weimarer Reichsverfassung in Art. 165, wonach Arbeiter und Angestellte dazu berufen sein sollten,

---

14 Umwandlungsgesetz vom 28.10.1994 (BGBl. I 3210), zuletzt geändert durch Gesetz vom 9.12.2004 (BGBl. I 3214).

15 Vgl. Stimpel/Ulmer (1998, S. 589, 594), Oetker (2000, S. 19) sowie den Abschlussbericht der „Kommission Mitbestimmung", die sich aus Vertretern der Sozialpartner und der Unternehmen zusammensetzte: Bertelsmann Stiftung/Hans-Böckler-Stiftung (1998).

16 Aus der Fülle der kritisierenden Beiträge nur ein Beispiel: Junker (2004; 728 ff.).

„gleichberechtigt in Gemeinschaft mit den Unternehmern [...] an der gesamten wirtschaftlichen Entwicklung der produktiven Kräfte mitzuwirken". Das Betriebsrätegesetz (BRG) von 1920, der Vorläufer des Betriebsverfassungsgesetzes, griff darauf zurück und sah vor, dass zwei Mitglieder des Betriebsrats in den Aufsichtsrat von Aktiengesellschaften zu entsenden waren (§ 70 BRG). Eine große Bedeutung hat die Vertretung im Aufsichtrat zu dieser Zeit aber nicht einmal in der gewerkschaftlichen Diskussion erlangt[17].

Anders als bei der Mitwirkung und Mitbestimmung des Betriebsrats, geht es bei der Unternehmensmitbestimmung um die Mitwirkung von Arbeitnehmervertretern in den Organen von Kapitalgesellschaften, also vor allem in der Aktiengesellschaft und deren Hauptversammlung, Aufsichtsrat und Vorstand. Bei Gesellschaften mit beschränkter Haftung, deren Regelorgane die Gesellschafterversammlung und die Geschäftsführer sind, ist der Aufsichtsrat fakultativ. Um die zwingenden gesetzlichen Regelungen für die Mitbestimmung der Arbeitnehmer einzuhalten, ist, wenn die Voraussetzungen der Mitbestimmungsgesetze vorliegen, ein Aufsichtsrat aber notwendigerweise einzurichten. Im folgenden wird die Arbeitnehmer-Mitbestimmung am Beispiel der Aktiengesellschaft dargestellt.

Die Hauptversammlung als das Vertretungsorgan der Anteilseigner bleibt nach allen Modellen frei von institutioneller Arbeitnehmermitwirkung; Arbeitnehmer können aber selbstverständlich Anteile erwerben. Der Vorstand als das Organ, das die Gesellschaft leitet, vertritt und zur Geschäftsführung befugt ist sowie der Aufsichtsrat, der den Vorstand ernennt und kontrolliert, werden dagegen durch die Mitbestimmungsgesetze umgestaltet.

Arten der Unternehmensmitbestimmung

Montanmitbestimmung

Nach dem Ende des 2. Weltkrieges waren die deutschen Unternehmen zum größten Teil von den Alliierten beschlagnahmt worden und sollten entflochten, d.h. in kleine Einheiten aufgeteilt werden. Großbritannien

---

17 Däubler (1998, Rn 1277).

ging allerdings auf einen Arbeitgebervorschlag ein, in der Eisen- und
Stahlindustrie den Aufsichtsrat zur Hälfte mit Arbeitnehmervertretern zu
besetzen und in den Vorstand einen, den Gewerkschaften nahestehenden
Arbeitsdirektor aufzunehmen und führte diese Regelung 1947 in der
britischen Zone ein. Nach der Verabschiedung des Grundgesetzes 1949,
das in wirtschaftspolitischer Hinsicht neutral ist, versuchte die Regierung
Adenauer, den alten Rechtszustand wieder herzustellen, was aber auf
erheblichen Widerstand der Gewerkschaften stieß. Die Machtprobe
mündete 1951 in das Montan-Mitbestimmungsgesetz (MontanMitbestG)[18], das für die Eisen- und Stahl erzeugende (nicht verarbeitende)
Industrie gilt. Danach wird in Unternehmen mit mehr als 1000 Beschäftigten der Aufsichtsrat paritätisch zusammengesetzt: es müssen ihm die
gleiche Anzahl von Arbeitgeber- und Arbeitnehmervertretern angehören
– von den insgesamt 11 (§ 4 MontanMitbestG) je fünf – und beide Seiten
müssen sich auf eine neutrale 11. Person einigen. Die Arbeitnehmermit-
glieder des Aufsichtsrats werden z.T. von den Betriebsräten, z.T. von
den Gewerkschaften vorgeschlagen. Zwei müssen Arbeitnehmer in einem Betrieb des Unternehmens sein und durch die Betriebsräte des Unternehmens gewählt werden. Zwei weitere sowie eine zusätzliche neutrale Person werden von den Spitzenorganisationen der Gewerkschaften
(faktisch vom DGB) den Betriebsräten zur Wahl vorgeschlagen. Darüber
hinaus muss dem Vorstand ein Arbeitsdirektor angehören, der nicht gegen die Mehrheit der Arbeitnehmervertreter im Aufsichtsrat bestellt oder
abberufen werden kann. Er ist gleichberechtigtes Mitglied des Vorstands
und zuständig für Personalangelegenheiten mit der Aufgabe, die Interessen der Arbeitnehmer zu wahren.

Auch wenn das Montan-Mitbestimmungsgesetz die weitreichendste
Form der drei deutschen Modelle der Unternehmensmitbestimmung
darstellt, ist seine Bedeutung stark gesunken. Nach dem zweiten Weltkrieg noch Schlüsselindustrie, haben die tiefgreifenden wirtschaftlichen
Strukturveränderungen im Bergbau und in der Stahlindustrie seit den
siebziger Jahren zum Abbau dieses Industriebereiches geführt. Durch
Betriebsänderungen und Umstrukturierungen sank der Anteil des Mon-

18 Gesetz über die Mitbestimmung der Arbeitnehmer in den Aufsichtsräten und Vor-
     ständen der Unternehmen des Bergbaus und der Eisen und Stahl erzeugenden In-
     dustrie vom 21.5.1951 (BGBl. I 347).

tanbereiches in den einschlägigen Unternehmen drastisch. Um die damit verbundene Marginalisierung des Montan-Mitbestimmungsgesetzes zu verzögern, hat der Gesetzgeber mehrfach Verlängerungs- und Ergänzungsregelungen[19] erlassen, damit auch bei geringer Montanquote die Anwendbarkeit des Gesetzes aufrecht erhalten werden konnte. So wurde schon 1956 im Mitbestimmungs-Ergänzungsgesetz geregelt, dass die Mitbestimmungsregeln auch für solche Unternehmen gelten sollen, die, obwohl selbst keine Montan-Unternehmen, einen Konzern beherrschen, in dem Tochterunternehmen eine Montanquote von mindestens 50% erreichen oder Tochterunternehmen aus den Montanbereich mindestens 2000 Arbeitnehmer beschäftigen. 1989 wurde die Montanquote auf 20% gesenkt. Auch eine Verlängerung der Auslaufzeiten wurde 1981 beschlossen, wonach das Montan-Mitbestimmungsgesetz ab dem Zeitpunkt noch weitere sechs Jahre anzuwenden ist, ab dem die Anwendungsvoraussetzungen an sich nicht mehr vorliegen[20]. Dennoch ist die Zahl der dem Montan-Mitbestimmungsgesetz unterfallenden Unternehmen mittlerweile auf unter 30 gesunken.

Drittelbeteiligung

Trotz mehrfacher Versuche konnte die Ausdehnung des paritätischen Montan-Mitbestimmungsmodells politisch nicht durchgesetzt werden. Schon 1952, ein Jahr nach Erlass des Montan-Mitbestimmungsgesetzes wurde eine weitere Mitbestimmungsregelung im Betriebsverfassungsgesetz von 1952 (BetrVG 1952) in Kraft gesetzt. Die Regelung der Unternehmensmitbestimmung im Gesetz über die betriebliche Arbeitnehmervertretung ist gesetzessystematisch zunächst irreführend, ändert aber nichts an der grundsätzlichen Unterschiedlichkeit zwischen betrieblicher Mitbestimmung und Unternehmensmitbestimmung. Im Rahmen der Gesetzgebung zur betrieblichen Arbeitnehmervertretung durch Betriebsräte wurden dann auch noch Regelungen zur Unternehmensmitbestimmung aufgenommen. Die Gewerkschaften hatten zwar eine Ausdehnung der Mitbestimmungsregeln gefordert, konnten ihr Ziel aber nur

19   Mitbestimmungs-Ergänzungsgesetz vom 7.8.1956 (BGBl. I 707), zuletzt geändert durch Gesetz vom 4.12.2004 (BGBl. I 3166).
20   § 1 Gesetz zur Verlängerung von Auslaufzeiten in der Montan-Mitbestimmung.

partiell erreichen, da für die Unternehmen außerhalb des Montanbereichs lediglich eine Drittelbeteiligung festgeschrieben wurde. Als 1972 das reformierte Betriebsverfassungsgesetz (BetrVG 1972) in Kraft trat, blieb das BetrVG 1952 nur hinsichtlich der Unternehmensmitbestimmung bestehen. Im Jahr 2004 ist auch dieser Teil des BetrVG von 1952 ersetzt worden durch das Drittelbeteiligungsgesetz (DrittelbG)[21], das aber im wesentlichen die Regelungen zur Unternehmensmitbestimmung aus dem BetrVG 1952 übernommen und lediglich einige Vereinfachungen im Wahlverfahren neu geregelt hat.

Danach ist nur ein Minimalsystem der Mitbestimmung in Unternehmen mit mehr als 500 Arbeitnehmern vorgesehen; nach Schätzungen betrifft das 3000-4000 Unternehmen[22]. In den Vorstand wird kein Arbeitsdirektor berufen. Der Aufsichtsrat ist nur zu einem Drittel mit Arbeitnehmervertretern zu besetzen, die auf Vorschlag des Betriebsrats direkt durch die Belegschaft gewählt werden. Der direkte Einfluss der Gewerkschaften auf die Auswahl der Arbeitnehmervertreter ist also stark beschnitten. Aufgrund der Drittelrepräsentation sind die Einflussmöglichkeiten der Arbeitnehmervertreter im Aufsichtsrat sehr beschränkt. Faktisch haben sie lediglich ein Anhörungsrecht, das in der Praxis weit hinter den Befugnissen und Einflussmöglichkeiten des Betriebsrats auf betrieblicher Ebene bzw. im Gesamt- oder Konzernbetriebsrat zurücksteht. Folglich verstummte die Diskussion um die Arbeitnehmermitbestimmung in den Organen der Kapitalgesellschaften in den Jahrzehnten nach Erlass des BetrVG 1952 nicht.

Mitbestimmungsgesetz 1976

Unter einer sozial-liberalen Regierung wurde dann 1976 die heute wichtigste Mitbestimmungs-Regelung im Unternehmen, das Mitbestim-

---

21 Gesetz über die Drittelbeteiligung der Arbeitnehmer im Aufsichtsrat vom 18.5.2004 (BGBl. I 974).
22 Münchener Handbuch zum Arbeitsrecht – *Wissmann*, § 383, Rn 1.

mungsgesetz von 1976 (MitbestG)[23] verabschiedet. Dieses Gesetz ist anwendbar auf die meisten Kapitalgesellschaften außerhalb des Montanbereichs, die mehr als 2000 Arbeitnehmer beschäftigen.

Ähnlich wie beim Montan-Mitbestimmungsmodell muss dem Vorstand ein Arbeitsdirektor angehören, der rechtlich den anderen Vorstandsmitgliedern gleichgestellt und für Personal- und Sozialangelegenheiten zuständig ist. Anders als im Montan-Modell wird er aber gewählt wie die übrigen Vorstandsmitglieder, d.h. in einem eventuellen zweiten Wahlgang allein von den Arbeitgebervertretern im Aufsichtsrat.

Der Aufsichtsrat mitbestimmter Unternehmen setzt sich je zur Hälfte aus Vertretern der Anteilseigner und der Arbeitnehmer zusammen (§ 7 I MitbestG), wobei die Gesamtgröße des Aufsichtsrates von der Beschäftigtenzahl im Unternehmen abhängt. In Unternehmen mit bis zu 10.000 Arbeitnehmern setzt sich der Aufsichtsrat aus je sechs Vertretern jeder Seite zusammen. Die Arbeitnehmervertreter rekrutieren sich nach § 7 II MitbestG aus verschiedenen Kategorien: bei einem Aufsichtrat mit sechs Arbeitnehmervertretern müssen vier Arbeitnehmer aus dem Unternehmen und zwei Vertreter von Gewerkschaften sein. Allerdings wird den Arbeitnehmervertretern auch ein Vertreter der leitenden Angestellten zugerechnet (§ 15 II MitbestG), bei denen man sich streiten kann, ob sie aufgrund ihrer Leitungsfunktionen und Entscheidungsbefugnisse im Hinblick auf ihre Interessenlage nicht eher der Anteilseignerseite zugeordnet werden müssten. Schließlich wird die formale Parität dadurch aufgehoben, dass der Vorsitzende des Aufsichtsrates in Pattsituationen über zwei Stimmen verfügt (§ 29 II MitbestG). Dieser Vorsitzende ist schon allein wegen des Wahlmodus immer Vertreter der Anteilseigner. Nach § 27 I MitbestG muss er in einem ersten Wahlgang mit einer Mehrheit von zwei Dritteln gewählt werden. Kommt die nicht zustande, wählt im zweiten Wahlgang die Anteilseignerseite allein (§ 27 II MitbestG).

Trotz dieses Übergesichts der Anteilseigner im Aufsichtsrat machten Unternehmen und Arbeitgeberverbände beim Bundesverfassungsgericht (BVerfG) die Verfassungswidrigkeit des Mitbestimmungsgesetzes gel-

---

23 Gesetz über die Mitbestimmung der Arbeitnehmer vom 4.5.1976 (BGBl. I 1153), zuletzt geändert durch Gesetz vom 18.5.2004 (BGBl. I 974).

98   *Marita Körner*

tend. Die Arbeitnehmer seien, so die Argumentation, durch die Häufung der Mitbestimmung durch Betriebsrat, Mitwirkung im Aufsichtsrat und Tarifverhandlungen mehr als paritätisch beteiligt und die Anteilseigner dadurch vor allem in ihrem Grundrecht auf Eigentum (Art. 14 I GG) und unternehmerische Selbstbestimmung (als Ausfluss der Vereinigungsfreiheit aus Art. 9 I GG) verletzt. Das BVerfG wies die Verfassungsbeschwerden zurück mit dem Hauptargument, dass durch den Stichentscheid des Aufsichtsratsvorsitzenden die Entscheidungsmacht bei den Anteilseignern verbleibe und sie deshalb nicht in ihrer unternehmerischen Entfaltungsfreiheit verfassungswidrig beeinträchtigt seien. Außerdem sei die Einschränkung des Aktieneigentums durch das MitbestG noch mit Art. 14 GG vereinbar, da das Eigentumsrecht nicht schrankenlos gewährleistet werde, sondern Bindungen unterliege. Je mehr der Gegenstand von Art. 14 GG auch soziale Funktionen habe, desto stärke sei diese Bindung[24].

Vor diesem Hintergrund verwundert es nicht, dass die Unternehmen Vermeidungsstrategien entwickelt haben. Zum einen kann durch Aufspaltungen und Umstrukturierung von Unternehmen die Anwendbarkeit des MitbestG ganz ausgeschlossen werden, wenn der Schwellenwert von 2000 Arbeitnehmern nicht mehr erreicht wird. Im Jahr 2003 war das MitbestG aber immerhin noch auf 763 Unternehmen anwendbar[25]. Zum anderen kann die Mitwirkung der Arbeitnehmervertreter durch die Verlagerung von Aufsichtsratskompetenzen auf Ausschüsse umgangen werden. § 107 III Aktiengesetz (AktG) erlaubt, dass der Aufsichtsrat aus seiner Mitte Ausschüsse bestellen darf, um die Aufsichtsratsarbeit vorzubereiten oder die Ausführung von Beschlüssen zu überwachen. Mit Einschränkungen können Ausschüssen auch Angelegenheiten zur eigenen Beschlussfassung überlassen werden. Aus dem MitbestG ergibt sich aber keine Regelung, wonach auch die Ausschüsse paritätisch besetzt sein müssen[26] und Ausschüsse ohne Arbeitnehmerbeteiligung kommen in der Praxis durchaus vor[27].

---

24 BVerfG 1.3.1979, BVerfGE 50, 290 ff.
25 vgl. Kittner (2005; 877).
26 Zum Streit: Münchener Handbuch zum Arbeitsrecht - *Wissmann*, § 380, Rn 16.
27 Vgl. (1998) Rn 1342.

Aus der Perspektive der Arbeitnehmervertreter ist aber noch ein anderer Aspekt problematisch. Die Arbeitnehmervertreter tragen die im Aufsichtsrat getroffenen Entscheidungen, z.b. über Betriebsstilllegungen mit. Auch in Fällen, wo sie diese mangels tatsächlicher Parität nicht grundlegend beeinflussen konnten, werden sie von den Beschäftigten damit identifiziert, was insgesamt zu einem Vertrauensverlust bei der eigenen Klientel führen kann. Darüber hinaus haben in den letzten Jahren auch die Arbeitnehmervertreter in Aufsichtsräten zweifelhafte Entscheidungen zulasten der Unternehmen mitgetragen, ohne von ihrem Kontrollrecht Gebrauch zu machen. Mannesmann ist nur der spektakulärste Fall, wo bei der Übernahme des Unternehmens durch Vodafone auch die Arbeitnehmervertreter die exorbitanten Abfindungssummen an Mannesmann-Vorstandmitglieder anstandslos genehmigt haben. Diese Vorgänge beschäftigen seit geraumer Zeit die Strafgerichte und sind mit ein Auslöser für die neu aufgekommene Kritik an der Unternehmensmitbestimmung[28].

Von der Unternehmensmitbestimmung zur Corporate Governance?

Die Unternehmensmitbestimmung steht in Deutschland allerdings nicht vor allem deshalb auf dem Prüfstand. Die Kritik geht vielmehr – vereinfacht gesagt – dahin, dass dieses Modell ausländische Investitionen verhindere, weil es weltweit einzigartig sei und bei Investoren Zweifel aufwerfen könne, ob ein mitbestimmtes Unternehmen erfolgreich zu führen sei. Jedoch ist hier auch die Unternehmensposition nicht einhellig: der BDI-Präsident will die Abschaffung der Unternehmensmitbestimmung, etliche Unternehmen loben sie dagegen[29]. Nicht von der Hand zu weisen ist, dass effiziente Kontrolle in den Aufsichtsräten trotz der Arbeitnehmervertreter zum Teil unterbleibt und durch Absprachen zulasten der Aktionäre ersetzt wird.

---

28   Siehe schon Anm. 1 und 18.
29   Die Zeit, Nr. 45, 28.10.2004, S. 21.

Diese Kritik an der Funktionsfähigkeit der Aufsichtsräte hat sich verschärft parallel zu einer Verschiebung der Finanzierung von Unternehmen. In den letzten 15 Jahren hat in Deutschland die Bedeutung des Ka-
pitalmarkts für die Kapitalbeschaffung der Unternehmen stark zuge-
nommen. Auf diese Bewegung weg vom sogenannten Rheinischen
Kapitalismus hin zum angloamerikanischen Modell zielt der Deutsche
Corporate Governance Kodex von 2003[30], der auf wirksame Unternehmensführung und Aufsicht zielt.

Darüber hinaus ist zu bedenken, dass da, wo Unternehmen grenzüber-
schreitend tätig werden, die nationale Arbeitnehmerpartizipation schnell
an Grenzen stößt. Der Internationalisierung der Wirtschaft muss daher
die Internationalisierung der Arbeitsbeziehungen folgen. Der Europäische Betriebsrat ist hier ein erster Schritt und die Mitwirkungsstrukturen
in der Europäischen Aktiengesellschaft bleiben abzuwarten.

Ein Konzept für eine Reform der Unternehmensmitbestimmung fehlt
allerdings schon national. Der Corporate Governance Kodex beschäftigt
sich zwar mit Aufsicht, umgeht aber das Thema Mitbestimmung, obwohl
in der 2001 von der Bundesregierung eingesetzten Regierungskommissi-
on zur Erarbeitung des Corporate Governance Kodex Arbeitgeber und
Gewerkschaften vertreten waren. Eine Einigung wäre aber wohl nicht zu
erzielen gewesen. Die Tendenz in der Kommission ging auch eher dahin,
die Mitbestimmung im Aufsichtsrat abzubauen.

(Text abgeschlossen im Januar 2006)

---

30 Deutscher Corporate Governance Kodex in der Fassung vom 21.5.2003, ZIP 2003,
    1316.

Bibliografie

BELLMANN, L. / ELLGUTH, P. / SEIFERT, H. (1998): „Weiße Flecken in der Tarif- und Mitbestimmungslandschaft", in: Die Mitbestimmung; 61-62, Düsseldorf.

BERTELSMANN STIFTUNG / HANS-BÖCKLER-STIFTUNG (1998): *Mitbestimmung und neue Unternehmenskulturen – Bilanz und Perspektiven*. Bertelsmann Stiftung, Gütersloh.

DÄUBLER, W. (1998): *Das Arbeitsrecht 1*. 15. Auflage, Rowohlt, Reinsbek.

JUNKER, A. (2004): „Sechsundsiebzig verweht - Die deutsche Mitbestimmung endet in Europa", in: NJW; 728 ff.

KITTNER, M. (2005): *Arbeits- und Sozialordnung*. Bund Verlag, Frankfurt am Main.

KLEBE, T. /TRITTIN, W. (1994): *Betriebsaufspaltung und Unternehmensteilung*. 3. Auflage, Bund Verlag, Frankfurt am Main.

KÖRNER, M. (1999): *Formen der Arbeitnehmermitwirkung – Das französische* Comité d'entreprise, Nomos Verlag, Baden-Baden.

KÖRNER, M. (2000): „Zum Verständnis des tarifvertraglichen Günstigkeitsprinzips", in: Recht der Arbeit (RdA); 100.

NEUE ZEITSCHRIFT FÜR ARBEITSRECHT (NZA).

OETKER, H. (2000): „Das Recht der Unternehmensmitbestimmung im Spiegel der neueren Rechtsprechung", in: Zeitschrift für Unternehmens- und Gesellschaftsrecht (ZGR); 19-60.

RICHARDI, R. / WLOTZKE, O. (Hrsg.) (2000): *Münchener Handbuch zum Arbeitsrecht*. Auflage 2, Verlag C.H. Beck, München.

STIMPEL, W. /ULMER, P. (1998): *Festschrift für Wolfgang Zöllner, Band 1*. Carl Heymann Verlag, Köln; 589, 594.

Deutschland: Beschäftigtenrechte und Betriebsverfassung unter der Herausforderung neuer Produktionskonzepte[1]

Ulrich MÜCKENBERGER

Krise des fordistischen Vertretungsmodells

Das normative Sozialmodell der betrieblichen Produktionsbeziehung, das sich in Deutschland etabliert hat, weist zwei herausragende Bauelemente auf:

- Die individualrechtliche Stellung Beschäftigter genießt, sofern es sich um kontinuierliche, qualifizierte und in mittel- bis großbetrieblichem Sozialzusammenhang verrichtete Arbeit handelt, einen relativ entwickelten Sozialschutz. Der Schutz konzentriert sich auf das „Normalarbeitsverhältnis" (Mückenberger 1985).
- Kollektivrechtlich besteht das Prinzip der Repräsentation. Die Beschäftigten werden von eigener individueller Interessenwahrnehmung weithin entlastet. Die kollektiv mediatisierte Interessenwahrnehmung[2] wird in einem Wechselspiel von Gewerkschaften und betrieblicher Interessenvertretung nach folgenden normativen Vor-

---

1   Dieser Aufsatz knüpft an Mückenberger 1993 und 2003 an.
2   Kotthoff 1981; historisch schon Brigl-Matthiaß 1926. Von Anfang an ist hier der Typ der repräsentativen Interessenvertretung durch gewählte Betriebs- oder Gewerkschaftsvertreter von demjenigen der realen Interessenwahrnehmung zu unterscheiden, die ein direktes Verhältnis zu den Repräsentierten zulässt. Damit ist auch der Unterschied zwischen delegativer und direkter Partizipation (Jansen/Seul 2005; 6) angesprochen. Auf diesen Unterschied auch innerhalb der Betriebsverfassung wird noch eingegangen.

gaben[3] verwirklicht: die Gewerkschaften (kampfbefugt, aber rechtlich gesehen im Betrieb nur rudimentär präsent) wirken an der Set-
zung vor allem quantitativer Rahmendaten der Beschäftigungsbedingungen mit, während die Betriebsräte (mit starker betrieblicher Rechtsposition, aber nicht zu offenem Konflikt befugt) auf
deren betriebliche Umsetzung und qualitative Elemente der betrieblichen Leistungspolitik konzentriert sind (Däubler 2004, Däubler et
al. 2004, Fitting et al. 2004, Sauer 2005).

Die technisch-organisatorische Neustrukturierung der Erwerbsarbeit,
neue Produktionskonzepte und neue Unternehmenskultur haben zu einer
Krise sowohl des Normalarbeitsverhältnisses als auch des Repräsentati-
onsprinzips geführt. Die „neue Topographie der Arbeit" (Müller-Jentsch
1986; 270) hat zu einer „De-Normalisierung" von Erwerbsarbeitsver-
hältnissen geführt. Die unterstellte Normalität gut gesicherter Arbeitsverhältnisse hat offensichtlich keine universale Geltung mehr[4]; je mehr
Menschen aus der Normalität herausfallen oder sich ihr nicht mehr beugen wollen, umso deutlicher wird der selektive und diskriminierende
Charakter dieser Fiktion von Normalität. Auch das überkommene Reprä-
sentationsprinzip findet sich durch den technischen und organisatori-
schen sowie den soziokulturellen Wandel in Frage gestellt. Die „Repräsentanten" vertreten überproportional den „Normalarbeiter", unterpro-
portional die wachsende Zahl der „atypischen" und „modernen" Beschäftigten (s. Kotthoff 1995; 444-45). Neue Partizipationsformen bringen das überkommene zentralistische Vertretungsmodell zwiefach in die
Klemme:

– Sie erlauben die Mitwirkung einzelner Beschäftigter „am Betriebrat
  vorbei", wie es von der zentralen Interessenvertretung vielfach
  wahrgenommen wird. Neue Produktionskonzepte (Kern/Schumann
  1984, Schumann et al. 1994), Konzepte der „Flexiblen Spezialisie-
  rung" (Piore/Sabel 1989) verlagern Verantwortungs- und Entschei-

---

3   Vgl. vor allem §§ 77 Abs. 3 und § 87 Abs. 1 Vorspann BetrVG.
4   Sie hat diese empirisch nie gehabt, aber aufgrund ihrer quantitativen
     Verbreitung und anderer qualitativer gesellschaftlicher Wertstrukturen
     wurde sie weniger problematisiert als heute.

dungsprozesse „nach unten"[5] und begründen dadurch oft neben oder gar statt der formellen eine informelle betriebliche Partizipation (Greifenstein et al. 1990, Daheim et al. 1994, Faust et al. 1994, Schumann et al. 1994, Jansen/Seul 2005, Sauer 2005).

– Andererseits lassen die neuen inner- und zwischenbetrieblichen Interdependenzen, die mit dem Begriff der systemischen Rationalisierung[6] beschrieben werden, wie die neuere dezentralisierende Tarifpraxis zeigt, die beschriebene Aufgabenteilung zwischen Gewerkschaft und Betriebsrat illusorisch werden. Krise des Normalarbeitsverhältnisses und Krise der Repräsentation sind somit eng zusammenhängende Phänomene.

Verschiedentlich wird dies als ein Zuwachs „direkter" oder „unmittelbarer" Partizipation beschrieben. Diese Diskussion erinnert an diejenige der 60er Jahre[7]. Nur haben sich gegenüber damals die technische und organisatorische Basis der Tätigkeit in Produktion und Dienstleistungen und die vorherrschenden soziokulturellen Einstellungen der Arbeitenden zu Arbeit und Leben hochgradig verändert haben (Nachweise Mathies et al. 1994). Diese grundlegenden Veränderungen sind ambivalent. Sie werden vorwiegend nur als Krise und Bedrohung wahrgenommen. Da man ihnen aber kaum wirksam entgegentritt und entgegentreten kann, ist von Interesse, inwieweit (und unter welchen gesellschaftlichen Bedingungen) eine Erneuerung der industriellen Beziehungen, die individuelle Kompetenz, die Lebensentwürfe und die Suche der Menschen nach gesellschaftlichen Sinn, gesellschaftlicher Teilhabe und Verantwortung weniger als bisher kollektiv mediatisiert, die heute im Arbeitsverhältnis verankerte „Kommunikationsbarrieren" (Simitis 1987) relativiert, auch emanzipatorische Chancen enthält, auf die zu setzen und die zu ermutigen sich lohnt.

5 „Revolution von oben" ist der aufschlussreiche Titel eines Artikels zur gewandelten Unternehmenskultur des britischen Ölkonzerns BP im „manager magazin" 11/1990, S. 306 ff.
6 S. zuletzt Sauer 2005.
7 Vgl. die gewerkschaftliche Diskussion um „Mitbestimmung am Arbeitsplatz".

Krise der geltenden Betriebsverfassung als dem Fordismus entsprechender Repräsentationsform

Der Betrieb wird als Basiseinheit arbeitsrechtlicher Beteiligungsmuster vorausgesetzt (s. a. Kotthoff 1995). Innerhalb des Betriebes gilt ein zentralistisches Beteiligungsmuster. Es geht zu Lasten direkter Beteiligung und folgt darin unmittelbar der traditionellen zentralistischen Struktur des Betriebes selbst. Daher steht es in direkter Verbindung mit dem „fordistischen Regulierungstyp" und dem Vorrang „inflexibler Massenfertigung" (vgl. die Debatte bei Mahnkopf 1988). Das Repräsentationsmodell unterstellt dabei als Normalität den in seinen Entscheidungen unabhängigen Betrieb: Er wird als Zentrale der relevanten wirtschaftlichen Entscheidungen vorgestellt und ist daher maßgeblich für auf Beeinflussung dieser Entscheidungen gerichtete Partizipationsstrukturen. Für direkte Partizipation ist in diesem Rahmen kein Raum.

Diese „Normalitäten" – genauer: Normalitätsfiktionen – von Entscheidungs- und Regulierungszentren, auf die hin Partizipationsmuster orientiert sind, sind einem spürbaren Erosionsprozeß ausgesetzt. Neben der Entzentrierung (Klotz/Tiemann 1990, Sauer 2005; 64 ff.) des Betriebes schlägt dabei vor allem die Konfrontation des Betriebes mit seinen externen Effekten (Kapp 1988) durch. Die Entzentrierung des Betriebes besteht einerseits in Dezentralisation, andererseits in systemischer Rationalisierung (s. Altmann/Sauer 1989, Mückenberger 1992; 74 ff., Sauer 2005). Im Kontext von Verbundbeziehungen und zwischenbetrieblichen „Vernetzungen" ist der einzelne Betrieb oft gar keine Verhandlungs- und Entscheidungseinheit mehr.[8] Betriebsräte werden machtlos, weil die Prämissen der Entscheidung des Gegenübers extern gesetzt werden, nicht mehr intern verhandelbar sind (Kotthoff 1995)[9].

---

8   Siehe die „Auflösung der Unternehmung": Picot/Reichwald 1994.
9   Verschiedentlich werden Versuche unternommen, dieser Tendenz folgend noch zentralere Organe von Arbeitnehmerbeteiligung zu schaffen – z.B. durch Gesamt- und Konzernbetriebsräte (§§ 47 ff., 54 ff. BetrVG), die nicht den Betrieb als repräsentierten Bezugspunkt haben, sondern das Unternehmen oder den Konzern. Eine herausragende Bedeutung kommt dabei dem auch in diesem Tagungsband behan-

Neue Unternehmenskultur, partizipative Kooperation und rechtlicher Schutz

Die Wandlungen im Produktions- und Dienstleistungsbereich machen es somit notwendig, über neue Gestaltungselemente der Arbeitnehmer-Repräsentation nachzudenken. Die neuen Produktionskonzepte und Managementmethoden enthalten Ambivalenzen und Handlungsspielräume, die im Sinne partizipativer Strategien – freilich auf (auch rechtlich) erneuerter Basis – gestaltbar sind (Übersicht bei Höland 1994; 46-49). Die Organisationstheorie[10] ist insoweit zu interessanten, wenn auch nicht unumstrittenen Thesen gelangt. Soweit neue Unternehmenskulturen dezentralisierte individuelle Beschäftigtenpartizipation einräumen, ist dies nicht den Effizienzzielen der Unternehmenspolitik abträglich, sondern trägt zu ihnen bei. Mit der Dezentrierung betrieblicher Leitungsmacht werden das überkommene Prinzip der Hierarchie in den Arbeitsbeziehungen, damit verbunden die systematische Trennung von Anweisung und Ausführung und dieser entsprechende Befehlsroutinen, Aufgaben-, Berufs- und Karrieremuster brüchig. An ihre Stelle treten projektbezogene Netzwerke.

Dies wird umso bedeutsamer, wie Elemente der Dienstleistungsgesellschaft unsere Arbeitsbeziehungen prägen. Dienstleistungen werden i. a. durch das sog. „uno-actu-Prinzip" geprägt – d.h. Dienstleistungen werden zeitgleich „produziert" und „konsumiert". Deshalb haben Regelungen der Arbeitsprozesse in Dienstleistungsbetrieben im Allgemeinen „externe Effekte" zugunsten oder zulasten der Abnehmer dieser Dienstleistungen (s. Mückenberger/Menzl 2002). In einer „modernen" Betriebsverfassung müssen diese externen Effekte aufgefangen werden – etwa in Gestalt der Einbeziehung von Stakeholdern in die betrieblichen

---

delten EBR zu. Solche Versuche stehen freilich in der Gefahr, einmal mehr die betrieblichen Repräsentanten zu entwerten und den Abstand zu den Beschäftigten selbst noch zu vergrößern statt im Sinne direkter Partizipation zu verringern. Zu den Ansätzen größerer Dezentralität durch die Betriebsverfassungsreform 2001 kommen später.

10 Mikroökonomisch Williamson 1975, Aoki et al. 1989, Thompson et al. 1991, Ouchi 1991, French/Bell 1990, Womack et al.1992 und organisationssoziologisch Fox 1974, Streeck 1989.

Entscheidungsprozesse. Wie zusätzlich zu und partiell anstelle der bipolaren betrieblichen Interessenvertretung (Arbeitgeber – Betriebsrat) eine mehrpolige (unter Einschluss der Nutzer/innen) wird, haben wir an anderer Stelle beschrieben (Buggeln/Mückenberger 2005; 118 ff. und 197 ff.) Gewiss ist noch längst nicht klar, welchen Grad von Verbreitung diese Organisationsveränderungen haben und inwieweit sie – im Sinne einer „Re-Taylorisierung" – umkehrbar sind. Aber sie deuten zumindest auf Ambivalenzräume hin. Auf die Ebene der Regulierung der betrieblichen Sozialbeziehungen transformiert bedeuten sie nämlich, dass die hierarchische, in Befehls- und Gehorsamsketten bestehende betriebliche Sozialbeziehung durch kooperative Netzwerke und Diskursbeziehungen zu ersetzen wäre. Das Direktionsrecht des Arbeitgebers könnte legitimerweise zugunsten eines Kommunikationszwanges eingeschränkt werden (dazu im Einzelnen Matthies et al. 1994). Notwendig würden ferner partizipative Netzwerke, die sozusagen „auf der Mitte" zwischen individualisierter und kollektiv-mediatisierter Teilhabe anzusiedeln wären (Nachweise bei Höland 1994). Die Vorstellung der „Arbeitsgruppen", also funktioneller Kooperationsbeziehungen, und der „Mitbestimmung am Arbeitsplatz" könnte hier eine neue Bedeutung gewinnen – wie in § 28a des 2001 reformierten BetrVG andeutungsweise geschieht. Die Verankerung von Informations-, Kommunikations-, Beschwerde- und Anregungsrechten von Arbeitsgruppen bedurfte nicht einmal gesetzlicher Neuregelung, sondern allein tariflicher Praxis, da §§ 3 Ziff. 1 und 86 BetrVG sie durchaus bereits vor 2001 zuließen.

Die Interessenvertretung entlang logistischer Ketten

Die andere Seite der Dezentrierung ist, dass sich zahllose Entscheidungsvorgänge vom Betrieb auf überbetriebliche Instanzen verlagert haben. Die Frage ist, ob Chancen bestehen, partizipative Mechanismen auf lange Sicht von der Einheit Betrieb abzukoppeln. An die Ausweitung betriebsentkoppelter Vertretungsprozeduren ist auch zu denken, wenn man in Rechnung stellt, dass Erwerbstätigkeit jenseits abhängiger Be-

schäftigung zunimmt und rechtlich nicht einfach ignoriert oder zurück-
drängt werden kann[11].

Globalisierung, Innovation, Beteiligung, Betriebsverfassung

Neuere arbeits- und betriebssoziologische Trendberichte stellen als Ver-
änderungsfaktoren die wirtschaftliche Globalisierung, die damit verbundene Verallgemeinerung des Wettbewerbs und die Sorge (der Arbeitgeber, der Politiker und nicht zuletzt der Arbeitnehmer) um den viel-
zitierten „Standort" heraus (etwa Hall/Soskice 2001; Hoffmann 2003).
Es gibt bekanntlich zwei Hauptantworten auf diese Herausforderungen.
Die erste empfiehlt die strikte Senkung der direkten und indirekten Arbeitskosten – auf juristischem Gebiet Deregulierung und Privatisierung,
beides im Sinne von Vermarktlichung[12]). Die zweite setzt auf Erhöhung
der Produktivität, sie setzt weniger bei den Arbeitskosten an als bei der
Qualität der Produktion/Dienstleistung und empfiehlt Strategien der
Steigerung von Qualifikation, Kooperation und Innovation – auf juristischem Gebiet eine modernen Bedingungen Rechnung tragende „intelli-
gente" Re-Regulierung[13]. Beide Antworten widersetzen sich nicht grund-

---

11   Dies ist bereits ansatzweise realisiert im Recht der Arbeitnehmerüberlassung (§ 14
     AÜG), sogar betriebseingegliederter Selbständiger einerseits, im Recht der arbeit-
     nehmerähnlichen Personen und der Heimarbeiter andererseits (§ 12 a TVG; §§ 17
     ff. HAG). Es bedürfte aber der systematischen Ausformung und Abstimmung mit
     der betrieblichen wie der tariflichen Vertretung.

12   „Commodification" bei Esping-Anderson 1990.

13   Sowohl von theoretischer Stimmigkeit (vgl. Mückenberger/Deakin 1989, Bercus-
     son et al. 1996), von den praktischen Ergebnissen (vgl. Großbritannien der 80er
     und 90er Jahre; allerdings umstritten der us-amerikanische Beschäftigungsboom)
     als auch praktischen Handlungsbedingungen (etwa für westeuropäische Arbeit-
     nehmer und deren Vertretungen) her gesehen ist die erste Antwort abzulehnen. Zu-
     zugestehen ist allerdings, dass die zweite Antwort noch der glaubwürdigen Konkre-
     tisierung bedarf. Sie muss nicht nur in handhabbare Münze umgesetzt werden; sie
     muss den Sozialstaatsskeptikern (Streeck 1996 u. ö.) gegenüber beweisen, erstens
     dass sie überhaupt „geht" und dass schwach regulierte Regime (vgl. den Streit um
     Bewertung des amerikanischen Arbeitsplatzwunders, etwa Thurow 1996) „nicht

sätzlich der Standortlogik[14], definieren sie aber auf unterschiedliche Weise.

Der Re-Regulierungsansatz – da der Joker einer willentlichen Systemtransformation nicht existiert – muss sich im Hinblick auf bestehende Systembedingungen legitimieren können. D.h. er muss mit grundlegenden ökonomischen, sozialen und gesellschaftlichen Interessen vereinbar sein. Die ökonomischen Interessen herrschen strukturell vor – sie besitzen die Fähigkeit, sich häufiger und schneller in auch soziale und gesellschaftliche Währung konvertieren zu können, was beide andere Interessen in diesem Ausmaß und dieser Geschwindigkeit nicht können. Sie können deshalb bei der arbeitspolitischen Re-Regulierung nicht außer Acht gelassen werden.

Zu meinen hier nicht begründbaren Prämissen gehört, dass es derzeit wohl drei Zonen gibt, bei denen Re-Regulierung sich aussichtsreich auf vorhandene Spielräume für Konvergenz oder wenigstens Kompromiss auf arbeitspolitischem Gebiet beziehen kann. Die Identifikation bedeutet nicht, dass es in diesen Zonen keinen Streit (und Streik) gäbe. Denn auch in ihnen besteht erstens der Definitionsstreit um einen engeren (= betriebswirtschaftlichen und kurzfristigen – „shareholder-value") und einen weiteren Produktivitätsbegriff (= volkswirtschaftlich und unter Umständen auch gesellschaftlichen und längerfristigen) sowie das Problem der Ungewissheit der Prognose darüber, welche der versprochenen Produktivitätsgewinne mithilfe der vorgeschlagenen Instrumente wirklich eintreten, und der aufgrund dessen häufig einsetzende Rückfall in Vorurteils- und Machtpositionen. Die drei Zonen sind:

– Förderung von Innovation, die den Maximen nachhaltigen Wirtschaftswachstums folgt. Spielräume für Konvergenz und Kompromiss bestehen, weil hier Effizienz- und Standort- mit Arbeitsplatz-, Qualifizierungs- und Partizipations- und etwa mit allgemeinen Wohlfahrts- und ökologischen Interessen versöhnbar erscheinen.

---

gehen". Mein Beitrag gilt allein der Umsetzung der zweiten Hauptantwort in handhabbare Münze, allerdings auch der Begründung dieses Versuchs.

14   Besonders deutlich bei Schumann et al. (1994), S. 655 und 658: es gelte, „die Perspektive zu verbessern, mit Produkten made in Germany in der Weltliga mitspielen zu können", „der Weltmarktkonkurrenz Paroli (zu) bieten".

– Arbeitsumverteilung durch individuelle und kollektive Arbeitszeit-
verkürzung. Spielräume für Konvergenz und Kompromiss sind denkbar, weil hier Produktivitäts- mit Solidaritäts-, mit geschlechter- und
familienpolitischen und fiskalischen Interessen versöhnbar erscheinen. Dieser Zugang ist zwar angesichts der Tendenzen zu Arbeits-
zeitverlängerung zurückgedrängt worden, erlangt aber immer wieder
bei der Bewältigung von Betriebskrisen Geltung[15].
– Zurückdrängung von Diskriminierung und sozialer Ausgrenzung.
Spielräume für Konvergenz und Kompromiss können auch hier
vermutet werden, weil (abgesehen von Anforderungen wie etwa
dem Schutz der Menschenwürde, die einem Standort-Opportu-
nismus nicht zur Disposition stehen) hier Wettbewerbsgleichheits-
und soziale Schutz- mit Interessen an gesellschaftlichem Zusam-
menhalt und Frieden versöhnbar erscheinen.

Sollten die drei Zonen auch allesamt bei der Re-Regulierung begangen
werden, so besteht doch zwischen ihnen keine Gleichwertigkeit. Die
beiden letztgenannten haben wahrscheinlich wünschenswerte indirekte
Rückwirkungen auf das mit Globalisierung angesprochene Problem, aber
kaum direkte und meist umstrittene – sie sind mehr mit der Folgeseite
von Fehlfunktionen des Arbeitsmarktes beschäftigt[16]. Mit der Ursachen-
seite ist dagegen direkt die Zone der Innovation befasst, weil sie unter
bestimmten Bedingungen die Fehlfunktion des Arbeitsmarktes bei
gleichzeitigen positiven externen Effekten verringern kann. Also wird
man insbesondere diese Zone nicht vernachlässigen dürfen.

Radikale oder inkrementelle Innovation?

Horst Kern hat sich in mehreren Beiträgen mit dem Innovationsproblem
auseinandergesetzt (Kern/Sabel 1994, Kern 1996a und 1996b) und ist
der Frage nachgegangen, warum das deutsche Produktionsmodell sich in
der Blütephase der neuen Produktionskonzepte bewährte, aber ange-

---

15   Dazu die Denkschrift der Deutschen Gesellschaft für Zeitpolitik (DGfZP) 2005.
16   Was sie übrigens keineswegs überflüssig macht, wie manche meinen – etwa Solt-
    wedel 1996.

sichts der derzeitigen Welle von Globalisierung in die Krise geraten ist. Er unterscheidet zwischen „inkrementellen" und „radikalen Innovationen". Die ersteren bewegen sich verbessernd innerhalb traditioneller betrieblicher Milieus, die letzteren sprengen oft diese Milieus, sie finden gerade in der Begegnung mit völlig „Fremdem" statt, sie verunsichern (1996b; 5). Er fand bei seinen Untersuchungen den ersteren Typ in den traditionellen und schrumpfenden Industrien (die dortigen neuen Produktionskonzepte schienen denn auch der ideale Rahmen für den Fortschritt der inkrementellen Innovation), vermisste jedoch den für die expandierenden Industrien erforderlichen Rahmen radikaler Innovation („institutional setting", 1996b; 5).

Von drei Bedingungen hänge ein solcher Rahmen ab: ob die individuellen Beschäftigten breite und vielfältig einsetzbare Qualifikationen besitzen; ob die betriebliche Arbeitsorganisation direkte Kooperationschancen zwischen den Beschäftigten bietet; und ob die Betriebsgrenzen so offen gegenüber einer herausfordernden innovativen Umwelt sind, dass sie den Innovationsfunken überspringen lassen.

Für Arbeitsrechtler interessant sind einmal die beiden ersten Bedingungen. Sie stützen nämlich die Auffassung, dass ein Zuwachs von Qualifizierungsrechten und Rechten auf unmittelbare Kommunikation und Kooperation nicht nur den sozialen Interessen der Arbeitnehmer, sondern auch ökonomischen und gesellschaftlichen Interessen zugute kommt (Matthies et al. 1984).

Kerns dritte Bedingung gibt aus drei Gründen zu denken. Erstens haben Kerns Untersuchung ergeben, dass diese Bedingung die wichtigste für „radikale" Innovationen ist (während die erste die wichtigste für inkrementelle, die zweite neutral gegenüber dem Innovationstyp seien). Zweitens erteilt Kern dem deutschen Produktionsmodell gerade für diese dritte und wichtigste Bedingung von Innovation die schlechtesten Noten. Und drittens berühren (nicht: überschreiten) wir bei der Beschäftigung mit dieser Bedingung die Grenzen des (herkömmlichen) Betriebes – und damit des (herkömmlichen) Arbeitsrechts.

Eine innovationsfreundliche (und damit selber innovative) arbeitsrechtliche Re-Regulierung müsste – wenn man aus diesen Beobachtungen eine erste rechtsreformerische Schlussfolgerung ziehen darf – Rechte von Beschäftigten und Betriebsrat begünstigen, die den Betrieb zu Innovationsquellen seiner Umwelt öffnet.

Nimmt man diesen Gedanken auf, so werden die Erklärungen interessieren, die Kern für seine schlechten Befunde gibt. Das deutsche Produktionsmodell setzt sich auf Seite der Arbeitenden (1996b; 15) aus einem kleinen Segment von „freelancers", einem kleinen Segment von „average workers" und einem großen dominierenden Segment von „core workers" = Facharbeitern zusammen[17]. Der das deutsche System bestimmende „Kern" ist geprägt von einer Doppelfunktion von „Beruf" und „Fach". Diese verbürgt einerseits eine bestimmte Qualifikation und sozusagen „Zugehörigkeit" zum Beruf; sie grenzt damit aber gleichzeitig „Zugehörige" von „Nicht-Zugehörigen" ab, begründet Exklusivrechte. Mit dieser Doppelfunktion mag Beruflichkeit noch den ersten beiden Bedingungen von Innovation entgegenkommen (hoher individueller Qualifikation; Kooperation innerhalb der fachlichen und betrieblichen Gemeinschaft); sie erweist sich aber als Schranke schon gegenüber innovationsfördernden innerbetrieblichen „Kompetenzüberschreitungen", erst recht gegenüber der Innovationskraft von „Fremden".

Das zweite Charakteristikum dieses Kerns ist sein Verhältnis zu „Sicherheit" (dem der Aufsatz Kern 1996a gilt). Horst Kern beschreibt hohe Erwartungen der Facharbeiter an Status- und Reziprozitätssicherheit. Soweit es sich dabei um „Erwartungssicherheit" handelt, können sie im Sinne von Innovation sein. Etwa wenn Rechte auf Kontrolle, Lernen, Evaluation und Re-Definition bei innovativen Prozessen – verstanden als Prozess-, nicht als Statusrechte (1996a; 204) – eingefordert werden.

Ein Innovationshindernis ist dagegen die „Milieusicherheit", d.h. die Erwartung, Fortschritt mit dem gewohnten tradierten Milieu zu erzielen. Diese kommt inkrementellen Innovationen zugute, während „Basisinnovationen meist nur zustande kommen, wenn es gelingt, Wissen zu kombinieren, welches gegenwärtigen an verschiedenen Plätzen lokalisiert ist" (1996a; 206). Den Gewerkschaften hält Kern vor, dem Bestreben nach Statussicherheit und „Risikoaversion" verhaftet zu sein. Er formuliert an sie die „einigermaßen paradoxe Anforderung": „Die Gewerk-

---

17 Im Gegensatz zu den us-amerikanischen, wo die Größenordnung der Segmente umgekehrt ist.

schaften sollen Sicherheit gewährleisten, ohne die produktive Verunsi-
cherung zu stören, von der die Innovation lebt" (ebda.; 203).

Eine interessante – indirekte, weil nicht auf den Betrieb, sondern die
Region bezogene – Bestätigung haben die Thesen Horst Kerns jüngst aus
den USA erfahren. Richard Florida hat untersucht, auf welche Bedingungen sich in den führenden Technologiestandorten der USA ihr wirt-
schaftlicher Erfolg zurückführen lasse (Florida 2001, 2005). Er hat dabei
empirisch nachgewiesen, dass diejenigen amerikanischen Städte und
Regionen (wie San Francisco, Boston, Seattle, Washington etc.) den
größten wissensökonomischen Fortschritt erzielten, denen es in der Vor-
periode gelang, „Talent" (Wissens- und künstlerisches Talent) an sich zu
ziehen. Bei der Frage, welche Regionen wiederum Talent an sich ziehen
könnten, waren diejenigen führend, die am offensten für „Diversität" und
„Fremdheit" waren, für die also die stärkste „Fremdheitstoleranz" nach-
weisbar war. Möglicherweise ist die These Kerns insofern partiell zu
modifizieren, als sie das lokale Mileu und deren Gelegenheitsstrukturen
für Fremde („high-amenities city") mit aufzunehmen hätte; mit dieser
Modifikation freilich erfährt sie eine klare Bestätigung.

„In der neuen Organisationswelt neue Wege für die Reproduktion der alten institutionellen Stärke finden"

Dies ist die Synthese von Hermann Kotthoffs Bewertung des Gestal-
tungsbedarfs bei dezentralen Arbeitsstrukturen und partizipativen Mana-
gementkonzepten (1995; 425). Er geht davon aus, dass sich die vier
Konstruktionsprinzipien der überkommenen Betriebsverfassung bewährt
haben: der Betriebsrat konzipiert als Repräsentant der gesamten Belegschaft, als Mittler lebensweltlicher Interessen der Beschäftigten in das
System Betrieb und umgekehrt und als Anwalt des sozialen Austausches
mit dem Top-Management (S. 430-33). Verfehlt sei es einerseits, die
überwiegend folgenorientierte Schutzpolitik von Betriebsräten zu kritisieren und ihnen statt dessen alternative Gestaltungskonzepte abzuver-
langen. Ebenso verfehlt sei es andererseits, für Betriebsräte, die derzeit
eine Stellvertreterrolle einnehmen, die Übernahme einer Moderatorenrol-
le vorzuschlagen.

Dessen ungeachtet gelangt er bei seinen Konstruktionselementen zu Modernisierungsvorschlägen, die sich von denjenigen von Autoren mit radikalerer Rhetorik wenig unterscheidet. Es gelte, im Vertretungsverhältnis die Kluft gegenüber moderneren Arbeitnehmern zu überwinden und vor allem sie in den Spitzenpositionen des Gremiums zu beteiligen. Eine modernisierte Schutzpolitik müsse neuen arbeitsbiographischen Qualifizierungs- und Entwicklungsmustern Rechnung tragen. Der Betriebsrat müsse sich auf Co-Management einlassen, zugleich eine Eigenständigkeit als Generalist behalten. Er müsse für die Kultur des sozialen Austauschs unter dem Gesichtspunkt des erfolgreichen Organisationswandels und des langfristigen Systeminteresses werben (S. 444-46).

Mit dem von Kern herausgearbeiteten Veränderungsbedarf konfrontiert, erweisen sich diese Vorschläge als zu sehr fortschreibend, nicht „gezielt" genug. Die moderate Position Kotthoffs mag „realistisch" erscheinen – gerade wer „Realist" ist, wird sich aber mit ihr kaum abfinden können. Moderat zu sein, kann sich leisten, wer in den umrissenen Konstruktionsprinzipien Stabilität vermutet. Wenn diese Vermutung trügt – Kotthoff gibt gute Beispiele dafür –, langt die Fortschreibung des status quo nicht hin. Kotthoff selbst beschreibt als Kernproblem, dass die Erosion des Betriebes praktisch die Erosion des Betriebsrats ist: „Dagegen hat bisher noch niemand ein Rezept" (1995; 443) und empfiehlt Gewerkschaften, auf Reformen „für eine Mitbestimmung in Sparten, business units und Netzwerken" zu drängen (S. 446).

Von Kotthoffs These sind Schumann et al. (1994; 653) nicht weit entfernt: „Die Produktivitäts- und Innovationsdefizite des geltenden Regimes lassen sich durch den Ausbau jener Stärken des deutschen Produktionsmodells beheben, an die schon die neuen Produktionskonzepte der 80er Jahre anknüpften: durch Weiterentwicklung des dualen Ausbildungssystems, durch Ausbau der konsensualen Regulation, durch Absicherung der sozialstaatlichen Sicherung". Gefordert wird als Resultat des Trendreports eine „modernisierte Betriebs- und Arbeitsverfassung" (S. 654), die der Tatsache Rechnung trägt, dass die in den neuen Produktionskonzepten angelegten Modernisierungspotentiale sich nicht gleichmäßig empirisch durchsetzen – u. a. wegen „Sorge um Machteinbußen und Einflussverlust, oft schon vor unkontrollierter Dynamik" (S. 18),

wegen „arbeitspolitischer Traditionen, Betriebskulturen und personellen Konstellationen" (S. 655).
Schumann et al. (1994; zum folgenden 658-62) schlagen vor allem zwei Maßnahmen vor: die Verberuflichung der neu entstehenden integrierten und interfakultativen Tätigkeitsbereiche; und eine mit Dezentralisierung und Abflachung der Hierarchien einhergehende „betriebliche Autonomisierung von Verantwortlichen, um die Produkterstellung zentrierten Organisationseinheiten" – oder „De-Hierarchisierung der Betriebsstrukturen" – oder „förmliche Egalisierung der Betriebsstrukturen entlang aufgabengesetzter Zuordnungen, gesicherter Zuständigkeiten und verbindlicher Selbstverantwortung". Diese erfordere

– „neue Organisationsformen": Arbeitsgruppen, also Kollektive unterhalb der Betriebsratsebene,
– die Arbeitsgruppe braucht institutionell vereinbarte Selbstorganisation: z.B. „Gespräche" für die Meinungsbildung und Entscheidungsfindung; z.b. „Sprecher" als interne Moderatoren und externe Sprachrohre,
– den Teams als „Quasi-Unternehmern" müsse ein erweiterter Status innerbetrieblicher Verhandlungsfähigkeit zugestanden werden: Aufgabendefinition, Leistung, Entlohnung, Produktivitätsteilhabe, Personalfragen, rationalisierungsbedingte Freisetzung, Beschäftigungssicherung.

Ein solcher „aktiver Rationalisierungskompromiss" könne darin bestehen, dass „die volle Produzentenkapazität gegen Produzentensouveränität und Gruppen-Teil-Autonomie eingetauscht wird". Als Hintergrundbedingung für solchen Produktivitätspakt sehen Schumann et al. aber die Existenz eines „Beschäftigungspaktes" (1994; 663) im Sinne eines wohlfahrtsstaatlichen Minimalkonsenses zugunsten der von sozialer Ausgrenzung Bedrohten an.

Auf der Suche nach einer neuen Formel für die Vermittlung individueller und kollektiver Rechte und Interessen

Individualrechte

Nach dem Gesagten scheint die rechtliche Institutionalisierung von direkter Partizipation Beschäftigter (wie wir in Matthies et al. 1994 vorgeschlagen haben) nicht aussichtslos zu sein. Sie würden einschließen:

- den Zuwachs von Individualrechten der Beschäftigten in Bezug auf Selbstbestimmung im Arbeitsverhältnis, Begründungspflichten, Kommunikationsrechte, Gestaltungsrechte bezüglich der Arbeitsorganisation, Rechte auf Beanstandung und Leistungsverweigerung, Recht auf Irrtum, Rechte auf Qualifizierung und Leistung,
- eine am Rationalitäts- und Diskursgebot orientierte Umgestaltung der Arbeitgeberrolle, die von der Begründungspflicht für Weisungen bis zur Abberufbarkeit wegen Pflichtverstößen reicht,
- institutionelle Unterstützung der Beschäftigten bei der Durchsetzung der individuellen Rechte – etwa der Beschwerde – in Gestalt von Konfliktkommissionen oder von Formen der Organisationstherapie und Supervision.

Hinsichtlich dieser institutionellen Seite bietet bereits heute § 86 BetrVG eine Handhabe für tarifliche und betriebliche Regelungen – er spricht sogar von der Möglichkeit einer „betrieblichen Beschwerdestelle". Da dieser Regulierungsansatz „ins Leere gelaufen" ist (Höland 1994; 61), wäre an die Verankerung einer gesetzlichen Pflicht zu betrieblichen (wohl subsidiär zu tariflichen) Beschwerdeverfahren und -stellen und an Initiativrechte (von Beschäftigten und/oder Arbeitsgruppen) zu deren Implementation zu denken.

Was weiterer Reflexion hinsichtlich Reformvorhaben bedarf, ist die Position Kerns: Wenn tatsächlich zutrifft, dass heute radikale statt nur inkrementelle Innovationen notwendig sind und wenn deren Haupthindernis in der sozialen Schließung des „Berufes" und des „Betriebes" zu suchen ist, dann müsste modernes Recht zu deren „Öffnung" beitragen.

Dies ist heikel, weil fast zwangsläufig die Grenze des Regelungsberei-
ches „Arbeitsrecht" erreicht oder überschritten wird. Man kann sich unschwer vorstellen, dass innerbetriebliche Innovationsgruppen und
-projekte durch externe Sachverständige, Interessenten, Initiativen ange-
reichert werden[18]. Wie aber die dabei auftretenden Entscheidungs-, die
Verantwortlichkeits- und Haftungsfragen gelöst werden, ist noch völlig
offen. Man kann sich unschwer vorstellen, dass Beschäftigten Mobili-
tätsspielräume zum Erfahrungsgewinn eingeräumt werden – die Möglichkeit, zeitweilig einen anderen Beruf zu ergreifen, woanders zu arbeiten, selbständig zu sein usw. Aber auch dies bricht sich schnell an
überkommenen Regulierungsmustern[19]. Ernst genommen würde die Position von Kern den Rahmen einer pragmatische Reform von Individual-
und Betriebsverfassungsrecht überschreiten und eine Revision auch arbeitsrechtlicher Grundkategorien – wie der Begriffe des Arbeitsverhältnisses, des Arbeitgebers oder des Betriebes – erfordern.

So reizvoll das Durchspielen einer solchen grundlegenden Reform
wäre, sie bedürfte weiterer Vorüberlegungen, als sie hier vorgenommen
werden konnten. Deshalb beschränken sich die verbleibenden Absätze
meines Beitrages darauf, die Ansätze in einer Richtung auszuloten und
umreißen – nämlich hinsichtlich dezentraler betrieblicher Partizipations-
ansätze und ihres Verhältnisses zur Institution Betriebsrat.

Arbeitsgruppenautonomie

Schon jetzt rechtlich ausformbar ist die Bündelung, Koordinierung und
Kanalisierung individueller Selbstbestimmungsrechte auf der Ebene der
Arbeitsgruppe. Solche Partizipationsformen sind faktisch im Vordringen
begriffen. Für eine rechtliche Regelung spricht, dass sich die Praxis oft
in „Pseudo-Partizipation" erschöpft und dass sich reale Gruppenauto-
mie vielfach an der unteren und mittleren Hierarchie bricht (vgl. die

---

18   Man denke nur an die 3- oder 4-Bänke-Modelle in der Diskussion vor dem Mitbe-
     stimmungsgesetz 1976.
19   Wie kann man verhindern, dass die Entscheidungen für den Arbeitgeberwechsel
     oder für vorübergehend gedachte Selbständigkeit, nicht zur Falle, zum way of no
     return wird?

„strukturkonservative Variante" von Gruppenarbeit bei Schumann et al. 1994; 661-62). Dass man sich insoweit auf das Regelungsinstrument des Tarifvertrages nicht verlassen kann, zeigt § 3 Abs. 1 Ziff. 1 BetrVG, der – nicht anders als § 86 – leergelaufen ist. Direkte Partizipation in und von Arbeitsgruppen wird ohne gesetzliche Hilfestellung kaum zu erreichen sein.

Die Arbeitsgruppe braucht – wie Schumann et al. (1994) erneut deutlich gemacht haben – eine institutionelle Grundlage der Selbstorganisation. Rechtlich müssen ihnen Zeiten, Räume und Mittel (wie interner und externer Sachverstand) zur Meinungsbildung, Koordination und Entscheidungsfindung eingeräumt werden. Von herkömmlichen „quality circles" unterscheiden sich solche Rechte durch ihre Verbindlichkeit, die Erwartungssicherheit begründet. Arbeitsgruppen haben bereits heute im allgemeinen Sprecherinnen oder Sprecher als interne Moderatoren und externe Sprachrohre. Die hier interessierende Frage ist, inwieweit diese Rolle formalisiert werden soll, etwa Abberufungs-, Benachteiligungs- oder gar Kündigungsschutz genießen soll. Das hängt davon ab, ob Arbeitsgruppensprecher eine echte Verhandlerrolle haben sollen.

Königsweg der Regulierung von Arbeitsgruppen wäre, ihre Rechte entlang den Desideraten von Kern (1996a; 204) auszuformen: also Prozess- und nicht Statusrechte zu institutionalisieren und mit ihrer Hilfe eine Prozedur zu unterstützen, die vier aufeinander abgestimmte Verfahrenselemente enthält:

– Beschäftigtenrechte auf Kontrolle von Arbeitsbedingungen und Zielvorgaben,
– die Flexibilität für notwendige Lernprozesse,
– Modalitäten der Evaluation von Innovationen,
– und – aufgrund dieser – mögliche Re-Definitionen von Arbeitsbedingungen und Zielvorgaben.

Die Argumente von Kern machen deutlich, dass ohne eine derartige „Prozessgarantie" die zuverlässige Unterscheidung zwischen „Gruppen-Teil-Autonomie" und Pseudo-Partizipation, damit auch zwischen Vertrauens- und Misstrauensproduktion, nicht möglich werden wird.

Nicht ausgemacht ist, wer für diese Vereinbarungen und ihre Überwachung zuständig sein soll: der Betriebsrat oder die Arbeitsgruppe. Am weitesten gehen Schumann et al. (1994; 660). Sie empfehlen, dass den Teams die Rolle als „Quasi-Unternehmer" und folglich ein erweiterter Status innerbetrieblicher Verhandlungsfähigkeit zugestanden werden, der die Aufgabendefinition, die Leistung, die Entlohnung, die Produktivitätsteilhabe, Personalfragen bis hin zu rationalisierungsbedingter Freisetzung und ggf. Beschäftigungssicherung betrifft.

Für eine solche Verhandlungsautonomie der Arbeitsgruppe sprechen Differenzierung und Dezentralisierung der Aushandlungsprozesse. Bei sich innerhalb und zwischen den Arbeitsgruppen ausdifferenzierenden und entstandardisierenden Bedingungen ist der Betriebsrat als zentrales Gremium (erst recht die betriebsexterne Gewerkschaft) mit konkreten Aushandlungsprozessen überfordert. Und wo sich diese real auf die Ebene zwischen Gruppe und Projektleitung o. ä. verlagern, kann Reziprozität im Sinne sozialer Gerechtigkeit auch nur auf der entsprechenden Ebene hergestellt werden.

Gegen die Verhandlungsautonomie spricht natürlich, was Kotthoff (1995) das erste Konstruktionsprinzip der deutschen Betriebsverfassung nannte: die einheitliche Interessenvertretung. Es kann zu erhöhter Gruppenkonkurrenz kommen. Zu gewärtigen ist die Produktion negativer externer Effekte: die Ausgrenzung Leistungsgeminderter, das gegenseitige Ausstechen bei internen und externen Kunden usw.

Zuzugeben ist, dass die Ziele der Erhöhung von Produktivität und der Verbreiterung der Konkurrenz vielen Gruppenarbeitskonzepten Pate stehen. Aber so wie man früher beim Akkordlohn die Konkurrenz der individuellen Arbeiter hinnahm (allenfalls durch Solidarität „bremste"), so wird man heute bei Gruppenarbeit die Konkurrenz der Gruppen hinnehmen (und durch Solidarität „bremsen") müssen. Verhandlungsrechte der Arbeitsgruppen können mit diesem Argument allein nicht ausgeschlossen werden. Es kommt darauf an, sie so auszugestalten, dass sie die Konkurrenz eingrenzen, „zivilisieren". Man darf Arbeitsgruppen Verhandlungsrechte nur unter Vorbehalt einer Sozialklausel, eines „ordre public social" einräumen. Sie dürfen sich nicht über zwingende tarifliche Bestimmungen, über Arbeitsschutzbestimmungen, über Diskriminierungsverbote, Kriterien der Sozialauswahl hinwegsetzen. Nichts spricht aber dagegen, dass Arbeitsgruppen für ihren eigenen Arbeitsbereich etwa in Fragen der Arbeitsbelastung und Zielvorgaben, der Prozess- und Produktinnovation, des betrieblichen Vorschlagswesen, der Arbeits- und Gruppenorganisation, der Entlohnungsmodalitäten, der Aus- und Weiterbildung, der Arbeitszeit- und Besetzungsfragen, der Arbeitsumverteilung zur Beschäftigungssicherung, des betrieblichen Arbeits- und Umweltschutzes verhandeln und entscheiden können.

Schaut man sich vor diesem Hintergrund die Betriebsverfassungsreform von 2001 an, so ist man perplex, wie wenig Problembewusstsein darin überhaupt aufscheint. Gewiss wird in einigen Neuregelungen das Problem der netzförmig entgrenzten Betriebe aufgegriffen – indem vermehrt Unternehmen und nicht Betriebe zum Ausgangspunkt arbeitsrechtlicher Regulierung werden (§§ 3, 99-111, auch §§ 50 Abs. 1 S. 1 2. Hs. und 58 Abs. 1 S. 1 2. Hs. BetrVG), auch dass kleineren Betrieben größere Repräsentationsaussichten gegeben werden (§§ 14a uns 17a BetrVG). In anderen erhalten Arbeitsgruppen verstärktes Gewicht (§§ 28a, 87 Abs. 1 Ziff. 13 BetrVG). Aber allemal bleiben die Rechte der Arbeitsgruppen der Betriebsratsaktivität vorbehalten. Dass dieser der Machtzentralisierung mehr zugeneigt sein könnte als der direkten Partizipation der Beschäftigten, wird ebenso wenig zum Thema gemacht wie im Falle der Gewerkschaften bei der Neufassung von § 3 Abs. 1 BetrVG, die ja schon seit 1972 die Gelegenheit hatten, arbeitsplatznahere Vertretungsstrukturen zum Verhandlungsgegenstand zu machen (§ 3 Abs. 1 Nr. 1 und 2 BetrVG a. F.). Die „Reform" verspricht insoweit, genauso folgenlos zu bleiben wie diejenige von 1972.

Die Rolle des Betriebsrats

Der Betriebsrat würde – nähme man die oben umrissenen Entwicklungstendenzen ernster, als die Betriebsverfassungsreform von 2001 dies tat – einen Teil seiner Aufgaben verlieren, aber andere hinzugewinnen. Genauer zu durchdenken wäre, ob der Betriebsrat nicht zu den Arbeitsgruppen und ihren Sprecherinnen und Sprechern in ein Verhältnis recht verstandener „Subsidiarität" treten kann (zum folgenden Verständnis von vertikaler Subsidiarität Bercusson et al. 1996; Kap. 4). Seine Aufgabe und Zuständigkeit wäre dann in doppelter Weise umrissen.

– Er wird in Feldern tätig, zu denen die Arbeitsgruppen nicht effektiv in
der Lage sind: solchen, die sich nur gesamtbetrieblich lösen und verhandeln lassen (etwa Arbeitsumweltfragen, betriebliche Sozialeinrichtungen, Betriebsferien usw.). Er sichert und überwacht den betrieblichen *„ordre public social"*: Hier bieten sich eine Art
Rechtsaufsicht über die Tätigkeit der Arbeitsgruppen und entsprechende Beanstandungsrechte an.
– Zum anderen wird der Betriebsrat dazu tätig, dass die Arbeitsgruppen überhaupt in ihrem Bereich Wirkung entfalten können. Er berät
sie, sorgt für räumliche und zeitliche Bedingungen ihrer Arbeit und
für ihre Mittel, er koordiniert zwischen ihnen, wo dies sinnvoll erscheint, vermittelt und schlichtet, wo notwendig, regt übergreifende
Arbeitsgruppensprecher-Sitzungen an, wo sie ihm angezeigt erscheinen. Er stellt die betriebsverfassungsrechtlichen Mittel etwa
zur Durchsetzung von Vereinbarungen der Arbeitsgruppen oder zur
Verhinderung der Disziplinierung von Sprechern zur Verfügung.

Um in dieser Weise Mittler, Moderator, einerseits zwischen Beschäftigten und Arbeitsgruppen untereinander, andererseits zwischen ihnen und
den verschiedenen Ebenen des Managements sein zu können, muss der
Betriebsrat allerdings seine Resonanzfähigkeit gegenüber den ausdiffe-
renzierten Beschäftigteninteressen erheblich steigern. Spiegelt er heute
noch weitgehend die Milieus der „traditionellen" und kaum der „modernen" Arbeitnehmer wider (Kotthoff 1995; 444-45), so wird er in Zukunft
die gemischten Milieus von Arbeits- und Projektgruppen spiegeln oder
diese zumindest genau kennen müssen, um zu der beschriebenen indirekten, subsidiären Rolle in der Lage zu sein. Die Auflösung der Arbeiter-
klasse, das Absinken der Arbeiterschaft auf etwa 40% der Lohnabhängi-
gen (Schildt 1996; 105) und das Vordringen der im tertiären Sektor
Tätigen hat auch jedem „Einheitstyp" von Betriebsrat den Boden entzo-
gen.

Aus diesem Grund wird man den Repräsentanzvorschriften des Betriebsverfassungsgesetzes starke Aufmerksamkeit zuzuwenden haben.
Immerhin hat hier die Reform von 2001 die geschlechtergleiche Repräsentation in § 15 Abs. 2 BetrVG verpflichtend gemacht. Hinsichtlich der
Unterschiedlichkeit der im Betrieb vorfindlichen Beschäftigungsarten
bleibt § 15 Abs. 1 BetrVG dagegen bei einem bloßen „Sollen". Oft wird

argumentiert, die „modernen" (aufsteigenden) Arbeitnehmer erscheinen weniger schutzbedürftig als die „traditionellen" (vom sozialen Abstieg bedrohten). Aber erstens ist dafür der empirische Beweis erst noch zu führen. Zweitens muss arbeitsrechtliche Regulierung – wenn die These vom dringenden gesellschaftlichen Innovationsbedarf zutrifft – sich sehr wohl auch um den Schutz- und Gestaltungsbedarf der Arbeitnehmer-schichten kümmern, von deren gesellschaftlicher Produktivität die Gesellschaft perspektivisch besonders abhängt. Schutz und Gestaltung beginnt im Arbeitsrecht – wie in der Entwicklung der Demokratie – mit der angemessenen Repräsentation.

Auf die geschilderte Weise kann sich ein neues Gleichgewicht zwischen individueller und kollektiver, zentraler und dezentraler betrieblicher Interessenvertretung ergeben, das gegenüber der gegenwärtigen Situation vielfältige Vorteile verspricht. Konkurrenz (offene und versteckte, zivilisierte und tödliche), Rivalität und Mobbing sind dem heutigen Arbeitsalltag – mit und ohne Arbeitsgruppen/sprecher – nicht fremd. Umgekehrt hat sich in manchen Betrieben mit neuer Produktionsstruktur informell bereits ein Verhältnis zwischen Betriebsrat und Arbeitsgruppen eingespielt, das der hier vorgeschlagenen Subsidiarität nahe ist. Dergleichen in einem wirklich „reformierten" Betriebsverfassungsgesetz festzuschreiben, gäbe solchen schon vorhandenen Ansätzen Bestandskraft und Erwartungssicherheit und neu entstehenden eine Ermutigung. Es würde eine neuartige, im Alltag erlebbare Partizipation einführen und verallgemeinern, die vielleicht auf lange Sicht das einzige Mittel ist, der institutionalisierten zentralen Mitbestimmung eine neue Basis und frisches Blut zuzuführen.

(Text abgeschlossen im Oktober 2005)

Bibliografie

ALTMANN, N. / SAUER, D. (Hg.) (1989): *Systemische Rationalisierung und Zulieferindustrie.* Frankfurt/New York.

AOKI, M. / GUSTAFFSON, B. / WILLIAMSON, O. E. (eds.) (1990): *The Firm as a Nexus of Treaties.* London.

124 Ulrich Mückenberger

BERCUSSON, B. / DEAKIN, S. / KOSTINEN, S. (1996): *Soziales Europa. Ein Manifest.* Reinbek.

BERCUSSON, B. / MÜCKENBERGER, U. / SUPIOT, A (1992): *Application du droit du travail et diversité culturelle en Europe, Etude réalisée pour le Ministère du Travail, de l'Emploi et de la Formation Professionelle.* Ms., Nantes.

BIEDENKOPF-KOMMISSION, gen.: MITBESTIMMUNGSKOMMISSION (Hg.) (1970): *Mitbestimmung in Unternehmen.* Bundestag-Drucksache VI/334 (Sachgebiet 801), Bonn.

BRIGL-MATTHIAß, K. (1926): *Das Betriebsräteproblem.* Berlin/Leipzig.

BUGGELN, U. / MÜCKENBERGER, U. (2005): „Zeitpolitische Entdeckungsverfahren. ChoiceWork – Bürgergutachten – Mediation", in: MÖNIG-RAANE (Hg.): *Zeitfragen sind Streitfragen.* VSA, Hamburg; 118-155 und 197-217.

DÄUBLER, W. (2004): *Arbeitsrecht. Ein Leitfaden für Arbeitnehmer.* Reinbek.

DÄUBLER, W. et al. (2004): *Betriebsverfassungsgesetz. Kommentar.* Köln.

DAHEIM, H. / KRAHN, K. / SCHNEIDER, R. (Hg.) (1994): *Standortfaktor Industrielle Beziehungen. Abkehr von den traditionellen Arrangements?* Rainer Hampp Verlag, München und Mering.

DEAKIN, S. (1992): „Great Britain", in: VENEZIANI, B. (ed.): *Law, Collective Bargaining and Labour Flexibility.* E. C. Countries, Roma; 255 ff.

DEUTSCHE GESELLSCHAFT FÜR ZEITPOLITIK (DGfZP) (2005): „Zeit ist Leben. Manifest zur Arbeitszeitpolitik", in: www.zeitpolitik.de, Berlin.

ESPING-ANDERSON, G. (1990): *Three Worlds of Welfare Capitalism.* Polity, Oxford.

FAUST, M. / JAUCH, P. / BRÜNNECKE, K. / DEUTSCHMANN, C. (1994): *Dezentralisierung von Unternehmen. Bürokratie- und Hierarchieabbau und die Rolle betrieblicher Arbeitspolitik.* Rainer Hampp-Verlag, München und Mering.

FITTING, K. et al. (2004): *Betriebsverfassungsgesetz. Handkommentar.* 22. Aufl., München.

FLORIDA, R. (2001): *The Rise of the Creative Class.* Basic Books, New York.

FLORIDA, R. (2005): *Cities and the Creative Class.* Routledge, New York/London.

FORSA (1987): *Ungeschützte und statusgeminderte Arbeitsverhältnisse. Ergebnisse einer bundesweiten Repräsentativbefragung.* Dortmund.

FOX, A. (1974): *Beyond contract. Work, Power, and Trust Relations.* London.

FRENCH, W. L. / BELL JR, C. H. (1990): *Organisationsentwicklung*, 3. Aufl.. Bern/Stuttgart.

GREIFENSTEIN, R. / JANSEN, P. / KISSLER, L. (1990): „Direkte Arbeitnehmerbeteiligung mit oder ohne Arbeitnehmervertretung?", in: WSI-Mitteilungen; 602 ff.

HALL, P. / SOSKICE, D. (Hg.) (2001): *Varieties of Capitalism, The Institutional Foundations of Comparative Advantage.* Oxford University Press, Oxford.

HEILMANN, J. / TAEGER, J. (1990): „Praktische Rechtsfragen des Arbeitnehmererfindungsrechts", in: Betriebs-Berater; 1969 ff.

HÖLAND, A. (unter Mitarbeit von D. EIDMANN) (1994): „Sozialwissenschaftliche Erkenntnisse zum Betriebsverfassungsrecht", Manuskripte 158, Hans-Böckler-Stiftung, Düsseldorf.

HOFFMANN, J. et al. (1989): *Jenseits der Beschlusslage.* Köln.

HOFFMANN, J. (2003): „Co-ordinated Continental European Market Economies Under Pressure From Globalisation: Germany's ‚Rhineland Capitalism'", in: German Law Journal 8; 985-1002.

HOFFMANN, J. / MÜCKENBERGER, U. (1988): „Ökologie und Betrieb", in: Die Mitbestimmung; 165 ff.

HÜBNER, K. (1988): *Theorie der Regulation.* Berlin.

JANSEN, P. / SEUL, O. (2005) „Law and Practice of Employee Participation in Corporations and Companies of the Enlarged European Union", in: Law and Justice, Special Issue, Riga; 2-8.

KAPP, K. W. (1988): *Die sozialen Kosten der Marktwirtschaft.* Frankfurt.

KERN, H. (1996a): „Das vertrackte Problem der Sicherheit: Innovationen im Spannungsfeld zwischen Ressourcenmobilisierung und Risikoaversion", in: Fricke, W. (Hg.): *Jahrbuch Arbeit und Technik 1996.* Dietz, Bonn; 196 ff.

KERN, H. (1996b): „German Capitalism. How Competitive will it be in the Future?", in: *Conference „The Restructuring of the Economic and Political System in Japan and Europe: Past Legacy and Present Issues".* May 15, 1996, uvv. Ms., Milano.

KERN, H. / M. SCHUMANN, M. (1984): *Das Ende der Arbeitsteilung?* München.

KERN, H. / SABEL, Ch. (1994): „Verblasste Tugenden. Zur Krise des deutschen Produktionsmodells", in: BECKENBACH, N., v. TREECK, W. (Hg): *Umbrüche gesellschaftlicher Arbeit.* Soziale Welt, Sonderband 9, Otto Schwartz, Göttingen; 605-624.

KLITZKE, U. (1990): „Betriebsratsinitiierte und -bestimmte betriebliche Beteiligungspolitik", in: AFA-Informationen Nr. 5; 26 ff.

KLOTZ, U. / TIEMANN, H. (1990): „Aus Betroffenen Beteiligte machen", in: Die Mitbestimmung; 589 ff.

KOTTHOFF, H. (1981): *Betriebsräte und betriebliche Herrschaft. Eine Typologie von Partizipationsmustern im Industriebetrieb.* Campus, Frankfurt/ M., New York.

KOTTHOFF, H. (1994): *Betriebsräte und Bürgerstatus, Wandel und Kontinuität betrieblicher Mitbestimmung.* Hampp Verlag, München und Mering.

KOTTHOFF, H. (1995): „Betriebsräte und betriebliche Reorganisation. Zur Modernisierung eines ‚alten Hasen'", in: Arbeits H. 4, Jg. 4; 425-447.

MAHNKOPF, B. (Hg.) (1988): *Der gewendete Kapitalismus. Kritische Beiträge zur Theorie der Regulierung.* Münster.

MARSHALL, T. H. (1992): *Bürgerrechte und soziale Klassen. Zur Soziologie des Wohlfahrtsstaates.* Frankfurt/New York.

MATTHIES, H. / MÜCKENBERGER, U. / OFFE, C. /PETER, E. /RAASCH, S. (1994): *Arbeit 2000. Anforderungen an eine Neugestaltung der Arbeitswelt.* Rowohlt, Reinbek.

MITCHELL, R. (Hg.) (1997): „Redefining Labour Law. New Perspectives on the Future of Teaching and Research", in: Occ. Monogr. Series, Nr. 3, Melbourne, Centre for Employment and Labour Relations.

MÜCKENBERGER, U. (1975): „Betriebsverfassungsgesetz und die Möglichkeiten einer basisorientierten Betriebsratspolitik", in: DUHM, R. / WIESER, H. (Hg.): *Krise und Gegenwehr.* Berlin; 128 ff.

MÜCKENBERGER, U. (1985): „Die Krise des Normalarbeitsverhältnisses", in: Zeitschrift für Sozialreform; 415 ff. und 457 ff.

MÜCKENBERGER, U. (1993): „Auf dem Weg zu einem post-fordistischen Arbeitsrecht. Das System rechtlicher Regulierung im Betrieb unter Veränderungsdruck", in: MÜLLER-JENTSCH, W. (Hg.): *Konfliktpartnerschaft.* 2. Aufl., Hampp Verlag, München und Mering; 203-228.

MÜCKENBERGER, U. (2003): „German industrial relations in a period of transition", in: BURCHELL, B. et al. (Hg.): *Systems of production. Markets, organisations and performance.* Routledge, London and New York; 159-177.

MÜCKENBERGER, U. / DEAKIN, S. (1989): „From Deregulation towards a European Floor of Rights", in: ZIAS; 157-207.

MÜCKENBERGER, U. / MENZL, M. (Hg.) (2002): *Der Global Player und das Territorium.* Leske + Budrich, Opladen.

MÜLLER-JENTSCH, W. (1986): *Soziologie der industriellen Beziehungen.* Ffm.-New York.

OUCHI, W. G. (1991): „Markets, Bureaucracies and Clans", in: THOMPSON, G. / FRANCES, J. / LEVACIC, R. / MITCHELL, J. C. (eds.) (1991): *Markets, Hierarchies and Networks. The Coordination of Social Life.* London; 246 ff.

PICOT, A. / REICHWALD, R. (1994): „Auflösung der Unternehmung? Vom Einfluss der IuK-Technik auf Organisationsstrukturen und Kooperationformen", in: Zeitschrift für Betriebswirtschaft 5; 547 ff.

PIORE, M. J. / SABEL, CH. (1989): *Das Ende der Massenproduktion.* Frankfurt.

SADOWSKI, D. (1988): „Währt ehrlich am längsten? Personalpolitik zwischen Arbeitsrecht und Unternehmenskultur", in: BUDÄUS, D. / GERUM, E. / ZIMMERMANN, G. (Hg.) (1988): *Betriebswirtschaftslehre und Theorie der Verfügungsrechte.* Wiesbaden; 219-238.

SALAIS, R. (1989): „L'Analyse économique des conventions du travail", in: Revue économique, vol. 40, no. 2; 199 ff.

SAUER, D. (2005): *Arbeit im Übergang. Zeitdiagnosen.* VSA, Hamburg.

SCHILDT, G. (1996): *Die Arbeiterschaft im 19. und 20. Jahrhundert. Enzyklopädie deutscher Geschichte.* Bd. 36. Oldenbourg, München.

SCHUMANN, M. / BAETHKE-KINSKY, V. / KUHLMANN, M. / KURZ, C. / NEUMANN, U. (1994): *Trendreport Rationalisierung. Automobilindustrie, Werkeugmaschinenbau, Chemische Industrie.* 2. Aufl., ed. Sigma, Berlin.

SENGENBERGER, W. / LOVEMAN, G. (1988): *Smaller Units in Employments.* IILS, Genf.

SIMITIS, S. (1987): „Die verordnete Sprachlosigkeit: Das Arbeitsverhältnis als Kommunikationsbarriere", in: BRANDT, W. et al. (Hg.): *Festschrift für Helmut Simon.* Nomos, Baden-Baden; 329-358.

SOLTWEDEL, R. (1996): „Auf Arbeitssuche in einer offenen Welt", in: Frankfurter Allgemeine Zeitung, Nr. 115, 18. Mai 1996; 13.

STREECK, W. (1987): „Status und Kontrakt als Grundkategorien einer Theorie der industriellen Beziehungen", WZB-discussion paper, Berlin.

STREECK, W., (1996): „Neo-Voluntarism: A New European Policy Regime?", in: MARKS, G. et al.: *Governance in the European Union.* Sage, London; 64 ff.

THOMPSON, G. / FRANCES, J. / LEVACIC, R. / MITCHELL, J. C. (eds.) (1991): *Markets, Hierarchies and Networks. The Coordination of Social Life.* London.

THUROW, L. (1996): „The Crusade that's Killing Prosperity", in: The American Prospect, March-April; 54 ff.

WEBER, R. (1988): *Der Betriebsbeauftragte.* Berlin.

WELSCH, J. (1990): „Soziale Technikgestaltung durch Demokratisierung technischer Normung", in: WSI-Mitteilungen; 650 ff.

WENDELING-SCHRÖDER, U. (1994): *Autonomie im Arbeitsrecht.* Klostermann, Frankfurt/Main.

WILLIAMSON, O. E. (1975): *Markets and Hierarchies: Analysis and Antitrust Implications.* New York/London.

WOMACK, J. P. / JONES, D. T. / ROOS, D. (1992): *Die zweite Revolution in der Autoindustrie. Konsequenzen aus der weltweiten Studie des Massachusetts Institute of Technology.* 6. Aufl. Frankfurt/New York.

Deutschland: Herausforderung des nationalen Modells der Arbeitnehmerbeteiligung durch europäische Integration und Internationalisierung aus der Perspektive der unternehmerischen Praxis

Renate HORNUNG-DRAUS

Einleitung

Das deutsche System der Arbeitnehmerbeteiligung ist im europäischen und internationalen Vergleich durch eine Reihe von Eigenheiten gekennzeichnet, die auf den Besonderheiten der deutschen Kultur und Geschichte basieren und die nun sowohl durch die Entwicklungen der europäischen Integration als auch durch die Globalisierung der Wirtschaft unter Druck geraten. Zu diesen Eigenheiten gehören:

– erstens der Vorrang des Kollektivs vor dem Individuum; er schlägt sich beispielsweise in der Ausgestaltung der betrieblichen Mitbestimmung nieder.
– zweitens das paternalistische Grundverständnis des Arbeitsverhältnisses; hier werden einerseits dem Arbeitnehmer sehr weitgehende Loyalitätspflichten auferlegt, andererseits ist dies mit einer exzessiven Fürsorgepflicht des Arbeitgebers verbunden. Diese findet ihren sichtbarsten Ausdruck in einem weitgehenden Bestandsschutz des Arbeitsverhältnisses.
– und drittens die Tradition des Korporatismus; in Verbindung mit der historischen Unterentwicklung der deutschen Finanzmärkte und den politischen Entwicklungen während und unmittelbar nach dem zweiten Weltkrieg führte diese zur Herausbildung eines extrem verrecht-

lichten „Stakeholder-Modells" des deutschen Gesellschaftsrechts, in dem die Funktionen von Vorstand und Aufsichtsrat getrennt sind.

Diese drei Elemente haben die Unternehmensmitbestimmung in Deutschland wesentlich geprägt. Im folgenden soll anhand einiger Beispiele aus der Sicht der unternehmerischen Praxis gezeigt werden, welche Herausforderungen die europäische Integration und die Globalisierung für das deutsche System der Arbeitnehmerbeteiligung sowohl auf betrieblicher als auch auf der Unternehmensebene bringen. Dabei wird bewusst auf die Darstellung des deutschen dualen Systems der Arbeitnehmerbeteiligung im Betrieb und im Unternehmen verzichtet (vgl. hierzu den Beitrag von Marita Körner).

Betriebliche Mitbestimmung

Im europäischen und internationalen Vergleich ist die betriebliche Mitwirkung der Arbeitnehmer in Deutschland durch eine Dominanz des kollektiven Ansatzes gekennzeichnet. Der Betriebsrat verfügt über sehr weitgehende Mitbestimmungsrechte, ist aber im Gegenzug durch ausgeprägte Loyalitätspflichten gebunden. Eine vergleichbare Konstruktion ist in Systemen anderer Länder nicht vorhanden und sie stößt aufgrund unterschiedlicher sozialer Traditionen auf keine Akzeptanz. Europäische und internationale Entwicklungen stellen den deutschen Ansatz zunehmend in Frage.

Die deutsche Gesetzgebung impliziert, dass die Informations-, Anhörungs- und Mitbestimmungsrechte der Arbeitnehmer eines Betriebes nur soweit existieren, wie im Betrieb auf Wunsch der Belegschaft ein Betriebsrat eingerichtet wird. Dieses Prinzip wird bereits durch die EBR-Richtlinie aus 1994 (RL 94/45/EG) ansatzweise durchbrochen. Sie sieht ausdrücklich die Möglichkeit vor, ein dezentrales Modell der Information und Konsultation der Arbeitnehmer als Alternative zu einem bei der zentralen Leitung angesiedelten EBR-Gremium einzurichten. Das Prinzip der kollektiven Interessenvertretung geriet bei den Beratungen über die Richtlinie zur Information und Konsultation der Arbeitnehmer (RL 2002/14/EG) erheblich unter Druck, als von mehreren Seiten gefordert

wurde, dass die Informations- und Konsultationspflichten des Arbeitgebers sich auf die individuellen Arbeitnehmer beziehen müssen und nicht
an das Vorhandensein einer kollektiven Interessenvertretung gebunden
werden dürften. Nur mit Mühe gelang es im Verlaufe der Beratungen,
den entsprechenden Passus aus dem Entwurf der Richtlinie wieder zu
entfernen.

Diese Entwicklung ist für das deutsche Modell der betrieblichen Arbeitnehmerbeteiligung wegen des Umfangs der Mitbestimmungsrechte
des Betriebsrates problematisch. Rechte des Betriebsrates, wie zum Beispiel die erforderliche Zustimmung zu individuellen Einstellungen, die
Mitbestimmung bei Kündigungen, Sozialplänen etc. sind schlechterdings
nicht „individualisierbar". Weitere Vorstöße aus Brüssel in Richtung
einer Individualisierung der Informations- und Konsultationsrechte, die
insbesondere nach der jüngsten Erweiterung der EU nicht ausgeschlossen werden können, werden in Deutschland daher zu einer kritischen
Überprüfung des Umfangs der kollektiven Beteiligungsrechte im Betriebsverfassungsgesetz und zur Entwicklung innovativer Lösungsansät-
ze führen müssen.

Eine weitere Herausforderung für das deutsche Modell der institutionalisierten betrieblichen Interessenvertretung entsteht durch die aus der
angloamerikanischen Tradition entstammende Tendenz, individuelle
Ansprüche des Arbeitnehmers auf ein diskriminierungsfreies Verhalten
des Arbeitgebers einzuführen. Dies ist in den europäischen Antidiskri-
minierungs-Richtlinien aus dem Jahr 2000 der Fall. Dass die Verstär-
kung der individuellen Rechte des Arbeitnehmers gegenüber dem Arbeitgeber die Rolle des Betriebsrates unterminiert, liegt auf der Hand.
Wenn zusätzlich zum kollektiven Ansatz der deutschen Betriebsverfassung individuelle Rechte eingeführt werden, bedeutet dies für die Unternehmen ein Mehr an Rechtsunsicherheit, Komplexität und Kosten. Aufgrund der Antidiskriminierungsrichtlinie entstehen neue Zonen der
Unsicherheit. Es reicht nicht mehr aus, wenn der Arbeitgeber wie bisher
die Zustimmung des Betriebsrates zu Einstellungen, Versetzungen oder
Kündigungen etc. einholt. Er muss sich nunmehr auch für eine mögliche
Auseinandersetzung mit dem einzelnen Arbeitnehmer wappnen, vor der
ihm die Zustimmung des Betriebsrates keinen Schutz mehr bietet. Dieses
Problem ist nicht nur theoretischer Natur. Es dürfte in der Praxis umso

gewichtiger sein, als Betriebsräte zum Teil immer noch dazu neigen, die
Belange zum Beispiel von Frauen im Betrieb nicht angemessen wahrzu-
nehmen und zu vertreten.

Schließlich wird die Praxis der deutschen betrieblichen Mitbestimmung durch die Entwicklung der flexiblen Arbeitsorganisation, wie sie
sich seit den 90er Jahren des vergangenen Jahrhunderts entwickelt hat, in
Frage gestellt (vgl. dazu den Beitrag von Ulrich Mückenberger). Die
Mitbestimmungsrechte des Betriebsrates zur Arbeitsorganisation, wie sie
in § 87 BetrVG enthalten sind, werden in einem Kontext der dezentralen
und flexiblen Arbeitsorganisation, in der Gruppen weitgehend autonom
ihre Arbeitszeiten, Urlaubspläne etc. bestimmen, zum bürokratischen
Anachronismus, der auch von den Arbeitnehmern selbst als Bevormun-
dung wahrgenommen und nicht mehr akzeptiert wird.

Alle diese Entwicklungen machen eine Modernisierung der betrieblichen Mitbestimmung in Deutschland dringend erforderlich. Dabei geht
es aus der Sicht der Unternehmen nicht darum, die Institution des Betriebsrats als Interessenvertretung der Arbeitnehmer im Betrieb grundsätzlich in Frage zu stellen. Es geht vielmehr – wie auch der Bericht der
Kommission Mitbestimmung[1] von BDA und BDI aus dem Jahr 2004
aufzeigt – darum, veraltete bürokratische Zöpfe abzuschneiden und die
Rolle des Betriebsrats in Einklang mit den oben genannten Entwicklungen hin zu flexibleren Strukturen und zu einer verstärkten Autonomie
des individuellen Arbeitnehmers zu bringen. Damit soll gleichzeitig
Raum geschaffen werden für die neuen Aufgaben, die für den Betriebsrat
bei der Gestaltung der Arbeitsbedingungen entstehen: Die Entwicklung
des Flächentarifvertrages hin zu größeren Öffnungen für betriebliche
Gestaltungsspielräume, die nunmehr in allen Branchen eingeführt wurde
und sich auch künftig weiter entwickeln wird, erfordert einen handlungs-
fähigen und voll legitimierten Betriebsrat, der diese Handlungsspielräume des Tarifvertrages gemeinsam mit der Unternehmensleitung in pass-
genaue Lösungen für den Betrieb umsetzen kann.

---

1   Der Text des Abschlussberichtes findet sich unter folgender Internetadresse:
     http://www.bda-online.de/www/bdaonline.nsf /id/ 958308CD8B487F37C1256F4
     D003E5994/$ file/ Bericht%20der%20Kommission%20Mitbestimmung.pdf.

Mitbestimmung in den Unternehmensorganen

Die Unternehmensmitbestimmung in Deutschland räumt den Arbeitnehmervertretern aus dem Unternehmen bzw. den Gewerkschaftsvertretern Sitz und Stimme im Aufsichtsrat ein (vgl. ausführlich den Beitrag von Marita Körner). In Kapitalgesellschaften mit 500-2000 Arbeitnehmern verfügen sie über ein Drittel; in Kapitalgesellschaften mit mehr als 2000 Arbeitnehmern die Hälfte der Sitze (paritätische Mitbestimmung). Einen Sonderfall stellt die Montanmitbestimmung für Unternehmen im Bergbau und in der Stahlindustrie dar, wo bereits bei mehr als 1000 Arbeitnehmern eine paritätische Besetzung des Aufsichtsrates mit einem zusätzlichen, kooptierten neutralen Mitglied greift. Das Konzept der Mitbestimmung in den Unternehmensorganen fußt im Wesentlichen auf drei Voraussetzungen:

- erstens auf dem dualistischen Leitungssystem (Trennung der Aufgaben von Vorstand und Aufsichtsrat = dualistisches System),
- zweitens auf der Anwendung des Sitzlandprinzips,
- und drittens auf einem „Stakeholder-Ansatz" des Unternehmens, der u.a. vorsieht, dass Angestellte des Unternehmens gleichzeitig als Aufsichtsratsmitglieder die unternehmerischen Entscheidungen des Vorstandes kontrollieren.

Die Praxis der deutschen Mitbestimmung in den Aufsichtsorganen der Unternehmen ist in den letzten Jahren von mehreren Seiten unter Druck gekommen. Die wichtigsten dieser Entwicklungen werden nachfolgend dargestellt.

Herausforderung durch die Europäische Gesetzgebung

Die Harmonisierung des Gesellschaftsrechts in der EU ist ein wichtiges Element des Binnenmarktes, das die Grundlage für eine einheitliche europaweite Aufstellung der Unternehmen schaffen soll. Die gesellschaftsrechtlichen Binnenmarkt-Richtlinien wurden denn auch bereits Anfang der siebziger Jahren von der europäischen Kommission in Angriff genommen. Der Entstehungsprozess entsprechender Richtlinien, insbesondere jener des Statuts der Europäischen Aktiengesellschaft (*Société Européenne*, kurz: SE) hat deutlich gezeigt, dass die deutsche Tradition des rein dualistischen Systems und der Arbeitnehmer-Mitbestimmung im Aufsichtsrat in Europa nicht exportfähig ist. Der Versuch, das deutsche System der dualistischen Leitungsstruktur mit annähernd paritätischer Mitbestimmung im Aufsichtsrat und der Einrichtung von Betriebsräten über die SE-Verordnung europaweit einzuführen, ist gescheitert. Der SE-Verordnungsentwurf von 1975, der alle diese Elemente enthielt, war im Ministerrat der EG jahrzehntelang nicht zustimmungsfähig und wurde schließlich aufgegeben. Die letztlich verabschiedete Verordnung zum SE-Statut sieht stattdessen vor, dass Unternehmen in der gesamten EU, also auch in Deutschland, bei der Einrichtung einer SE die Wahl zwischen der monistischen und dualistischen Leitungsstruktur haben. Als Tribut an das deutsche Sondermodell wurde die Arbeitnehmerbeteiligung aus der Verordnung herausgelöst und in einer gesonderten Richtlinie über die Mitbestimmung in der SE geregelt, die den Mitgliedstaaten große Spielräume bei der Umsetzung in nationales Recht lässt. Gleichwohl bleibt festzuhalten, dass mit der Möglichkeit der Gründung einer SE mit monistischer Struktur in Deutschland eine ernste Herausforderung für das traditionelle deutsche Gesellschaftsrecht mit seiner dualistischen Struktur und Aufsichtsratsmitbestimmung entstanden ist.

Eine weitere Herausforderung wird zweifelsohne durch Artikel 66 der SE-Verordnung geschaffen, der einer wirksam gegründeten SE die Möglichkeit eröffnet, sich nach zwei Jahren in eine nationale Aktiengesellschaft nach dem Recht des jeweiligen Sitzstaates umzudeuten. Diese Klausel ermöglicht es deutschen mitbestimmten Unternehmen, sich über die Zwischenstation einer SE-Gründung mit Sitz z.B. in Italien, Frankreich oder Großbritannien in eine mitbestimmungsfreie Aktiengesellschaft nach dortigem nationalen Recht umzuwandeln.

Herausforderungen durch die Rechtsprechung des Europäischen Gerichtshofs

Die Rechtsprechung des Europäischen Gerichtshofes (EuGH) zu den Fällen Centros (1999), Überseering (2002) und Inspire Art (2003) hat mit der Infragestellung des Sitzlandprinzips eine weitere Voraussetzung des deutschen Sonderweges bei der Unternehmensmitbestimmung gekippt. Zwar betrafen die drei genannten vom EuGH entschiedenen Fälle durchweg nicht die Mitbestimmung, doch wird diese dadurch massiv tangiert. Der EuGH räumt den Unternehmen ausdrücklich das Recht ein, sich für ein nationales Gesellschaftsrecht eines Mitgliedslandes der EU zu entscheiden. Diese Wahlmöglichkeit besteht unabhängig davon, ob der formale Gründungsstaat, der das anzuwendende Recht bestimmt, etwas mit der faktischen Geschäftätigkeit des Unternehmens zu tun hat. Mit dieser Entscheidung wird das sogenannte Sitzlandprinzip außer Kraft gesetzt. Dadurch wird ein europäischer Wettbewerb der Mitbestimmungsregime ins Leben gerufen.

Herausforderung durch Internationale Finanzmärkte

Die Globalisierung und die damit verbundene zunehmende Mehrfachnotierung deutscher Unternehmen auf ausländischen Kapitalmärkten – insbesondere an den US-amerikanischen Börsen – hat ein weiteres Problem der deutschen Aufsichtsratsmitbestimmung entstehen lassen: Der ihr zugrunde liegende Ansatz, wonach Arbeitnehmer eines Unternehmens auch dazu berufen sind, durch ihre Beteiligung im Aufsichtsrat die unternehmerischen Entscheidungen des Vorstandes zu kontrollieren, wird durch die Sarbanes-Oxley Gesetzgebung für US-notierte Unternehmen, gleich welcher „Nationalität", grundsätzlich in Frage gestellt. Laut Sarbanes-Oxley dürfen die dort vorgeschriebenen internen Kontrollorgane – das „Board" und seine „committees" – eines Unternehmens gerade nicht mit Personen besetzt werden, die im Dienst des Unternehmens stehen oder kürzlich gestanden haben. Nur mit großer Mühe konnten die US-amerikanische Börsenaufsicht davon überzeugt werden, dass die Sarbanes-Oxley-Vorschriften, die sich auf das monistische Board-System be-

ziehen, nicht zwingend eins zu eins auf die deutschen nach dem dualisti-
schem System strukturierten und aufsichtsratsmitbestimmten Gesellschaften angewandt werden müssen. Die US-Börsenaufsicht hat infolgedessen erklärt, dass sie in der deutschen Unternehmensmitbestimmung
keinen Verstoß gegen den Geist der Sarbanes-Oxley Vorschriften sieht
und ermöglicht damit deutschen mitbestimmten Unternehmen ein Zweit-
listing an US-amerikanischen Börsen.

Die Diskussion um Sarbanes-Oxley verdeutlicht jedoch, dass die derzeit vorhandene Form der deutschen Unternehmensmitbestimmung auch
im Hinblick auf die internationale Entwicklung der Corporate Governance Grundsätze kritisch hinterfragt werden muss.

Nationalismus der Interessenvertretung
und Internationalisierung der Unternehmen

Die Internationalisierung der deutschen Unternehmen drückt sich u.a.
darin aus, dass sich immer größere Anteile der Belegschaften im Ausland befinden. In der deutschen Aufsichtsratsmitbestimmung kann diesem Umstand jedoch zwangsläufig nicht Rechnung getragen werden,
was dazu führt, dass die Arbeitnehmervertreter im Aufsichtsrat nur noch
die Interessen einer Minderheit der Arbeitnehmer des Unternehmens
vertreten. Für die Unternehmenspraxis wirft dieser nationale „Bias" nicht
nur bei Investitionsentscheidungen, sondern auch bei der angestrebten
Internationalisierung der Besetzung von Vorstandsposten erhebliche
Probleme auf. Er steht außerdem im Konflikt mit den Grundsätzen guter
Corporate Governance, wonach die Kontrolleure eines Unternehmens
keine einseitigen Interessenvertreter und schon gar nicht die Vertreter
von Minderheitsinteressen sein sollten.

Infragestellung des deutschen Systems
durch institutionell bedingte Ineffizienzen

Schließlich sei noch auf zwei Faktoren im Zusammenhang mit der Aufsichtsratsmitbestimmung hingewiesen, die eine abschreckende Wirkung auf potenzielle ausländische Investoren ausüben und Entscheidungen gegen Deutschland als Sitzland eines Unternehmens begünstigen.

Es geht erstens um die nach deutschem Recht u.a. aufgrund der Aufsichtsratmitbestimmung vorgeschriebene und international einzigartige Größe des Aufsichtsrates von 12, 16 oder gar 20 Mitgliedern, die eine effiziente Kontrolle des Vorstands sehr erschwert und eine erhebliche Konfliktlinie mit den internationalen Corporate Governance Grundsätzen darstellt. Alle Versuche, die gesetzlich vorgeschriebene überdimensionierte Größe des Aufsichtsrates zu verkleinern sind bisher gescheitert.

Zweitens geht es um die in deutschen mitbestimmten Unternehmen vorhandene Kumulierung von Gewerkschaftsmacht, die in der Praxis gerade für ausländische Unternehmen nicht nachvollziehbar ist. Sie ergibt sich aus der teilweisen Personenidentität von Betriebsräten und Arbeitnehmervertretern im Aufsichtsrat und führt dazu, dass diese ihre Aufsichtsratsfunktion als Hebel für Auseinandersetzungen bei der betrieblichen Mitbestimmung einsetzen. Im Ergebnis entstehen so aus der Sicht des Unternehmens zum Teil sachwidrige Koppelungsgeschäfte mit dem Betriebsrat, der gleichzeitig Aufsichtsrat ist. Dies kann zu Ineffizienzen führen, die abschreckend auf potenzielle ausländische Investoren in Deutschland wirken.

Schlussbemerkung

Die Tatsache, dass die durch das SE-Statut und die EuGH-Rechtsprechung eröffneten Möglichkeiten zur Umgehung des deutschen Mitbestimmungsrechts bislang nicht zu massiven Verlagerungsbewegungen geführt hat, sollte nicht davon ablenken, dass das deutsche System im europäischen und internationalen Kontext erheblichen Modernisierungsbedarf aufweist. Auch wenn das Mitbestimmungsregime nur eines unter vielen Standortfaktoren ist, sollte es dennoch nachdenklich stimmen, dass z.B. EADS seine Holding nach niederländischem Recht gegründet hat und Hoechst und Rhône-Poulenc mit Aventis zu einer Gesellschaft französischen Rechts fusioniert haben. Eine Reform des deutschen dualen Systems der Mitbestimmung könnte dazu beitragen, Deutschland als Holding- und Unternehmensstandort attraktiver zu machen und damit eben jenen Arbeitnehmern zu nützen, in deren Interesse es unter völlig anderen europäischen und weltwirtschaftlichen Bedingungen eingerichtet wurde.

(Text abgeschlossen im Oktober 2005)

Pays-Bas: Forces et faiblesses du système dual

Marie WIERINK

La participation des salariés aux décisions aux Pays-Bas dans l'entreprise passe par deux voies, celle de la représentation syndicale, et celle des conseils d'entreprise. Il règne une division du travail claire entre les domaines de compétences des uns et des autres, mais aussi quelques recoupements. Aux organisations syndicales, qui n'ont pas de droit de cité en tant que telles dans les entreprises, le soin de négocier au niveau des branches et, de l'extérieur pourrait-on dire, avec les directions de grandes entreprises, les conditions d'emploi et de salaires, mais aussi d'être les interlocuteurs obligatoires en cas de licenciement collectif en vue de la négociation d'un plan social; aux conseils d'entreprise, le droit de discuter des affaires concernant directement l'entreprise et ses salariés, sans s'immiscer dans les domaines qui sont ceux de la négociation collective, sauf quand les accords ont justement prévu une adaptation de leurs dispositions au niveau local.

Dès ce premier repérage des terrains de compétence des uns et des autres, on voit que les restructurations, réorganisations et autres péripéties économiques affectant la vie des entreprises vont être un domaine dans lequel les organisations syndicales et les conseils d'entreprise vont devoir coopérer, les unes dans leur pouvoir de négociation, les autres dans le cadre de l'obligation d'information et de consultation qui pèse sur l'employeur. Même en dehors des circonstances spécifiques liées aux difficultés d'entreprise, cette division du travail entre conseil d'entreprise, organe de participation, et organisations syndicales chargées de la négociation collective, requiert une coopération de qualité, aux fins que le contenu des accords d'entreprise et de branches réponde au mieux aux attentes des salariés, et ce d'autant plus que la décentralisation croissante des négociations confère aux conseils de plus grandes responsabilités de négociation complémentaire.

On verra que la pratique quotidienne des conseils d'entreprise s'éloigne quelque peu de ce schéma idéal. Tant la baisse de la syndicalisation que les projets de réforme du cadre légal de fonctionnement des conseils d'entreprise tendent à fragiliser l'édifice des pouvoirs dont disposaient les conseils d'entreprise. Cette évolution fait craindre que le modèle néerlandais de concertation dans l'entreprise ne s'éloigne d'un modèle de la participation à l'allemande, auquel le rattachait en particulier le pouvoir de co-décision en certaines matières sociales, et ne s'oriente vers une variante plus purement consultative, à la française. Mais on ne peut pas se pencher sur les droits à la participation des décisions des salariés aux décisions dans l'entreprise sans s'interroger sur la localisation du pouvoir dans l'entreprise et à ce titre, l'internationalisation de l'activité des entreprises confronte les salariés et leurs organisations représentatives à de nouvelles difficultés dans l'exercice de ce contrôle. Nous tenterons dans ce texte d'évoquer les défis d'organisation et de coopération à relever pour un bon fonctionnement des structures de participation aux décisions prises aux différents niveaux, national et européen.

Nous commencerons par situer les conseils d'entreprise dans le cadre plus général des institutions qui structurent la concertation économique et sociale aux Pays-Bas et présenteront très succinctement les grands acteurs des relations professionnelles. Puis nous montrerons comment, dans les conseils d'entreprises, les salariés sont en mesure d'avoir «leur mot à dire», selon l'expression néerlandaise imagée de *medezeggenschap*. Nous exposerons ensuite les faiblesses de ce système liées à la désyndicalisation, les risques qui pèsent sur lui, à travers un projet gouvernemental actuel de réforme de la réglementation de ces conseils d'entreprise, et enfin, les défis que pose l'internationalisation grandissante du pouvoir dans les entreprises mondialisées.

Une concertation très structurée et à plusieurs niveaux

Avant d'entrer plus avant des pouvoirs du conseil d'entreprise, il est utile de donner une image d'ensemble des acteurs des relations professionnelles aux Pays-Bas et des institutions de la concertation aux Pays-Bas. Celle-ci, sous l'effet d'une tradition de pacification politique et sociale très ancienne, est intense et repose sur un ensemble d'institutions et de règles dont l'essentiel a été mis en place après la Seconde Guerre mondiale.

Le contexte et les acteurs

C'est dans le cadre d'échanges de type néo-corporatif entre organisations de représentation des intérêts salariaux et patronaux et partis au pouvoir qu'ont été mises en place les institutions de la concertation aux Pays-Bas, dans les années qui ont suivi la Seconde Guerre mondiale. Ces échanges sont à l'époque renforcés par une organisation de la société en grands piliers idéologiques, catholique, protestant, et socialiste et libéral, datant du début du vingtième siècle[1]. Dans chacun des deux piliers confessionnels qui comprenaient à la fois des organisations syndicales et patronales, se jouaient des solidarités et des jeux d'influence qui ont concouru à la recherche de compromis politiques et sociaux caractéristiques des traditions protestantes et catholiques respectives d'une doctrine sociale chrétienne. Les institutions de la concertation (Haut conseil du travail avant la guerre, puis la Fondation du travail et le Conseil Economique et Social) ont fourni le cadre d'une concertation élargie avec les représentants des autres organisations syndicale et patronale apparentées aux piliers socialiste et libéral. Au plan politique, les partis confessionnels étaient assurés d'une base électorale solide, du fait que le degré d'affiliation aux organisations protestantes et catholiques patronales syndicales était très élevé, et la discipline électorale très forte jusqu'aux années soixante. Du côté socialiste, la discipline électorale à l'égard du parti social-démocrate était tout aussi forte de la part du camp syndical non confessionnel, à peine concurrencée dans les années cinquante par un parti communiste qui n'a jamais vraiment pris d'ampleur. Du fait des règles de scrutin proportionnel, les gouvernements ne pouvaient être formés qu'au terme d'alliances ou de coalitions dans lesquelles les forces

---

1   Pour une description du système de la piliérisation, voir *Verzuiling* 1988.

politiques confessionnelles tenaient une place centrale, du fait même de leur composition transversale aux intérêts sociaux et des mécanismes suscités d'appartenance et d'organisation sociale[2].

Au cours des années soixante, la sécularisation croissante de la société a conduit à l'affaiblissement des sentiments traditionnels d'appartenance et à la disparition progressive des frontières idéologiques entre les piliers. De la fin des années soixante-dix aux années quatre-vingt-dix, du côté des confessionnels, les organisations syndicales, patronales et les partis politiques se sont restructurés, selon des lignes de force plus sociales qu'idéologiques. Aujourd'hui, le monde politique est organisé en trois grands partis, libéral, chrétien-démocrate et socialiste-travailliste. Les organisations patronales se sont laïcisées. Le camp syndical s'est totalement réorganisé: la confédération catholique KAB s'est jointe à la confédération socialiste NVV pour fonder en 1976 la première organisation syndicale des Pays-Bas et il subsiste une confédération des syndicats chrétiens, à dominante protestante avec quelques petits syndicats catholiques réfractaires à la fusion, qui pèse environ un quart du poids de la FNV. L'influence des organisations syndicales sur les choix sociaux des partis politiques apparentés s'en est trouvée considérablement modifiée: Si des proximités entre la FNV et le parti travailliste PVDA subsistent, la CNV jouit d'une influence beaucoup plus réduite dans le parti chrétien-démocrate. Ces modifications dans la répartition des forces sociales et politiques tout autant que la fin du contexte économique de croissance des Trente glorieuses rendent les arrangements néo-corporatifs plus difficiles dans la vie politique et sociale néerlandaise. Toutefois, les institutions de la concertation continuent d'être des forums incontournables de préparation de la décision politique en matière économique et sociale. Elles sont à la fois le symbole aujourd'hui du «modèle polder». Elles légitiment, par le haut, pourrait-on dire, la concertation qui se joue au niveau de l'entreprise dans les conseils d'entreprise.

Aujourd'hui, les Pays-Bas comptent environ 7 millions de salariés, et le taux de syndicalisation, de 35 à 40% entre 1950 et 1980, s'est réduit à

---

2   De 1998 à 1994, les confessionnels ont été continûment au pouvoir avant d'être exclus des deux gouvernements Kok (libéraux du VVD, sociaux-démocrates du PVDA, et réformateurs de gauche de D 66), de 1994 à 2002. Ils y sont aujourd'hui revenus, en alliance avec le VVD et D 66.

25%. Le syndicalisme y est pluraliste et trois grandes organisations syndicales représentatives coexistent avec quelques petites organisations syndicales catégorielles ayant parfois leur place dans les négociations collectives:

- FNV: 1.2 millions de membres, de tendance socialiste;
- CNV: 350 000 membres, confessionnelle, à dominante protestante;
- MHP: fédération d'organisations de la maîtrise et de l'encadrement, 160 000 membres environ.

Du côté patronal, les entreprises sont très organisées, et 80% d'entre elles adhèrent à une organisation patronale. Un certain nombre pratique même la double adhésion à l'organisation des PME et des grandes entreprises. Trois grandes organisations représentent les entreprises:

- VNO-NCW représente les plus grandes entreprises;
- MKB organise les petites et moyennes entreprises;
- une fédération des organisations patronales du monde agricole LTO-Nederland rassemble les différentes composantes sectorielles de l'agriculture.

Malgré la réduction du taux de syndicalisation, les syndicats jouissent d'une bonne audience. Le pouvoir régulateur de la négociation collective continue d'être soutenu par l'opinion publique comme par les entreprises, et dans les grandes entreprises, la majorité des membres des conseils d'entreprise sont élus sur listes syndicales. Ainsi, les institutions qui au niveau national chapeautent le dialogue social, constituent des supports solides à la concertation, ou *overleg*, instrument essentiel de la «méthode polder» de recherche du compromis.

L'architecture de la concertation

Le droit à la participation des salariés dans l'entreprise est donc une pièce d'un ensemble plus large d'un système de gouvernement dont la concertation est un rouage essentiel. Historiquement, la mise en place des conseils d'entreprise remonte à l'après-guerre. Ils ont fait partie d'une architecture de la concertation néo-corporative à trois étages, dans une optique de conciliation des intérêts du capital et du travail. Au niveau central, ont été mis en place et en 1945 une Fondation du travail *(Stichting van de arbeid)*, structure paritaire rassemblant les organisations syndicales et patronales au plus haut niveau et en 1950 un Conseil Economique et Social *(Sociaal en Economische Raad)*, tripartite (organisations syndicales, patronales et experts ou personnalités qualifiées dites représentants de la «Couronne»). Au niveau intermédiaire des branches, des organismes publics de branches *(Bedrijfschapen)* ont été créés dans l'objectif de définir les régulations, économique et sociale, des différentes branches d'activité, dans une optique corporatiste frappée de désuétude aujourd'hui et dont la pratique a montré que cela ne pouvait pas vraiment fonctionner dans une économie ouverte de marché, sauf peut-être dans le domaine artisanal et agricole. Au niveau des entreprises, ont été instaurés, toujours en 1950, des Conseils d'entreprise *(ondernemingsraad, OR)*, initialement mis en place dans les entreprises et établissements d'au moins 35 salariés, seuil porté ultérieurement à 50 salariés.

Le Conseil Economique et social, est une institution centrale de la concertation aux Pays-Bas, tout projet de réglementation ayant des conséquences sociales y étant discuté, même si sa consultation par le gouvernement n'est plus obligatoire depuis 1995. Les partenaires sociaux tirent d'ailleurs leur représentativité de leur admission à participer aux discussions tripartites du Conseil Economique et Social. En outre, ils se rencontrent régulièrement dans le cadre de la Fondation du Travail, où ils discutent de projets sociaux, concluent de grands accords cadres ou lancent des recommandations, qui guideront les orientations ultérieures des négociations de branche. Deux fois par an, cette Fondation du travail discute des orientations de la politique économique avec le gouvernement.

Enfin, dans l'entreprise, l'exercice de la participation des salariés aux décisions dans l'entreprise est assuré aux Pays-Bas par deux canaux, celui de la représentation syndicale et celui du conseil d'entreprise, distinguant clairement les responsabilités des uns et des autres. Aux organisations syndicales, le soin de négocier les accords collectifs de branche ou d'entreprise et la responsabilité de négocier les plans sociaux en cas de restructuration ou de réduction d'activités. Aux conseils d'entreprise, constitués exclusivement de représentants des salariés, de faire entendre la voix des salariés sur la gestion de l'entreprise au fil de l'eau. La coopération entre les organisations syndicales et les conseils d'entreprise, très inégale, intense dans les grandes entreprises, faible dans les petites et moyennes, est cependant incontournable dans le cas d'événement économique affectant l'emploi.

La participation des salariés aux décisions dans l'entreprise

Dans les entreprises, l'instrument essentiel de la concertation, ou de l'association des salariés aux décisions de l'employeur est le conseil d'entreprise, ou *ondernemingsraad*. Institué par une loi de 1950 *(Wet ondernemingsraad, WOR)*, il a fait l'objet de plusieurs réformes dont la dernière date de 1998. Il est aujourd'hui mis en place dans toutes les entreprises privées et, depuis 1995, dans les organismes publics de plus de 50 personnes (à l'exception des Ministères de l'Education et de la Défense, qui disposent d'institutions particulières). Dans les entreprises de moins de 50 personnes, l'employeur qui est tenu d'organiser deux réunions annuelles de tout le personnel, peut mettre en place une représentation du personnel de trois personnes, mais n'y est pas obligé. Depuis 1979, le conseil d'entreprise ne fait plus de place à la direction de l'entreprise, c'est une instance composée uniquement de représentants des salariés et qui est l'interlocuteur de la direction. C'est là une particularité importante, notamment en comparaison de la situation française.

En 2001, 71% des établissements de plus de 50 salariés avaient mis en place un conseil d'entreprise, les plus grands presque tous (98% des plus de 200 salariés) et moins totalement pour les plus petits (58% des plus de 100 salariés). Au total, près de 70% des salariés travaillent dans un établissement où fonctionne un conseil d'entreprise[3].

La délégation du personnel au conseil est élue par des élections à un seul tour sur listes. Ces listes sont présentées soit par des organisations

---

3   cf. Robert van het Kaar, EIRO, 25/10/2003, Thematic feature, Work councils and other work place employee representation and participation structures, Netherlands.

syndicales représentatives, soit par des salariés qui doivent pour cela recueillir trente signatures de soutien dans l'entreprise. Ils sont élus pour trois ans, sauf disposition différente arrêtée par voie conventionnelle. Sont électeurs tous les salariés, y compris les salariés à temps partiel, ainsi que les intérimaires ou personnels précaires travaillant depuis au moins 24 mois dans l'entreprise, ce qui en pratique rend leur participation quasi inexistante. Un an d'ancienneté est requis pour être éligible.

Les conseils comptent cinq membres entre 50 et 100 salariés, jusqu'à 15 entre 1000 et 2000 personnes, et 2 par milliers supplémentaires sans pouvoir dépasser 25 membres.

Pour mieux coller à la réalité du pouvoir et des décisions dans les entreprises, il est aussi important d'adapter la structure des instances de participation à l'échelle et à l'organigramme du pouvoir dans les grandes entreprises et les groupes. Classiquement, la loi sur les conseils d'entreprises prévoit une architecture à étages: conseils d'établissements, et conseils centraux d'entreprises. Elle prévoit aussi la possibilité de conseils d'entreprise au niveau intermédiaire de division ou département, dans le cas de grandes entreprises à plusieurs activités.

Le conseil se réunit au minimum six fois par an, et l'employeur est tenu deux fois par an de dispenser des informations sur la marche de l'entreprise. Dans la pratique, on a constaté que le conseil d'entreprise se réunissait en moyenne 14 fois par an, dont les deux tiers en présence de la direction. Différentes commissions sont mises en place, dont une commission de sécurité, santé et bien-être au travail.

Des moyens de fonctionnement doivent être mis à la disposition du conseil de manière adaptée et raisonnable, y compris le financement d'expertise si nécessaire. Les membres du conseil d'entreprise ne peuvent être licenciés, sauf résiliation judiciaire de leur contrat sous le contrôle du juge qui devra vérifier que la demande de l'employeur n'est pas liée à leurs activités de représentant du personnel. Les membres du conseil et de ses sous-commissions ont droit à cinq jours de formation par an. En outre, ils ont le droit à consulter l'ensemble du personnel en cas de besoin. Ils exercent leurs activités avec maintien du salaire.

Medezeggenschaprecht, le droit de dire son mot

Etre en capacité de «dire son mot», c'est, pour le conseil d'entreprise, disposer de trois prérogatives principales: le droit à être informé, à être consulté (le droit d'avis). Mais pour que ces prérogatives aient un sens, encore faut-il être écouté, c'est-à-dire entrer en dialogue sur les matières qui donnent lieu à information et consultation et disposer d'un droit à la co-décision dans un certain nombre de domaines. S'y ajoutent quelques pouvoirs supplémentaires: droit de poser des questions, de participer à la gestion d'organismes sociaux mis en place dans l'entreprise, et droit de nommer un tiers des commissaires membres des conseils des commissaires.

Le droit à l'information

Le droit à être informé correspond à l'obligation de l'employeur d'informer le conseil d'entreprise sur la marche des affaires, leur évolution prévue; le rapport annuel d'activité, pièce comptable officielle, doit leur être présenté.

Le droit à la consultation ou *adviesrecht*

Le droit d'avis du conseil d'entreprise fait peser sur l'employeur une obligation de lui faire part de tout projet «important» affectant la marche de l'entreprise, tant au niveau économique qu'au niveau de son exploitation habituelle. Les modifications organisationnelles, techniques doivent donc lui être soumises. La nomination de dirigeants de l'entreprise doit également lui être soumise, mais sans possibilité d'appel si son avis n'est pas suivi. Les projets doivent être présentés dans un délai qui permet au conseil d'influer sur la décision, donc il ne doit pas être mis devant le fait accompli.

Comme partout, l'appréciation du caractère important de certaines
mesures peut prêter à discussion et le juge cantonal peut être saisi pour
en décider.

Dans les entreprises de plus de 100 salariés, quand le conseil a donné
son avis, l'employeur fait connaître sa décision finale. Si celle-ci diffère
de l'avis du conseil d'entreprise, il doit attendre un mois avant de mettre
en application sa décision, laissant le temps au conseil de saisir s'il le
souhaite la Chambre des entreprises *(Ondernemingskamer)* de la Cour
d'Amsterdam. Cette chambre des entreprises est une juridiction spécialisée, composée de trois juges professionnels et de deux experts non judiciaires. Outre le bon respect des règles de forme de la consultation du
conseil, la Cour veillera à ce que l'employeur dans la décision contestée
ait pris «raisonnablement» en considération les intérêts des salariés.
Cette possibilité de recours judiciaire suspensif constitue un instrument
utile pour les conseils pour exiger une procédure de consultation de qualité.

Dans les matières soumises à consultation, et notamment toutes les
décisions de l'employeur à caractère stratégique, dans le schéma idéal de
la représentation duale du personnel, le travail continu des uns – les conseils d'entreprise –, de dialogue avec l'employeur, de collecte et de demande d'informations, doit soutenir et alimenter l'intervention des autres
– les organisations syndicales – quand celle-ci est requise par les circonstances. Mais de même, les organisations syndicales, à travers la formation qu'elles dispensent, l'assistance et le conseil qu'elles sont à même
de prodiguer aux membres des conseils d'entreprise élus sur listes syndicales, soutiennent et consolident l'influence des conseils d'entreprise.

Le droit à la co-décision ou *instemmingsrecht*

Le conseil d'entreprise dispose d'une autre prérogative, celle de donner
son approbation (accord: *instemming*) à un certain nombre de règlements
d'organisation de la vie de travail, sans laquelle les mesures proposées
ne pourront être mises en place. On entend ici par règlement une décision d'organisation à caractère collectif et non pas individuel. En
d'autres termes, le conseil d'entreprise dispose d'un droit de veto dans

les matières soumises à co-décision. Il s'agit de l'organisation collective des horaires (pour lesquels la loi sur le temps de travail exige que l'employeur tienne compte des circonstances de vie hors travail des salariés), le règlement d'organisation des congés, le système de classifications des emplois s'il n'est pas fixé par la convention collective.

Les conseils d'entreprise sont appelés à intervenir de plus en plus dans des matières qui jusque-là relevaient de la négociation collective, dans la mesure où les accords collectifs de branche font une plus grande place aux négociations et adaptations locales. Ceci renvoie à un pouvoir de négociation qui se développe pour les conseils d'entreprise et à la conclusion de «quasi-accords», ou protocole, programme, agenda etc., dont la force juridique est *à minima* celle de contrats de droit civil.

En certaines matières notamment comme la durée du travail, le conseil d'entreprise devra être consulté à la fois dans le cadre du droit d'avis et dans le cadre de son pouvoir de co-décision quant à la mise en place concrète des horaires de travail qui sont liés à un projet de l'employeur visant à diminuer ou augmenter l'activité ou à la réorganiser.

En cas de désaccord entre l'employeur et le conseil, c'est le juge cantonal qui sera compétent pour examiner le différend. De même, si l'employeur met en œuvre une décision contre laquelle le conseil a voté, le juge cantonal pourra être saisi en nullité dans le délai d'un mois.

On a vu que les désaccords entre la direction de l'entreprise et le conseil étaient arbitrés différemment, soit par la Chambre d'entreprise pour les cas où le conseil conteste la décision de l'employeur de ne pas tenir compte de son avis, soit par le juge cantonal pour les conflits relatifs à la co-décision. Il faut signaler encore l'existence au niveau des branches de Commissions des litiges *(Geschillencommissies)*, composées à part égale de représentants salariaux et patronaux. Ces commissions doivent être saisies préalablement à la saisine du juge cantonal pour tenter de mener une médiation. Ces commissions ont deux mois pour régler les problèmes, faute de quoi le conflit peut être porté devant le juge cantonal. Il est aussi possible pour le conseil d'entreprise d'agir en référé.

Des compétences supplémentaires en matière de gestion et de contrôle

Dans le cadre de l'organisation des régimes professionnels de retraite, les partenaires sociaux peuvent mettre en place des caisses de retraite au niveau des branches mais les entreprises peuvent également mettre en place différentes institutions ou systèmes de retraites professionnelles. Dans ce dernier cas, les conseils d'entreprise ont le droit de nommer la moitié des membres du conseil d'administration de ces institutions. Il en sera de même pour d'autres institutions à caractère social, éventuellement mises en place au niveau de l'entreprise.

Enfin, dans le cadre du système dualiste d'organisation de la direction des grandes entreprises néerlandaises, ils ont un pouvoir limité de «contrôle» du pouvoir dans les très grandes entreprises à travers la possibilité d'influer sur la nomination d'une partie du conseil de surveillance des grandes sociétés anonymes, par la nomination du tiers des membres du conseil de surveillance.

Au début des années soixante-dix, la question du contrôle par les salariés de l'exercice du pouvoir dans les très grandes entreprises a été posée. Une loi dite *Structuurwet* a été adoptée en 1971. Elle a prévu l'instauration à côté du conseil d'administration, d'un Conseil de surveillance *(Raad van Commissarissen)* dans les entreprises de plus de 100 salariés et aujourd'hui de 16 millions d'euros de capital. Ce système a été parfois qualifié de «voie néerlandaise»de participation des salariés à la gestion, par opposition à la voie allemande de la cogestion. A l'origine, les conseils d'entreprise, tout comme l'assemblée des actionnaires, disposaient du droit de proposer des candidats aux postes vacants de commissaires ou à faire objection contre certaines candidatures, mais les membres des conseils de surveillance disposaient seuls de la décision de nomination. On a pu parler alors d'un système de «cooptation contrôlée» et d'un fonctionnement «oligarchique» de ces commissions, dont les membres étaient très proches par la culture professionnelle, les réseaux et la formation des dirigeants qu'ils sont censés contrôler. Cette loi *Structuurwet* vient d'être modifiée récemment, le 6 juillet 2004 et est entrée en application au 1er octobre 2004. Les conseils d'entreprise disposent maintenant du droit de proposer à l'assemblée des actionnaires des commissaires dans la limite d'un tiers des sièges, propositions que cette assemblée ne peut refuser. Mais ils ont perdu le pouvoir de faire objection à la nomination de commissaires qui ne leur conviendraient pas.

A l'expérience de l'ancienne loi, on peut douter de l'effectivité de cette loi (cf. Tamminga 2004). Si 250 grandes entreprises sont concernées par elle, différents facteurs font craindre que son influence soit faible. D'une part, les sociétés à structure complexe et notamment les multinationales disposent de nombreuses possibilités d'échapper à cette loi en installant le holding à l'extérieur des Pays-Bas en laissant subsister des filiales néerlandaises qui restent seules régies par cette loi, ou encore en en faisant une coquille vide employant très peu de personnel aux Pays-Bas. D'autre part, du point de vue des ressources des conseils d'entreprise, la pratique antérieure a montré que les conseils d'entreprise ne disposaient pas d'un vivier de candidats suffisant pour présenter beaucoup de candidatures adaptées aux postes devenant vacantes. Sous l'empire de l'ancienne loi, trois quarts des conseils d'entreprise concernés ne faisaient pas complètement usage de leur capacité à proposer des commissaires. La situation pourrait évoluer car il est fait état dans la presse d'une constitution à l'échelle syndicale d'un fichier de candidatures possibles. La loi nouvelle, qui donne aux conseils un réel pouvoir de nomination de commissaires et non pas seulement un droit de proposition ou d'objection, pourrait créer une motivation nouvelle.

Peut-on considérer ce cadre législatif comme stabilisé? Ce n'est pas certain car le ministre de la justice, Piet Hein Donner, a soumis un mémorandum le 8 septembre dernier au Sénat visant à supprimer le modèle dual de structuration des sociétés anonymes, ou à limiter le nombre des sociétés qui y resteraient assujetties (Kaar 2004).

Des facteurs de fragilité

En dépit de traditions de concertation solides et d'un haut degré de mise en place des conseils d'entreprise, tout au moins dans les plus grandes entreprises, on peut s'interroger aujourd'hui sur le devenir de la participation des salariés aux Pays-Bas. Trois risques, de nature très différente, pèsent sur son développement. D'une part, l'articulation entre l'activité des conseils d'entreprise et celle des permanents des organisations syndicales chargés des négociations collectives est souvent insuffisante en dehors des contextes économiques dégradés qui conduisent à des licenciements collectifs. D'autre part, une réforme de la réglementation des conseils d'entreprise est actuellement en cours, qui porte en germes un risque d'affaiblissement de la position collective des salariés par rapport à la direction et au management des entreprises. Enfin, on peut s'interroger sur la compatibilité des systèmes de participation en place dans les grandes entreprises internationales: conseils d'entreprise établis au niveau national et conseils d'entreprise européens ou encore, là où des sociétés anonymes européennes de droit néerlandais seront mises en place, structures de participation spécifique à ces sociétés.

Une coopération insuffisante avec les organisations syndicales

Dans la pratique, les conseils d'entreprise et les organisations syndicales n'entretiennent pas une étroite coopération. Les deux tiers des conseils d'entreprise déclarent n'avoir que peu ou pas de contacts avec les dirigeants syndicaux dans une enquête menée en 2003 (cf Dikker 2004, 2004 b et Wierink 2004). Chacun reste cantonné dans son domaine de compétence, les organisations syndicales s'occupant de la négociation collective, avec régularité puisqu'on sait qu'aux Pays-Bas les conventions sont conclues pour une durée limitée. Dans la majorité des cas, ces négociations se dérouleront à l'échelle de la branche professionnelle, ou au niveau de l'entreprise pour les plus grandes entreprises.

En fait, la situation est très contrastée selon les caractéristiques des entreprises. Au plan statistique, 60% des membres élus des conseils d'entreprises sont élus sur listes syndicales. Mais leur répartition est très inégale entre les entreprises. La situation est très différente selon le degré de syndicalisation de l'entreprise, sa taille et le fait qu'elle est ou non couverte par une convention collective d'entreprise. Dans le cas des entreprises bien syndicalisées, du monde industriel ou du tertiaire non marchand par exemple, les représentants au conseil d'entreprise syndiqués seront majoritaires.

Mais ils sont quasiment absents dans des entreprises moyennes ou petites, couvertes par un accord de branche, et relevant du tertiaire marchand. Cette faiblesse des contacts pose question face à l'évolution de la négociation collective qui fait de plus en plus de place aux aménagements locaux. On pourrait penser que des contacts plus étroits sont nécessaires à la mise au point des marges de manœuvre des uns et des autres aux différents niveaux.

Certaines circonstances conduisent de gré ou de force à l'établissement de relations plus étroites entre les conseils et les organisations syndicales, et c'est le cas des licenciements collectifs. Dans le cas de restructurations, fusions, réorganisations, à la fois les conseils d'entreprise et les organisations syndicales ont voix au chapitre. Les premiers sont impliqués au titre du droit à l'information et à la consultation, et les seconds sont obligatoirement associés à la discussion d'un plan social qui doit accompagner la demande d'autorisation administrative de licenciement présentée aux anciens bureaux du travail, maintenant Centres pour l'emploi et les revenus (CWI), de même qu'ils doivent être informés quant à toute fusion ou réorganisation. En fait, cette coopération est indispensable, le conseil d'entreprise étant le destinataire légal d'informations de nature économique dont aura besoin le syndicat pour discuter le plan social.

Un projet de réforme qui affaiblit le conseil d'entreprise

Le gouvernement actuel néerlandais, conservateur et libéral (libéraux, chrétiens démocrates et réformateurs de gauche), dans le prolongement d'une philosophie dé-réglementationniste, a présenté le 5 octobre 2004 à la Deuxième Chambre un projet de loi qui vise à remodeler profondément la loi sur les conseils d'entreprise (Persbericht 2004). Cette loi changerait de nom et deviendrait d'abord une loi sur la concertation des salariés *(Wet Medezeggenschap Werknermers)*.

Le point essentiel de transformation est qu'elle ouvre la possibilité tant à la négociation collective entre les partenaires sociaux aux niveaux des branches et des entreprises ainsi qu'aux conseils d'entreprise eux-mêmes de restreindre (ou d'augmenter, mais ceci n'est pas nouveau) les domaines ouverts à la concertation. Elle permet donc de toucher à l'étendue de l'exercice des droits à information, à consultation et à co-décision, dans le cadre des conseils d'entreprise, dans un but de simplification des processus de décision dans l'entreprise. Ensuite, il est confié à la négociation collective avec les organisations syndicales au niveau des grandes entreprises le soin de décider s'il sera mis en place ou non des conseils d'entreprise au niveau central ou intermédiaire dans les grandes entreprises, au-delà du maillage des conseils d'établissements. Enfin, il est proposé que l'employeur ne soit plus contraint à faire le point sur la marche des affaires qu'une seule fois par an, et non plus tous les six mois comme dans la loi actuelle (Dikker/Everaers 2004).

L'objectif affiché par le ministre des affaires sociales est de stimuler la mise en place de conseils d'entreprise là où ils ne sont pas institués. Il estime que la possibilité de convenir d'un «régime allégé» de concertation avec les élus rendrait cette mise en place plus attractive dans les PME pour les employeurs ou offrirait des possibilités aux partenaires sociaux de branche de négocier des modes d'information et de consultation plus adaptés aux contextes économiques et sociaux. Le fait que le conseil d'entreprise puisse par un refus bloquer les propositions patronales de revoir l'étendue de ses domaines d'intervention suffit, aux yeux du ministre, à garantir l'égalité de position entre celui-ci et l'employeur.

Ce projet de loi a déjà passé l'examen du Conseil d'Etat et est actuellement déposé à la Deuxième Chambre. Le Conseil Economique et Social, saisi fin 2003 a rendu le 19 décembre un avis très partagé, les organisations syndicales et patronales s'opposant notamment totalement sur la possibilité de restreindre les champs de concertation ouverts aux Conseils. Les organisations syndicales maintiennent une forte opposition, étant principalement inquiètes par cette possibilité offerte aux employeurs de négocier la restriction de leurs compétences avec des conseils d'entreprise exposés à la manipulation, dans les secteurs et les entreprises les moins touchés par les organisations syndicales.

A côté de ces dispositions essentielles qui apparaissent à la fois comme susceptibles de limiter la concertation, mais aussi de renforcer l'implication syndicale dans la configuration du périmètre et du champ de la concertation là où les syndicats sont bien implantés, on trouve quelques pistes visant à renforcer l'intérêt des salariés pour le fonctionnement des conseils d'entreprise:

– le règlement intérieur des conseils d'entreprise devra prévoir les modalités de la consultation directe des salariés, et les procédures par lesquelles les salariés pourront faire inscrire des points particuliers à l'ordre du jour. Les précaires pourront participer aux élections des conseils à partir de six mois d'ancienneté;
– aux fins de donner plus de visibilité à ces élections et de pousser à la participation des salariés, les élections aux conseils d'entreprise auront lieu tous les ans en une même semaine.

Le projet de loi prévoit également de supprimer la possibilité de recourir aux Commissions de branches, pour examiner les litiges entre conseils d'entreprise et directions d'entreprise en matière de co-décision et de ne laisser subsister que la possibilité de saisir le juge, ou une commission centrale éventuellement mise en place dans le cadre du Conseil Economique et Social (SER). Enfin, le conseil d'entreprise des grandes entreprises pourrait obtenir un droit de regard sur les plus hautes rémunérations dans l'entreprise; ceci est un point chaud des débats sociaux depuis plusieurs années, en lien avec l'attachement du gouvernement à obtenir des organisations syndicales un soutien à sa politique de modération salariale.

Quelle complémentarité des structures de participation dans les multinationales?

L'internationalisation croissante de l'activité des entreprises conduit à la coexistence de structures de participation des salariés aux décisions de niveaux différents. Déjà dans des entreprises à structures complexes, multi-établissements, les représentants du personnel devaient veiller à une bonne communication et information entre conseils d'établissements, ou conseils de divisions correspondant aux différentes activités d'un groupe sur le même territoire national, et conseil central d'entreprise. En outre, sans même aborder la question d'une internationalisation du pouvoir dans certaines entreprises au-delà des frontières européennes, ce problème est encore compliqué par la coexistence de structures de participation à l'échelle nationale (les conseils d'entreprise) et à l'échelle européenne (les Comités d'entreprise européens et les structures de participation spécifiques de la société anonyme européenne) dans les entreprises multinationales d'origine hollandaise.

Aux Pays-Bas, la loi néerlandaise sur ces Comités d'entreprise européens est entrée en application en février 1997, et à cette date, vingt-quatre grandes entreprises parmi les plus grandes avaient déjà constitué de manière volontaire leur propre comité d'entreprise européen. La loi néerlandaise ne définit pas précisément la «consultation», tout en précisant que l'information et la consultation doivent être menées en «temps approprié». Josée Lamers et Robbert van het Kaar (2005), lors de l'entrée en vigueur de cette loi, observaient que, dans le cas de dossiers économiques délicats tels que des restructurations, fermetures d'établissements ou des réductions d'effectifs, les différences d'amplitude des prérogatives du comité d'entreprise européen et du conseil d'entreprise peuvent conduire à des difficultés. En effet, le conseil d'entreprise dispose dans le cadre du droit d'avis d'un droit de saisine, suspensif, de la Chambre des entreprises de la Cour d'Amsterdam, dont le comité d'entreprise européen d'une entreprise hollandaise ne dispose pas. Mais *a contrario*, on peut aussi penser que les différents niveaux de consultation de l'une et l'autre des instances peuvent aussi contribuer à une information plus complète et une plus grande lisibilité de la stratégie de l'entreprise pour les représentants du personnel.

En ce qui concerne la mise en place de la réglementation de la société européenne de droit néerlandais, celle-ci est récente puisqu'elle est entrée en application au 1er avril 2005 (Persbericht 10). Le cadre néerlandais est minimaliste, la loi reprenant les dispositions de la directive de 2001: soit les représentants de l'entreprise et des salariés s'entendent pour définir les règles de fonctionnement de l'information et de la consultation, soit les normes de la directive s'appliquent. Là où une société européenne sera instituée, le comité d'entreprise européen sera transformé en une instance d'information et de consultation correspondant à la nouvelle forme juridique. Là encore, la pratique devra montrer si les représentants du personnel réussissent à tirer bénéfice d'une complémentarité de ces instances ou si au contraire leur coexistence conduit à une concurrence affaiblissant la position des salariés face à la direction de l'entreprise.

En conclusion, les Pays-Bas présentent un système plutôt élaboré d'association des salariés aux décisions dans l'entreprise. Les conseils d'entreprise disposent d'une triple compétence à être informés, consultés et à co-décider dans certains domaines, qui fait d'eux un interlocuteur de poids à l'employeur. Sans être dans la position de force des *Betriebsräte* allemands dans les conseils d'entreprise, les salariés néerlandais disposent maintenant d'un droit plus consistant à être représenté dans ces conseils de surveillance. En outre, le climat général qui fait de la concertation et de la recherche du consensus une obligation politique et une règle de comportement, renforce l'influence d'une telle réglementation. Pourtant, il n'est pas certain que ce système de concertation dans l'entreprise soit assuré de perdurer. Plusieurs facteurs structurels pourraient l'affaiblir. D'une part, le vent de déréglementation qui souffle sur le pays pourrait bien accentuer le caractère inégal de la qualité de la concertation au niveau des entreprises, dans les cas où le contrepoids syndical ne permettra pas de s'opposer à la volonté patronale de restreindre les domaines de concertation obligatoire. D'autre part, il n'est pas sûr, du côté syndical, qu'on dispose des ressources en hommes et en réseaux suffisantes pour occuper les places que la nouvelle *Structuurwet* ménage aux salariés au sein des conseils de surveillance. Enfin, dans le cas des plus grandes entreprises, l'internationalisation de leur fonctionnement et la dé-territorialisation des centres de décision soumet à rude épreuve les cadres nationaux dans lesquels la participation des salariés aux décisions est organisée, alors que les prérogatives des institutions de participation transnationales sont plus faiblement structurées.

(Texte octobre 2005)

Bibliographie

DIKKER, A. (2004a): *Contactarme partners, Ondernemingsraad*, (maart).
DIKKER, A. (2004b): *Partners met rug met elkaar*, Zeggenschap, (maart).

DIKKER, A. / EVERAERS, A. (2004): «Interview de Aart-Jan de Geus, ministre des affaires sociales, Minder bevoegheden? De OR kan nee zeggen», in: Praktijkblad Ondermingsraad, décembre 2004.

KAAR, R. v.h. (2004): «New law alters works council in large companies», in: Eiro online 5/10/2004.

LAMERS, J. / KAAR, R. v.h. (1997): «European works councils in the Netherlands», in: Eiro online.

LIJPHARD, A. (1988): *Verzuiling pacificatie en kentering in de Nederlandse politiek.* H.J.W. édition de 1968, revue en 1988, Becht-Haarlem.

PERSBERICHT (04/198, 5/10/2004): «Nieuwe wet biedt meer mogelijkheden voor maatwerk bij medezeggenschap», in: www.minszw.nl.

PERSBERICHT (2005 / 044): *Ministerie van sociale zaken en werk-gele-genheid, Eerste kamer akkoord met regels voor medezeggenschap bij Europese Vennootschap,* 15 mars 2005.

TAMMINGA, M. (2004): «Tweederangs machtpositie werknemer», in: NRC Handelsblad 19/10/2004.

WIERINK, M. (2004): «Des rapports pas si faciles entre conseils d'entreprise et syndicats», in: *Chronique Internationale de l'IRES,* juillet 2004, n° 89.

France:
Un système complexe de la participation des salariés dans l'entreprise

Thérèse AUBERT-MONPEYSSEN, Jean-Maurice VERDIER

Le Préambule de la Constitution française dispose que «Tout salarié participe, par l'intermédiaire de ses délégués, à la détermination collective des conditions de travail ainsi qu'à la gestion des entreprises». Mais alors que le droit à la négociation collective a été largement reconnu par la loi, la participation à la gestion s'est largement vue devancer par la participation financière (participation aux résultats)[1] et n'a jamais été consacrée dans son principe.

L'idée de cogestion a connu une concrétisation partielle dans le cadre de l'entreprise publique avec les nationalisations (loi du 11 février 1982). La loi du 26 juillet 1983 sur la démocratisation du secteur public qui faisait suite aux nationalisations avait pour but d'associer les représentants des travailleurs aux décisions de l'entreprise tout en distinguant leur rôle de celui des syndicats. Elle a fait entrer des représentants élus des salariés aux conseils d'administration et de surveillance, instituant ainsi une cogestion minoritaire, dans l'entreprise publique[2].

---

1   La participation financière a vu le jour avec l'ordonnance de 1959 instituant, à titre facultatif, l'intéressement, puis avec les deux ordonnances de 1967 l'une sur la participation des salariés aux fruits de l'expansion des entreprises, obligatoire dans toutes les entreprises employant plus de 100 salariés, et l'autre, d'application facultative, créant les plans d'épargne d'entreprise.

2   Les privatisations réalisées par la suite avec les lois de 1986 et 1993 ont voulu maintenir une représentation des salariés dans les organes sociaux. Enfin une loi du 25 juillet 1994 imposait de prévoir dans les statuts des entreprises privatisées après cette date, une clause de participation de représentants élus des salariés au conseil d'administration ou au conseil de surveillance. Cependant il était possible de résilier cette clause une fois la privatisation réalisée.

L'idée de cogestion n'est pourtant pas nouvelle en France, où plusieurs tentatives ont été faites pour favoriser l'actionnariat ouvrier dans le secteur privé. Elle a dans un premier temps donné lieu à la mise en place de sociétés spécifiques, les sociétés anonymes à participation ouvrière ou sociétés ouvrières de production (SCOP), puis par la possibilité de reprise d'une société par les salariés (RES)[3]. Elle a ensuite fait l'objet d'une ordonnance du 21 octobre 1986 modifiant la loi du 24 juillet 1966 sur les sociétés instituant une cogestion facultative, mais la portée pratique de ces initiatives est restée assez limitée.

La loi du 25 juillet 1994 sur l'amélioration de la participation des salariés dans l'entreprise a institué un nouveau dispositif de participation, lorsque les salariés détiennent plus de 3% du capital social. Ce dispositif qui restait facultatif en 1994 a été rendu obligatoire par la loi du 17 janvier 2002 de modernisation sociale. Désormais un ou plusieurs salariés doivent être nommés administrateurs. Ce nombre n'est plus limité à 2, il doit être prévu par les statuts. De plus, la loi NRE du 15 mai 2001a institué une représentation du comité d'entreprise dans les assemblées générales[4].

Néanmoins, malgré ces avancées, on ne peut parler de cogestion, pour ce qui est du système français. Quant à l'expression *«participation des salariés à la gestion des entreprises»*, elle ne connaît pas non plus de consécration de principe et ne peut s'entendre que des modalités à travers lesquelles les salariés peuvent être impliqués dans la gestion. Celles-ci sont cependant nombreuses et elles se sont étoffées avec le temps, même s'il s'agit encore d'un domaine mouvant, qui a fait l'objet de remodelages récents parfois contradictoires, selon les options législatives.

La participation des salariés à la gestion se réalise en France à travers un *système plural*, au sein duquel se détache le rôle essentiel du *comité d'entreprise*.

3   A. Couret, Droit social 1985; 458.
4   Voir ci-dessous.

Un système plural de participation des salariés dans l'entreprise

Les modalités de participation des salariés dans l'entreprise prennent des formes diverses en droit français. Si les salariés bénéficient d'un *droit d'expression individuel* sur leurs conditions de travail, la participation à l'entreprise est essentiellement réalisée de manière *collective* à travers le rôle de leurs *représentants*.

Un droit d'expression individuel sur les conditions de travail

Introduit à titre expérimental par la loi du 4 août 1982, puis réaménagé par une loi du 3 janvier 1986 en tenant compte des bilans dressés entre temps par les entreprises, le droit d'expression prévu par l'article L 461-1 du Code du travail est l'une des modalités élémentaires selon lesquelles les salariés participent à certains aspects de la gestion des entreprises. Son originalité est qu'il s'agit d'un droit de nature individuelle, mais dont l'exercice est collectif.

C'est un droit individuel puisque chaque salarié peut directement s'exprimer, faire des critiques et présenter des suggestions à la hiérarchie de l'entreprise, sur les conditions d'exercice et l'organisation de son travail. Néanmoins, ce droit s'exerce au sein d'un groupe et à l'intérieur de l'entreprise. Le Code du travail le définit comme un *«droit à l'expression directe et collective»*.

Cette forme d'expression est cependant limitée. Elle ne porte ni sur les grandes orientations stratégiques ni sur les salaires. Son objet se réduit à permettre aux salariés de *«définir les actions à mettre en oeuvre pour améliorer leurs conditions de travail,l'organisation de l'activité et la qualité de la production dans l'unité de travail à laquelle ils appartiennent et dans l'entreprise»*.

La mise en place des groupes d'expression se fait en principe par la voie conventionnelle (C Trav. art. L 461-3). Le Code du travail prévoit une obligation de négocier dans les entreprises où sont constituées une ou plusieurs organisations de syndicats représentatifs ayant désigné un délégué syndical. Lorsqu'un accord est signé, l'employeur doit réunir une fois tous les trois ans, les syndicats représentatifs afin d'examiner les résultats de cet accord, et éventuellement de le renégocier, si une organisation en fait la demande (C trav. art. L 461-3). Les règles applicables à cette négociation ne se distinguent en rien des règles générales de la négociation. Cela signifie notamment que la négociation peut avoir lieu au niveau de l'entreprise ou de l'établissement à condition que chaque établissement soit couvert, ou qu'elle peut aussi avoir lieu au niveau du groupe.

> L'accord doit notamment prévoir des dispositions concernant le mode d'organisation, la fréquence et la durée des réunions permettant l'expression des salariés, les mesures destinées à assurer, la liberté d'expression de chacun, la transmission à l'employeur des demandes et propositions des salarié ainsi que les conditions spécifiques d'exercice du droit à l'expression dont bénéficie le personnel d'encadrement (C trav, Art. L461-5).

Dans les entreprises où aucun accord n'a pu être signé, l'absence d'accord ne libère pas l'employeur de son obligation puisque celle-ci trouve sa source dans la loi. Quelques principes fondamentaux concernant l'exercice du droit d'expression sont prévus par la loi ou précisés par la jurisprudence et s'appliquent même en l'absence d'accord:

Une règle essentielle permettant de rendre ce droit effectif est posé par le Code du travail. L'article L 461-1 al 2 dispose en effet que *«les opinions émises par les salariés dans l'exercice du droit d'expression ne peuvent motiver ni une sanction ni un licenciement»*. Cela institue une immunité pour les propos du salarié, lequel pourra ainsi, dans le cadre des groupes d'expression, émettre des remarques librement. Néanmoins, cette protection a ses limites, car comme tout droit, le droit d'expression est susceptible d'abus. La protection ne couvrirait pas par exemple, le fait de tenir des propos injurieux, ou de se livrer à du dénigrement, comportements qui équivaudraient à détourner l'exercice du droit d'expression de sa finalité.

Le Code du travail pose également le principe selon lequel le droit d'expression doit s'exercer sur les lieux et pendant le temps de travail. La Cour de cassation a durci cette règle en affirmant que ce droit s'exerce seulement dans les réunions organisées sur les lieux et pendant le temps de travail. Cette précision est importante car la protection prévue par le Code du travail pour les opinions exercées dans le cadre du droit d'expression ne concerne pas les opinions qu'un salarié peut émettre hors de ce cadre, par exemple par courrier ou hors de l'entreprise.

C'est à la lumière de ces principes que la Cour de cassation a précisé les contours du droit d'expression. Ce droit ne concerne pas les propos émis par un salarié hors de l'entreprise[5], une lettre adressé par un salarié à son employeur et injurieuse pour un supérieur hiérarchique[6], une lettre ouverte distribuée dans les boîtes aux lettres de la localité et dénigrant l'entreprise[7], les critiques vives émises par un directeur financier dans le cadre du comité de direction[8]. La plupart des propos émis hors du cadre du droit d'expression concernent la liberté d'opinion. Celle-ci est soumise à la règle de l'article L 120-2 du code du travail selon laquelle,

> Nul ne peut apporter aux droits des personnes et aux libertés individuelles et collectives des restrictions qui ne seraient pas justifiées par la nature de la tâche à accomplir ou proportionnées au but recherché.

Le Code du travail prévient enfin beaucoup de contentieux en précisant que le temps consacré à l'expression doit être payé comme temps de travail (C trav. Art. L461-2).

La représentation collective des salariés

Le système français de représentation est un système complexe qui a été élaboré au coup par coup et sans vision d'ensemble. Son originalité est d'être un système dual, composé d'une part de représentants désignés, les délégués syndicaux (DS), ainsi que d'une entité informelle, la section syndicale, et d'autre part de représentants élus, soit à titre principal les délégués du personnel et les membres du comité d'entreprise (DP, CE).

---

5   Cass. Soc. 16 nov. 1993, BV n° 278.
6   Cass. Soc. 28 avril 1994, BV n° 159.
7   Cass. Soc. 12 nov. 1996 BV n° 373.
8   Cass. Soc. 14 déc. 1999, BV n° 488, JCP Entreprises 8 juin 2000, n° 23, p. 902, note Th Aubert-Monpeyssen.

Le législateur a entendu favoriser le rôle de ces représentants en leur conférant une protection particulière contre le licenciement[9] mais aussi en les protégeant dans leur existence même et leur fonctionnement au moyen d'une sanction pénale, le délit d'entrave. La mise en place de ces institutions autant que le licenciement des salariés investis d'un mandat donnent lieu à un contentieux important, et il en est de même de l'exercice des fonctions. Est sanctionné l'employeur qui refuse d'organiser les élections, qui fait pression pour décourager les candidatures, qui fait obstacle à la constitution de la section syndicale, de même que celui qui tente de régler les problèmes avec le personnel en court-circuitant leurs représentants.

Cette protection ne suffit pas néanmoins, en pratique pour assurer une représentation collective effective. Les obligations de négocier établies par diverses lois récentes[10] ont fait apparaître que beaucoup d'entreprises étaient totalement dépourvues d'institutions représentatives, ce qui ne tient pas seulement à des raisons juridiques, mais aussi à des raisons sociologiques[11].

L'existence et les formes de la représentation collective des salariés sont attachées par la loi à la taille de l'entreprise. Les seuils exigés ne sont pas les mêmes selon qu'il s'agit d'élire des délégués du personnel ou un comité d'entreprise, ou de désigner un délégué syndical, et l'organisation de l'entreprise en établissements justifie des solutions spécifiques. Cette représentation est mieux assurée dans les grandes entreprises. Un comité d'entreprise n'est prévu que si l'entreprise ou l'établissement emploie au moins 50 salariés, mais, dès que l'entreprises ou l'établissements atteint au moins 11 salariés, des délégués du personnel doivent être élus, et le nombre de chaque type de représentants est d'autant plus important que les effectifs sont élevés.

---

9   Les représentants des salariés bénéficient d'un statut protecteur contre les discriminations, leur licenciement (et les mesures équivalentes ou assimilées) étant soumis à l'autorisation préalable de l'inspection du travail.

10 Loi du 12 nov. 1996, art. III 6 – Loi Aubry I du 13 juin 1998, art. 3 III – Loi Aubry II 19 janv. 2000.

11 Une analyse sociologique de ces raisons, serait fort utile, parallèlement à cet article qui s'en tient strictement à la présentation du cadre juridique.

La représentation désignée obéit à des règles plus complexes. Si le droit de constituer des sections syndicales dans une entreprise est indépendant de la taille de cette dernière, celui de désigner un délégué syndical est en revanche limité aux entreprises occupant au moins 50 salariés (C trav. art. L412-11), et le nombre des délégués syndicaux pouvant être désignés croît avec la taille de l'entreprise[12]. Cependant, dans les entreprises de moins de 50 salariés, un correctif a été apporté à cette règle avec la possibilité donnée aux syndicats d'investir des fonctions de délégué syndical un délégué du personnel (C trav. art. L412-11 al 4). Celui-ci jouera alors les deux rôles, mais avec des moyens réduits car la loi prévoit dans ce cas, une fusion des heures de délégation afférentes aux deux fonctions.

De plus, des personnes morales juridiquement distinctes peuvent être considérées comme une *«unité économique et sociale»*, s'il apparaît qu'elles sont liées par une communauté d'intérêts et forment un ensemble économique unique. Cette notion qui a été retenue dans un premier temps par les juridictions répressives pour déjouer la fraude consistant à organiser l'entreprise de manière à éluder les effets de seuils, a été ultérieurement reprise par la jurisprudence sociale indépendamment de toute idée de fraude[13]. L'existence d'une unité économique et sociale est retenue par les tribunaux pour apprécier les conditions de seuil entraînant des obligations aussi bien en ce qui concerne l'élection des représentants du personnel que la désignation des délégués syndicaux. Elle a été entérinée par le législateur en 1982, dans les textes concernant le comité d'entreprise (C trav. art. L431-1).

Alors que la règle précédente est de nature à renforcer l'effectivité de la représentation collective, une autre règle porte partiellement atteinte à cette dernière. Il s'agit d'un texte issu de la loi quinquennale du 20 dé-

---

12   L'existence d'une représentation syndicale dans l'entreprise est relativement récente. Elle a été instituée par une loi du 27 décembre 1968 et renforcée par la loi Auroux du 28 octobre 1982. Ces textes permettent la constitution de sections syndicales et la mise en place de délégués syndicaux. Le droit de constituer des sections syndicales est reconnu à tous les syndicats représentatifs et il concerne toutes les entreprises qu'elles soient privées ou publiques (C trav. art. L 412-1). Ne sont pas couverts par ce texte, la fonction publique, ni les agents des établissements publics administratifs.

13   Cass. Soc. 27 mai 1997, Droit social 1997 759, obs. J. Savatier.

cembre 1993, concernant les entreprises qui emploient entre 50 et 199 salariés. Il permet à l'employeur, par décision unilatérale, de fusionner le mandat des délégués du personnel et celui des élus du comité d'entreprise, et d'instituer ainsi une «délégation unique du personnel», (C trav. art. L 431-1-1). Comme l'a souligné la doctrine, cette institution permet à l'employeur de

> substituer définitivement les délégués du personnel aux membres élus du comité d'entreprise», car «tout concours en pareil cas, à ce que la fusion des mandats, s'accompagne d'une fusion des attributions»[14].

Les dispositions relatives au droit de la représentation et au droit syndical sont d'ordre public. Elles doivent être impérativement respectées. Néanmoins, plusieurs articles du Code du travail précisent que cette législation ne fait pas obstacle à l'application de conventions ou d'accords plus favorables (C trav. art. L 412-21, art. L438-10)[15]. C'est ainsi que certaines grandes entreprises ont signé des accords sur le droit syndical[16] pour lutter contre une désyndicalisation qui, si elle est inquiétante pour les droits des salariés, présente aussi des inconvénients pour les chefs d'entreprise – elle les prive d'un interlocuteur syndical habilité à négocier, mais aussi entraîné à canaliser les revendications des salariés. Ces accords stipulent des avantages particuliers (institution de délégués supplémentaires, subvention patronale à l'activité syndicale, formation des représentants du personnel, des garanties de protection de carrière, etc.).

L'impact de la représentation collective dépend en outre du rôle dont chaque institution a été investie par le législateur.

La mission de la section syndicale est de représenter *«les intérêts matériels et moraux»* des membres du syndicat (C trav. art. L 412-6), celle des délégués syndicaux est de représenter leur organisation syndicale dans l'entreprise (C trav. art. L 412-10). Exerçant les missions traditionnelles du syndicat, ces derniers sont en conséquence, dans le silence de

14   Pélissier, Supiot, Jeammaud, Droit du travail, n° 660.
15   J. M. Verdier, *Liberté et égalité, le pluralisme syndical à l'épreuve des accords collectifs relatifs à l'exercice du droit syndical*, Mélanges H. Sinay, 1994, 69. G. Borenfreud, *La licéité des accords relatifs au droit syndical*, Droit social 1992, 893.
16   Connus sous l'appellation d'«accords AXA», première entreprise à avoir négocié dans ce domaine.

la loi, investis d'un rôle de revendication, ce qui a permis aux tribunaux de conclure que leur fonction première était de présenter les réclamations des travailleurs[17].

Dans cette logique, les délégués syndicaux ont une autre mission essentielle, celle de négocier et de signer les accords d'entreprise. Le Code du travail leur a longtemps conféré un monopole en ce domaine, mais la loi du 4 mai 2004 a entériné les évolutions de la pratique, en reconnaissant de manière générale, ce rôle à d'autres acteurs[18]: désormais les représentants élus peuvent légalement signer un accord collectif, de même qu'un salarié expressément mandaté pour une négociation déterminée, par une organisation reconnue représentative sur le plan national (C trav. art. L 132-26).

> La loi prévoit en outre que, «Dans les entreprises de moins de trois cents salariés et dans les établissements appartenant à ces entreprises, le délégué syndical est, de droit, représentant syndical au comité d'entreprise ou d'établissement» (C trav. art. L412-17). A ce titre, il est destinataire des informations fournies au comité d'entreprise ou d'établissement.

La mission des délégués du personnel est quant à elle définie par les textes. Leur attribution principale est de transmettre au chef d'entreprise

> «les réclamations individuelles et collectives relatives aux salaires, à l'application du code du travail et des autres lois et règlements concernant la protection sociale, l'hygiène et la sécurité, ainsi que des conventions et accords collectifs de travail applicables dans l'entreprise» (C trav. art. L 422-1).

Une difficulté cependant consiste à dissocier les «réclamations», des «revendications», ce qui en pratique, rend parfois difficile le tracé de la frontière entre le rôle des délégués syndicaux et celui des délégués du personnel.

---

17   Cass. crim. 24 mai 1973 D 1973, 599.
18   D'autres textes leur avaient déjà reconnu ce droit aux élus et aux salariés mandatés, sous certaines conditions (Loi du 12 nov. 1996, art. III 6 – Loi Aubry I du 13 juin 1998, art. 3 III – Loi Aubry II 19 janv. 2000, art. 19). Les tribunaux retenaient la notion d'accord atypique pour valider des accords conclus avec les représentants élus: Cass. Soc. 5 juin 2001 BV n° 208 – Ils avaient en outre admis la possibilité d'une négociation avec des salariés mandatés dans les entreprises ne remplissant pas les conditions pour avoir des DS: Cass. Soc. 25 janv. 1995, Droit social 1995, 274, note G. Borenfreud).

La loi du 31 décembre 1992 a en outre investie cette institution d'un rôle spécifique en lui donnant un droit d'alerte en cas d'atteinte aux libertés (C trav. art. L 422-1-1). Le délégué du personnel qui constate une telle atteinte en saisit immédiatement l'employeur qui doit procéder avec lui à une enquête. En cas de divergence sur les mesures à prendre, le délégué du personnel peut saisir le bureau de jugement du Conseil de prud'hommes qui peut, dans les formes du référé, ordonner toutes les mesures utiles. L'exercice de ce droit a permis de faire retirer un enregistrement vidéo obtenu en fraude des droits du salarié, que l'employeur entendait utiliser à titre de preuve[19]. Il a également été utilisé pour faire cesser une discrimination syndicale[20]. La loi du 17 janvier 2002 a élargi la portée de ce texte en permettant de l'utiliser en cas d'atteinte *«à la santé physique et mentale»*.

Dans les entreprises qui n'atteignent pas le seuil de 50 salariés, et où ils constituent la seule représentation, les délégués du personnel peuvent d'une part, être investis des fonctions de délégué syndical, et d'autre part, leur rôle se rapproche de celui du comité d'entreprise, car sur diverses questions, la loi prévoit qu'ils doivent être consultés en l'absence de cette dernière institution[21]. Il en est de même en cas de carence (C trav. art. L 431-3). Une disposition spécifique leur permet de *«communiquer à leur employeur toutes les suggestions tendant à l'amélioration du rendement et de l'organisation générale de l'entreprise»* (C trav. art. L 422-5). La loi prévoit en outre que s'il n'existe pas de comité d'hygiène, de sécurité et des conditions de travail, les délégués du personnel exercent les missions attribuées à ce comité (C trav. art. L422-5).

Néanmoins, pour ce qui est de l'implication des salariés dans la gestion, le rôle essentiel revient au comité d'entreprise. Conçu par le législateur de 1945 comme un organe de coopération entre employeur et salariés, il est devenu un organe de contrôle avec la loi Auroux du 28 octobre 1982 sur le développement des institutions représentatives du personnel, et ce rôle n'a fait que croître par la suite. Ses attributions sont aujourd'hui très importantes.

---

19   Cass. Soc. 10 déc. 1997, Euromarché Carrefour, Droit social 1998, p. 130.
20   Cass. Soc. 26 mai 1999, RJS 7/99 n° 935.
21   Ex. art. L 931-6 / congé individuel de formation, art. R321-10/ congé de reclassement.

Le rôle essentiel du comité d'entreprise

Le comité d'entreprise a pour mission d'«assurer une expression collective des salariés permettant la prise en compte permanente de leurs intérêts dans les décisions concernant la gestion et l'évolution économique et financière de l'entreprise, l'organisation du travail, et les techniques de production» (C. trav. art. L 431-4).

   L'institution du comité d'entreprise est sous-tendue par l'idée de partage du pouvoir dans l'entreprise. Son rôle est largement reconnu dans le domaine social, (cantines, colonies de vacances, bibliothèques, etc.). Dans le *domaine économique*, ses prérogatives sont aujourd'hui très nombreuses, même si ses attributions restent *consultatives*.

Des prérogatives multiples

La loi dispose que,

> dans l'ordre économique, le comité d'entreprise est obligatoirement informé et consulté sur les questions intéressant l'organisation, la gestion et la marche générale de l'entreprise et, notamment, sur les mesures de nature à affecter le volume ou la structure des effectifs, la durée du travail, les conditions d'emploi, de travail et de formation professionnelle du personnel (C. trav. art. L 432-1).

Cette obligation d'information et de consultation a aujourd'hui une portée très large et concerne les domaines essentiels de l'entreprise.

Organisation juridique de l'entreprise et attributions dans l'ordre économique et financier

La consultation du comité d'entreprise est obligatoire pour tous les projets concernant la modification de l'organisation juridique de l'entreprise (fusion, cession, etc.), de même que pour toute modification importante des structures de production. Il en va de même de l'acquisition ou de la cession de filiales. La consultation doit faire état des motifs des modifications projetées (C trav. art. L 432-1). Lorsque ces modifications comportent des conséquences pour les salariés, la consultation porte également sur les mesures qui sont envisagées à l'égard des salariés.

L'employeur doit notamment consulter le comité d'entreprise lorsque l'employeur prend une participation dans une société, et il doit également l'informer lorsqu'il a connaissance d'une prise de participation dont son entreprise est l'objet.

Quelques textes récents se sont caractérisés par des mesures visant à intégrer les salariés au processus de décision, notamment en renforçant le rôle du comité d'entreprise dans plusieurs dispositifs du droit des sociétés. C'est le cas de la loi du 15 mai 2001, dite loi sur les nouvelles régulations économiques (NRE) ainsi que de la loi du 17 janv. 2002, dite loi de modernisation sociale. La loi Borloo du 17 janvier 2005 est cependant revenue sur certaines dispositions de cette dernière.

La loi du 17 janvier 2002 a, par une formulation générale, imposé l'information et la consultation obligatoire du comité d'entreprise sur tous les projets économiques et financiers importants concernant l'entreprise (C trav. art. L 435-3).

La loi NRE avait inséré dans le Code du travail plusieurs dispositions prenant en compte les opérations boursières. Ainsi, en cas de dépôt d'une offre publique d'achat (OPA) ou d'offre publique d'échange portant sur une entreprise, le chef de cette entreprise doit immédiatement réunir le comité d'entreprise pour l'en informer[22]. Au cours de cette réunion, le comité peut décider s'il souhaite entendre l'auteur de l'offre et se prononcer sur le caractère amical ou hostile de l'offre (C trav. art L 432-1 al 4).

Le comité d'entreprise doit également être réuni dans un délai très bref lorsqu'une entreprise est partie à une opération de concentration (C trav. art. L 432-1 bis).

Une disposition de la loi du 17 janvier 2002 imposait la réunion du comité d'entreprise préalablement à une annonce publique dont les mesures de mise en oeuvre sont de nature à affecter de façon importante les

---

22   Une disposition voisine existait déjà dans l'ancienne rédaction. Cependant, ce texte n'a presque jamais été utilisé. Ex/ offre lancée par la BNP sur la Société générale. C'est le CE de la Société générale qui avait refusé d'entendre le PDG de la BNP!

conditions de travail ou d'emploi des salariés[23]. Elle a été abrogée par la loi Borloo, et désormais, le chef d'entreprise n'est plus tenu de réunir le comité d'entreprise que postérieurement à cette annonce. Il doit le faire dans les deux jours ouvrables suivant la publication de l'offre en vue de lui transmettre des informations écrites et précises sur le contenu de l'offre et sur les conséquences en matière d'emploi qu'elle est susceptible d'entraîner.

Par ailleurs, la loi NRE a introduit une disposition aux termes de laquelle, dans les sociétés, le comité d'entreprise peut demander en justice au président du tribunal de commerce, la désignation d'un mandataire chargé de convoquer l'assemblée générale des actionnaires en cas d'urgence. Cette urgence s'apprécie en fonction des intérêts des salariés et de la société elle-même. Il peut en outre requérir l'inscription de projets de résolutions à l'ordre du jour des assemblées. Deux élus du comité d'entreprise peuvent assister au déroulement des assemblées générales. Ils peuvent prendre la parole sur certaines questions limitativement énumérées, lors de toute délibération requérant l'unanimité des associés (C trav. Art. L432-6-1).

Projet ayant une incidence sur les effectifs

Tout projet ayant une incidence sur les effectifs est soumis à la consultation du comité d'entreprise. Cette obligation est sous-tendue par la volonté de favoriser la gestion prévisionnelle de l'emploi, c'est pourquoi la consultation porte notamment sur les prévisions annuelles ou pluriannuelles et les actions de prévention et de formation, que l'employeur envisage de mettre en oeuvre. C'est également pourquoi l'employeur est tenu de se justifier en apportant toutes explications sur les écarts éventuellement constatés entre les prévisions et l'évolution effective de l'emploi.

Le comité d'entreprise a un rôle important en cas de compression des effectifs. Le comité d'entreprise doit notamment être consulté en cas de

---

23   Par «Annonce publique», il faut entendre, toute déclaration en direction des marchés financiers, relayée par la presse.

déclaration de cessation des paiements, de procédure de redressement ou de liquidation judiciaire. En cas de licenciements pour motif économique, il doit être consulté à diverses reprises et participer à l'élaboration du plan social.

Pour renforcer ce rôle du comité d'entreprise, la loi du 17 janvier 2002 prévoyait que le comité d'entreprise pouvait s'opposer à un projet de cessation d'activité d'un établissement ou d'une entité économique autonome qui aurait entraîné la suppression d'au moins cent emplois. L'exercice de ce droit d'opposition, que l'on a qualifié à tort de droit de veto, aboutissait à la saisine d'un médiateur dont l'intervention pouvait retarder mais non empêcher la réalisation d'un projet des dirigeants de l'entreprise. Cette disposition a été abrogée par la loi Borloo. Ce texte revient en outre indirectement sur les prérogatives du comité d'entreprise en matière de licenciement économique à travers l'institution d'accords dérogatoires, lesquels peuvent fixer les modalités d'information et de consultation de ce dernier lorsque l'employeur projette de licencier au moins dix salariés sur une période de trente jours (C trav. art. L 320-3).

En revanche, une disposition toujours en vigueur de la loi du 17 janvier 2002 prend en compte les effets jusque là ignorés par le droit, des licenciements économiques, en cas de recours à la sous-traitance. Elle impose l'information du comité d'entreprise ou à défaut les délégués du personnel du sous-traitant au cas où une compression d'effectifs affecterait le volume d'activité ou d'emploi d'une entreprise sous-traitante (C trav. art. L432-1-2).

Projets concernant la marche générale de l'entreprise

Le comité d'entreprise est obligatoirement informé et consulté sur tout projet concernant la marche générale de l'entreprise.

Il est consulté sur les problèmes généraux concernant les conditions de travail, les conditions d'emploi, l'organisation du temps de travail, les qualifications et les modes de rémunération (C trav. art. L 432-3). Il a des pouvoirs importants en ce qui concerne la durée et l'aménagement du temps de travail. C'est dans ce domaine qu'il dispose d'un droit de veto concernant la mise en place des horaires individualisés (C trav. art.

L 212-4-1). Il intervient également dans la fixation des congés payés dans le cas où ces derniers ne sont pas fixés par accord collectif.

L'introduction de nouvelles technologies, doit ainsi faire l'objet d'une consultation du comité d'entreprise, lorsqu'elle est susceptible d'avoir des conséquences sur l'emploi, la qualification, la rémunération, la formation ou les conditions de travail du personnel (C trav. art. L 432-2). C'est le cas notamment du changement de système informatique[24]. Doit également faire l'objet d'une consultation du comité d'entreprise, le plan d'adaptation que l'employeur doit établir lorsqu'il envisage de mettre en oeuvre des mutations technologiques importantes et rapides, ainsi que le suivi de ce plan (C trav. Art. L432-2).

Divers aspects de la gestion prévisionnelle doivent également être soumise au comité d'entreprise.

Ainsi la politique de recherche et de développement technologique de l'entreprise, est-elle soumise à consultation. (C trav. art. L 432-1 dernier al). Le non respect de cette obligation fait encourir à l'employeur une sanction financière, la suspension des aides publiques en faveur des activités de recherche et de développement technologique. Il en va de même des orientations de la formation professionnelle dans l'entreprise. Le comité d'entreprise a notamment un rôle important en ce qui concerne l'apprentissage (C trav. Art. L 432-3), et il doit également connaître de la mise en œuvre de l'égalité hommes femmes (C trav. Art. L 432-3-1).

Libertés dans l'entreprise

Le comité d'entreprise se voit conférer un rôle en ce qui concerne les libertés dans l'entreprise. Ce rôle s'exerce tout d'abord à travers le contrôle du règlement intérieur. Celui-ci ne peut être introduit qu'après lui avoir été soumis, et il en va de même de la modification ou du retrait d'une clause (C trav. art. L 122-36). Le comité d'entreprise est informé et consulté, préalablement à la décision de mise en oeuvre dans l'entreprise, sur les moyens ou les techniques permettant un contrôle de l'activité des salariés. Il est aussi informé, préalablement à leur introduc-

---

24   Cass. Soc. 2 juillet 1987, BV n° 438 – Cass. Soc. 9 juillet 1997 RJS 1997 772.

tion dans l'entreprise, sur les traitements automatisés de gestion du personnel et sur toute modification de ceux-ci (C trav. art. L 432-2-1 al 3). Sur le fondement de cette disposition, la Cour de cassation a pu considérer que le rapport d'une société de surveillance extérieure à l'entreprise à laquelle celle-ci avait fait appel, à l'insu du personnel, constituait un moyen de preuve illicite[25]. C'est également dans ce souci de protection des libertés que le comité d'entreprise doit être informé, préalablement à leur utilisation, sur les méthodes ou techniques d'aide au recrutement (C trav. Art. L 432-2-1).

Des pouvoirs qui restent consultatifs

Le Comité d'entreprise a des pouvoirs accrus dans la gestion des entreprises, mais comme l'affirment clairement les textes, ces pouvoirs demeurent consultatifs: *«Le comité d'entreprise émet des avis et voeux dans l'exercice de ses attributions consultative. Le chef d'entreprise rend compte en la motivant de la suite donnée à ces avis et vœux» (C Trav., Art. L 432-10).*

Dans une comparaison internationale, cette notion de *«consultation»* doit être précisée. Alors qu'en anglais *«to consult»* signifie *«discuter en vue de parvenir à un accord»*, le terme français *«consultation»* est beaucoup moins contraignant, il signifie seulement *«procéder à un échange de vues et à une discussion»*[26]. Le comité d'entreprise doit être associé à la recherche de solutions, mais il ne s'agit pas d'une négociation. Les diverses consultations obligatoires n'aboutissent qu'à un avis et non pas à un accord. Le législateur ne reconnaît au comité d'entreprise le droit de s'opposer à une décision de l'employeur que dans des cas exceptionnels[27]. Dans les autres cas, l'employeur n'est pas tenu de respecter cet

25 Cass. Soc. 15 mai 2001, Recueil Dalloz 25 oct. 2001, n° 37, p. 3015, note Th Aubert-Monpeysson.
26 Le législateur français a résolu le problème pour ce qui est du comité d'entreprise européen en précisant que la consultation consistait en «l'organisation d'un échange de vues et l'établissement d'un dialogue» (439-6).
27 Not. Horaires individualisés L 212-4-1.

avis, il doit seulement rendre compte de la suite qui lui est donnée, et la loi ne fixe pas de délai pour cela. En pratique, le désaccord du comité d'entreprise peut tenir momentanément en échec la décision patronale, notamment en allongeant les délais.

L'avis a cependant une portée accrue dans tous les cas où la loi prévoit un contrôle de la décision de l'employeur par l'Inspection du travail, car il doit alors être obligatoirement transmis à ce dernier. Des textes de plus en plus nombreux l'exigent, (règlement intérieur, compression d'effectifs, introduction d'horaires réduits, repos hebdomadaire, plan d'amélioration des conditions de travail, etc.).

Néanmoins, malgré cela, cette obligation obéit à quelques principes de bon sens qui en font une obligation relativement contraignante pour l'employeur.

Tout d'abord, la consultation du comité d'entreprise doit être antérieure à la décision de l'employeur (C trav. art L 431-5). Cette règle paraît logique dans la mesure où la consultation n'a de sens que si elle est susceptible de modifier ou d'infléchir la décision patronale. L'employeur se rend coupable du délit d'entrave en cas d'affichage d'une décision préalablement à la consultation du comité d'entreprise[28]. Le défaut d'authenticité de la consultation de même que son caractère formel, est également sanctionné[29]. Cette obligation d'antériorité connaît cependant une exception destinée à protéger l'auteur d'une OPA ou d'une OPE (C trav. art. L 432-1 ter).

De plus, l'efficacité de la consultation suppose que le comité d'entreprise dispose des informations nécessaires à une discussion utile. Cela implique que l'employeur fournisse des informations sur le projet à discuter. Le comité d'entreprise doit se voir donner des informations suffisamment précises sur toutes les questions qui intéressent la marche de l'entreprise (contrats précaires, situation comparée des hommes et des femmes, situation de la sous-traitance, etc.). Lorsque des licenciements économiques sont envisagés, il doit se voir fournir des précisions (raisons économiques, financières ou techniques du projet de licenciement,

---

28 Cass. Crim. 11 janv. 2000: consultation destinée à faire pression sur le CE pour l'amener à se désister d'une action en justice.
29 Cass. crim. 11 mai 89 RSC 89 p 767 obs. A Lyon-Caen – 11 janv 2000 RJS 5/2000 n° 549.

nombre de salariés susceptibles d'être concernés, catégories professionnelles visées). Il peut être amené à entendre l'auteur d'une OPA portant
sur l'entreprise, etc.

En contrepartie, le comité d'entreprise a une obligation de discrétion
sur toutes les informations données comme telles par le chef d'entreprise.

Pour donner un avis éclairé sur des questions de plus en plus complexes, le comité d'entreprise a la possibilité de recourir à des experts.
Certains sont rémunérés par l'employeur (expert-comptable du comité
d'entreprise, expert en technologie). Mais le comité d'entreprise peut en
outre avoir recours à des experts qu'il rémunère lui-même, notamment
des experts de gestion, s'il souhaite mener des investigations complémentaires. Le code du travail prévoit qu'il peut «*entreprendre les études
et les recherches nécessaires à sa mission*» (C trav. art. L 431-5). Il peut
mener des enquêtes auprès du personnel (C trav. art. L 434-1) ou auprès
d'organismes extérieurs notamment les administrations publiques[30] (C
trav. art. L 431-5). La jurisprudence lui reconnaît le droit de «*librement
s'informer*», c'est-à-dire de recueillir des informations de sa propre initiative.

Le non respect de prérogatives du comité d'entreprise est susceptible
de sanctions judiciaires. Le comité d'entreprise est doté de la personnalité juridique et il a le droit d'agir en justice (C trav. art. R 432-1). Il peut
agir devant les juridictions judiciaires ou administratives pour défendre
ses intérêts propres ou ceux dont il a la charge. Si ses droits sont certains,
il peut saisir le juge des référés (production d'information, désignation
d'un expert[31], suspension de la mesure projetée tant qu'il n'a pas été consulté).

La sanction la plus adaptée en cas d'omission de consultation serait,
semble-t-il la nullité[32]. Celle-ci est parfois retenue, par exemple lorsque
le règlement intérieur n'a pas été soumis à l'avis du comité d'entreprise,
mais cette sanction n'a nullement une portée générale. La Cour de cassa-

---

30 Plusieurs administrations peuvent détenir des informations utiles pour le comité
   d'entreprise (services du fisc, INSEE, CNIL).
31 Cass. Soc. 11 mars 1992, BV n° 175.
32 Pélissier, Supiot, Jeammaud, Droit du travail, n° 730.

tion a explicitement écarté la nullité d'un accord collectif signé en méconnaissance d'une obligation de consultation préalable à sa signature[33].

La méconnaissance des prérogatives du comité d'entreprise est sanctionnée pénalement. Le Code du travail punit du délit d'entrave l'atteinte au fonctionnement régulier de cette institution (C trav. art. L 483-1). L'employeur encourt alors un emprisonnement d'un an et une amende de 3750 euros ou l'une de ces deux peines seulement, peines qui peuvent être doublées en cas de récidive.

Le délit d'entrave a pu être retenu en cas d'omission de consultation du comité d'entreprise sur la fixation des congés payés et l'ordre de départ en congés[34], de même qu'en cas de consultation directe des salariés de l'entreprise, sur une modification de l'horaire de travail[35]. Il a également été retenu en cas de minutage excessif de l'ordre du jour empêchant que la consultation ne se déroule dans les conditions normales[36] de même que lorsque l'employeur fournit des informations insuffisamment précises[37].

D'autres sanctions que le délit d'entrave sont prévues à l'occasion de telle ou telle modalité d'information, mais elles ne sont pas vraiment dissuasives. Ainsi, l'auteur d'une offre publique d'achat ou d'offre publique d'échange qui ne se rend pas à la réunion du comité d'entreprise à laquelle il a été invité, ne pourra exercer les droits de vote attachés aux titres de la société faisant l'objet de l'offre, ainsi qu'aux sociétés qui la contrôlent ou qu'elle contrôle. Mais cette sanction est néanmoins levée le lendemain du jour où l'auteur de l'offre a été entendu par le comité d'entreprise de la société faisant l'objet de l'offre. Elle l'est également si l'auteur de l'offre n'est pas convoqué à une nouvelle réunion du comité d'entreprise dans les quinze jours qui suivent la réunion à laquelle il avait été préalablement convoqué.

Si l'on fait le bilan, on ne peut que constater l'étendue des pouvoirs consultatifs du comité d'entreprise. Néanmoins si les textes ont, au fil du

33 Cass. Soc. 5 mai 1998, Droit social 1998 p. 579.
34 Cass. crim, 6 fév. 1990 D 91 jp p. 216.
35 Cass. crim, 11 janvier 2000 Bull. n° 13 - Cass. Soc. 16 septembre 2003 B V n° 164.
36 Cass. crim 29 mars 77 B n° 145.
37 Cass. crim 8 janv. 2002 DO mai 2002 p 221/ situ de la sous-traitance.

temps, considérablement accru ces pouvoirs, les tentatives récentes pour franchir un pas supplémentaire ont été vouées à l'échec: le comité d'entreprise avait été pendant un temps habilité à donner un avis sur les augmentations de prix, la loi du 11 février 1994 devait supprimer, cette disposition. Le législateur l'investissait en 2002, d'un droit d'opposition que supprimait la loi du 17 janvier 2005. Ce même texte devait comme on l'a vu, revenir sur des prérogatives récentes du comité d'entreprise, comme en matière d'OPA, mais aussi sur des prérogatives plus anciennes, telles ses modalités de consultation en cas de licenciement économique[38]. On se bornera à noter que désormais, très symboliquement, la rédaction de l'ordre du jour des réunions du comité d'entreprise qui était jusque-là arrêtée conjointement par le chef d'entreprise et le comité – disposition dont la violation tomba jadis sous le coup du délit d'entrave[39] – est *«arrêté par le chef d'entreprise et le secrétaire»* (C trav. art L 434-3).

Comme on le voit à travers ce rapide survol, les modalités françaises d'implication des salariés dans la gestion de l'entreprise, après de multiples évolutions, ne se sont nullement orientées vers l'instauration d'une véritable cogestion.

(Texte janvier 2006)

---

38   Voir supra II B.
39   Cass. crim 4 nov 97 B n° 371.

France: De la participation gestionnaire à la participation obligatoire

Jean-Pierre DURAND

Parler de participation suppose déjà de la définir. Or cette notion – car il s'agit certainement plus d'une notion que d'un concept – recouvre plusieurs sens, en particulier en France où l'offensive politique de De Gaulle dans les années 60 visait à construire une nouvelle alliance entre le capital et le travail à travers un intéressement financier des salariés aux résultats de l'entreprise: cette nouvelle version du capitalisme social souhaitait mettre fin à la lutte des classes qui a tant marqué la France depuis deux siècles en lui substituant l'intégration sociale de la classe la plus turbulente aux objectifs des actionnaires.

Aujourd'hui, la définition de la participation a passablement évolué et nous proposons, pour en simplifier la présentation, de situer les différentes participations possibles entre deux pôles: celui, le plus radical, occupés par certains intellectuels (sociologues, économistes, gestionnaires) proches du mouvement syndical et l'autre qui relève des pratiques managériales présentes autour de la mobilisation de la subjectivité. Nous serons assez bref sur le premier pôle et sur ses variantes parce qu'il a du mal à faire valoir son point de vue aujourd'hui alors que nous observerons en détail le fonctionnement de la seconde version, dominante dans toutes les entreprises et mêmes dans les administrations publiques ou dans les appareils d'Etat à travers le *modèle de la compétence* voulu par le Medef, en tant que «participation obligatoire».

De la participation gestionnaire
à la participation octroyée

Ce premier pôle, dans sa radicalité la plus extrême, propose de participer aux orientations stratégiques des entreprises, dans un capitalisme maintenu. Cette Ecole de pensée propose de dissocier *l'entreprise* (l'ensemble des équipements, des hommes, des savoirs ou des savoir-faire, etc.) de la *société de capitaux* (les actionnaires ou les propriétaires de l'entreprise) afin de bien dissocier les objectifs des deux entités: la première vise la production de biens ou de services pour satisfaire des besoins sociaux tandis que la seconde recherche uniquement la valorisation de son capital[1]. Cette distinction, en mettant en exergue la différence de logiques et de responsabilités montre en quoi l'entreprise est légitime – car elle est d'utilité sociale – tandis que la société de capitaux, quoique nécessaire, car c'est elle qui finance l'entreprise, fixe des objectifs privés et plus partiels.

Pour cette Ecole de pensée, la participation de tous les salariés aux orientations stratégiques relève d'une nécessité historique, à savoir la satisfaction des attentes des acteurs de l'entreprise: il s'agit de produire un maximum de valeur pour la répartir entre les salariés et les actionnaires, dans le cadre d'une production prioritairement dirigée vers la satisfaction des besoins des clients et des usagers (y compris dans le souci de conserver notre planète en bon état!). Pour ce faire, la participation des salariés signifie, en tant que *participation revendiquée*, la maîtrise par ceux-ci de l'organisation de la production et de l'organisation du travail. Il s'agit d'obtenir la maîtrise des temps et de son temps pendant la durée du travail. Il s'agit de négocier les objectifs et les moyens pour atteindre ces objectifs avec les directions d'entreprise ou de services (dans les administrations).

Dans le même sens, mais avec des positions théoriques moins assurées, les syndicalistes et quelquefois les partis politiques de gauche (Parti communiste, Parti socialiste) inscrivent dans leurs programmes, la participation des salariés à la gestion de leur activité de travail, c'est-à-dire à

---

1   Cf. Bachet (2000); Lepetit (1995); Rochefort (2000); Brodier (2001); on peut y adjoindre aussi J. Lojkine (1996).

leur environnement immédiat: conditions physiques de travail (à travers en particulier les Comités Hygiène, Sécurité et Conditions de Travail, CHSCT), cadences, rythmes, utilisation des technologies de l'information et de la communication (TIC). Dans d'autres situations, les syndicats exigent que les directions d'entreprises reviennent sur les suppressions d'emplois en révisant leur stratégie de développement, d'externalisation ou de délocalisation; mais en général ces interventions sont perdantes (elles réussissent au mieux à obtenir des conditions de licenciements moins mauvaises) car elles sont trop tardives.

En 1981, l'arrivée de la Gauche au pouvoir en France a donné quelques espoirs d'ouverture des entreprises aux intérêts directs des salariés. C'est ainsi qu'en 1982 les Lois Auroux ouvraient *le droit d'expression direct des salariés* et leur droit de participation à certaines instances décisionnelles de l'entreprise (à capitaux publics), allant du conseil d'administration à l'atelier ou au bureau.

Le rapport présenté par Jean Auroux qui se traduit rapidement par deux ordonnances et par quatre lois prétend faire de l'entreprise une sphère citoyenne, une petite république bien insérée dans la grande. Il est demandé aux employeurs d'écouter, de consulter et de négocier. Cette obligation se situe bien dans une perspective citoyenne qui l'éloigne du «pouvoir féodal» sans la rapprocher pour autant de la démocratie salariale et de la cogestion. Il s'agit plutôt d'une sorte de «monarchie constitutionnelle» qui doit respecter un minimum d'Etat de droit (droit de la défense, légalité des délits et des peines, etc.). Contrairement aux attentes de salariés et d'une partie du monde syndical impatient de voir surgir de véritables contrepouvoirs vis-à-vis de l'autorité patronale, le pouvoir réglementaire de l'employeur est réaffirmé et tout droit de veto est exclu. Les avancées sont bien réelles, mais restent par définition partielles: renforcement des moyens d'information et de formation, en particulier du comité d'entreprise, amélioration de la protection des représentants du personnel. Le rôle central et moteur du syndicat est souligné. C'est à lui de fédérer le jeu social en s'appuyant maintenant sur la négociation collective avec obligation de négocier.

A travers les groupes d'expression, les salariés peuvent faire valoir leur point de vue dans leur espace de production. En fait, les résultats sont restés assez médiocres et peu durables, le «réalisme» des nécessités productives reprenant rapidement ses droits. Un regard critique sur cette période montre en quoi cette *participation octroyée* avait peu de chances de succès dans un contexte marqué par la dépendance des salariés vis-à-vis d'une organisation du travail qui les écrasait tandis que le management de proximité s'opposait à la réforme. L'expression directe des salariés prenait la forme d'une *injonction paradoxale*[2] en disant à ceux-ci: «participez! participez!» sur le ton de l'ordre militaire ou managérial.

Aujourd'hui, depuis plus d'une dizaine d'années, une partie (très minoritaire!) de l'encadrement, quelques consultants ou des agences étatiques comme l'ANACT[3], des centres de recherche en gestion ou en sociologie et en psychologie du travail, des formations universitaires, des syndicalistes coordonnent leurs actions pour «desserrer les contraintes» qui pèsent sur les salariés dans le modèle productif émergent[4]. En proposant d'autres organisations du travail, en modifiant les critères de mesure de l'efficacité du travail ou des installations, etc. ils cherchent à ouvrir des espaces d'autonomie permettant aux salariés de mieux respirer. Par exemple, en renversant les procédures de gestion du changement (technique ou organisationnel), c'est-à-dire en proposant des méthodes *bottom up* et plus seulement *top down*, ces intervenants transforment les conditions de mise en place du changement et de l'innovation: rédaction collective de cahier des charges, choix plus raisonné des fournisseurs, attention plus grande aux montées en cadence, formation des salariés-utilisateurs des nouvelles installations, etc. Ces propositions se heurtent aux logiques dominantes et les mêmes objections reviennent sans cesse: manque de temps, faiblesse des connaissances des exécutants et plus généralement traditionalisme des managers (pourquoi risquer de nouvelles méthodes puisque les anciennes – néo-tayloriennes de fait – sont bien maîtrisées et fonctionnent donc?).

En résumé, de la revendication radicale de participer aux orientations stratégiques des entreprises jusqu'à la participation plus modeste à l'aménagement de son poste de travail, à l'organisation de l'activité de l'équipe et à la maîtrise de son temps, on peut dire que la situation concrète des salariés est assez éloignée des attentes ou des déclarations quelquefois tonitruantes sur le sujet. Dans son acceptation de moyen d'épanouissement de la personne dans son travail, la participation reste

2   Cf. D. et R. Linhart (1985) et Le Goff (1992).
3   Agence Nationale pour l'Amélioration des Conditions de Travail.
4   Sur le concept de modèle productif émergent, voir J.-P. Durand (1999).

un objectif pour certains et un rêve pour d'autres. Sans compter que cette participation peut aussi être ni l'un ni l'autre pour nombre d'exécutants qui n'ont pas les ressources pour envisager d'autres conditions de travail et surtout la maîtrise de celles-ci. Y compris parce que l'époque d'enrichissement des tâches qui a pu fonder ces attentes (au moins en Scandinavie et en Allemagne) au moment du manque de main-d'œuvre ouvrière est belle et bien révolue!

Pourtant, si cette participation revendiquée puis octroyée a cessé – provisoirement? – de tenir une place de choix dans les discours syndicaux et politiques, voire chez les intellectuels proches des syndicats, elle n'en demeure pas moins une pratique constante dans la production des biens et des services. Elle a changé de nom et peut recouvrir des pratiques insidieuses qui, tout en s'écartant des objectifs énoncés ci-dessus, conservent les objectifs d'intégration sociale dans l'entreprise, y compris quelquefois pas la contrainte, évidemment non-vécue comme telle.

La participation obligatoire: le modèle de la compétence comme contrôle des comportements

Nous avons montré ailleurs[5] la cohérence du modèle productif émergent (dénommé aussi combinatoire productive émergente au niveau de l'entreprise): généralisation du flux tendu, travail en groupe (sur le modèle du *teamwork* japonais) et modèle de la compétence. En effet, pour s'assurer de l'adhésion des salariés au principe du flux tendu et au travail collectif recomposé, le recrutement et le suivi des salariés[6] sont organisés de façon systématique au travers de nombreuses évaluations individualisées. A travers ces dernières, il ne s'agit plus seulement, comme hier, d'approcher des qualifications mais des compétences professionnelles,

---

5   Cf. J.-P. Durand (2004).
6   Les modalités de recrutement via de longues périodes d'intérim, les CDD ou des stages éducatifs prolongés sont autant de voies qui convergent avec l'évaluation systématique des individus (durant les CDI) pour apprécier les qualités des intéressés. Evidemment ces pratiques sont plus aisées en période de sous-emploi chronique que durant les moments de tension sur le marché du travail.

celles-ci pouvant se définir comme des qualifications (savoirs et savoir-faire ou expériences professionnelles) complétées du «savoir-être» indispensable à la mise en œuvre des premières. D'où cette «logique compétence» ou ce *modèle de la compétence* formalisé en France à la fin des années 90 qui fait de *l'implication contrainte* le régime de mobilisation actuel. On pourrait même parler d'implication doublement contrainte: pour maintenir tendu le flux productif les salariés doivent se mobiliser et activer leurs savoirs, tandis qu'ils doivent prouver en permanence leur adhésion au principe du flux tendu (modèle de la compétence) par leur comportement à travers diverses pratiques (réunions, participation et engagement dans le collectif, etc.).

Globalement, ces grandes transformations de l'organisation de la production en général et du travail en particulier ont eu lieu durant une période caractérisée par un grand déséquilibre dans le rapport capital / travail au détriment du second. En effet, la crise de l'accumulation a conduit à de très nombreuses disparitions d'entreprises et fermetures d'établissements qui se poursuivent dans la période présente au nom de la priorité accordée à la valeur actionnariale sur toute autre logique de fonctionnement entrepreneurial: les destructions d'emplois se comptent par millions, pas toujours suivies de créations tandis que celles-ci ont souvent lieu ailleurs, dans d'autres branches et avec des qualifications différentes ou supérieures.

On peut alors s'interroger: comment se combinent l'avènement d'un nouveau régime de mobilisation (l'implication contrainte et sa partie la plus affirmée ou déclarée, le modèle de la compétence) avec l'évolution des relations professionnelles? Comment le syndicalisme ou les syndicats réagissent-ils à l'introduction d'un nouveau régime de mobilisation d'une part et aux transformations des relations professionnelles – qui les incluent – d'autre part?

Durant la décennie passée, les écrits sur les compétences se sont multipliés sans que le sujet ne soit épuisé ni même que les positions des uns et des autres, voire la conceptualisation se soient clarifiées. En France, le débat s'est accéléré lorsqu'en 1998 le Medef (alors Cnpf) a instauré de façon plutôt unilatérale la logique compétence. Aux Journées internationales de Deauville qu'il avait organisées, furent débattues les questions d'accroissement des performances des entreprises par une meilleure gestion des «ressources humaines». La stratégie reposait essentiellement sur le passage de la gestion des *qualifications* à celle des *compétences*. Traditionnellement, le concept de qualification recouvre la formation initiale (générale ou professionnelle) certifiée par un diplôme et l'expérience professionnelle acquise en situation de travail. Les qualifications sont en général reconnues, implicitement ou explicitement comme en Europe de l'Ouest, à travers une grille de classification qui permet à la grande majorité des salariés de se situer sur l'échelle salariale.

A partir de 1998, le Medef définit ainsi les compétences dont il érige la gestion en *modèle* ou en *logique* devant se substituer aux qualifications: «La compétence professionnelle est une combinaison de connaissances, savoir-faire, expériences et comportements, s'exerçant dans un contexte précis; elle se constate lors de sa mise en œuvre, en situation professionnelle, à partir de laquelle elle est validable. C'est donc à l'entreprise qu'il appartient de la repérer, de l'évaluer, de la valider et de la faire évoluer»[7]. La grande innovation réside bien sûr dans le fait qu'au-delà de ce qui caractérise la qualification, l'entreprise est appelée prendre en compte les *comportements* des salariés dans leur évaluation. De plus, elle est seule habilitée à le faire – loin des organismes certificateurs comme l'Education nationale légitimée par l'Etat – tandis qu'il n'est aucunement question d'une reconnaissance (qui tôt ou tard signifierait grille de classification et rémunérations), mais seulement d'une validation, terme suffisamment flou pour signifier que la validation se suffit à elle-même, peut préparer une promotion ou qu'elle peut conduire à une reconnaissance rémunérée immédiate (primes et éventuellement avancement).

En intégrant de façon unilatérale – c'est-à-dire sans débat avec les partenaires sociaux – le concept de comportements dans la gestion des compétences qui se substitue à celle des qualifications, le Medef modifie considérablement le contrat de travail, sans le dire. En effet, jusqu'alors, ce dernier traitait des savoirs et des savoir-faire que le salarié mettait en œuvre durant le temps de travail rémunéré (la durée du travail, les questions d'astreinte, etc. étaient eux aussi négociés collectivement). Rien n'indiquait comment l'entreprise allait mettre au travail le salarié. Ce que

---

7   CNPF, 1998, tome 1, p. 5.

les juristes ont dénommé l'incomplétude du contrat de travail signifie qu'il revenait à l'entreprise de trouver des solutions pour que les salariés dégagent une valeur ajoutée maximale: paternalisme montrant la convergence des intérêts, salaire aux pièces, encadrement strict et autoritaire, management participatif, etc. En ajoutant le concept de comportements à ce qui va être validé, le Medef complète le contrat de travail en disant explicitement que les salariés – de tous niveaux – qui s'engageront totalement sur les objectifs de l'entreprise, ceux qui mobiliseront leur subjectivité pour mieux encore servir l'entreprise, c'est-à-dire ceux qui impliqueront tout leur être pendant le temps de travail seront évalués positivement, seront recrutés et se verront plus rapidement promus ou bénéficieront d'avantages salariaux.

Par ailleurs, l'innovation – pour ceux qui ne l'auraient pas vue ou qui la minorent – tient à l'institutionnalisation et à la généralisation à tous les salariés des procédures d'évaluation des comportements dont on verra les effets directs et indirects ci-dessous. En explicitant comment les entreprises doivent mettre au travail leurs salariés et tous leurs salariés pendant le temps de travail, le modèle de la compétence transforme le contrat de travail puisqu'il ne traite plus seulement de la durée et du contexte (les qualifications), mais du contenu effectif (intensité et qualité du travail fourni). Plus encore, on peut montrer comment l'évaluation des comportements vise à sélectionner et à promouvoir par anticipation ceux dont les directions d'entreprise sont à peu près certaines qu'ils accepteront le principe du flux tendu (à main-d'œuvre réduite) et les exigences qui l'accompagnent: disponibilité et intensité du travail.

Enfin, la seconde rupture réside dans la transformation unilatérale du contrat de travail par le Medef, ou pour être un peu plus précis, dans la transformation unilatérale des conditions de mise en œuvre du contrat de travail. Hier, celui-ci était établi dans le cadre d'une grille de classification correspondant à des rémunérations négociées nationalement par branches entre les partenaires sociaux. A travers la *logique compétence*, le Medef complète ce contrat de travail en y ajoutant l'évaluation des comportements individuels et leur validation qui conduit à la transformation des modalités de rémunérations: on peut même se demander si l'absence du terme de reconnaissance dans la définition rappelée ci-dessus ne vise pas à masquer ce trait essentiel du changement du contrat de travail: les rémunérations seront de moins en moins calculées dans un cadre collectif et de plus en plus individualisées.

De l'évaluation des résultats à celle des comportements: participation et intégration sociale

Lorsque nous attachons autant d'importance à la dimension comportementale de la définition patronale des compétences, il nous est souvent répondu que cela n'est pas nouveau et qu'il n'y a donc pas lieu de s'en inquiéter. Bien au contraire il nous semble que les relations professionnelles d'hier étaient fondées sur un compromis, en général assez explicite selon lequel les directions ne devaient pas évaluer les comportements des salariés et que les critères d'avancement et de promotion reposaient exclusivement sur l'expertise des intéressés (savoirs et savoir-faire). Seule l'aptitude à diriger des hommes restait dans l'ombre des discussions puisqu'elle reposait sur des qualités très peu formalisées; ce qui n'empêchait pas les mécontentements de s'exprimer, y compris officiellement quand le choix des promus ne satisfaisait pas la base.

Pour preuve de ce respect du compromis que l'on a trop facilement oublié, ce *Guide d'évaluation et conseils professionnels de la fixation des objectifs à l'évaluation des résultats* emprunté à la filiale française d'une grande compagnie informatique internationale en 1992. Selon ce document, l'évaluation annuelle a pour objectif de détecter les collaborateurs les plus aptes à assumer de nouvelles ou de plus hautes responsabilités et recommande instamment la démarche suivante:

> L'évaluation de la contribution individuelle porte sur les résultats du travail et ne représente en aucune façon un jugement de valeur sur les personnes. Ce n'est pas la personne qui est évaluée mais ses résultats professionnels, qu'il s'agisse de la prise en compte des résultats obtenus par rapport aux résultats attendus pour chaque objectif majeur ou l'appréciation portée sur le rôle joué par le collaborateur dans l'organisation.

> L'appréciation de tout élément sans lien direct avec les résultats professionnels est exclue du champ de l'évaluation; le manageur portera donc son attention:
> – sur les faits et non sur les opinions;

– sur les actions et non sur les intentions;
– sur les résultats et non sur les personnes.

On ne peut être plus clair dans les recommandations d'un DRH en direction des managers-évaluateurs avant que ne soit instauré le modèle de la compétence par le Medef. Ici seuls les résultats du travail doivent être évalués en isolant ceux-ci de toutes les caractéristiques individuelles du salarié considéré. Il est tout aussi certain – même si nous ne disposons que de preuves indirectes – que les promotions dans la même entreprise avaient lieu à partir de compléments informels de ces évaluations institutionnelles. Mais le fondement même des choix avait lieu à partir de ce «substrat objectif» que constituait l'évaluation des résultats du travail, c'est-à-dire l'expertise technique puisque le processus de l'évaluation avait entre autres objectifs, pour le manager-évaluateur, celui de «détecter ceux de ses collaborateurs qui sont les plus aptes à assumer de nouvelles ou de plus hautes responsabilités et les aider à développer leurs compétences». L'état des relations professionnelles à la fin des années 80, hérité de trois décennies fordiennes, avec un rapport de force entre employeurs et salariés qui leur était encore favorable, imposait des procédures d'avancement, de primes et de promotions largement assises sur ce caractère «objectif» de l'évaluation (fondé sur les résultats du travail).

Après les Journées de Deauville du Medef en 1998, il en va tout autrement et les entreprises font entrer massivement l'item du *comportement* dans les procédures générales d'évaluation des salariés à tous les niveaux.

Dans une grande société française de prestations de services qui détache ses ingénieurs dans d'autres firmes, le guide d'évaluation de ces derniers par le chef de groupe, publié par la direction des ressources humaines est extrêmement clair de ce point de vue. Un encadré de la première page déclare:

> L'appréciation doit être basée sur le comportement de l'agent face aux exigences:
> – du (des) poste(s) qu'il occupe ou a occupé au cours du semestre sur lequel porte l'appréciation,
> – du futur niveau hiérarchique auquel il prétend.

A propos de l'attribution de la prime au mérite l'item *Esprit de Société* indique qu'il s'agit «d'évaluer la manière dont il perçoit son appartenance à la société et l'investissement en temps qu'il serait prêt à consentir pour la société». A ce critère de disponibilité temporelle, s'ajoute quelques pages plus loin celui d'engagement et d'intensité du travail avec l'évaluation de «la volonté, de la quantité de travail que l'agent produit pour réaliser des tâches demandées par le groupe (organisations de réunions professionnelles, réflexions sur des sujets divers…)»: on l'a compris, il s'agit ici d'évaluer l'engagement de l'ingénieur au-delà de sa mission dans l'entreprise d'accueil, dans les tâches de développement de la société de prestations à laquelle il appartient. Enfin, la répartition des coefficients pour les différents items d'évaluation donne 50% aux critères comportementaux suivants: niveau d'engagement, efficacité et rendement, esprit de société.

Des critères semblables, mais peut-être encore plus transparents, sont aussi utilisés dans un atelier de production de pièces en caoutchouc et en matière plastique (souvent «soudées» à des pièces métalliques) pour l'industrie automobile. Les six facteurs de notation de l'entreprise sont les suivants: assiduité, production, qualité, sécurité, ordre et propreté, initiatives, disponibilité, sociabilité et critère libre. Au-delà des critères d'assiduité et d'ordre et propreté qui relèvent du domaine des comportements mais qui relèvent de la vie minimale en groupe, nous proposons de nous intéresser aux trois autres «facteurs comportementaux». Celui qui traite des *Initiatives* accorde cinq points au très bon salarié parce qu'il «cherche lui-même et trouve des solutions aux problèmes rencontrés dépassant le cadre de son travail» alors que l'ouvrier qui n'a «aucune proposition ni initiative dans son travail et qui attend passivement les ordres» n'en reçoit qu'un point. Le facteur *Disponibilité* traite des «réactions devant les demandes de service de l'encadrement: changements de postes, horaires, heures supplémentaires…». Le très bon ouvrier est celui qui «propose ses services avant qu'on lui demande» tandis que l'ouvrier médiocre – l'échelle du très bon au médiocre est celle de l'entreprise elle-même – «refuse systématiquement les services demandés». Enfin, la *Sociabilité* se définit comme le «comportement envers son environnement (supérieurs, collègue, personnel des services)». Le très bon salarié ne fait «pas d'observation négative du supérieur, a une correction parfaite envers tous, [montre] une grande gentillesse» alors que l'ouvrier médiocre ne reçoit qu'un point en faisant état d'une «attitude irascible envers ses supérieurs, ses collègues et le personnel des services». Cette entreprise recourant au principe du flux tendu à main-d'œuvre réduite pour satisfaire aux livraisons en juste-à-temps, l'évaluation des comportements vise essentiellement à empêcher la contestation éventuelle des conditions de travail plutôt pénibles (environnement chaud et humide, cadences rapides, etc.).

Dans les entreprises de service, là où les salarié(e)s sont en contact direct avec le public, le comportement relève de la compétence professionnelle. D'où l'importance du *contrôle comportemental* que les directions mettent en place pour s'assurer des bonnes conditions d'accueil et d'accompagnement des clients jusqu'à leur satisfaction dans le service rendu. Ici on peut faire état des fiches de postes dans la restauration rapide qui détaillent de façon quasi-pathologique les gestes à effectuer[8], mais aussi dans la grande distribution avec le SBAM (Sourire, Bonjour, Au revoir, Merci), dans les centres de télé-marketting (avec les scripts contraignants) ou dans certaines grandes chaînes de distribution de prêt à porter qui alignent des opérations comme Prévert liste son inventaire.

On reconnaît ici la démarche taylorienne de l'Organisation Scientifique du Travail qui, en analysant finement les tâches à effectuer, prescrit les gestes et opérations à effectuer selon des procédures qui limitent d'autant l'autonomie des salariés. Ce que constate aussi P. Zarifian (2005) dans un texte qui rompt largement avec ses visions antérieures sur la mise en œuvre de la logique compétence qu'il envisageait alors comme l'ouverture d'espaces d'autonomie et de créativité pour les salariés devant faire face à des évènements toujours nouveaux:

> Ces énoncés de compétences [mis en place par les DRH] indiquent, de manière prescriptive, ce que les salariés concernés doivent savoir faire, et, pour les emplois du contact avec les clients, ce qu'ils doivent dire dans telle ou telle situation. Nous trouvons ou retrouvons l'invention majeure de Taylor: réaliser un détour de production, par l'intermédiaire d'un bureau des méthodes, pour définir, à l'avance, en le confiant à des spécialistes, aptes à énoncer la «meilleure manière de faire»

ce que les salariés devront ensuite réaliser dans leur travail. La différence est que le bureau des méthodes est désormais intériorisé dans des services RH, qui se sont spécialisés dans la gestion des compétences et

8   Cf. les fiches de postes de McDonald's dans notre ouvrage déjà cité.

l'écriture des référentiels, et que la prescription ne se présente plus sous la figure de «tâches», mais sous celle de «savoirs-faire» et «savoirs-être» (le mot «savoir-être» pouvant être remplacé par «attitude» ou «comportement») que le salarié «compétent» est supposé détenir et mettre en œuvre conformément à ce qui est écrit dans le référentiel[9].

De la fonction mystificatrice des évaluations (de l'engagement et de la participation)

Ainsi, les comportements sont, de l'industrie aux services, au cœur du modèle de la compétence. On peut alors s'interroger sur la correspondance entre les pratiques et la logique compétence telle qu'elle prévaut dans la définition du Medef ou dans les politiques déclarées des DRH.

De nos diverses études, entretiens et travaux de terrain, il ressort une très grande diversité de situations avec une tendance générale, à savoir la sous-estimation de la fonction d'évaluation par les managers de proximité. Il arrive encore que les entretiens d'évaluation n'aient pas lieu sans qu'aucune sanction ne soit prise. Mais la plupart du temps, ce qui frappe est l'absence de formation à l'évaluation des managers chargés de celle-

---

9   L'auteur attribue ce dévoiement de la logique compétence à l'adoption d'une *stratégie d'industrialisation* de l'offre et de la vente de services dans laquelle les impératifs quantitatifs l'emportent généralement sur la qualité du service. Il constate alors que «nous restons dans une logique fordiste: c'est toujours l'offre qui doit commander la demande». Il en appelle alors à une *stratégie de service* qui inverserait les priorités, privilégiant la demande sur l'offre; mais ses propositions portent sur l'enseignement, sur la santé et sur La Poste, branches dont le caractère marchand ne l'emporte pas (encore) comme c'est le cas pour les entreprises concurrentielles du secteur des services en général. La proposition d'accomplir «des transformations positives dans l'univers de vie des clients», comme nouvelle définition du service, est déjà l'objectif des grandes entreprises de service du secteur marchand, mais au lieu de penser des réponses singulières, celle-ci ont depuis longtemps segmenté le marché ou constitué des classes de clients auxquelles correspondent des classes de comportements des salariés: ce qui permet la prescription des comportements et des réponses aux clients avec, toutes choses égales par ailleurs, la même marge d'autonomie des salariés que les ergonomes et les sociologues avaient déjà repérée hier pour que «la production industrielle sorte».

ci: nombre d'entre eux ne reçoivent qu'une très courte formation en salle sans exercice pratique et se trouvent démunis dans le face à face avec leurs subordonnés ne sachant pas exactement comment conduire l'entretien ni surtout ce qu'il faut mesurer ou sanctionner. La première faiblesse réside dans les difficultés à fixer des objectifs individualisés pour un travail qui se trouve de plus en plus collectif (travail en groupe et responsabilité collective face aux exigences du flux tendu). Autrement dit, il s'agit d'assigner des objectifs quantifiés (qualité, délais, volumes, taux de panne, etc.) clairement définis, toujours en progression, mais sur des installations industrielles ou dans des activités de service toujours changeantes: cette impossibilité de trouver des points fixes pour effectuer des comparaisons n'est jamais débattue dans les instances chargées des évaluations.

Pour que l'évaluation ait un sens pour le salarié, il est nécessaire qu'il s'approprie les objectifs qui vont devenir les siens: d'où une démarche participative visant à la co-construction de ces objectifs. Mais personne n'est dupe puisque cette co-construction se résume toujours à la déclinaison des objectifs plus globaux de l'instance supérieure. La seule marge de manœuvre réside dans les moyens affectés ou à affecter pour la réalisation ou le dépassement des objectifs venus d'en haut. Or, dans la quasi-totalité des situations étudiées, ni les formulaires, ni même les entretiens professionnels ne font place à une rubrique sur les moyens: si cela s'explique par la nature et la logique de fonctionnement des entreprises, il n'en demeure pas moins que les salariés s'approprient de moins en moins des objectifs dont les conditions de réalisation leur échappent de plus en plus.

Si la fixation d'objectifs de production ou de satisfaction des clients n'est guère aisée, la définition d'objectifs comportementaux l'est bien sûr encore moins. Il s'ensuit des résultats d'évaluation plutôt constants et plats qui décrivent de façon générale le caractère ou la personnalité de l'intéressé. En effet, l'évaluateur rencontre quelques difficultés à échanger avec son subordonné sur ses traits personnels, démarche qui apparaît rapidement comme une intrusion dans la vie privée et un viol de l'intimité: l'évaluateur préfère alors remplir le document isolé dans son bureau… L'autre versant tout aussi dénué d'efficacité consiste à demander au subordonné de remplir lui-même le document «pour préparer l'entretien»: dans certaines entreprises, il s'agit de quatre feuilles ne comportant que quelques lignes de questions et l'on devine les traumatismes des salariés très peu qualifiés face à ces pages blanches.

En quoi les évaluations servent-elles à calculer les rémunérations ou à mieux organiser les promotions? Dans une approche rationnelle, l'observateur peut s'attendre à voir les résultats des évaluations fonder directement les avancements, les primes et les promotions. Autrement dit, un lien direct, et pourquoi pas causal, devrait être établi entre les deux ensembles. Or, à y regarder de près, nombreuses sont les médiations entre les deux phénomènes – ce qui ne veut pas dire qu'il n'y ait pas de lien. Dans la plupart des cas, l'évaluation et par exemple l'attribution des primes sont déconnectées dans le temps et dans les procédures elles-mêmes. Le manager immédiat procède en deux campagnes bien distinctes à l'une et à l'autre. Pour l'attribution des primes il dispose d'un volume monétaire ou d'un nombre de points personnels à distribuer: selon son degré d'application à les distribuer «équitablement», il retourne à ses fiches d'évaluation antécédentes ou bien il fait appel à sa mémoire avec toutes les distorsions que cela peut introduire. Il en est de même pour les promotions aux postes techniques ou d'encadrement pour lesquels quelques managers débattent plus ou moins formellement des candidats, sans référence directe aux résultats des évaluations passées.

Alors, à quoi servent les évaluations et en particulier l'évaluation des comportements propres au modèle de la compétence si celles-ci ne conduisent ni à l'appropriation profonde des objectifs par les intéressés, ni directement au calcul des rémunérations ou à la justification des promotions? Pour nous, les évaluations telles qu'elles se pratiquent aujourd'hui ont pour objectif la construction et surtout *l'intériorisation par les salariés d'une norme comportementale* fondée sur une double disponibilité, objective et subjective.

Toutes les grilles mesurent la *disponibilité temporelle* des salariés ou disponibilité objective au sens où les travailleurs d'exécution peuvent être convoqués à chaque instant (cf. le travail à l'appel dans la grande distribution en Belgique ou en Suisse) tandis que les cadres doivent travailler à domicile le soir ou durant les week-ends pour tenir les délais. La capacité d'initiative, l'autonomie ou la prise de responsabilité sont autant de preuves d'engagement personnel ou de *disponibilité subjective* indispensable à la mise en œuvre du principe du flux tendu à main-d'œuvre réduite. La répétition incessante de ces qualités et leur énumération dans les grilles d'évaluation conduisent les salariés à faire leur les conduites qui leur correspondent. Cette norme générale se décline, comme les objectifs de production, en normes locales à travers les entretiens d'évaluation, même s'ils ne sont pas conduits professionnellement: la présence des items commentés par le responsable immédiat informe, forme et conforme. L'entretien porte en lui-même une potentialité de *réflexivité* pour l'évalué qui le pousse à s'interroger sur lui-même, sur ce que l'on attend de lui et donc à auto-construire une norme comportementale en adéquation avec ce qui lui est proposé (hétérosuggestion). La feuille blanche que le chef propose à son subordonné de remplir avant l'entretien fonctionne aussi comme miroir: laissée blanche elle en dit plus que sa couleur alors que noircie elle désigne au responsable les points faibles de l'intéressé – toujours plus nombreux dans une auto-analyse que les points forts.

Enfin, pour que le dispositif fonctionne, il doit être perçu comme ayant des effets: d'où la présentation de l'évaluation positive comme source et fondement rationnel du calcul de la rémunération et des promotions. Mais la réalité *langagière* de l'évaluation suffit dans bien des cas à maintenir l'efficacité du dispositif car elle opère dans le symbolique et que celui-ci peut satisfaire à lui seul des attentes non satisfaites ailleurs. D'où aussi ce concept *d'implication contrainte* qui signifie clairement combien l'obligation de s'impliquer peut tout simplement ne pas être rétribuée, sauf symboliquement (et bien sûr par le maintien dans l'emploi, seul attribut objectif pour le salarié).

Modèle de la compétence, syndicalisme et participation

Il faut rappeler, comme le font Y. Lichtenberger et C. Paradeise (2001), que le concept de compétence a d'abord été utilisé par des militants syndicaux qui souhaitaient faire reconnaître «le travail réel et pas simplement le travail prescrit», c'est-à-dire la part informelle de leur qualification pour obtenir de meilleurs salaires. Dans celle-ci, on pouvait placer l'expérience professionnelle, la dextérité, les «coups de mains», les «ficelles» du métier qui permettent de réaliser plus rapidement une tâche, de dépanner une installation dans de meilleurs délais, en un mot de produire plus de valeur ajoutée par unité de temps (même si cette formulation n'était pas utilisée). Certaines revendications incluaient plus ou moins explicitement dans cette part informelle de la qualification, la conscience professionnelle, l'amour du travail bien fait – contre les exigences de rendement et de travail sans qualité. En reprenant le terme syndical, le Medef l'a très largement dévoyé, en oubliant la revendication de reconnaissance de l'informel aujourd'hui considéré comme appartement à la qualification, et surtout en développant la dimension *comportementale* d'une part, *individualisée* d'autre part de la compétence. On doit insister sur le fait que cette rupture introduite par le Medef avec le concept de compétence n'a jamais été analysée en profondeur ni moins encore combattue par les confédérations syndicales françaises[10]. Rien d'étonnant à cela puisque les mêmes syndicats n'ont pas encore analysé la nature et les conséquences de l'introduction en France de la *lean production* (dépeinte dans notre communication comme la combinatoire productive post-fordienne) dans son aspect systémique et cohérent.

Parce qu'ils ont cherché à se dispenser de cette analyse théorique et scientifique, les syndicats se retrouvent à ne pouvoir réagir au modèle de la compétence, dans sa dimension comportementale, que dans le champ factuel. Or, comme on va le voir, les interventions syndicales ou des représentants élus y sont particulièrement difficiles parce qu'elles n'ont pas d'assises objectives, parce qu'elles se déroulent dans les sphères de la subjectivité.

Paradoxalement, l'évaluation apparaît comme une affaire privée qui se déroule entre le manager immédiat et le salarié. Nous disons paradoxalement car l'évaluateur est d'abord le représentant d'une institution (l'entreprise ou plus indirectement les propriétaires du capital), donc d'un collectif tandis que le salarié, même pris individuellement, est porteur d'une qualification construite collectivement tout autant que la

---

10   Cf. l'étude de l'Anact (1999) qui reprend les points de vue de celles-ci. Cf. aussi les Journées de l'ISERES de Rennes (2000) qui concluent de façon très ambivalente au prétexte que l'Institut de recherche ne pouvait prendre une position qui engageait la CGT, celle-ci n'ayant pas de position arrêtée face à celle du Medef.

norme comportementale présentée ci-dessus. Ainsi, quoique ce soient les caractéristiques de deux collectifs qui se rencontrent au cours de l'évaluation, ne ressortent de celle-ci que les qualités ou les défauts de l'individu évalué, pourtant tout aussi porteur des valeurs de son groupe. En devenant une affaire privée où sont, qui plus est, abordées des questions personnelles – celles de l'incorporation en un seul individu des questions sociales – l'évaluation rend difficile l'intervention d'une institution par définition construite pour l'action collective. Non seulement elle n'y est pas préparée et elle ne possède pas les instruments pour de telles interventions, mais la défense collective d'intérêts individuels ne fonctionne que si elle fait preuve de suffisamment d'universalité; ce qui est la plupart du temps contradictoire avec la remise en cause d'une évaluation qui juge des qualités individuelles de A par l'individu subjectif B[11]. Enfin, le recours syndical, juridique voire amiable après une évaluation considérée comme injuste condamne la plupart du temps le requérant plus qu'il ne lui fournit réparation: en criant à l'injustice l'intéressé construit auprès des autres et en particulier de sa hiérarchie une image de grincheux et d'éternel mécontent qui conforte l'évaluateur dans sa position première!

Le principe de l'évaluation – y compris des comportements – divise les salariés: certains salariés, en particulier les jeunes embauchés, considèrent que la mobilité sociale est d'abord une affaire personnelle et qu'ils peuvent dans l'entreprise d'accueil gravir rapidement les échelons par leur mérite personnel. Ils se présentent donc comme d'ardents défenseurs de l'évaluation (soutenus par une partie de la hiérarchie, ce qui les encourage dans leurs croyances), persuadés que «l'objectivité» de l'évaluation leur garantira, en échange de leur engagement, avancement et promotion rapides; ce que contestent les plus anciens qui savent, par expérience, que les hausses de salaire sont toujours réduites, au nom de la compétitivité internationale, tandis que les postes ouverts à la promotion sont toujours en bien moins grand nombre que les prétendants. Enfin

---

11   On pourrait montrer, de la même façon, comment la substitution du harcèlement moral (subjectif, requérant la présence d'un sujet pervers, donc tout sauf universel) au stress (phénomène social et universel ayant des fondements socio-organisationnels objectifs) est un tour de passe-passe juridique qui permettra durablement aux employeurs la dissimulation de leur responsabilité.

le principe méritocratique, qui veut que celui qui fait bien son travail doit être mieux rémunéré que celui qui le fait moins bien, continue d'irriguer les consciences, de l'école à l'emploi salarié.

Dans le même sens, le renforcement de l'idéologie individualiste qui accompagne les grands développements du libéralisme économique à l'échelle mondiale pousse les salariés à reconnaître dans l'évaluation une chance à saisir pour accélérer leur ascension monétaire et sociale.

Ainsi, pour des raisons de justice ou pour des raisons idéologiques, l'évaluation individuelle apparaît comme thème de division entre salariés. Or, les succès de l'action syndicale ne reposent que sur la fédération des points de vue: combien de revendications éclatées (cadences, conditions de travail, non-reconnaissance de qualification, demandes de mutations, autoritarisme d'un chef, etc.) se sont transformées en mouvement social parce qu'elles disparaissaient en tant que telles au profit de leur unification derrière un mot d'ordre simple comme l'augmentation (uniforme) des salaires? Il en est de même aujourd'hui dans les mobilisations – au succès bien moindre – contre les fermetures d'établissements ou pour la mise en place de Plans sociaux suffisamment rémunérateurs.

Le modèle de la compétence, avec l'évaluation individuelle des comportements qui lui est inhérente face à la participation, constitue certainement l'un des points-clés de la transformation des relations professionnelles dans le modèle productif émergent. Nous avons détaillé ailleurs les voies de contournement des syndicats dans ce modèle productif:

- l'organisation du travail (flux tendu) s'accompagne de la mise en place d'outils socio-productifs qui, parce qu'ils sont incontournables et font l'unanimité (qui est contre la qualité? qui est contre la réduction des délais? etc.), font converger les pratiques de travail avec les objectifs de l'entreprise: ce sont ainsi de formidables outils d'intégration sociale qui sapent la base du discours revendicatif et le discours syndical de divergences des intérêts patronat/salariés.
- l'invention du *teamleader* dans le travail en groupe court-circuite le délégué syndical puisque le *teamleader*, collègue de travail et premier maillon sans pouvoir de la ligne hiérarchique devient le canal privilégié pour toutes demandes (absences, mutations, améliorations des conditions de travail, etc.).

La logique compétence prend à contre-pied l'activité syndicale sur le lieu de travail, dans le champ des augmentations salariales et des promotions comme nous l'avons montré ci-dessous. Les économistes de l'Ecole de la Régulation ont pu montrer que le syndicalisme disposait d'un rôle fonctionnel dans le modèle fordien à l'échelle macro-économique et combien localement il permettait la suite d'ajustements qui rendaient efficace la production, par exemple en organisant la cohésion du groupe ouvrier, éclaté par ses origines et par la diversité des classifications. Le modèle productif émergent *disqualifie* le syndicalisme, d'une part au niveau macro-social en délocalisant vers les pays à bas coût de main-d'œuvre et sans tradition syndicale, d'autre part dans le processus productif lui-même, en particulier en délégitimant l'action syndicale au cœur de son activité, les négociations salariales locales. Les interrogations demeurent: le syndicalisme peut-il n'être qu'un syndicalisme de représentation (et pourquoi pas sans adhérent!)? Sinon, quelles forces sociales vont s'attacher à inventer et à construire des relations professionnelles qui ne soient pas aussi déséquilibrées qu'aujourd'hui?

Si la participation revendiquée n'a pas ou n'a plus la place qu'elle souhaitait, ni dans l'entreprise ni même dans les préoccupations syndicales, l'observation attentive de l'activité des salariés montre des comportements émergents inédits. Face à l'obligation de participer, de s'engager, d'adopter des comportements de loyauté et de fidélité à l'entreprise – tous contrôlés par les évaluations individuelles relevant du modèle de la compétence – des résistances s'organisent, faute d'une période favorable à l'offensive. En effet, nombre de salariés, individuellement et plus rarement collectivement, adoptent des comportements simulant leur participation et leur engagement. Par exemple, si dans les réunions ils adoptent le point de vue souhaité par l'encadrement, ils se plient bien moins facilement qu'hier à la publicité de leurs savoir-faire: par nombre de biais, tout en affirmant qu'ils livrent ces tours de main et moyens de «s'économiser», ils les maintiennent à l'abri des «organisateurs».

C'est ici le paradoxe conclusif: nombre de salariés *contre-participent* – c'est-à-dire *résistent* – lorsque la participation se transforme en outil de management en devenant obligatoire! La participation, comme la démo-

cratie, ne peut ni devenir obligatoire, ni s'octroyer: en tant que combat de tous les instants elle se conquière ou n'existe pas.
(Texte mars 2007)

Bibliographie

ANGER, M. / ROY, B. (1999): «Développement des compétences. La position des partenaires sociaux», in: Anact, juin-juillet 1999, Paris.
BACHET, D. (2000): «Le travail, le capital et l'entreprise», in: Issues, n°55-56.
BRODIER, P.-L. (2001): *La VAD, La Valeur Ajoutée Directe*. Editions AddiVale.
CNPF (1998): *Journées internationales de la Formation. Objectif compétences*. Tome 1, Paris.
DURAND, J.-P. (1999): «Le nouveau modèle productif», in: BOLLIER, G. / DURAND, C.: *La nouvelle division du travail*. Les Editions de l'Atelier.
DURAND, J.-P. (2004): *La chaîne invisible. Travailler aujourd'hui: du flux tendu à la servitude volontaire*. Le Seuil, Paris.
ISERES (2000): *Journées de l'ISERES de Rennes*.
LE GOFF, J.-P. (1992): *Le mythe de l'entreprise*. La Découverte.
LEPETIT, M. (1995): «L'applicabilité des nouveaux critères de gestion dans un contexte de régulation sociale mixte», in: *Nouvelles approches de gestions d'entreprises*. L'Harmattan.
LICHTENBERGER, Y. / PARADEISE, C. (2001): «Compétence, compétences», in: Sociologie du travail, vol. 43, 1/2001.
LINHART, D. et R. (1985): «La participation des salariés: les termes d'un consensus», in: BACHET, D. (dir): *Décider et agir dans le travail*. La Documentations Française, Paris.
LOJKINE, J. (1996): *Le tabou de la gestion*. Les Editions de l'Atelier.
ROCHEFORT, T. (2000): «Invention du travail et nouvelles combinaisons productives efficaces», in: Issues, n° 55-56.
ZARIFIAN, P (2005): «Les conflits temporels et les divergences stratégiques à l'épreuve de la gestion par les compétences», Congrès de l'AGRH, Paris.

Italien:
Das monistische System zwischen Konflikt und verhandelter Partizipation

Volker TELLJOHANN

Einleitung

Das italienische System der industriellen Beziehungen ist traditionell durch einen sehr geringen Grad der Vergesetzlichung gekennzeichnet. Fragen der Partizipation werden überwiegend kollektivvertraglich geregelt. Gesetzliche Eingriffe sind aus gewerkschaftlicher Sicht nur sinnvoll, wenn sie Verhandlungsergebnisse absichern bzw. verallgemeinern. In diesem Kontext können gewerkschaftlich dominierte Interessenvertretungssysteme abgesichert werden, d.h. die Interessenvertretung erfolgt durch einen Kanal – die Gewerkschaften. Die nach tripartistischen Verhandlungen im Jahre 1993 vereinbarte Schaffung von *einheitlichen* gewerkschaftlichen Vertretungen im Betrieb sichert eine Arbeitnehmervertretung ab, die den politisch geprägten Gewerkschaftspluralismus in Betrieben und Unternehmen tendenziell „still legt". Konkurrierende repräsentative Gewerkschaften werden dazu verpflichtet, in einem einheitlichen betrieblichen Vertretungsorgan – den RSU *(Rappresentanze Sindacali Unitarie)* – zu kooperieren (monistisches Interessenvertretungssystem). In allen Fragen der innerbetrieblichen Informations- Anhörungsprozesse bilden die RSU den einzigen Ansprechpartner der Unternehmer. In der Praxis erweist sich aber die Tatsache, dass die RSU befugt sind, betriebliche Tarifverträge auszuhandeln, als die wichtigere Innovation.

Der italienische Gewerkschaftspluralismus

Die unmittelbar nach Kriegsende gegründete Einheitsgewerkschaft CGIL *(Confederazione Generale Italiana del Lavoro)* erhielt durch die Verfassung von 1947 ein gewerkschaftliches Vertretungsmonopol auf Branchenebene. Aber bereits ein Jahr später erhielt sie Konkurrenz durch die CISL *(Confederazione Italiana Sindacati dei Lavoratori)* und die UIL *(Unione Italiana del Lavoro)*. Diese drei Dachverbände sind die Protagonisten eines politisch geprägten Pluralismus[1]. Mit ihnen konkurrieren autonome Gewerkschaften, die keinem nationalen Dachverband angeschlossen sind.

Die italienischen Gewerkschaftsbünde organisieren – abgesehen von den Führungskräften – alle Beschäftigten eines Unternehmens, d.h. sie sind nach einheitsgewerkschaftlichen Prinzipien aufgebaut. Den Gewerkschaftsbünden sind Industriegewerkschaften angeschlossen (vertikale Struktur). Jeder Gewerkschaftsbund hat wie die ihm angeschlossenen Fachgewerkschaften mehrere territorial gegliederte Ebenen (horizontale Struktur). Ausgehend vom gewerkschaftlichen Interessenvertretungsmonopol verfolgten die der Dachverbände und die ihnen angeschlossenen Industriegewerkschaften bis zum Ende der 60er Jahre eine stark zentralisierte Politik, in denen nationale Branchentarifverträge die entscheidende Rolle spielten. Die Konzentration auf die Branchenebene erklärt sich nicht zuletzt daraus, dass bis 1993 die betrieblichen Interessenvertretungsorgane nicht als Verhandlungspartner anerkannt waren.

---

1   Die kommunistisch-sozialistische CGIL hat ca. 5 Millionen Mitglieder, die katholische CISL vier Millionen und die den Reformsozialisten nahestehende UIL ca. 1,5 Millionen. Der gewerkschaftliche Organisationsgrad liegt in Italien bei ca. 35%. In den 80er Jahren entstanden zahlreiche „autonome Gewerkschaften", die überwiegend nach dem Berufsverbandsprinzip aufgebaut sind und eine konfliktorisch ausgerichtete Politik betreiben (Trentini/Zanetti 2001; 232 f.).

Der Tripartismus und die „verhandelte Partizipation"

Die 90er Jahre bildeten eine Phase der verstärkten Konzertierung zwischen Regierung und Sozialpartnern. In tripartistischen Verhandlungen, an denen Regierungs-, Unternehmens- und Gewerkschaftsvertreter teilnehmen, werden Grundzüge einer Reform des italienischen Systems der industriellen Beziehungen vertraglich fixiert. Tripartistische Verträge regeln den sozialen Bereich (1992, 1993, 1995, 1997), die Einkommenspolitik (1993) und die Beschäftigungspolitik (1998). Für die Entwicklung der betrieblichen Interessenvertretungsorgane ist insbesondere der am 23. Juli 1993 abgeschlossene „Sozialpakt"[2] von Bedeutung.

Die Regelung der betrieblichen Interessenvertretung durch den Sozialpakt

Während der neunziger Jahre wurde in Italien ein grundlegender Wandel des Systems der industriellen Beziehungen eingeleitet. Politisch gestärkte Gewerkschaften gelang es, in tripartistischen Verhandlungen den Sozialpakt abzuschließen (Negrelli 1997 und 2000). Der Sozialpakt knüpft an Traditionen der italienischen Gewerkschaftsbewegung an, in denen ausgehandelte Informations- und Konsultationsrechte als eine Alternative zu Formen der gesetzlich abgesicherten Mitbestimmung verstanden werden.

Erstmalig wurde ein verbindliches Regelwerk geschaffen, das die Rolle der Gewerkschaften auf den unterschiedlichen Verhandlungsebenen anerkannte und definierte (Telljohann 1998a)[3]. Als Gegenleistung

---

2 Die offizielle Bezeichnung des Sozialpakts lautet *Abkommen über Arbeitskosten.* Es beinhaltet eine Neuordnung der Lohn- und Gehaltsstrukturen, die Neustrukturierung des Tarifvertragssystems und die Festlegung der grundlegenden Zielsetzungen der Arbeitsmarkt-, Beschäftigungs- und Industriepolitik. Formal gliedert es sich in vier Teile: 1) Einkommens- und Beschäftigungspolitik; 2) Neustrukturierung des Tarifvertragssystems; 3) Arbeitsmarktpolitik: 4) Industriepolitik. Insbesondere der zweite Teil ist für die Analyse der betrieblichen Interessenvertretung bedeutsam.

3 Die gestärkte Position der Gewerkschaften wurde 1995 durch das mit der Regierung abgeschlossene bilaterale Abkommen zur Rentenreform bestätigt. Dieses Ab-

erhielten die Unternehmen die Abschaffung des Systems automatischer Inflationsausgleichszahlungen, der *scala mobile*. Eine Konkretisierung der im Sozialpakt ebenfalls enthaltenen arbeitsmarkt- und beschäftigungspolitischen Regelungen erfolgte durch den im September 1996 abgeschlossenen *Pakt für Arbeit*. Per Gesetz wurden 1997 entsprechende Umsetzungsrichtlinien festgelegt, die sich vor allem auf folgende Teilbereiche bezogen:

- Möglichkeiten zur Flexibilisierung der Beschäftigungsverhältnisse (Teilzeit, Leiharbeit, befristete Beschäftigungsverhältnisse etc.);
- Schaffung von Aus- und Weiterbildungsmöglichkeiten;
- Durchführung konkreter beschäftigungsfördernder Maßnahmen, insbesondere für Jugendliche.

Unternehmen und Gewerkschaften wurden angehalten, gemeinsam auf eine gleichgewichtige Berücksichtigung von sozialen Kriterien und Wettbewerbskriterien zu achten.

Vom Konflikt zur Kooperation? Weichenstellungen des Sozialpaktes

Der Sozialpakt orientiert sich an einer tendenziellen Überwindung des konfliktorientierten Systems industrieller Beziehungen, das die italienische Nachkriegsentwicklung geprägt hatte. Die damit intendierte Verpflichtung der Sozialpartner auf den Respekt verbindlicher Regeln kennzeichnet den Ansatz zur *Institutionalisierung der industriellen Beziehungen*.

Die Neustrukturierung des Tarifvertragssystems (Teil 2 des Sozialpaktes) sieht nach der Abschaffung des Systems automatischer Inflationsausgleichszahlungen vor, dass die Realeinkommen durch Branchentarifverträge geregelt werden. Diese können durch dezentrale Tarifverträge auf betrieblicher oder territorialer Ebene ergänzt werden, für die die betrieblichen Interessenvertretungsorgane zuständig werden. In dem

---

kommen konnte gegen die Opposition des wichtigsten italienischen Unternehmerverbandes, CONFINDUSTRIA, durchgesetzt werden.

arbeitsteiligen zweigliedrigen Tarifvertragssystem legt der nationale Tarifvertrag allgemeine Ziele (Verteidigung der Realeinkommen) fest. Auf dezentraler Ebene werden Lohn- und Gehaltserhöhungen, die an die spezifischen Unternehmensbedingungen gekoppelt sind, ausgehandelt. Fristen, Modalitäten und Verhandlungsgegenstände der betrieblichen Vertragspolitik werden durch nationale Branchenverträge geregelt. Dies eröffnet den Gewerkschaften die Möglichkeit, zentrale und dezentrale Tarifverhandlungen zu koordinieren.

Auf betrieblicher Ebene sollen Arbeitnehmervertreter und Unternehmensleitung gemeinsam die wirtschaftliche Lage des Unternehmens (Entwicklungsperspektive, Wettbewerbsfähigkeit, Rentabilität) bewerten und die Entwicklung der Arbeitsbedingungen und der Beschäftigungssituation beurteilen. Lohn- und Gehaltsforderungen dezentraler Tarifverhandlungen sollen sich an gemeinsam definierten Zielen (Produktivitätsentwicklung, Produktqualität, Gewinnentwicklung...) orientieren.

Die monistische Struktur der betrieblichen Arbeitnehmervertretung

Italienische Gewerkschaften legen Wert darauf, dass sich auf betrieblicher Ebene eine gewerkschaftliche Tätigkeit entfalten kann. Voraussetzung hierfür ist, dass sich die Arbeitnehmer im Betrieb organisieren können, Zeit und Strukturen zur Verfügung haben, um die gewerkschaftliche Arbeit durchführen zu können. Dies beinhaltet die Möglichkeit, dass betriebliche Gewerkschaftsvertreter sich für interne oder externe Gewerkschaftsarbeit von der Arbeit freistellen lassen können.

Das vor 1993 bestehende Koalitionsrecht erlaubte allen Arbeitnehmern, sich unabhängig von der Größe ihres Betriebes gewerkschaftlich zu organisieren und zu betätigen (Art. 14, Gesetz Nr. 300/1970 Arbeitnehmerstatut). Arbeitnehmer in Betrieben mit 15 und mehr Beschäftigten hatten das Recht, betriebliche Gewerkschaftsvertretungen zu bilden. Im Artikel 19 des Arbeitnehmerstatut wurde präzisiert, dass jede einzelne kollektivvertragschließenden Gewerkschaft das Recht hatte, eine *eigene* betriebliche Gewerkschaftsorganisation zu bilden *(RSA: Rappresentanza Sindacale Aziendale)*, die über gesetzlich abgesicherte Vertretungsrechte verfügte. Diese separaten betrieblichen Gewerkschaftsorganisationen wurden 1993 durch *einheitliche* Gewerkschaftsvertretungen *(RSU:*

Rappresentancze Sindicali Unitarie) ersetzt[4], die ihr Mandat aus allgemeinen Betriebswahlen erhalten. Die RSU traten an die Stelle der alten
betrieblichen Gewerkschaftsorganisationen (RSA). Hierbei ist hervorzuheben, dass ein Drittel der Sitze für nicht gewerkschaftlich organisierte
Kandidaten reserviert ist. Mit der Vereinbarung über die RSU wurde das
faktische Vertretungsmonopol der drei Dachverbände CGIL, CISL und
UIL überwunden. Damit wurde ein entscheidender Schritt in Richtung
auf die Wiederherstellung eines demokratisch legitimierten Verhältnisses
zwischen Gewerkschaften und Arbeitnehmern getan (Carrieri 1995).

Im Bereich der Privatwirtschaft eröffnen die RSU-Wahlen die Möglichkeit zur Erneuerung und Ausweitung der betrieblichen Interessenvertretungsstrukturen, während sie im öffentlichen Dienst ein absolutes
Novum darstellen (Carrieri 2000). Hinsichtlich der Homogenität und
dem möglichen Verbreitungsgrad der betrieblichen Interessenvertretungsstrukturen markiert die Einrichtung der RSU einen grundlegenden
Fortschritt gegenüber der vorhergehenden Situation. In den Wahlen können sich die Kandidaten der Branchengewerkschaften von CGIL, CISL
und UIL gut behaupten. In der Industrie vereinen sie mehr als 90% der
Stimmen auf sich, im öffentlichen Dienst ca. 80% (Galantini 2001, 3).

Wie ihre Vorläufer (RSA und Fabrikräte[5]) sind die RSU an der
Schnittstelle zwischen einem Interessenvertretungsorgan *aller* Arbeitnehmer eines Betriebs und der betrieblichen Gewerkschaftsorganisation
angesiedelt (Carrieri 1995). Der für monistische Systeme betrieblicher
Arbeitsbeziehungen typische Zuschnitt gewerkschaftlich dominierter
betrieblicher Interessenvertretungsorgane ist nicht unproblematisch. Er
kann – wie die Erfahrung der Fabrikräte zeigt – durchaus zu Widersprüchen führen, die in letzter Instanz die Handlungsfähigkeit betrieblicher
Interessenvertreter unterminieren könnten. Um derartigen Risiken vorzu-
beugen, sind für die RSU bestimmte Sicherheitsvorkehrungen getroffen
worden – z.B. durch den automatischen Ablauf des Mandats nach drei

---

4   gesonderte *Vereinbarung über die Einheitlichen Gewerkschaftsvertretungen* vom
     20. Dezember 1993.
5   Die *consiglio di fabbrica* wurden in einzelnen Unternehmen im Gefolge des „hei-
     ßen Herbstes" von 1969 durchgesetzt. Es handelt sich um Ausschüsse, deren Mit-
     glieder in direkter, offener Wahl von den Betriebsangehörigen ihr Mandat erhalten
     (vgl. Rainer Klaus 1983; 609 ff.).

Jahren oder durch die Möglichkeit der Beteiligung konkurrierender Listen an den Wahlen (Telljohann 1998a).

Der Sozialpakt bildet bis heute die maßgebliche Rechtsgrundlage für die Gründung betrieblicher Interessenvertretungsorgane, die über bestimmte Informations- und Anhörungsrechte verfügen. *Nationale Branchentarifverträge* regeln den Umfang von Informations- und Konsultationsrechten der betrieblichen Interessenvertreter (RSU)[6]. Sie verpflichten das Management, die RSU und örtliche Gewerkschaftsvertretungen über die wirtschaftliche Lage des Unternehmens zu informieren. Das Spektrum der Informationsrechte ist umfangreich. Es beinhaltet Themen wie Outsourcing, Restrukturierungsprozesse, technologischen Wandel, Produktions- und Arbeitsorganisation, interne Mobilität, allgemeine Beschäftigungsbedingungen, Produktionsplanung und die finanzielle Lage des Unternehmens. Je nach Thema müssen Informationen in drei-, sechs- oder zwölfmonatigen Abständen erteilt werden. Das Informationsrecht beinhaltet das Recht der Gewerkschaften, gemeinsam mit den Unternehmern die Auswirkungen von Entscheidungen auf die Arbeitsbedingungen und das Beschäftigungsniveau zu überprüfen (Anhörungs- bzw. Konsultationsrecht).

Aber den entscheidenden Unterschied zu gewählten Interessenvertretungsorganen in Ländern mit einem „Zweikanalsystem" (auch duales System genannt) bildet die Tarifvertragsfähigkeit der RSU.

---

6   Sie regeln ebenfalls überbetriebliche Informationsrechte der Gewerkschaften. Diese müssen von den jeweils zuständigen Unternehmerverbänden auf regionaler und nationaler Ebene über die allgemeinen Wirtschafts- und Produktionsaussichten der Branche informiert werden. Zusätzlich ist auf Branchenebene die Einrichtung von gemeinsamen *Observatorien* vereinbart worden. Diese befassen sich mit Themen wie: technologische Entwicklung, Wandel der Berufsbilder, Eingruppierungssysteme, Produktivität und Arbeitsmarkt – zuweilen unter besonderer Berücksichtigung bestimmter Gruppen wie Frauen und Jugendlichen. Ihre Aufgabe besteht darin, Entwicklungen auf sektoraler Ebene möglichst frühzeitig zu erkennen und Lösungen zu entwickeln, die zur Förderung der wirtschaftlichen und beruflichen Entwicklung beitragen. Ein weiteres tarifvertraglich festgelegtes Instrument der Partizipation bilden *bilaterale Ausschüsse*, die auf nationaler, regionaler und betrieblicher Ebene eingerichtet werden können, um Konsultationsprozesse zu unterschiedlichen Themen zu verstetigen.

Das Verhandlungsmandat der RSU

Für die Vorläufer der RSU – die betrieblichen Gewerkschaftsvertretungen *(RSA)* und die Fabrikräte – war die Möglichkeit zur Durchführung
betrieblicher Tarifverhandlungen häufig von betrieblichen Kräfteverhält-
nissen abhängig. Es bestand keinerlei Rechtsgrundlage, die ein Verhand-
lungsrecht betrieblicher Interessenvertreter absicherte. Erst mit den Vereinbarungen zur Einführung der RSU wurden die rechtlichen Voraussetzungen für betriebliche Tarifverhandlungen geschaffen (Carrieri
1995).

Die RSU verfügen im Betrieb über alle gewerkschaftlichen Rechte.
Sie sind grundsätzlich berechtigt, auf betrieblicher Ebene Tarifverhandlungen durchzuführen und sie können ihren Forderungen mit Arbeitskampfmaßnahmen Nachdruck verleihen (Streikrecht). Einschränkungen
ihrer Tarifverhandlungskompetenz ergeben sich lediglich aus der Vorschrift, dass sich betriebliche und nationale Tarifverhandlungen hinsichtlich ihrer Verhandlungsinhalte nicht überschneiden dürfen. Die auf dezentraler Ebene zulässigen Verhandlungsgegenstände werden durch
nationale Branchentarifverträge festgelegt (Arrigo/Scajola/Settimi 1994).

Wenn in einem Betrieb keine RSU existiert, können „Firmentarifverträge" von territorialen Gewerkschaftsorganisationen ausgehandelt werden. Diese Regelung ist insbesondere für das Handwerk von Vorteil,
weil dadurch dezentrale Verhandlungen für die Gesamtheit der Hand-
werksbetriebe eines Sektors auf territorialer Ebene (z.B. Provinz, Dist-
rikt, Region) ermöglicht werden.

Die Dezentralisierung der Tarifvertragspolitik stellt für die Gewerkschaftsorganisationen eine nicht zu unterschätzende Herausforderung
dar. Neben der Delegation von Kompetenzen müssen für die RSU auch
die erforderlichen Ressourcen – insbesondere für Bildungsmaßnahmen –
bereit gestellt werden, damit diese ihre Funktion auch effektiv ausüben
können (Braga 1999). Die Gewerkschaftsbünde kommen nicht darum
herum, die Grundzüge der Arbeitsteilung zwischen der überbetrieblichen
und der innerbetrieblichen Gewerkschaftsarbeit festzulegen. Bisherige
Erfahrungen zeigen, dass in der Praxis die externen Gewerkschaftsorganisationen die allgemeinen Orientierungen der dezentralen Tarifverhand-
lungsbewegung entwickeln, während die RSU für die betrieblichen Tarifverhandlungen zuständig ist. Hierbei werden sie bei Bedarf von den

externen Gewerkschaften unterstützt. Das Recht der RSU zur Durchführung dezentraler Tarifverhandlungen beschränkt sich auf die *betriebliche* Ebene. In Konzernen z.b. sind in der Regel externe Gewerkschaften für die Tarifverhandlungen zuständig. Existiert ein gewerkschaftlicher Koordinierungsausschuss des Konzerns *(coordinamento di gruppo)*, wird dieser und damit auch Vertreter der RSU in die Verhandlungen miteinbezogen (Telljohann 1998b).

Die Verbreitung dezentraler (betrieblicher) Tarifverhandlungen hängt insbesondere von der Branche, der Betriebsgröße und der geografischen Lage ab[7]. Aus einer Untersuchung des Cesos geht hervor, dass in 23% der Betriebe mit 20-99 Beschäftigten, in 42% der Betriebe mit 100-499 Beschäftigten und in 57% der Betriebe mit 500 und mehr Beschäftigten betriebliche Tarifverhandlungen durchgeführt werden. Zu den am häufigsten vertretenen Themen zählen Gewerkschaftsrechte, Arbeitszeiten, Arbeitsmarkt und Beschäftigung sowie Lohn- und Gehalt. Zu den weniger verbreiteten Themen zählen Arbeitsorganisation, Eingruppierung, berufliche Bildung, Arbeitsumwelt und soziale Dienstleistungen.

Durch betriebliche Tarifverhandlungen kann die Einrichtung von paritätisch besetzten Kommissionen festgelegt werden[8], die sich mit Themen wie Arbeits- und Gesundheitsschutz, Chancengleichheit von Männern und Frauen, berufliche Weiterbildung und Arbeitsorganisation befassen können.

Die Kombination von Informations- und Verhandlungsprozessen hat im Laufe der Jahre zu einer zunehmend stärkeren Einbeziehung der Gewerkschaften in Probleme der Betriebsführung geführt. Die Verzahnung mit der überbetrieblichen Gewerkschaftspolitik erfolgt bei der betrieblichen Umsetzung nationaler Tarifverträge. Die RSU befassen sich dabei insbesondere mit Themen wie Investitionen, Eingruppierung, Arbeitszeiten, Mobilität und Outsourcing.

---

7   Der Einfluss und die Effektivität der betrieblichen Tarifverhandlungen hängen stark von den Verhandlungsgegenständen, dem gewerkschaftlichen Organisationsgrad, den betroffenen Belegschaftsgruppen und dem Unternehmenstyp ab.

8   Die am weitesten entwickelten Praktiken im Bereich paritätisch besetzter Kommissionen wurden in den neunziger Jahren bei Zanussi entwickelt (Piazza/Telljohann 1999, Baglioni 2000).

Die Schaffung eines Regelsystems stellt eine notwendige, aber nicht ausreichende Voraussetzung für die Erneuerung betrieblicher Interessenvertretungsstrukturen dar. In der Praxis stellt sich die Frage, wie die Chancen des Sozialpaktes genutzt werden. Die Verbreitung der RSU und die Effektivität ihrer Arbeit hängen vom Verhalten der Gewerkschaften und der Unternehmer ab. Unternehmer sind allem Anschein nach bestrebt, die RSU als Instrument zur Gewährleistung des notwendigen Konsenses zu nutzen. Ausgehend von unternehmerischen Bestrebungen, Flexibilisierungsprozesse voranzutreiben, die Produktqualität zu verbessern und die Arbeitsproduktivität zu steigern, können die RSU im Rahmen betrieblicher Tarifverhandlungsprozesse unter Ausnutzung von Informations-, Konsultations- und auch Mitbestimmungsprozeduren eine wichtige Rolle übernehmen (Auleta/Fabbri/Melotti/Pini 1999, Fabbri/Melotti/Pini 2000). Dabei ist die Verbreitung und Effektivität der RSU sehr wesentlich von der Politik der externen Gewerkschaften gegenüber den betrieblichen Interessenvertretungsstrukturen abhängig (Braga 1999). Das Verhältnis der Gewerkschaften zu den betrieblichen Strukturen ist häufig problematisch. So befürchten sie beispielweise, dass eine zu weit gehende Autonomie der betrieblichen Strukturen betriebssyndikalistischen Tendenzen Vorschub leisten könnte, die sich entweder in einer subalternen oder aber in einer konfliktorischen Strategie extrem linker Prägung manifestieren könnte. Das Problem der Autonomie der betrieblichen Strukturen stellt sich vor allen Dingen in Phasen einer starken Zentralisierung gewerkschaftlicher Politik, in denen die Gewerkschaften darauf angewiesen sind, dass sich die betriebliche Interessenvertretungspolitik den zentral ausgehandelten Branchenverträgen anpasst.

Grenzen der verhandelten Partizipation

Weil betriebliche (und überbetriebliche) Partizipationsverfahren im Rahmen von Kollektivverhandlungen definiert werden, können wir von einer *verhandelten Partizipation* sprechen. Partizipationsverfahren liegen in Italien faktisch im Zuständigkeitsbereich der „Tarifautonomie". Aber ist das für Gewerkschaften und Arbeitnehmer von Vorteil?

Grundsätzlich weist die *verhandelte Partizipation* gegenüber gesetzlichen Regelungen zwei Nachteile auf. Sie hat erstens keinen allgemeingültigen Charakter und sie ist zweitens in der zeitlichen Dimension weniger stabil. Verhandelte Partizipation findet nur in einer Minderheit der Unternehmen statt. Es handelt sich in der Regel um Unternehmen, in denen die Gewerkschaften über einen ausreichend hohen Organisationsgrad und eine entsprechende Verhandlungsstärke verfügen (Pini 2002). Wenn sich die betrieblichen Kräfteverhältnisse zu ungunsten der Gewerkschaften ändern, gefährdet dies die Existenz vertraglich vereinbarter Partizipationsverfahren. Anders als Gesetze können Verträge die Partizipationsrechte im Betrieb nicht dauerhaft absichern[9]. Jeweils dominante Ausrichtungen an einer konfliktorischen oder kooperativen Politik wirken sich unmittelbar im Betrieb aus. Im Gewerkschaftspluralismus kommen darüber hinaus auch zwischengewerkschaftliche Kräfteverhältnisse ins Spiel, weil in Großunternehmen die „Fraktionen" der konkurrierenden Gewerkschaften in den RSU miteinander kooperieren müssen. Während die CGIL eher einen betriebspolitischen Ansatz verfolgt, favorisiert die CISL die Beteiligung der Beschäftigten am Aktienkapital, sieht darin einen möglichen Weg zur Unternehmensmitbestimmung. Die unterschiedlichen Schwerpunktsetzungen tragen nicht dazu bei, die Position der RSU gegenüber den Unternehmern zu stärken.

Weitere strukturelle Nachteile der verhandelten Partizipation liegen auf dem Feld der Qualifikation gewählter Interessenvertreter. Anders als in Deutschland müssen in Italien die Bildungsmaßnahmen für die betrieblichen Interessenvertreter von den Gewerkschaften selber finanziert werden. Infolge des Ressourcenmangels ist das gewerkschaftliche Bildungsangebot unzureichend. Das führt dazu, dass die Ausbildung der betrieblichen Interessenvertreter in vielen Fällen nicht ausreicht, um qualifiziert in Partizipationsprozesse einzugreifen. Hiermit verbunden ist die Gefahr, dass Partizipationsverfahren sich auf rein formelle Prozesse der Involvierung reduzieren (Telljohann 2003, 2004). Qualifikationsdefizite von betrieblichen Interessenvertretern können nicht ohne weiteres durch Einschaltung externer Experten kompensiert werden, weil auch

---

9   Zu Beginn dieses Jahrzehnts liefern die negativen Erfahrungen bei Zanussi hierfür ein prominentes Beispiel.

dafür die Finanzen der Gewerkschaften häufig nicht ausreichen. Insgesamt führen Finanzprobleme dazu, dass die Qualität der Partizipationsverfahren leidet.

Die Mitbestimmungslücke in Betrieben

Die Abkommen von 1993 und 1998 lassen eine Lücke: die Mitbestimmung auf betrieblicher Ebene. Die Möglichkeiten gewerkschaftlicher Mitbestimmung, vor allem bei betrieblichen Restrukturierungsprozessen, können nach wie vor nur auf kollektivvertraglicher Ebene geregelt werden. Das hat den Nachteil, dass es keine dauerhafte Garantie der Mitbestimmungsrechte gibt (Carrieri 1995 und 1996). Darüber hinaus bleiben Mitbestimmungserfahrungen auf einzelne innovative Betriebe beschränkt. Isolierte und eher zufällige Mitbestimmungserfahrungen reichen aber nicht aus, um eine Mitbestimmungskultur entstehen zu lassen.

Beispiele für die Definition von Partizipationsrechten im Rahmen von betrieblichen Verhandlungen liefern die sogenannten *betrieblichen Beschäftigungspakte*, mit denen die Auswirkungen betrieblicher Restrukturierungsprozesse geregelt werden. Die Involvierung der RSU in die Restrukturierungsprozesse und damit die Ausweitung der Partizipationsmöglichkeiten dient nicht nur der Gewährung des Konsenses, sondern sie wird seitens des Managements auch als eine Gegenleistung für eigene Forderungen – z.B. im Hinblick auf Personalabbau, Flexibilisierung, Produktivitätssteigerungen, Lohnzurückhaltung etc. – gesehen (Telljohann 2000).

Die Involvierung in Restrukturierungsprozesse führt sicherlich zu einer stärkeren Legitimierung der RSU, doch darf dabei nicht außer Acht gelassen werden, dass sie häufig rein formeller Natur bleibt (Carrieri 1998). Bestehende Partizipationsmöglichkeiten werden nicht effektiv ausgeschöpft, weil die RSU weder hinreichend geschult sind, noch von den externen Gewerkschaften zureichend unterstützt werden (Braga 1999). Dass die Resultate der RSU-Beteiligung häufig unbefriedigend bleiben, liegt auch daran, dass das Management bereits über ausgearbeitete Restrukturierungskonzepte verfügt, an denen bestenfalls Änderungen vorgenommen werden können, die aber nicht grundsätzlich infrage gestellt werden können (Piazza/Telljohann 1999).

Die RSU neigen tendenziell dazu, traditionelle Themenfelder zu besetzen. Bei Fragen wie z.b. der Einführung neuer Formen der Arbeitsorganisation zieht das Management die direkte Beteiligung den repräsentativen Formen der Partizipation vor (Capecchi/Carbone 2000; 160 ff.). Hinzu kommt, dass es auf betrieblicher Ebene in zunehmendem Maße zu Widersprüchen zwischen unterschiedlichen Formen der Partizipation kommt. Die Verbreitung von neuen *human-ressources*-Modellen mündet in die Einführung neuer Formen der direkten Arbeitnehmerbeteiligung. Weil das Management dazu neigt, die Ansätze des partizipativen Managements ohne Konsultation der betrieblichen Interessenvertreter einzuführen, kommt es zu einer Art Parallellauf von Formen der direkten und der repräsentativen Partizipation (Telljohann 2005).

In der Praxis werden die RSU zu bestimmten Themen nicht konsultiert. Analog dazu werden kritische Themen wie z.B. die Arbeitsorganisation nur in einer Minderheit der Fälle durch betriebliche Tarifverträge geregelt (Lugli/Tugnoli 1999a, Pini 2002). Die zunehmende Komplexität der Herausforderungen, denen sich die RSU gegenübersehen, erfordert nicht nur Bildungsarbeit und Unterstützung seitens der externen Gewerkschaften, sondern sie wirft auch die Frage auf, wie die Kompetenzen der Beschäftigten selbst effektiver genutzt werden können und wie eine sinnvolle Verknüpfung von direkten und repräsentativen Formen der Partizipation erreicht werden kann (Cella 2000; 43, Baglioni 2000, Lugli/Tugnoli 1999b, Garibaldo/Sbordone/Telljohann 2000, Telljohann 2001b, Cella 2003).

Diese Diskussion kann sich vor dem Hintergrund einer möglichen Überlastung der RSU als fruchtbar erweisen. Angesichts der Kumulation von Funktionen, die von der klassischen Interessenvertretungsfunktion über die Tarifverhandlungs- und Partizipationsfunktion bis hin zur Funktion der gewerkschaftlichen Mitgliederwerbung reicht, ergibt sich in der Tat die Gefahr einer Arbeitsüberlastung (Di Nicola 1995). Carrieri (2000; 184) kommt zu dem Schluss, dass die RSU weder von den Gewerkschaften, noch vom Management optimal genutzt werden. Während die Gewerkschaften die RSU effektiver im Hinblick auf die Wahrnehmung der Basisinteressen nutzen könnten, versäumt das Management es häufig, die RSU aktiv in eine partizipativ-kooperative Logik der Unternehmensstrategien zu involvieren. Das Potential der RSU wird nicht optimal ausgeschöpft. Insbesondere seitens des Managements stellt sich angesichts der mit der Globalisierung verbundenen Herausforderungen die Frage, wie das bislang unzureichend genutzte Potential der RSU effektiver für das Unternehmen genutzt werden kann (Carrieri 2000; 185).

Risiken einer fehlenden Vergesetzlichung

Bis heute haben die tripartistischen Abkommen von 1993 und 1998 nicht zur gesetzlichen Regelung der Arbeit betrieblicher Interessenvertretungsorgane geführt (Carrieri 2000). Eine Ausnahme bildet der Öffentliche Dienst. Mit dem Gesetzeserlass Nr. 397 von 1997 wurde die Grundlage für die Durchführung von RSU-Wahlen im öffentlichen Dienst geschaffen. Während an den 1998 im Öffentlichen Dienst durchgeführten RSU-Wahlen ca. 3 Millionen Beschäftigte teilgenommen haben, liegt die Zahl in der Privatwirtschaft mit ca. 2,5 Millionen Arbeitnehmer niedriger. Diese Diskrepanz führt Carrieri (2000; 184) nicht zuletzt auf das Fehlen einer auch für die Privatwirtschaft geltenden gesetzlichen Regelung zurück. Hinsichtlich der Verbreitung der RSU ist festzustellen, dass sie dort am stärksten vertreten sind, wo ihre Einführung gesetzlich vorgeschrieben wird, d.h. im öffentlichen Dienst. In der Privatwirtschaft ist ihre Verankerung von der Betriebsgröße abhängig: je größer der Betrieb, desto größer ist die Chance, dass RSU gebildet werden.

Die Situation im öffentlichen Dienst ist fortgeschrittener als in der Privatwirtschaft und in gewisser Weise richtungsweisend in bezug auf einen allgemeingültigen gesetzlichen Rahmen im Bereich der betrieblichen Interessenvertretung, mit dem die traditionelle, immer noch durch Informalität gekennzeichnete Situation in der Privatwirtschaft zu Gunsten einer größeren Rechtssicherheit überwunden werden könnte (Carrieri 2000; 184, Armuzzi 2001; 137). Das Vorhandensein einer gesetzlichen Grundlage im öffentlichen Dienst trägt laut Armuzzi (2001; 142) auch dazu bei, dass trotz der Divergenzen zwischen CGIL, CISL und UIL sowie zwischen deren Einzelgewerkschaften bisher die Aktionseinheit weitgehend gewährleistet werden konnte. Die Notwendigkeit einer allgemeingültigen Vergesetzlichung ergibt sich laut Carrieri (2000; 185) auch aufgrund der fortschreitenden Europäisierung der industriellen Beziehungen, die es für Italien notwendig machen, sich auf der normativen Ebene stärker den anderen europäischen Ländern anzupassen.

Der Gesetzentwurf des bis zum Frühjahr 2001 regierenden Ulivo-Bündnisses, der letztlich infolge mangelnder interner Geschlossenheit und des Widerstands seitens des Unternehmerverbands CONFINDUS-TRIA nicht verabschiedet werden konnte (Armuzzi 2001; 137), hätte zu einer Klärung der folgenden Aspekte führen können (Carrieri 2000; 186 ff.):

- Zuweisung der Kompetenz zur Durchführung betrieblicher Tarifverhandlungen an RSU und externer Gewerkschaften, wie es schon im Sozialpakt von 1993 festgeschrieben worden war;
- Feststellung der Repräsentativität von Gewerkschaften auf nationaler Ebene;
- Bedingungen für eine Allgemeingültigkeitserklärung (erga omnes Regelung) der nationalen Branchentarifverträge;
- Ausweitung des Systems der betrieblichen Interessenvertretung in Betrieben mit bis zu 15 Beschäftigten.

Ein Punkt, der im Gesetzentwurf unzureichend behandelt wird, obwohl er angesichts des sich wandelnden Arbeitsmarktes eine zunehmende Relevanz erlangt, betrifft das Stimmrecht der sogenannten atypischen Beschäftigten. Ein Thema, das hingegen gar keine Erwähnung findet, sind mögliche Mitbestimmungsrechte der RSU. Diese wurden angesichts des zu erwartenden Widerstands seitens der Unternehmerverbände von vorneherein als nicht durchsetzbar eingeschätzt. Ebenso wenig waren Regelungen zur Klärung der Interessenvertretung in Fällen von Outsourcing vorgesehen.

Zusammenfassend kann festgestellt werden, dass der Sozialpakt und entsprechende Erlasse für den öffentlichen Dienst wichtige Impulse zur Institutionalisierung der betrieblichen Interessenvertretung gegeben haben. Unter diesem Aspekt können die neunziger Jahre als eine Phase der Innovation und Konsolidierung betrachtet werden, auch wenn auf die Verabschiedung allgemeingültiger gesetzlicher Regelungen verzichtet wurde. Angesichts der Divergenzen zwischen den drei großen Gewerkschaftsbünden ist nicht zu erwarten, dass sie gemeinsam Druck auf die

Regierung ausüben, um eine gesetzliche Regelung der Arbeitnehmerbeteiligung durchzusetzen.

Wo liegen die Risiken einer fehlenden gesetzlichen Absicherung?
Seit 1999 nimmt der Wettbewerb zwischen den Gewerkschaftsbünden –
insbesondere zwischen CGIL und CISL – zu. Die Rahmenbedingungen
einer Mitte-Rechts-Regierung ermöglichen es den Unternehmerverbänden in die Offensive zu gehen. Aus der Kombination dieser Faktoren
könnten sich Risiken einer Beeinträchtigung der Funktionsfähigkeit der
RSU ergeben. Ob sich dies durch den Amtsantritt des Präsidenten Ro-
mano Prodi und der von ihm neu geformten Regierung (2006) ändern
wird, bleibt abzuwarten.

Unterschiede zwischen RSU und Betriebsräten

Die bisherigen Ausführungen zeigen, dass es grundlegende Unterschiede
zwischen RSU und deutschen Betriebsräten gibt. Die RSU unterscheiden
sich von den deutschen Betriebsräten zunächst einmal dadurch, dass
abgesehen von den grundlegenden im Arbeitnehmerstatut festgelegten
Rechten keine gesetzlichen Grundlagen für ihre Tätigkeit existieren.
Diese wird nahezu ausschließlich im Rahmen von Verhandlungs-
tätigkeiten definiert.

Während in Deutschland die Betriebsräte eine formell von den Gewerkschaften unabhängige Einrichtung darstellen, sind die RSU nicht
nur eine betriebliche Interessenvertretungsstruktur, sondern zugleich
auch die einheitliche Vertretung der betrieblichen Gewerkschaftsorganisationen konkurrierender Gewerkschaften. Diese Konstruktion bedingt,
dass die italienischen Gewerkschaften in ihrem monistischen System
einen stärkeren Einfluss ausüben können, als es ihren deutschen Kollegen im Rahmen dualer Interessenvertretungssysteme möglich ist.

Weil die RSU auch eine gewerkschaftliche Organisationsstruktur darstellen, können sie auf betrieblicher Ebene Tarifverhandlungen führen.
Diese Kompetenz unterscheidet sie deutlich von den deutschen Betriebsräten. Während das Betriebsverfassungsgesetz die Betriebsräte zu einer
absoluten Friedenspflicht, zu „vertrauensvoller Zusammenarbeit" sowie
zu einem kooperativen und nicht konflikt-orientierten Vorgehen verpflichtet, sind die RSU nicht an derartige Vorgaben gebunden. Ihre Ta-
rifverhandlungsfunktion impliziert vielmehr, dass sie auf Mittel des Ar-

beitskampfes zurückgreifen dürfen – die RSU haben ein Streikrecht. Daraus erklärt sich, warum in Italien die betrieblichen Arbeitsbeziehungen konfliktorischer als in Deutschland sind.

Der Kanon von Beteiligungs- und Mitbestimmungsrechten der Betriebsräte ist in Deutschland gesetzlich geregelt. In Italien müssen die Kompetenzen der RSU häufig durch (betriebliche) Kollektivverträge geregelt werden. Dies gilt beispielsweise für Informations- und Konsultationsrechte, Lohngestaltung, menschengerechte Gestaltung der Arbeit, Bildungsmaßnahmen, betriebliche Aspekte der Eingruppierung, betriebliche Restrukturierungsprozesse u.a.m. In Verträgen kann auch festgelegt werden, dass zu bestimmten Themen bilaterale Ausschüsse einzurichten sind. Ihre Aufgabe besteht darin, Handlungsempfehlungen für die betrieblichen Tarifverhandlungsparteien zu erarbeiten. Nur in Ausnahmefällen erhalten derartige Ausschüsse eine eigene Entscheidungskompetenz.

Die Erosion tripartistischer Regulierungsmuster

Der Sozialpakt von 1993 hat das italienische System der industriellen Beziehungen reformiert und er hat anfänglich – durch die Abschaffung des vorher üblichen automatischen Inflationsausgleichs – auch zur Reduzierung des Haushaltsdefizits beigetragen. Aus heutiger Sicht ist festzustellen, dass die im Sozialpakt enthaltenen Regelungen der Einkommenspolitik kaum noch greifen. Insgesamt ist der Tripartismus seit Ende der neunziger Jahre infolge der unterschiedlichen Auffassungen zwischen CGIL und CISL in eine Krise geraten. Seit Beginn der Mitte-Rechts-Regierung im Jahr 2001 hat sich die Krise dermaßen verschärft, dass er gegenwärtig keine Rolle mehr spielt (Principe 2001, Baglioni 2004, Pramstrahler 2004).

Die Praxis konzertierter Aktionen wird gegenwärtig von allen Akteuren in Frage gestellt. Bereits im Rahmen der 1998 durchgeführten Evaluierung des tripartistischen Abkommens wurden insbesondere auf Unternehmerseite kritische Stimmen laut, die einer Fortschreibung des Sozialpaktes nur unter der Voraussetzung der Gewährung weiterer Zugeständnisse zustimmen wollten. Zu den zentralen Zielen des Unternehmerdachverbandes CONFINDUSTRIA zählte schon 1998 die Abschaffung der Branchenverträge. Nach den Vorstellungen der Unternehmerseite sollten

Lohn- und Gehaltserhöhungen nur noch auf betrieblicher Ebene verhandelt werden, um Entgeltsteigerungen zu gewährleisten, die der tatsächlichen wirtschaftlichen Leistungskraft des jeweiligen Unternehmens entsprechen.

Der Druck, den die Unternehmer auf Regierung und Gewerkschaften durch die Infragestellung des Sozialpaktes ausüben, muss in den Kontext der Aufnahme Italiens in die Europäische Währungsunion und der Einführung des EURO eingeordnet werden. Damit entfällt die Möglichkeit, die Lira abzuwerten, um dadurch die internationale Wettbewerbsfähigkeit der italienischen Unternehmen abzusichern[10]. Nicht zuletzt deshalb drängen die italienischen Unternehmer darauf, alle sie hemmenden Regelungen abzuschaffen. Die Gewerkschaften sehen das zweigliedrige System der Tarifverhandlungen hingegen als eine zentrale Errungenschaft an. Nationale Branchentarifverträge dienen aus ihrer Sicht dazu, die Kaufkraft der Arbeitnehmer zu erhalten. Gerade wegen der unzureichenden Verbreitung dezentraler Tarifverhandlungen stellen sie das einzige Instrument dar, mit dem die Lohn- und Arbeitsbedingungen der abhängig Beschäftigten flächendeckend geregelt werden können. Auf dezentrale Tarifverhandlungen wollen die Gewerkschaften auch nicht verzichten, weil diese einen Hebel zur Verteilung von Gewinnen bilden, die sich aus Produktivitätssteigerungen ergeben.

Die Unternehmer haben 1998 durchgesetzt, dass die beiden Tarifvertragsebenen besser als in der Vergangenheit aufeinander abgestimmt werden. Branchentarifvertragsverhandlungen sollen ausschließlich auf den Erhalt der Kaufkraft abzielen – allerdings unter Berücksichtigung der jeweiligen Lage der Branche. Betriebliche Tarifverhandlungen sollen sich auf die Festlegung variabler Lohn- und Gehaltserhöhungen beschränken, die sich an betrieblichen Parametern zu orientieren haben. Vom Standpunkt der Unternehmer hat der Sozialpakt zu einer kontrollierbaren Dynamik der Lohnentwicklung und indirekte auch zu einer Erweiterung der Flexibilisierungsmöglichkeiten beigetragen. Hinzu kommt eine zumindest teilweise auf den Sozialpakt zurückführbare Reduzierung der Streiktätigkeit in den neunziger Jahren.

---

10   Nach Einschätzung von Trentini/Zanetti stand allerdings auch die Entwicklung des Tripartismus bereits unter den Vorzeichen der Globalisierung und der Einführung des EURO.

Aus der Sicht der Gewerkschaften sind die mit dem Sozialpakt verbundenen Erfolge weniger fassbar. Die Institutionalisierung des zweigliedrigen Tarifvertragssystems hat zu keiner nennenswerten Ausweitung der betrieblichen Tarifverhandlungen geführt. In der überwiegenden Mehrheit der italienischen Unternehmen finden keine Tarifverhandlungen statt, weshalb es nicht gelingt, die Lohn- und Gehaltserhöhungen an der betrieblichen Produktivitätsentwicklung zu orientierten. Weil die betriebliche Flanke der im Sozialpakt definierten Einkommenspolitik häufig fehlt, ist die Lohn- und Gehaltsentwicklung durch einen Negativtrend gekennzeichnet. Von 1993 bis 1995 sank der Reallohn. Er stagnierte im Jahre 1996 und ersten in den Folgejahren (1997 und 1998) kam es zu geringen Reallohnsteigerungen, die aber deutlich hinter den Produktivitätssteigerungen zurückblieben. Diese Entwicklung hat zur Folge, dass die durchschnittliche Lohnquote für das zurückliegende Jahrzehnt gegenüber dem vorhergehenden Jahrzehnt um 3,8 Prozentpunkte gefallen ist. Im Rahmen laufender bzw. anstehender kollektiver Tarifverhandlungen (z.B. Metallindustrie, Schulen) sind die Gewerkschaften, die sich einer wachsenden Unzufriedenheit ihrer Basis gegenübersehen, bemüht, diesen Negativtrend zu stoppen. Schließlich sind auch die im Sozialpakt grundsätzlich angelegten Möglichkeiten zur Einführung neuer Partizipationsformen auf betrieblicher Ebene nur in unzureichender Weise genutzt worden.

Marktliberalismus und Deregulierung

Der Sozialpakt hat nicht zur nachhaltigen Verbesserung der Beschäftigungssituation geführt. Die Arbeitslosigkeit stellt insbesondere in Süditalien weiterhin ein ungelöstes Problem dar. Hinzu kommt, dass in der Zwischenzeit die Mitte-Rechts-Regierung mit dem „Weißbuch über den Arbeitsmarkt", das im Jahr 2003 zur Verabschiedung des Gesetzes Nr. 30/03 (Gesetz Biagi) führte, eine grundlegenden Neudefinition der Arbeitsmarktregulierung durchgesetzt hat. Die hiermit verbundenen Prekarisierung der Beschäftigungsverhältnisse entspricht im Wesentlichen den von den Unternehmerverbänden aufgestellten Forderungen zur Flexibilisierung der Beschäftigungsverhältnisse.

Das Gesetz Nr. 30/03 stellt eine Neukonzipierung des italienischen Arbeitsrechts im Zeichen des Marktliberalismus dar, die sich dadurch auszeichnet, dass die individuelle Dimension des Arbeitsverhältnisses in den Mittelpunkt gerückt wird und gleichzeitig den Unternehmen neue Entscheidungsbefugnisse zugestanden werden, wodurch zwangsläufig die Rolle der kollektiven Interessenvertretung unterminiert wird (Garibaldo 2004). Unter dem Vorwand, den Arbeitsmarkt „effizienter" gestalten zu wollen, sind die bisherigen, von den Unternehmen als Beschränkungen wahrgenommenen Regelungen neu definiert worden.

Der Angriffe der Mitte-Rechts-Regierung auf die Arbeitnehmerinteressen hat in der jüngeren Vergangenheit zu einer Wiederannäherung zwischen den drei Gewerkschaftsverbänden geführt. Wenngleich die drei Gewerkschaftsdachverbände sich in der Notwendigkeit zur Verteidigung der elementaren Arbeitnehmerrechte einig zu sein scheinen, bleiben Unterschiede der strategischen Orientierungen von CDIL und CISL bedeutsam, die sie sich seit Ende der neunziger Jahre herauskristallisiert hatten. Zu nennen sind hier u.a. die divergierenden Positionen insbesondere auf den Gebieten der Partizipation und Konzertation sowie gegenüber den unternehmerischen Flexibilisierungsforderungen (Telljohann 2001a).

Zusammenfassend kann man feststellen, dass die gegenwärtige Phase der industriellen Beziehungen tendenziell durch eine Rückkehr zur Logik des Kräfteverhältnisses gekennzeichnet ist. Während die Gewerkschaften in den neunziger Jahren eine durchaus relevante Rolle in der nationalen Politik eingenommen hatten, haben sie im neuen Jahrzehnt diese Rolle gänzlich eingebüßt. Die Rückkehr zu eher konfliktorischen Regulierungsmuster wird durch die Ausprägung des italienischen Streikrechts erleichtert.

Die Rolle des Streiks

Das Streikrecht wird laut Verfassung durch eigene Gesetze geregelt. Bislang gibt es aber noch kein diesbezügliches Gesetz (außer für den öffentlichen Dienst) und somit kann das Streikrecht unter Berücksichtigung der anderen grundsätzlichen Normen zum Schutz der Interessen und Güter, so wie es in der Verfassung verankert ist, frei ausgeübt werden. Dabei ist hervorzuheben, dass der politische Streik von der Rechtssprechung ausdrücklich als verfassungskonform bewertet worden ist, sofern er nicht auf einen Umsturz der Verfassung selbst hinzielt. Der politische Streik ist laut Verfassungsgericht ein Instrument der Beteiligung der Arbeitnehmer an der sozialen, wirtschaftlichen und politischen Entwicklung des Landes. Grundsätzlich erlaubt die italienische Rechtsprechung folgende Streikformen:

– Streiks, die tarifvertragliche Regelungen und die Arbeitsbedingungen betreffen. Solche Streiks sind im Rahmen nationaler Branchentarifverhandlungen wie auch im Zusammenhang mit betrieblichen Tarifabkommen zulässig. Auf betrieblicher Ebene haben die Interessenvertretungsstrukturen (RSU) das Recht, zum Streik aufzurufen;
– Streiks, die auf wirtschaftliche Zielsetzungen im weiten Sinn gerichtet sind;
– Solidaritätsstreiks;
– politische Streiks.

Die Tatsache, dass es in Italien in der Privatwirtschaft keine rechtlichen Beschränkungen bei Arbeitskampfmaßnahmen gibt, erleichtert die Einleitung von Streiks. Hiermit lässt sich auch das im Vergleich zu anderen westeuropäischen Ländern hohe Streikniveau erklären.

In den neunziger Jahren hat die Streiktätigkeit abgenommen. Dies kann als Folge des Sozialpaktes und des damit einhergehenden Wandels hin zu kooperativeren Formen der industriellen Beziehungen auf allen Ebenen verstanden werden. Die neunziger Jahre waren dadurch gekennzeichnet, dass

– die Rolle der Gewerkschaften aufgrund der Mitgliederzahlen, ihrer Repräsentativität und ihrer Involvierung in tripartistische Aktionen und darüber vermittelt in politische Entscheidungsprozesse als konsolidiert angesehen werden konnte;
– die den Arbeitnehmern nahe stehenden Parteien Regierungsverantwortung übernommen hatten.

Die Krise des Tripartismus sowie die Wahlniederlage des Mitte-Links-Bündnisses im Jahr 2001 haben zu einer Rückkehr zur Logik des Kräfteverhältnisses und damit zu einem neuerlichen Ansteigen der Streikaktivitäten geführt.

Ein Vergleich der Streikaktivitäten in Deutschland und Italien zeigt, dass im gesetzlich geregelten deutschen System industrieller Beziehungen Arbeitskämpfe seltener als im vertraglich geregelten italienischen System sind. Eine Studie der European Foundation for the Improvement of Living and Working Conditions zur Entwicklung der Streiktätigkeiten in den EU-Mitgliedsländern von 1998 bis 2002 belegt den krassen Unterschied (Carley 2003). In dem Vierjahreszeitraum von 1998 bis 2001 liegen die durch Arbeitskämpfe verlorenen Arbeitstage in Italien (ca. 464.571) mehr als dreimal so hoch wie in Deutschland (133.000). Im gleichen Zeitraum waren in Deutschland 271.000 Arbeitnehmer an Arbeitskämpfen beteiligt während in Italien 2.959.635 Arbeitnehmer an Streikaktivitäten teilnahmen. Einen zuverlässigeren Vergleich des Ausmaßes der Arbeitskämpfe in beiden Ländern liefert die Anzahl der je 1000 Arbeitnehmer verlorenen Arbeitstage. Dieser Indikator liegt in Deutschland für den genannten Vierjahreszeitraum im Jahresdurchschnitt bei 1,1 Arbeitstagen, wohingegen für Italien der vergleichbare Wert bei 38,5 Arbeitstagen liegt.

Sowohl in Italien als auch in Deutschland zählt der Bereich der Metallverarbeitung zu den am stärksten betroffenen Sektoren. In Deutschland hatte der Bereich der Metallverarbeitung in den Jahren 1998 und 2001 die meisten Arbeitskämpfe zu verzeichnen; in Italien war die Metallverarbeitung in den Jahren 1998, 1999 und 2001 der am stärksten betroffene Sektor. In den Jahren 1998 und 2000 bildeten in Italien die betrieblichen Tarifverhandlungen den wichtigsten Grund für Arbeitskämpfe, 1999 waren sie der zweitwichtigste Grund. Die Abwehr von Stellenabbau und betriebsbedingten Kündigungen und damit das Problem der Beschäftigungssicherung stellten einen weiteren wichtigen Grund für Arbeitskämpfe in Italien dar. Auch die Tatsache, dass eine Reihe von Themen, die in Deutschland im Rahmen von Beteiligungs- und Mitbestimmungsrechten geregelt werden, in Italien Gegenstand von Kollektivverhandlungen auf betrieblicher Ebene sind und insofern auch Gegenstand von Arbeitskämpfen sein können, erhöht das Streikrisiko. Diese Arbeitskämpfe stellen aus der Sicht des einzelnen Unternehmens häufig einen nicht unerheblichen Kostenfaktor dar.

Schlussfolgerungen

In Italien werden in Ermangelung gesetzlich fixierter Mitbestimmungs-rechte nahezu alle Formen der Partizipation im Rahmen von tripartisti-schen Abkommen, nationalen sowie betrieblichen Tarifverträgen gere-gelt. Alle einem Unternehmensverband angeschlossenen Betriebe liegen im Gültigkeitsbereich nationaler kollektiver Abkommen. Für Kleinbe-triebe besteht darüber hinaus die Möglichkeit, auf dezentraler Ebene spe-zifische Vereinbarungen abzuschließen.

Die italienischen Erfahrungen zeigen deutlich wie eine unzureichende Institutionalisierung der industriellen Beziehungen sowie die nahezu vollkommene Abwesenheit von Mitbestimmungsrechten in zyklischen Abständen immer wieder einem *konfliktorischen Typus industrieller Beziehungen* Vorschub leisten. Die minimale arbeits- und mitbestim-mungsrechtliche Regulierung der industriellen Beziehungen führt dazu, dass dem Streik eine zentrale Rolle im Hinblick auf die Regulierung der Beziehungen zwischen Arbeit und Kapital zukommt.

Zwar ist es in den neunziger Jahren im Rahmen tripartistischer Akti-vitäten auf nationaler Ebene zu einer Institutionalisierung der industriel-len Beziehungen gekommen, doch wurden die Ergebnisse bereits am Ende der neunziger Jahre wieder infrage gestellt. Diese Diskontinuität in den industriellen Beziehungen ist sicherlich auch das Ergebnis der nahe-zu inexistenten Vergesetzlichung der industriellen Beziehungen.

Der Sozialpakt bildete in einer bestimmten historischen Phase der in-dustriellen Beziehungen eine wichtige Grundlage für die Entwicklung und Implementierung von Partizipationserfahrungen in unterschiedlichen Bereichen und auf unterschiedlichen Ebenen. Diese positive Rolle hat der Sozialpakt seit Beginn des neuen Jahrzehnts eingebüßt. Die Rück-kehr zur Logik des Kräfteverhältnisses leistet insbesondere seit 2001 erneut konfliktorischen Tendenzen Vorschub. Dies stärkt vor allem linke Gewerkschaftsströmungen. Offensichtlich ist es Regierung und Unter-nehmerverbänden nicht gelungen, diese Teile der Gewerkschaftsbewe-gung zu isolieren.

Die Rückschritte in den industriellen Beziehungen im Vergleich zu den neunziger Jahren haben sich mehr oder weniger in allen Bereichen und auf allen Ebenen vollzogen. Die wenngleich auch nicht vollständige, so aber doch tendenzielle Rückkehr zu einer Logik des Kräfteverhältnisses impliziert auch eine Zurückdrängung oder gar Rückgängigmachung positiver betrieblicher Partizipationserfahrungen. Das in der Verfassung verankerte Streikrecht begünstigt diese Entwicklung.

Der für Italien typische Ansatz der *verhandelten Partizipation* hat im Vergleich zu verrechtlichten Formen der Mitbestimmung vor allem den Nachteil mangelnder Verbindlichkeit und fehlender Verallgemeinerbarkeit. Informationsrechte bilden die am weitesten verbreitete Form von tarifpolitisch ausgehandelten Partizipationsrechten. Die auf diesem Wege erhaltenen Informationen dienen den Gewerkschaften und Interessenvertretungsstrukturen in vielen Fällen als Grundlage für die Verhandlung von spezifischen Aspekten auf betrieblicher Ebene.

Fazit: Es ist durchaus denkbar, dass sich das italienische System industrieller Beziehungen noch in einer *Übergangsphase* befindet. Die durch den Sozialpakt erzielten Fortschritte können nicht darüber hinwegtäuschen, dass die gegenwärtige Struktur des Systems der betrieblichen Interessenvertretung in verschiedener Hinsicht noch nicht ausgereift ist. Hier ist der Aspekt der Verbindlichkeit hervorzuheben; denn noch haben nicht alle wahlberechtigten ArbeitnehmerInnen die Gelegenheit, in ihrem Betrieb eine RSU zu wählen. Eine gesetzliche Lösung, die an die bisherigen Erfahrungen der RSU und an Regelungen des Öffentlichen Dienstes anknüpft, wäre hier empfehlenswert. Dadurch könnte möglicherweise das Wahlrecht vor externen, die Wahlen blockierenden Einflüssen effektiv geschützt werden.

(Text vom Oktober 2006)

Bibliografie

ARMUZZI, L. (2001): „Riformare le rappresentanze a partire dall'esperienza del lavoro pubblico", in: Quaderni rassegna sindicale – lavori, 2; 137-142.

ARRIGO, G. / SCAJOLA, S. / SETTIMI, P. (1994): *Democrazia economica. Sindacato e impresa nella nuova contrattazione.* Edizioni Lavoro, Roma.

AULETA, O. / FABBRI, R. / MELOTTI, M. / PINI, P. (1999): „La contrattazione aziendale del premio di risultato nelle imprese emilianoromagnole: alcuni risultati preliminari", in: IRES EMILIA-ROMAGNA (Hg.): *Secondo rapporto sulla contrattazione in Emilia-Romagna: 1994-1997. Un'indagine sull'esperienza della contrattazione aziendale dopo il 23 luglio 1993.* Collana IRES 22, Franco Angeli, Milano.

BAGLIONI, G. (2000): „La partecipazione nel tempo della globalizzazione", in: L'impresa al plurale. Quaderni della partecipazione; 5: 13-43.

BAGLIONI, M. (2004): „Italia: l'ultimo Walzer. I sindacati abbandonano la pista da ballo?", in: BAGLIONI, M. (Hg.): *Rinnovare le relazioni industriali. I sindacati europei tra dialogo e partnership sociale.* Franco Angeli, Milano; 174-195.

BAGLIONI, M. (Hg.) (2004): *Rinnovare le relazioni industriali. I sindacati europei tra dialogo e partnership sociale.* Franco Angeli, Milano.

BRAGA, A. (1999): „Rsu, cambiamento organizzativo, pratiche di apprendimento", in: BRAGA, A. (Hg.): *Le RSU una risorsa strategica per il sindacato.* Edit Coop, Roma; 108-109.

CAPECCHI, V. / CARBONE, V. (2000): „Una sintesi degli studi di caso: le dimensioni per interpretare il cambiamento e l'innovazione nelle imprese", in: ISTITUTO PER IL LAVORO (Hg.): *Sviluppo, Lavoro e Competitività in Emilia Romagna. Primo Rapporto Annuale dell'Istituto per il Lavoro.* Franco Angeli, Milano; 139-188.

CARLEY, M. (2003): „Developments in industrial action – 1998-2002", in: http://www.eiro.eurofound.eu.int/about/2003/03/update/ tn0303104u.html.

CARRIERI, M. (1995): *L'incerta rappresentanza. Sindacati e consenso negli anni '90: dal monopolio confederale alle rappresentanze sindacali unitarie.* Il Mulino, Bologna.

CARRIERI, M. (1996): „Conflitto, contrattazione, cooperazione: vecchio e nuovo nel caso italiano", in: Ires Materiali, 4; 3-23.

CARRIERI, M. (1998): „Zanussi: dal modello al sistema", in: L'impresa al plurale – Quaderni della partecipazione, 1; 95-102.

CARRIERI, M. (2000): „La rappresentanza ridefinita", in: Quaderni rassegna sindacale – lavori, 1; 183-188.

CELLA, G. P. (2000): „Relazioni industriali e partecipazione: quale destino?", in: L'impresa al plurale. Quaderni della partecipazione, 6; 31-45.

CELLA, G. P. (2003): „Rappresentanza attraverso soggetti collettivi: rispecchiare o interpretare", in: Stato e Mercato, 2; 217-240.

DI NICOLA, P. (1995): „Doppio canale o istanze di base?", in: Nuova Rassegna Sindacale, 15; 71-73.

FABBRI, R. / MELOTTI, M. / PINI, P. (2000): „Le modalità contrattuali del premio nelle imprese dell'Emilia-Romagna", in: PINI, P. (Hg.): *Premio di partecipazione o premio di risultato? La contrattazione aziendale in Emilia-Romagna dopo il 1993.* Clueb, Bologna; 249-295.

GALANTINI, E. (2001): „La conferma", in: Rassegna sindacale, 44; 3.

GARIBALDO, F. (2004): „What we have learnt from our experiences?", in: GARIBALDO, F. / TELLJOHANN, V. (Hg.): *Globalisation, Company Strategies and Quality of Working Life in Europe.* Peter Lang, Frankfurt am Main; 17-51.

GARIBALDO, F. / SBORDONE, F. / TELLJOHANN, V. (2000): „Forme della divisione del lavoro e i processi di cambiamento del lavoro e delle sue modalità organizzative", in: ISTITUTO PER IL LAVORO (Hg): *Sviluppo, Lavoro e Competitività in Emilia Romagna. Primo Rapporto Annuale dell'Istituto per il Lavoro.* Franco Angeli, Milano; 285-321.

GARIBALDO, F. / TELLJOHANN, V. (Hg.) (2004): *Globalisation, Company Strategies and Quality of Working Life in Europe.* Frankfurt am Main.

IRES EMILIA-ROMAGNA (Hg.) (1999): *Secondo rapporto sulla contrattazione in Emilia-Romagna: 1994-1997. Un'indagine sull'esperienza della contrattazione aziendale dopo il 23 luglio 1993*. Collana IRES 22, Franco Angeli, Milano.

LUGLI, L. / TUGNOLI, S. (1999a): „La partecipazione dimezzata: cambiamento organizzativo e coinvolgimento dei lavoratori, una sintesi problematica", in: IRES EMILIA-ROMAGNA (Hg.): *Secondo rapporto sulla contrattazione in Emilia-Romagna: 1994-1997. Un'indagine sull'esperienza della contrattazione aziendale dopo il 23 luglio 1993.* Collana IRES 22, Franco Angeli, Milano.

LUGLI, L. / TUGNOLI, S. (1999b): „Commissioni bilaterali ed organi paritetici: un approfondimento attraverso la lettura dei testi degli accordi", in: IRES EMILIA-ROMAGNA (Hg.): *Secondo rapporto sulla contrattazione in Emilia-Romagna: 1994-1997. Un'indagine sull'esperienza della contrattazione aziendale dopo il 23 luglio 1993.* Collana IRES 22, Franco Angeli, Milano.

NEGRELLI, S. (1997): „Social pacts and flexibility: the Italian experience", in: FAJERTAG, G. / POCHET, P. (Hg.): *Social pacts in Europe.* ETUI, Brussels; 45-62.

NEGRELLI, S. (2000): „Social Pacts in Italy and Europe: Similar Strategies and Structures; Different Models and National Stories", in: FAJERTAG, G. / POCHET, P. (Hg.): *Social pacts in Europe New Dynamics.* ETUI, Brussels; 85-112.

PIAZZA, L. / TELLJOHANN, V. (1999): *Investigating Participation at Zanussi: Final Report.* Istituto per il Lavoro, Bologna.

PINI, P. (Hg.) (2000): *Premio di partecipazione o premio di risultato? La contrattazione aziendale in Emilia-Romagna dopo il 1993.* Clueb, Bologna.

PINI, P. (Hg.) (2002): *Innovazioni organizzative, risorse umane e relazioni industriali. Un'indagine sulle imprese dell'industria alimentare dell'Emilia-Romagna.* F. Angeli, Milano.

PRAMSTRAHLER, W. (2004): „Struktur und Wandel des italienischen Tarifvertragssystems", in: WSI Mitteilungen 57; 374-380.

PRINCIPE, G. (2001): „Controriforma per delega", in: Rassegna Sindacale, 43; 1-2.

TELLJOHANN, V. (1998a): „Die Erfahrung mit tripartistischen Abkommen in Italien", in: Gewerkschaftliche Monatshefte, 10; 650-661.

TELLJOHANN, V. (1998b): „Arbeitsbeziehungen und Europäische Betriebsräte in Italien", in: LECHER, W. (Hg.): *Europäische Betriebsräte und Arbeitsbeziehungen – zur Lage und Entwicklung in Großbritannien, Frankreich und Italien.* Hans-Böckler-Stiftung, Düsseldorf; 61-92.

TELLJOHANN, V. (2000): „Competizione, contrattazione e partecipazione", in: ISTITUTO PER IL LAVORO (Hg.): *Sviluppo, lavoro e competitività in Emilia-Romagna. Primo rapporto annuale dell'Istituto per il Lavoro.* Franco Angeli, Milano; 329-347.

TELLJOHANN, V. (2001a): „Collective bargaining under the conditions of EMU and the crisis of the Social Pact in Italy", in: SCHULTEN, T. / BISPINCK, R. (HG.): *Collective Bargaining Under the Euro. Experience from the European Metal Industry.* ETUI, Brussels; 199-232.

TELLJOHANN, V. (2001b): „The Italian Industrial Relations System and new forms of participation", in: FODEN, D. / HOFFMANN, J. / SCOTT, R. (Hg.): *Globalisation and the Social Contract.* ETUI, Brussels; 277-294.

TELLJOHANN, V. (2003): „Regolazione sociale a livello transnazionale: un nuovo modello di azione sindacale?", in: Economia & Lavoro Vol. 37, No. 1; 29-46.

TELLJOHANN, V. (2004): „Globalisation, Enterprise Restructuring and the Role of Pacts for Employment and Competitiveness", in: GARIBALDO, F. / TELLJOHANN, V. (Hg.): *Globalisation, Company Strategies and Quality of Working Life in Europe.* Frankfurt am Main; 87-106.

TELLJOHANN, V. (2005): „New forms of work organisation and industrial relations in southern Europe", in: http://www.eiro. euro found.eu. int/2005/04/feature/it0504205f.html.

Espagne: La concertation sociale et l'autorégulation collective

Carlos PRIETO

Le concept de participation appliquée aux relations professionnelles se caractérise par une forte polysémie. Il y a presque autant de définitions que d'auteurs qui en parlent. Si on veut le résumer en très peu de mots je dirais qu'il y a deux grandes façons d'aborder la question de la participation des travailleurs aux décisions dans l'entreprise. La première se situerait dans la perspective des «industrial relations» anglo-saxonnes ou, selon un terme plus moderne, des «relations d'emploi». La seconde se situerait dans celle des «ressources humaines». Dans le premier cas, la participation des salariés est une participation indirecte à travers leurs représentants collectifs (le plus habituellement, les syndicats), et a comme objectif prioritaire l'établissement de normes visant à l'amélioration des conditions de travail, d'emploi et de vie de tous les travailleurs et comme instrument d'action institutionnelle la négociation collective à tous les niveaux (du centre de travail à l'Etat, en passant par la branche). Dans le cas des «ressources humaines», la participation des travailleurs aux décisions dans l'entreprise et/ou dans la réalisation de l'activité productive elle-même est conçue comme un instrument de gestion de la main d'oeuvre, alternatif ou complémentaire à d'autres, pour mieux les mobiliser du point de vue productif et obtenir ainsi une meilleure quantité et qualité du produit; dans ce cas, l'objectif prioritaire n'est pas le bien-être des employés même si, parfois, le bien-être au travail est conçu par certaines entreprises comme une médiation nécessaire à l'implication des travailleurs.

Ceci dit, étant donné que mon champ d'étude et de recherche sont les «relations d'emploi», je ferai référence surtout à la participation indirecte et déléguée des salariés en Espagne, c'est-à-dire à la participation de leurs représentants à la régulation des conditions de travail et d'emploi à travers leurs rapports avec l'Etat *(concertation sociale)* et les entreprises *(négociation collective)* et à un certain contrôle des conditions de travail et d'emploi dans les centres de travail. Je dirai néanmoins, en conclusion, quelques mots sur la participation directe.

La concertation sociale

La concertation sociale se définit comme le processus de régulation globale, centralisé et négocié des conditions de travail et d'emploi des salariés auquel participent, à des degrés divers, les syndicats, les organisations collectives représentant les entreprises et le gouvernement.

La concertation sociale a été en Espagne presque une constante pendant les vingt-cinq dernières années, c'est-à-dire depuis le moment même où a commencé la transition politique de la dictature franquiste à la démocratie parlementaire. Mais elle ne s'est pas toujours déroulée de la même façon ni n'a eu le même sens. On peut distinguer quatre étapes:

I   *concertation sociale globale et à caractère constituant*: celle qui a eu comme objet principal la construction d'un système de relations d'emploi démocratiques (1979-1986);

II *concertation sociale tendue et à faible intensité*: une étape pendant laquelle le modèle de concertation précédent entre en crise (grève générale de 1988) et où, aux grands accords de la première étape, succèdent peu d'accords, tous sur des questions ponctuelles, dans un climat de conflit entre syndicats et gouvernement (1987-1996);

III *concertation intense et variée*: une étape de concertation sociale très intense portant sur des questions variées mais très significatives pour les relations d'emploi, sans qu'il n'y ait eu aucun compromis d'acceptation de la politique économique du gouvernement de la part des syndicats. Elle a duré le temps de la première législature du Parti Populaire, pendant laquelle, celui-ci n'ayant qu'une majorité relative, il a mené une politique de centre-droit (1996-2000). La deuxième législature de ce parti, cette fois-ci avec la majorité absolue et une politique beaucoup plus droitière, a été une sorte de parenthèse de fortes tensions entre syndicats et gouvernement et sans qu'il y ait eu aucun accord significatif (2000-2004);

IV *Concertation d'autorégulation collective.* La dernière étape débute en 2004 avec le triomphe aux élections générales du Parti Socialiste et elle est toujours ouverte. Elle se caractérise par l'option d'une procédure nouvelle pour l'Espagne d'adoption des mesures et normes à caractère publique concernant les relations d'emploi. D'après cette nouvelle procédure, les normes sociales seront négociées d'abord par les partenaires sociaux. Le gouvernement n'interviendra qu'après. Le modèle de la concertation sociale ainsi choisi peut bien être qualifié d'autorégulation collective.

Je dirai quelques mots sur chacune de ces étapes. Mais j'aimerais souligner tout d'abord que, malgré l'image de consensus et de non conflictualité qui accompagne la concertation sociale espagnole, celle-ci n'a pas eu toujours une histoire pacifique et sans problèmes. Au contraire, elle s'est vue accompagnée de quatre grèves générales contre la politique sociale du gouvernement du moment; deux d'entre elles, celle de 1988 et celle de 2002, ayant été massivement suivie.

Etape constituante

C'est l'étape la plus complexe. Après la fin de la dictature franquiste, il fallait mettre en marche et consolider le régime politique démocratique et instaurer un système (démocratique) de relations professionnelles ceci dans le contexte d'une très forte crise économique et de l'emploi.

Deux partis politiques se sont succédés au gouvernement: l'UCD (Union de Centro Democrático, parti de centre-droit aujourd'hui disparu) entre 1979 et 1982 puis le PSOE (Partido Socialista Obrero Español) entre 1982 et 1986.

Dès le début, tant les nouveaux partenaires sociaux que les gouvernements, de même que les plus importants partis politiques du moment, ont considéré que la négociation centralisée était la procédure la plus adaptée à un temps de transition politique et sociale d'une dimension historique. Cinq grands accords sociaux ont été négociés et signés: l'Acuerdo Básico Interconfederal pour 1979, l'Acuerdo Marco Interconfederal pour 1980/81, l'Acuerdo Nacional de Empleo pour 1982, l'Acuerdo Interconfederal pour 1983 et l'Acuerdo Económico Social pour 1985/6.

Au-delà de leur contenu ponctuel, ces accords ont été l'expression d'un certain climat social et politique. D'un côté, pour les partenaires sociaux – surtout les syndicats, ils ont signifié une sorte d'échange politique au terme duquel ils acceptaient la politique économique du gouvernement (avec contention de revenus) et recevaient, en échange, un cadre normatif favorable et des moyens économiques pour leurs organisations (Prieto 1993). Les premières grandes lois sociales du régime démocratique, tel que l'Estatuto de los Trabajadores de 1980, la Ley Básica de Empleo de 1980 et la Ley Orgánica de Libertad Sindical de 1985, ont été approuvées dans ce cadre.

Cette première étape est aussi celle où se configure le paysage syndical espagnol de la démocratie. Le syndicalisme espagnol prend, dès le début, la forme d'une bipolarité imparfaite. On aura deux grandes confédérations: la Confédération Syndicale des Commissions Ouvrières (CCOO) et l'Union Générale de Travailleurs (UGT). A côté, ce qui rend imparfaite la bipolarité, existent des syndicats nationalistes forts au Pays Basque et en Galicie et quelques syndicats catégoriels mineurs.

Etape de concertation sociale tendue et à faible intensité (1987-1996)

Le fait marquant de cette étape est la rupture entre le syndicat socialiste (UGT) et le Parti Socialiste au gouvernement et la tension conflictuelle permanente entre les deux grands syndicats et le gouvernement (grève générale 1988). L'opposition des syndicats à la politique sociale du gouvernement socialiste va, d'ailleurs, donner lieu à un fait majeur du point de vue social et politique: les deux syndicats les plus importants vont initier une *unité d'action* qui, si elle ne semblait au début que conjoncturelle, va devenir un trait presque structurel du système des relations professionnelles espagnol. Le baptême de cette unité sera la grève générale de 1988, très probablement la grève la plus suivie de toute l'histoire espagnole.

Il y aura très peu d'accords sociaux entre syndicats (ou partenaires sociaux) et gouvernement et toujours sans le moindre aval vis-à-vis de la politique sociale et économique de celui-ci.

La période se conclut avec plusieurs changements «conjoncturels» qui vont avoir des effets «structurels»: CCOO et UGT voient réduire leurs représentants élus aux élections syndicales de 1995; la même année, le Congrès de l'UGT élit un nouveau Secrétaire général; durant celui de 1996 des CCOO, la minorité la plus radicale perd du poids; finalement, le Parti Populaire gagne les élections législatives avec une majorité relative. Les deux grands syndicats décident, en unité d'action, d'adopter une position négociatrice vis-à-vis de *tous* les gouvernements, sans tenir compte de leurs couleurs politiques, orientation qu'ils vont mettre en pratique immédiatement avec le Parti Populaire, un parti de droite.

Une étape de concertation intense et variée pendant la première législature du Parti Populaire (1996 - 2000)

Pendant sa première législature, le Parti Populaire a été un parti plutôt de droite qui, du fait de l'obligation où il s'est trouvé de devoir constituer une coalition parlementaire avec d'autres partis pour gouverner, a mené une politique centriste. Ainsi, la concertation sociale est devenue plus intense que jamais.

Il y aura des accords avec les syndicats pour la réforme du Statut des travailleurs (Estatuto de los Trabajadores) ainsi que du système de Sécurité sociale, des accords avec les deux partenaires sociaux en faveur de la prévention des accidents de travail dans les entreprises, des accords entre les partenaires sociaux en faveur de la stabilité de l'emploi (convertis en loi par le Gouvernement/Parlement). On trouve un résumé des ces accords dans le tableau qui suit (Tableau 1).

Tableau 1.- Accords de concertation sociale pendant la première législature du Parti Populaire (1996-2000)

Accords	Contenu principal	Partenaires
Accord visant à la Solution Extrajudiciaire des Conflits de Travail. 1996	Déjudiciarisation des conflits sociaux du travail.	Syndicats/ Employeurs/ Gouvernement
Accord global sur la Prévention des risques au Travail. 1996	Délégués syndicaux de prévention dans les entreprises.	Syndicats/ Employeurs/ Gouvernement
Accord sur la Consolidation et rationalisation du Système de Sécurité sociale. 1996	Modification de critères pour l'accès aux pensions de retraite; Amélioration des pensions de veuvage.	Syndicats / Gouvernement
Accord pour l'Emploi et la Protection agraires. 1997	Ecoles-Atelier pour travailleurs agricoles; Allocations chômage.	Syndicats / Gouvernement
Accord Interconfédéral pour la Stabilité de l'Emploi. 1997	Promotion des contrats à durée indéterminée.	Syndicats/ Employeurs/ Gouvernement
Accord sur les Contrats à Temps Partiel. 1998	Obligation d'établir des horaires dans ces contrats.	Syndicats / Gouvernement
Réforme législative visant les entreprises d'intérim. 1999	Egalité salariale pour les travailleurs intérimaires.	Syndicats / Gouvernement

La deuxième législature du Parti Populaire (2000-2004), avec majorité absolue, a connu un changement important dans la façon d'aborder la politique sociale et les rapports avec les syndicats. En essayant d'introduire des modifications importantes dans le traitement des droits des chômeurs, que les syndicats ont considéré comme une régression, le gouvernement a dû faire face en 2002 à une grève générale. Son caractère massif a obligé le gouvernement à retirer son projet de reforme.

Une concertation d'autorégulation collective: L'âge d'or de la concertation sociale? (2004-)

En avril 2004, contre toute prévision, le Parti Socialiste gagne les élections législatives. Le climat social et politique semble changer presque radicalement. D'un côté, les principaux partenaires sociaux (UGT et Commissions Ouvrières côté syndicats, et CEOE (Confédération espagnole d'organisations des entreprises) et CEPYME (Confédération espagnole des petites et moyennes entreprises) côté employeurs, ont adopté une position commune consistant à n'admettre aucune réforme concernant les relations d'emploi qui ne soit pas préalablement négociée entre eux. Le gouvernement, de son côté, a promis non seulement de respecter ce principe d'«autorégulation collective» mais aussi de ne prendre aucune mesure sociale sans la participation et l'accord des partenaires sociaux. Une année après le début de la législature, ces principes de gouvernabilité sociale ont été respectés. On se croirait à l'âge d'or de la concertation sociale. Mais il faudra attendre encore un peu pour pouvoir faire une évaluation définitive.

La négociation collective

Comme dans la plupart des pays européens, la procédure la plus importante pour établir les règles qui doivent gouverner les centres de travail est la négociation collective. Elle connaît actuellement, de même que dans d'autres pays industrialisés, des évolutions qui entraînent une rupture avec le modèle traditionnel. Les quatre tendances les plus importantes sont les suivantes. Premièrement, la traditionnelle «proactivité» syndicale, à laquelle correspondait la «réactivité» entrepreneuriale, a été remplacée par une «proactivité» partagée: les entreprises participent au processus négociateur mettant en avant leurs propres revendications.

Deuxièmement, conséquence de la nouveauté précédente, le résultat de
l'échange négociateur peut supposer pour les employés une certaine
aggravation des conditions de travail et d'emploi précédentes. Troisiè-
mement, il y a une forte tendance à l'individualisation de la relation
d'emploi. Enfin, on constate une forte «entrepreneurisation» des règles
négociées: au-delà de la négociation collective d'entreprise, chaque entreprise adapte – ou change tout simplement – les normes préalablement
en vigueur dans les négociation de branche (Miguélez et Rebollo 1999).
Cette tendance à l'«entrepreneurisation» des relations d'emploi ne se
voit pas accompagnée nécessairement d'une augmentation de la négociation collective d'entreprise par rapport à celle de branche; en fait, le
pourcentage de travailleurs couverts par des conventions collectives
d'entreprise a diminué dans les dix dernières années. La structure de la
négociation collective a peu changé dans les vingt dernières années (voir
Tableaux 2 et 3).

*Tableau 2.- Distribution des conventions collectives espagnoles
d'après le niveau de négociation (année 1994)*

Niveau	Conventions collectives		Travailleurs	
	En milliers	%	En millers	%
Entreprise	2309	72,3	688,5	13,3
Branche	853	26,8	4495,8	86,7
Niveau national	43	1,3	991,1	19,2
Communauté autonome	25	0,7	481,2	9,3
Département	772	24,2	3006,6	58,0
Autres	43	1,3	16,8	3,2
Total	3192	100	5184,3	100

Source: CES (1995) et élaboration de l'auteur

Tableau 3.-·Distribution des conventions collectives espagnoles d'après le niveau de négociation (année 2002)

Niveau	Conventions collectives		Travailleurs	
	En milliers	%	En milliers	%
Entreprise	3736	74,5	913,1	9,9
Branche	1281	25,5	8267,6	90,1
National	79	1,6	2190,5	23,9
Communauté autonome	59	11,8	859,9	9,4
Département	1041	20,7	5118,4	55,8
Autres	101	2,-	96,3	1,-
Total	5017	100	9180,7	100

Source: Ministerio del Trabajo y Asuntos Sociales (2003) et élaboration de l'auteur

Formellement, la négociation de branche reste clairement hégémonique: elle couvre actuellement 90% de tous les travailleurs salariés. Sur cette toile de fond, on peut mettre en lumière les atouts et les limites et carences de la négociation collective espagnole actuelle.

Principaux atouts

Le premier réside dans la légitimité institutionnelle dont bénéficient les syndicats négociateurs, due au processus démocratique de sélection auquel ils sont soumis pour pouvoir participer à la négociation collective. D'un côté, ont le droit de participer à la négociation collective les seuls syndicats qui ont obtenu au moins 10% des représentants élus – les élections professionnelles ont lieu habituellement tous les quatre ans dans les centres de travail; de l'autre, pour que la convention collective ait une valeur normative, elle doit être négociée et signée par des syndicats

ayant plus de la moitié des représentants élus. Deux syndicats ont, depuis
la fin des années soixante-dix, réussi à avoir une représentation très ma-
joritaire: les CCOO et l'UGT (Tableau 4). Ceci fait que la plupart des
conventions collectives sont en fait négociées et signées par les deux
(d'autant qu'ils mènent une politique d'unité d'action depuis 1988).

Tableau 4.- Distribution par syndicat des représentants élus dans les centres de travail (Valeurs absolus et %)				
Syndicats	*1986*	*1994*	*1999*	*2003*
UGT	66.411 (40,9)	70.746 (34,7)	91.786 (37,-)	103.020 (36,7)
CCOO	56.065 (34,5)	77.040 (37,8)	93.735 (37,8)	108.949 (38,8)
Autres	39.458 (26,4)	55.988 (27,5)	62.490 (25,2)	68.739 (24,5)
Source: Blanco Blanco (2004)				

En second lieu, il est à remarquer le taux élevé de couverture des conventions collectives et qui, à la différence d'autres pays, n'est pas des-
cendu dans les dernières années. On estime que ce taux atteint aujourd'hui un peu plus de 86% des salariés.

En troisième lieu, depuis 1994, comme résultat de la réforme du Statut des Travailleurs, on constate une importante extension des contenus
négociés. A la traditionnelle négociation du salaire et du temps de travail, s'ajoutent, dans l'agenda de négociation, d'autres matières comme
l'emploi, la formation, la sécurité, la conciliation de la vie professionnelle et de la vie familiale, des nouvelles formes de classification professionnelle, etc. En même temps, de nouveaux composants ont été intro-
duits dans la négociation du salaire et du temps de travail.

Carences et limites

La première limitation de la négociation collective à laquelle se réfèrent tous les experts et même les interlocuteurs sociaux en Espagne concerne la structure de négociation elle-même. Elle est tout d'abord trop dispersée: cinq mille conventions collectives par année couvrant chacune en moyenne 236 centres de travail et 1800 travailleurs (soit 7,6 travailleurs par entreprise en moyenne). Cette dispersion pourrait avoir un sens si les niveaux inférieurs respectaient les conventions de niveau supérieur ou s'il y avait, au moins, une certaine coordination entre négociateurs (organisations syndicales et patronales) des différents niveaux. Or, il n'y a ni l'un, ni l'autre. Du point de vue normatif, les interlocuteurs sont pour ainsi dire souverains dans la décision concernant tant le niveau de négociation que les points et les règles négociés (tout en respectant, bien sûr, les minima sociaux établis par la loi). En ce qui concerne la coordination, il y a des efforts importants venant de la part des interlocuteurs sociaux. Dans ce sens, ils ont négocié et signé au cours des dernières années quatre Accords inter confédéraux où ils fixent les points qui doivent être respecter à tous les niveaux par la négociation collective. Mais, dans la pratique, ces accords sont assez peu suivis par les négociateurs des niveaux inférieurs ou, ce qui revient au même, ils ne sont suivis que pour les thèmes les plus évidents.

Un autre point qui donne à voir les limites de la négociation collective espagnole tient au type de distribution par niveau. Si on observe le Tableau 3, on constate que non seulement le niveau prédominant est celui de la branche, comme dans la plupart des pays industrialisés, mais surtout, que la plupart des conventions de branche sont également départementale (province). Or, dans la structure politico-administrative (et donc aussi, économique) espagnole actuelle, les départements ont perdu le poids ainsi que la signification historique qu'ils avaient au profit des communautés autonomes. Les conventions collectives de branche et départementales ont eu tout leur sens à l'époque où le dictateur Primo de Rivera a mis en marche une structure nationale de négociation, celle-la même qui a été reprise par la dictature franquiste dans les années soixante. A l'époque, il n'y avait, du point de vue politico-administratif, que deux instances de pouvoir territorial: l'Etat central et les provinces (les départements). A présent, les provinces continuent à exister comme démarcation politico-administrative territoriale, mais ce qui compte vraiment du point de vue de la régulation des rapports sociaux et économiques territoriaux ce sont surtout les dix-sept Communautés Autonomes, une instance intermédiaire avant inexistante. Pourtant, les conventions collectives de branche conclues au niveau des communautés autonomes ne couvrent même pas 10% de tous les travailleurs couverts par une convention (face au 55% des conventions de branche et de province).

Le troisième aspect montrant les carences de la négociation collective espagnoles – et cette question est peut être la plus importante – est le fait que les clauses des conventions collectives de branche – l'immense majorité – sont loin d'être respectées dans les centres de travail. Ceci ne veut pas dire nécessairement que les accords ne soient pas respectés du fait d'une dégradation des conditions de travail ou d'emploi, même si c'est le cas le plus fréquent. On trouve aussi des améliorations par décision unilatérale de l'entreprise des conditions fixées dans la convention. La signification sociale de ce cas est bien différente du premier; il reste que dans les deux cas, on ne respecte pas ce qui a été négocié et accordé au niveau des branches par les organisations patronales et syndicales les plus représentatives et ce sont les entreprises individuellement considérées qui décident ne pas le faire. Trois raisons se combinent pour expliquer ce phénomène. Une première, pour ainsi dire structurelle: l'immense majorité des entreprises espagnoles sont de toutes petites entreprises (rappelons que le nombre moyen de travailleurs par entreprise couvertes par la négociation collective est de 7,7) et dans le contexte d'une toute petite entreprise joue une logique qui a peu à voir avec la logique des règles bureaucratiques fixées dans les conventions. Une deuxième tient au bas taux d'affiliation syndicale espagnol: le taux d'affiliation globale n'atteint que 17% et celui des centres de travail de moins de 10 travailleurs n'est que de 8%. Un bas taux d'affiliation signifie, d'un côté, que les syndicats n'ont pas la capacité de négocier avec force leurs propositions au niveau de la branche et, de l'autre, que dans les centres de travail, ils n'ont pas normalement la force d'imposer ce qui a été négocié au niveau supérieur. La troisième raison est la tendance à «l'entrepreneurisation» des relations d'emploi qu'on constate en Espagne et un peu partout dans les pays industrialisés et qui, en Espagne, signifie avant tout non pas négocier des accords d'entreprise mais plutôt, se passer dans les faits de la négociation collective. La vraie négociation collective et le vrai respect des accords négociés n'est vraiment constatable que dans les grandes (et un certain nombre de moyennes) entreprises et, tout particulièrement, dans celles où l'affiliation syndicale est élevée et l'activité syndicale soutenue.

La participation des représentants des salariés aux décisions dans les centres du travail

Nous avons déjà signalé que les syndicats qui participaient au processus de négociation collective pouvaient le faire selon le résultat des élections professionnelles qui ont lieu dans les centres de travail tous les quatre ans. Ce sont les syndicats «les plus représentatifs», c'est-à-dire, ceux qui réussissent à avoir au moins 10% de représentants élus, qui ont la capacité de participer à la négociation. Nous ajoutions aussi que, pour qu'une convention collective ait force d'obligation comme norme publique, elle devait être signée par des syndicats ayant au moins 50% de tous les représentants élus. Or, les droits de ces représentants élus, qui constituent le comité d'entreprise, de même que les syndicats auxquels ils appartiennent, ne s'arrêtent pas à leur participation à la négociation collective. Ils ont d'autres droits dans les centres de travail, auxquels correspondent des devoirs de la part des entreprises. On peut les résumer en quatre grands chapitres: droits d'information, droits de consultation, droits de vigilance et contrôle et droits de négociation.

Les représentants des salariés ont le droit d'être informés par l'entreprise sur les questions suivantes: l'évolution économique de l'entreprise, les prévisions concernant l'emploi et les modalités contractuelles prévues, le bilan des résultats annuels, les sanctions graves imposées par l'entreprise, les contrats de travail conclus ainsi que leurs modalités, les indicateurs d'accidents du travail et les études concernant la prévention et la sécurité. Les droits de consultation, qui pourraient donner lieu à l'émission d'un rapport sur l'objet de la consultation de la part des représentants, concernent les matières suivantes: la modification du statut juridique de l'entreprise si elle a des conséquences sur l'emploi, les plans sociaux, le transfert total ou partiel d'installations, les études de temps et évaluations de postes de travail, les plans de formation professionnelle, l'implantation ou révision des systèmes d'organisation et de contrôle du travail. Le droit de vigilance et de contrôle vise, avant tout, le respect par l'entreprise des normes en vigueur, générales et conventionnelles, concernant le travail, l'emploi et les relations professionnelles, et, d'une façon particulière, les conditions de sécurité, d'hygiène et de prévention de tous les risques du travail.

Les droits de négociation concernent, surtout, les modifications substantielles des conditions de travail et d'emploi collectives (organisation des temps de travail, système de rémunération, système de travail et de calcul du rendement). Dans ce cas, l'employeur doit ouvrir une période de consultation/négociation avec les représentants des salariés d'au moins quinze jours. Si employeurs et représentants des salariés arrivent à un accord, c'est celui-ci qui est appliqué. A défaut d'accord, les représentants ont le droit de déposer une plainte devant les tribunaux du travail, lesquels prendront la décision définitive que l'entreprise devra appliquer.

Tels sont les droits à la participation aux décisions dans l'entreprise, inscrits dans l'ordre social juridique, des représentants des salariés au-delà de la négociation collective. Qu'ils soient reconnus dans l'ordre juridique ne veut pas dire qu'ils sont effectivement exercés. Il n'y a pas d'étude qui se soit donnée comme objet de relever l'écart entre les droits sociaux à la participation dans l'entreprise reconnus aux représentants des salariés déclarés et ceux réellement exercés. Il est à craindre qu'il n'en soit de même dans le cas de la négociation collective de branche: ces droits seraient effectivement exercés dans les entreprises grandes et moyennes avec une présence syndicale significative et beaucoup moins dans les autres.

La participation directe

En conclusion, nous ferons une brève référence à la participation directe des travailleurs aux décisions dans l'entreprise. Si le concept de participation est polysémique quand on pense aux relations professionnelles, il l'est encore plus quand on parle de la participation directe des travailleurs.

A l'heure actuelle, il existe en Espagne deux enquêtes publiques récentes qui apportent quelques renseignements sur la participation directe des travailleurs concernant diverses dimensions de l'organisation de leur travail: l'*Encuesta sobre Condiciones de Trabajo* (Enquête sur les Conditions de Travail), qui est réalisée périodiquement (la quatrième édition date de 2004) et l'*Encuesta sobre Calidad de Vida en el Trabajo* (Enquête sur la Qualité de Vie au Travail), qui est une enquête annuelle réalisée pour la première fois en 1999[1]. La première enquête est menée auprès des travailleurs et des employeurs, la seconde seulement auprès des travailleurs. N'étant pas un objet d'enquêtes spécifiques, les renseignements sur la participation directe des travailleurs sont assez vagues et génériques.

Dans l'enquête sur les conditions de travail, on considère qu'il y a participation des travailleurs aux décisions dans l'entreprise quand, au dire des travailleurs eux-mêmes, l'entreprise tient compte de leurs opinions. Comprise de cette façon, les résultats de l'enquête sont optimistes si on considère certains aspects ou pessimistes si on en considère d'autres. Ainsi, d'après le rapport de l'enquête de 2004, «les trois aspects dans lesquels on tient compte le plus de l'opinion des travailleurs sont: la planification et l'organisation de leurs travail (72,7% de toutes les réponses), la révision de la qualité de leur travail (65,9%) et l'adéquation des conditions de leur poste de travail (57,5%)». Par contre, on tient très peu compte de leur opinion quand il s'agit «du choix des équipes ou des machines qu'ils utilisent (27%)», c'est-à-dire là où sont en jeu des décisions-clé pour l'entreprise. Ce bas taux de participation coïncide à peu

---

1   On peut les consulter sur le site internet du ministère du Travail espagnol: <http://www.mtas.es>.

244   *Carlos Prieto*

près avec les résultats d'une recherche approfondie sur la participation des travailleurs dans la technologie menée il y trois ans (Albalate 2005).

Il reste que la participation des travailleurs se pose aujourd'hui, en Espagne et en d'autres pays développés, d'une façon bien différente de celle d'il y a une trentaine d'années. A cette époque-là, la participation directe des travailleurs était abordée comme le résultat des revendications des travailleurs (Castillo et Prieto 1983). A présent, limitée aux travailleurs des catégories supérieures, elle résulte de l'initiative des entreprises elles-mêmes qui cherchent à multiplier leur implication au travail.

On a ainsi une vue d'ensemble de la participation des travailleurs aux décisions dans l'entreprise concernant les conditions de travail et d'emploi. On peut conclure en disant que du point de vue institutionnel, elle est élevée mais que cette participation institutionnelle est loin d'être une réalité dans les centres de travail.

(Texte octobre 2005)

Bibliographie

ALALUF, M. / PRIETO, C. (eds) (2001): *Collective bargaining and the social construction of employment*. ETUI, Bruxelles.

ALBALATE, J. J. (2005): *La participación de los trabajadores en la empresa*. Consejo Económico y Social, Madrid.

BLANCO, B. J. (2004): «El sindicalismo español frente a las estrategias empresariales de trabajo y empleo», in: Cuadernos de Relaciones Laborales, vol. 22, n° 2.

CASTILLO, J. J. / PRIETO, C. (1983): *Las condiciones de trabajo. Un enfoque renovador de la sociología del trabajo*. Centro de Investigaciones Sociológicas, Madrid.

CONSEJO ECONOMICO Y SOCIAL (2003): *Memoria sobre la situación socioeconómica y laboral en España*. CES (plusieurs années), Madrid.

ESCUDERO RODRIGUEZ, R. (coord.) (2004): *La negociación colectiva en España: una visión cualitativa*. CCOO et Tirant lo blach, Valencia.

FERNÁNDEZ STEINKO, A. (2003): *Democracia en la empresa.* Ediciones HOAC, Madrid.

FINA SANGLAS, L. / GONZALEZ DE LENA, F. / PEREZ INFANTE, I. (2002): *Negociación colectiva y salarios en España.* CES, Madrid.

HUERTAS BARTOLOMÉ, T. (2000): «La concertación social», in: VALDÉS-DAL-RE, F. (dir.): *Las relaciones laborales en la comunidad de Madrid.* Consejo Economico y social, Communidad de Madrid.

MELLADO, A. / FABREGAT, C. / MONTFORT, G. / LACOMBA PEREZ, F. (2003): *Guía temática de legislación laboral.* Alzira Germanìa, Valencia.

MERINO SEGOVIA, A. (2000): *La estructuración legal y convencional de la negociación colectiva.* Civitas, Madrid.

MIGUÉLEZ, F. / PRIETO, C. (edits) (1991): *Las relaciones laborales en España.* Siglo XXI, Madrid.

MIGUÉLEZ, F. / PRIETO, C. (edits) (1999): *Las relaciones de empleo en España.* Siglo XXI, Madrid.

PÉREZ YRUELA, M. / GINER, S. (edits) (1988): *El corporalismo en España.* Ariel, Barcelona,.

PRIETO, C. (1993): «Los sindicatos (en España)», in: DEL CAMPO, S. (edit.): *Tendencias sociales en España.* tomo II, Fundación BBV, Bilbao.

PRIETO, C. (1993): «Sindicalismo (en España)», in: DEL CAMPO, S (ed.): *Tendencias sociales en España.* Fundación BBV, Bilbao.

PRIETO, C. / ROQUERO, E. (2001): «The trade union movement and the regulation of the social norm of employment in Spain: from the institutional setting to the real world», in: ALALUF, M. / PRIETO, C. (eds), (2001).

REY DEL GUANTER, S. (1998): *La negociación colectiva tras la reforma laboral de 1994.* CES, Madrid.

RUESGA, S. (edits) (2002): *Economía del trabajo y política laboral.* Pirámide, Madrid.

United Kingdom:
A different way of participation –
the single channel system

Lionel FULTON

Introduction

There is no formal legal mechanism providing for on-going workplace representation in the UK[1]. In contrast to countries like Germany, the Netherlands or Spain, there is no structure of works councils elected by all employees. And unlike Italy, and the Nordic countries such as Finland and Sweden, there is no legislation or system of legally binding collective agreements which give wide ranging powers to local union organisations to represent all employees.

In the vast majority of cases workers are either represented through trade unions or have no representation at all. The official 2004 survey of workplace employment relations (WERS 2004) found that only 5% of workplaces with 10 or more employees had stand-alone non-union representation. In contrast 30% of workplaces were covered by union representation, covering a total of 50% of all employees (WERS 2004, Kersley et al 2005; 12-14).

This means that the structure and influence of employee workplace representation is very varied (see below). Legislation, much of it coming initially from the European Union, requires employers to consult with employee representatives on a variety of issues, including large-scale redundancies, transfers of undertakings and health and safety issues. However, this legislation does not lay down precise structures on how

---

1   This report draws heavily on material published in the chapter on the UK in *Worker Representation in Europe*, produced by the Labour Research Department in May 2004.

this should be done. This position remains unchanged despite the recent legislation, implementing the information and consultation directive, which came into effect for larger organisations – more than 150 employees – in April 2005[2].

Workplaces with unions

Where employees are represented by local union organisations, the key to making employee representation effective is union recognition by the employer. This means that the employer has agreed to consult or negotiate with the union or unions over issues affecting the workforce. (Where a union is recognised the employer will normally negotiate with the union on pay and conditions but there are some cases where unions are only recognised by the employer for grievance and disciplinary issues). In addition, if the union is recognised it has certain rights (see below). It is important to appreciate in this context that, in the private sector at least, pay and conditions negotiations, where they take place at all, normally take place at company or workplace level, rather than at industry level.

Legislation passed in 1999 provides for the first time a legal mechanism to compel employers to recognise unions. Before that date there was no such compulsion, and employers could refuse to deal with unions, even where a majority of the workforce wished them to do so. The unions' only remedy before 1999 was to strike or take other action to force employers to the bargaining table.

Under the 1999 legislation (Employment Relations Act 1999) a union can take a series of legal steps to compel an employer to recognise it. In essence, it must prove to an independent body, the Central Arbitration Committee (CAC) that a majority of employees in a "bargaining unit", which can be a workplace, several workplaces, or part of a workplace,

2   The Information and Consultation of Employees Regulations (2004) implemented the Directive 2002/14/EC of the European Parliament and of the Council of 11 March 2002 establishing a general framework for informing and consulting employees in the European Community.

want a union to represent them. The union can do this either by showing that more than half the employees are union members, or by winning the support for recognition of a majority of employees in a ballot, although this must also be equivalent to at least 40% of all employees in the bargaining unit. The legislation only applies to employers with 21 or more employees.

Where a union wins recognition through this route, it gains the right to negotiate over pay hours and holidays. In practice, once the legal process for recognition is under way, most cases involve a ballot of employees. However, in the majority of cases, where unions seek recognition and have substantial number of members, they are able to achieve recognition on a voluntary basis, as the employer is aware that the legal avenue is open to the union if voluntary recognition is refused. Figures compiled for the TUC, the UK union confederation, show that from November 2000, when the legislation began to bite, to October 2004 the unions won recognition with 1121 employers. But only in 78 cases was recognition granted as a result of a decision by the CAC (TUC 2005; 5).

If a union is recognised, it has certain rights. It must be consulted on collective redundancies involving 20 or more employees and on business transfers. And recognised union representatives have limited rights to paid time off (see below). Unions also have a legal right to appoint safety representatives. Recognised unions should be provided with information required for collective bargaining without which trade union representatives "would be impeded to a material extent" in carrying out negotiations. A code of practice produced by the official arbitration and conciliation body ACAS suggests that this information should include information on the pay and benefits system, the number employed, information on productivity and some financial information (ACAS code 1997). Since April 2003 union learning representatives have also had legal rights connected with the provision of training in the workplace.

There is no statutory right to negotiate on pay and conditions, unless recognition has been granted by the CAC as part of the recent statutory recognition procedure – something which applies to only a handful of employers – but in practice negotiations about pay and conditions lie at the heart of what recognition means.

Recognised unions are also those most likely to take up the new rights provided by the information and consultation regulations. But this is by no means guaranteed (see below).

In practice union recognition and union membership largely go hand in hand, although there will be some workplaces where there are union members but no recognition and some where there will be recognition but no members.

The first case, of membership without recognition, is likely to occur where the union does not have sufficient level of support to gain recognition from the employer. In some instances the employer may be openly hostile. At the telecommunications company T-Mobile, for example, the union had a relatively high proportion of membership but in 2003 was unable to win a ballot for recognition, following a campaign where the company used TGB, a US company specialising in union-avoidance. In other cases there may simply be too few members for the union to be able to claim recognition. All told the WERS 2004 survey found that among "workplaces with union members, three quarters (76%) recognised one or more unions for negotiating the pay and conditions of at least some of their employees[3]".

Union recognition without union membership is possible, in particular where a smaller workplace does not have a union presence, even though the company or the organisation as a whole recognises unions. The 2004 WERS survey shows that 30% of workplaces with more than 10 employees recognise unions, although only 27% of workplaces both recognise unions and have union members on site. In practice, unions are more likely both to be present and to be recognised at larger workplaces, as the WERS figures also show. While, as already noted, under one-third 30% of workplaces recognise unions, the proportion of employees in workplaces with union recognition is much higher at half (50%) of all employee in workplaces with 10 or more employees.

Union recognition and higher levels of union membership are also much more common in the public than in the private sector, as Table 1 indicates. While nine out of ten public sector workplaces recognise unions, only one in six private sector workplaces do so. And just over

---

3   *Inside the workplace: first findings* (page 13).

three-quarters of private sector workplaces have no union members, compared with only 7% of public sector workplaces.

Table 1:	Levels of union recognition and membership (Percentage of workplaces*)		
Type of work-place	Proportion recognising union	Level of union membership above 50% of employees	No union members
Private	16%	8%	77%
Public	90%	62%	7%
All	30%	18%	64%
* Workplaces with 10 or more employees Source: Kersley et al. *Inside the Workplace: First findings* (p. 12)			

The difference between the extent of union influence in the public and private sector is also made clear in a separate set of statistics drawn from the official Labour Force Survey. This looks at employees rather than workplaces and includes all employees. It also looks at the coverage of collective bargaining rather than union recognition, although in the private sector, at least, there is little difference between the two.

The latest figures, for the autumn of 2005 show that one-fifth (20.9%) of employees in the private sector have their pay set by collective bargaining, compared with almost three-quarters (71.0%) in the public sector. The figure across the whole economy is over one-third (35.3%)[4]. This is higher than the proportion of workplaces recognising unions shown in the WERS survey, reflecting the fact that unions are generally stronger in larger workplaces with more employees. The Labour Force Survey figures spell this out. They show that that almost a half of all employees (48.4%) working in workplaces of 50 or more have their pay affected by collective bargaining, compared with only just over one-fifth (21.1%) in workplaces with fewer than 50 employees.

The Labour Force Survey figures also provide an industrial breakdown of the extent of collective bargaining. Unsurprisingly the pattern of collective bargaining coverage matches the overall levels of union membership by industry very closely, although in every case collective bar-

4   *Trade union membership 2005*; DTI; March 2006 (page 40).

gaining coverage is a few percentage points higher than union density –
union members as a proportion of employees (see Table 2).

The figures show that coverage of collective bargaining and levels of
union density are highest in public administration, at 75.0% (collective
bargaining coverage) and 57.1% (union density), and lowest in hotels
and restaurants, at 6.8% (bargaining coverage) and 4.2% (density).

Table 2:	Collective bargaining coverage and union density by industry: autumn 2005	
Industry	Proportion of employees covered by collective bargaining	Proportion of employees in unions
Agriculture, forestry and fishing	12.3%	8.6%
Mining and quarrying	24.5%	21.2%
Manufacturing	28.4%	24.8%
Electricity, gas and water supply	64.8%	47.9%
Construction	20.4%	15.7%
Wholesale and retail trade	16.8%	11.0%
Hotels and restaurants	6.8%	4.2%
Transport and communication	48.0%	42.2%
Financial intermediation	35.5%	24.5%
Real estate and business services	12.5%	10.1%
Public administration	75.0%	57.1%
Education	63.0%	56.0%
Health	48.4%	44.2%
Other services	25.5%	19.3%
Total	*35.3%*	*29.0%*
Source: *Trade union membership 2005*; DTI; March 2006		

The figures also reveal that in the private sector union influence is by no means concentrated in manufacturing industry. Electricity, gas and water, transport and communication, and financial intermediation (banks, building societies and insurance) all have higher levels of coverage of collective bargaining than manufacturing, although in the case of utilities and parts of transport and communication this reflects the continuing influence of a past in the public sector (and a present in the public sector in the case of the Post Office).

The level of union recognition and therefore influence at the workplace has declined over the last 20 years, although the most recent figures suggest that the position may have stabilised.

Table 3: Proportion of workplaces recognising unions (1980 to 2004)			
Year	Private sector	Public sector	All
1980	50%	94%	64%
1984	48%	99%	66%
1990	38%	87%	53%
1998	25%	87%	42%
2004	16%	90%	30%
Sources: *All Change at Work? British employment relations 1980-1998 as portrayed by the Workplace Industrial Relations survey series*; Neil Millward, Alex Bryson, John Forth; 2000 (page 96); and *Inside the workplace: First findings* (page 12).			

Figures from WERS, which take up the story from 1980 down to 2004, show that overall the proportion of workplaces recognising unions rose from 64% to 66% between 1980 and 1984, and then fell steadily to 30% by 2004. There are differences in the way the figures are calculated over the period, but the trend is very clear.

What is also clear is that the decline in union recognition has been concentrated in the private sector. In 1984 almost all (99%) public sector workplaces and half (48%) private sector workplaces recognised unions. But by 1998 the figures had fallen slightly in the public sector to 87% and almost halved in the private sector to 25%. And the latest figures for 2004, although calculated on a slightly different basis, indicate that this divergent trend has continued, with 90% of public sector workplaces recognising unions compared with 16% of those in the private sector (see Table 3).

The WERS figures also show that the decline in union recognition in the six years from 1998 to 2004 was concentrated in smaller workplaces. Among workplaces with 10 to 24 workers, the percentage recognising unions fell from 28% in 1998 to 18% in 2004. But in workplaces with 25 or more employees, the level of union recognition was broadly stable at 41% in 1998 and 39% in 2004. As the initial report on the survey notes "the continual decline in the rate of recognition seen among this group over the 1980s and 1990s therefore appears to have been arrested[5]".

This message of returning stability is also provided by the Labour Force Survey figures, although on collective bargaining they go back only to 1996. They show that the proportion of all employees whose pay was affected by a collective agreement has varied only very slightly – between 35% and 36% – since 2002. This reflects the figures for trade union density which fell every year from 1992 to 2001 – from 36.2% to 29.0% – but since then have stabilised at around the lower figure and are now (2005) at 28.7% (The figures are for Great Britain as the UK figures do not go back as far). This partially reflects growth in public sector employment but the level of union density has also been more stable in the private sector.

Workplaces without unions

The figures, both from WERS and from the Labour Force Survey, make it clear that the majority of UK employees work in workplaces with no significant trade union influence. According to the Labour Force Survey almost two-thirds (64.7%) of employees are not covered by collective bargaining, while WERS indicates that 70% of workplaces do not recognise unions.

As already noted, there are individual union members in workplaces where unions are not recognised. The WERS survey found that only

5   *Inside the workplace: first findings* (page 13).

64% of workplaces had no union presence (less than the 70% which had no recognition), and the Labour Force Survey figures show that only just over half (51.9%) of all employees, are in workplaces with no unions. However, without recognition union rights are limited, although members have a right for support from their union in dealing with their employer in personal cases, whether the union is recognised or not (see below).

Where there are no unions, there is no general right or requirement to have employee representatives, although there are EU directives which require employee representatives to be informed or consulted, as on redundancies and business transfers. In workplaces without unions, UK legislation implements these directives by requiring the employer either to inform and consult existing employee representatives, if these are present, or to inform and consult representatives specially elected for that purpose. The situation is similar in the case of working time, which is also based on an EU directive. If an agreement is needed to modify the working time regulations, this can be reached with unions or specially elected workforce representatives. Health and safety is dealt with in broadly comparable way. Again, if there is no union, or it is not recognised, the employer decides whether to consult employees directly or to set up a system of employee representatives on health and safety, whose rights are more limited than union safety representatives.

It is important to emphasise that in none of these cases are there any precise rules in the legislation as to how these representatives should be elected, for example setting out the size of constituencies, or the number to be elected. Instead the legislation lays down more general principles and leaves many of the detailed decisions on the procedure in the hands of the employer. On the choice of representatives on redundancy, for example, it states that "the employer shall make such arrangements as are reasonably practical to ensure that the election is fair" and that "the employer shall determine the number of representatives to be elected so that there shall be sufficient representatives to represent the interests of all the affected employees"[6].

---

6   Trade Union and Labour Relations (Consolidation) Act (1992); (Section 188A).

In practice, the available figures suggest that employee representatives are relatively rare in non-union workplaces, whether on an ongoing basis, or set up for specific purposes, such as consultation on redundancy.

The most recent WERS survey found that "stand-alone non-union representatives were present at five percent of workplaces"[7]. This initial publication of the 2004 results does not provide separate details of employee representation in union and non-union workplaces. But the 1998 survey found that, while overall 7% of workplaces had non-union representatives, they were most likely to be found in workplaces with a union presence but no union recognition. One-fifth (19%) of workplaces in this category had non-union representatives. This is approximately twice the frequency of non-union representatives in workplaces where there was no union presence at all. Just over one-tenth (11%) of workplaces in this category had non-union representatives[8].

Non-union representatives chosen to deal with specific issues also seem rare. A survey looking at consultation on redundancy in non-union companies found that in two of the three cases examined, "management avoided the effects of the regulations [which require consultation with elected employee representatives] by asking staff whether or not they wanted representatives and, having received negative replies proceeded to consult on an individual basis[9]".

Similarly in the area of working time, setting up a one-off body to represent employees remains a rare option. As a report for the DTI concluded "most non-unionised organisations did not adopt the approach of drawing up a workforce agreement [necessary to agree general changes to the provisions of the Working Time Regulations]. The reason for not going down this path was generally as set out by the HR manager of a small retail/wholesale chain: 'We had no representative structure in place and it didn't seem worth building any, given the relatively minor implications of the Working Time Regulations for the company'[10]".

---

7   *Inside the Workplace: First Findings* (page 14).
8   cf. Cully et al. (1998).
9   cf. Brown et al. (1999).
10   cf. Neathy/Arrowsmith (1999).

There are, of course, some employee representatives in companies without union involvement. The major retailer Marks and Spencer, which does not recognise unions, operates employee representation forums called Business Involvement Groups (BIGs) in every store and office area. And the financial services company Egg, which is also non-union, has had a body for informing and consulting its employees since 2000[11]. It remains the case, however, that such structures are exceptional.

The information and consultation regulations

One development that might have changed this situation and led to a much wider introduction of systems of employee representation, even in non-union companies, was the EU directive on information and consultation, adopted in March 2002. This provides a European-wide framework for national systems of information and consultation.

However, the way it has been implemented in the UK makes it unlikely that the directive will result in fundamental changes to the UK system.

The regulations implementing the directive, which came into effect in April 2005, require employers in undertakings with more than a set number of employees – initially 150 or more but by April 2008 the threshold will fall to 50 or more – to inform and consult with employee representatives on an ongoing basis. They must be informed about their employer's activities and economic situation, informed and consulted about their own employment situation and prospects, and informed and consulted about decisions "likely to lead to substantial changes in work organisation or in contractual relations"[12].

However, the regulations to implement the directive in the UK make it clear that this will not be automatic. Setting up a mechanism to inform and consult employee representatives must be either initiated by the employer or by a request of 10% of the workforce. Once this has happened, the employer and employee representatives are required to start negotia-

11   IPA Case Study Number 10; November 2005.
12   Information and Consultation of Employees Regulations (2004) (Regulation 20).

tions on an agreement on information and consultation, with fallback arrangements on setting up a committee if no agreement is reached. But if neither the employer nor 10% of the workforce ask for an information and consultation mechanism to be set up, then there is no need for further action.

In the majority of UK workplaces, where there is no trade union presence, this method of implementing the directive means that little is likely to change. Employees will find it difficult to reach the 10% threshold to ask for an agreement, or, perhaps more likely, will not know that they have this right, or wish to exercise it. In these companies new structures are likely only to be set up where the employer initiates the process, and most will probably decide not to bother.

In workplaces with union recognition, on the other hand, unions are likely to try to ensure that existing trade union structures benefit from new information and consultation rights and will generally not be keen to see new structures being set up. As Amicus, the largest private sector union in the UK reminds its negotiators, "If negotiations are taking place in your organisation, Amicus representatives should negotiate for the inclusion in recognition and collective agreements [with the union] of minimum standards of information and consultation provision" (2004, Regulation 20).

However, it is not clear whether unions will always maintain this position in negotiations with employers, particularly as, to be valid, an agreement under the information and consultation regulations must cover all employees, and there are often circumstances where unions are strong in one part of a company, for example in production, but weak in other areas such as sales. (This also helps to explain why some unions have suggested it is better to reach an informal arrangement on information and consultation rather than a formal agreement, along the lines set out in the regulations[13]).

As the regulations only came into effect in April 2005, it is hard to judge their impact. However, a survey completed by 160 organisations in

---

13   For example initial guidance from UNISON, the UK's largest union, stated that "if you want to protect the union's position as speaking for the workforce, try to avoid the statutory procedure". European Information and consultation directive: Fact Sheet; UNISON 2005.

the magazine *IRS Employment Review* found that 51 (32%) had made changes to their information and consultation procedures in the previous two years to take account of the regulations. The most common changes were: improving direct communications, such as more frequent meetings with managers, although it is not clear whether this is sufficient to meet the requirements of the regulations; the introduction of a new forum or consultative committee; and improvements to existing structures for information and consultation[14].

A later survey of largely union-organised workplaces by the Labour Research Department in April 2006, found that, out of 150 responses, 49 (33%) had reviewed, amended or drawn up new information and consultation arrangements in the light of the regulations, although only 22 had set up new formal arrangements. Of these, 15 had been initiated by the employer and seven by the union. Even among those initiated by the unions, only four, out of seven, limited the arrangements to the unions alone, with the others involving staff councils, although with strong union representation. Among those initiated by employers the picture is more mixed with both sole union arrangements and new staff councils, although generally the unions do not feel their position has been weakened[15].

One very clear conclusion to draw from both surveys is that the responses to the regulations have been very varied, and that there are significant differences between organisations in the structures that have been put in place to meet its requirements. This is hardly surprising given that regulations themselves are based on a preference for reaching a negotiated arrangement rather than imposing a standard pattern. As the government's own guidance states, "In practice, the most effective way for employers to meet the legal requirements will be by reaching a voluntary agreement with their employees on how they will inform and consult, and the government would strongly encourage this" (DTI Guidance 2005; 3).

---

14   *IRS Employment Review 833*; 2005 (pages 8 to 16).
15   *Workplace Report* April 2006 (pages 15 to 17).

Numbers and structure of employee representation

Employee representation at the workplace is in any case already very varied, both where unions are present and where they are not.

Lay trade union representatives at the workplace are often known as shop stewards although other terms such as local rep or union rep are also used. There are no legal rules or guidance on the number of shop stewards/union reps. However, a survey on union representatives published by the TUC in 2002 found an average of 36 employees per union representative, although the midpoint value was 25[16]. The draft information and consultation regulations suggest that, as a fallback where an agreement has not been reached, there should be one representative for every 50 employees or part thereof on an information and consultation committee. As the threshold for this right is 50, every committee set up on this basis will have at least two members.

Because of the way the union structure has developed, with most union members now in a small number of unions covering a range of industries[17], many workplaces will have more than one union present, although union mergers are reducing the number of unions involved. In most cases, except in the health service, where the largest doctors' and nurses unions are outside, the unions involved will all be in the British union confederation, the TUC. Although there are sometimes differences and rivalries, in general terms relations between unions at the workplace level are reasonably good. They will, for example, normally draw up a joint claim for improvements in pay and conditions.

In larger workplaces shop stewards will probably come together as a shop stewards' committee (SSC) and elect a spokesperson, often known as a convenor or senior shop steward. Where there is more than one union at the workplace stewards from different unions will often come together to form a joint committee. This is sometimes known as a joint shop stewards' committee (JSSC) but also has many other names such as

16   Union reps – winning respect at work; TUC; November 2002 (page 3).
17   The four largest unions in the TUC, UNISON, Amicus, the T&G and GMB, which all cover a range of industries account for 60% of total TUC membership.

office or works committee. The structures are informal and can vary greatly from workplace to workplace.

The latest WERS survey gives an indication of the extent of direct union representation at the workplace. It found that, in two-thirds of workplaces (68%) with recognised unions, union members had access to a lay union representative, either in the workplace itself (45%) or elsewhere in the organisation (23%). Unsurprisingly the larger the workplace, the more likely it is that there will be a lay union representative on site (Kersley et al; 13).

In some cases there are also joint committees with the employer, which go under a wide range of names such as joint consultative, works committee, joint council or company council. The 2004 WERS survey found that 14% of workplaces had such a committee and there were another 25% of workplaces which did not have a committee of this sort but where a similar committee existed at a higher level in the structure. For example, at BAE Systems, the major aerospace and avionics manufacturer there is a joint union/management BAE Systems Corporate Consultative Committee.

Some workplaces without unions also have joint committees and they may be given an increased impetus by the information and consultation regulations (see above). The first published results from the 2004 survey do not examine the difference in the incidence of such committees between union-and non-union workplaces. But the 1998 survey found that they were more likely to be found in union recognised workplaces (30%) than workplaces where union were not recognised (18%) (Millward et al. 2000; 109). However, where employers have voluntarily set up bodies, such as company or employee councils, to represent employees, it is important to realise that their role is normally limited to consultation only. And, at least until the information and consultation regulations, their structure and powers depended on the employer.

Tasks and rights

In organisations where unions are recognised, local trade union representatives, whether they are called shop stewards or have some other name, combine a variety of roles.

A key task for trade union representatives in many workplaces in the private sector is to negotiate on pay and conditions.

This is because in the private sector the most important level of collective bargaining, where it continues to exist, is that of the company or individual workplace. There is still industry level bargaining in some industries, such as parts of the textile and furniture industries, but during the 1980s there was a clear move to bargaining at local level and a number of employer federations broke up or ceased to be involved in collective bargaining. In most cases companies set their own terms and conditions, either for the whole company or specific plants. Figures from the 2004 WERS survey show that, in the private sector, in only one sixth of companies with collective bargaining was pay set at industry level.

Local union representatives are less likely to be involved in bargaining in the public sector, where industry-wide agreements are more frequent, for example with a single agreement for most of the staff in the health service. However, as the WERS 2004 survey also shows in around a quarter of the workplaces in the public sector covered by collective bargaining negotiations take place at the level of a single organisation. The civil service for example pays different rates in different ministries. In addition some workers in the public sector, such as teachers, are covered by pay review bodies, which make recommendations on pay, which are then implemented by the government as employer, rather than collective bargaining.

Where shop stewards negotiate directly with the employer on pay and/or some aspects of conditions, a full-time officer of the union may sometimes also be involved. But frequently shop stewards are on their own, with negotiations being led by the convenor on the union side. As already noted, local union representatives have no statutory right to negotiate on pay or conditions, unless the union has been formally granted recognition rights by the CAC (see page 246). But where these negotiations take place, shop stewards have the right to information from their employer which is needed for collective bargaining, typically details of pay rates and pay structures.

The overall importance of questions on pay and conditions for the work of workplace representatives is indicated by the 2004 WERS survey. It found that more than three-quarters of union representatives had spent time on the issue in the last 12 months and more than one-third (36%) saw it as the most important issue – the highest in both cases (see Table 4). The figures are for all employee representatives both union and non-union but the figures are higher for union representatives alone.

The figures in Table 4 also reflect some of the other rights of employee representatives already referred to, such as consultation on redundancies and the transfer of undertakings – one of the staffing level issues in the table, and consultation on health and safety.

Another of the key tasks of union representatives is to represent union members in dealing with the employer. The rulebook of UNISON, the UK's largest union, starts by defining the duties of its stewards as being to "represent the interests of members in their work group or workplace in any grievance, dispute or negotiations at the level of the work group or workplace". The TUC survey of union representatives in 2002 found that "resolving difficulties" was top of the list of tasks mentioned by 84% of those surveyed[18].

The shop steward will normally be the first port of call for a union member facing problems at work. They are usually responsible for pursuing grievances and complaints on behalf of members of the union. They will also act as an advocate for members who are facing disciplinary action by the employer, although often, if they are unsuccessful the company's procedures will allow for the involvement of a full-time officer of the union. The 2004 WERS survey found that 73% of workplace union representatives had spent time on disciplinary or grievance procedures in the previous 12 months. This is a significantly higher figure that that for non-union representatives (44%)[19].

This role has been strengthened by legislation passed in 1999, which gives employees the right to be accompanied at disciplinary or griev-

---

18   *Union reps – winning respect at work* (page 11).
19   *Inside the Workplace: First Findings* (page 15).

ances hearings by a trade union official, or other trade union representative[20]. This applies not just at workplaces where unions are recognised but to all workplaces.

However, it is important to realise that here, as in other areas, shop stewards' obligations end with union members and they have no responsibility for other employees.

Table 4: Issues dealt with by employee representatives at the workplace		
Issues	Spent time on	Most important
Terms and conditions (pay, hours, holidays and pensions)	76%	36%
Selection, development and staffing (recruitment, training, staffing levels, performance appraisals and working practices)	71%	22%
Equal opportunities, health and safety, sickness and other absence	66%	12%
Disciplinary and grievance	65%	14%
Source: Kersley et al *Inside the Workplace: First Findings* (page 15) The figures are based on all employee representatives both union and non-union but around three-quarters (72%) are union representatives		

Union representatives are also involved in building union organisation and recruiting new members. The UNISON rulebook, for example, includes the duties of stewards as being to "establish and maintain union organisation in their work group including the convening of workplace meetings". And representing the union to the members is another key task. The TUC survey found that that "union organisation" was second on the list of tasks, referred to by 69% of respondents, while union recruitment was in fourth place with 64%[21].

The shop steward is often responsible for recruiting new members and is a key figure in ensuring that the members know about the union's

20   Employment Relations Act (1999) (Section 10). Employee can also choose instead to have another employee accompany them to these hearings.
21   *Union reps – winning respect at work* (page 11).

latest policies and campaigns. He or she may also collect union subscriptions, although this is now fairly rare as subscriptions are in most cases deducted by the employer or paid through the bank. The 2004 WERS survey found that 77% of union representatives had attempted to recruit new members in the previous 12 months[22].

There is less information about what non-union representatives do, in part because there are many fewer of them. However, the 2004 WERS survey shows that they are less involved in both pay and conditions and disciplinary and grievance issues than their union counterparts.

Election and term of office

There is no legislation on the selection or term of office of employee representatives and the methods for choosing them vary widely. Workplace union representatives, or shop stewards, who of course must be union members, are elected. Non-union representatives will probably also be elected but in some cases are chosen by the employer.

The procedures for electing union representatives vary from union to union but normally involve a show of hands rather than a secret ballot. Shop stewards or union representatives are normally chosen for a particular office or workshop, and where there is shift working there may be different shop stewards for different shifts. They are usually elected by the members in the area in which they work rather than by the workforce as a whole. Elections typically take place every year – the rules for the union Amicus say at every two years or a shorter period if agreed by the members. In practice individuals may hold office for long periods. The TUC survey of union representatives found that "most of the individuals surveyed had typically been a rep for the current union for six years (the median figure)"[23].

Legally shop stewards are officials of the union and in some unions the choice of the membership at the workplace has to be endorsed by a higher level in the union.

22   *Inside the Workplace: First Findings* (page 15).
23   *Union reps – winning respect at work* (page 4).

Protection against dismissal

Dismissals for trade union membership or activities are unlawful. But shop stewards have no specific protection against dismissal beyond this. However, a code of practice from the official conciliation and arbitration body ACAS recommends that employers should take particular care in taking disciplinary action against trade union representatives and discuss the matter with more senior officials in the individual's union. Its code of practice states:

> Disciplinary action against a trade union representative can lead to a serious dispute if it is seen as an attack on the union's functions. Normal standards apply but, if disciplinary action is considered, the case should be discussed, after obtaining the employee's agreement, with a senior trade union representative or permanent union official[24].

This is not a direct legal obligation but an employer who failed to follow this advice would find that their position was weaker in any subsequent legal case.

As well as this there are protections against unfair dismissal or other detriment for employee representatives who are carrying out their duties under specific pieces of legislation. These include the information and consultation of employees regulations, the regulations on redundancies and business transfers and health and safety legislation.

Time off and other resources

Shop stewards or union representatives where unions are recognised have a legal right to "reasonable" paid time off to carry out their duties as representatives and to receive appropriate training. The law does not specify what is considered "reasonable" and the employer may refuse time off either if it is considered too frequent or too inconvenient at the time of the particular request.

24   Disciplinary and Grievance Procedures: Code of Practice; Advisory, Conciliation and arbitration Service (ACAS); 2003 (page 15).

However, the code of practice from ACAS states that "the amount and frequency of time off should be reasonable in all the circumstances"[25] and lists a number of factors which should be taken into account. These include both issues such as the size of the organisation and number of workers, operational issues, such as the production process and the need to maintain a service to the public, as well as issues such as the difficulties for union in representing all type of workers, including those working in shifts and part time.

Trade union representatives also have the right to reasonable time off if they are also Union Learning Representatives – a new position encouraging learning in the workplace – and to accompany workers at disciplinary or grievance hearings.

In practice the TUC survey of reps found that that most (57%) spent between one and 10 hours on union duties with just over a quarter (26%) spending more than 10 hours on trade union duties a week and one in six (17%) spending less than an hour a week[26]. Generally – in 71% of cases – all this time was paid for by the employer. In some large workplaces the senior union figure may be released from other duties for all or part of their working hours but this has become less frequent in recent years.

On training the 2004 WERS survey found that 40% of respondents said that they or other union representatives had received training in the last 12 months and that in 86% of cases management had paid for the time off for courses[27].

In workplaces with no union recognition there is no generalised legal right to time off for employee representatives, although elected employee representatives are entitled to "reasonable" time off to carry out their functions under specific pieces of legislation. Again these include the information and consultation of employees regulations, the regulations on redundancies and business transfers and health and safety legislation.

There is no specific legal right for employee representatives to be given other resources to carry out their duties, although the ACAS code

---

25 Time off for trade union duties and activity: Code of Practice; ACAS 2003 (page 14).
26 *Union reps – winning respect at work* (page 10).
27 *Inside the Workplace: First Findings* (page 16).

of practice recommends that "employers should consider making available to officials the facilities necessary for them to perform their duties efficiently and communicate effectively with their members, colleague lay officials and full-time officers"[28]. In practice, where unions are recognised some limited facilities are usually provided, as Table 5, taken from the 2004 WERS figures shows.

Table 5:	Proportion of union representatives benefiting from certain facilities	
Type of facility	Proportion benefiting
Office space	55%
Office equipment (use of telephone, photocopier, computer or notice board)	91%
Rooms for meetings	74%
Use of e-mail	62%
Space on company intranet	22%
No facilities	9%
Source: Kersley et al.: Inside the Workplace: First Findings (page 16)	

Representation at group level

Just as there is no statutory structure for employee representation at workplace level so there is no structure at group level. Meetings of employee representatives at group level are on a voluntary basis at the initiative either of the union or the employer. In some cases the union may bring its representatives in the company together and sometimes the company itself may wish to do so.

28   Time off for trade union duties and activity: Code of Practice (page 14).

Representatives on European Works Council bodies

Until the beginning of 2000, because of the opt-out from the Social Chapter, UK workers were only indirectly covered by the legislation on European Works Councils (EWCs). UK employees did not have the same rights to take part in EWCs as their colleagues in other European countries, although in practice many larger UK companies ignored the UK opt-out and set up EWCs with full UK participation. (More than 80 UK-based companies set up EWCs on this basis and hundreds of companies based outside the UK with EWCs included UK employees.)

However, the situation changed on 15 January 2000 and UK employees must be included in EWCs and in negotiations about EWCs.

Figures from the European Trade Union Institute suggest that there are some 100 or so EWCs in UK companies and most were set up under the voluntary procedure which could be used until the legislation came into effect, and which did not stipulate the negotiating procedures. In practice they were often negotiated by unions either at European or national level and UK trade unionists are often guaranteed some of the UK seats, although some may also go to elected representatives from non-union areas.

New EWCs must be set up through negotiations with a Special Negotiating Body to represent employees. Members of this body can be either employees or full-time trade union officials but they must be directly elected by the UK workforce except where there is already a separate committee, whose members have already been elected by a ballot. In this case the committee can choose the members.

Where these negotiations fail to reach agreement the fallback provisions come into effect. UK members of an EWC set up under these provisions must be employees and be elected by existing employee representatives provided they represent all employees. Only if this is not the case is there a direct election.

Board level representation

There is no legal right for workers to have any representation at board level. The practice is no different. Apart from a few short-lived experiments in state owned industries in the 1970s, a few employee-owned companies in the 1980s and a handful of companies with major public shareholdings, such as bus companies owned by local authorities, UK employees have never had representatives on the board.
(Text May 2006)

Bibliographie

ACAS CODE of practice on Disclosure of Information to Trade Unions for Collective Baragaining Purposes, in: *Advisory, conciliation and Arbitration Service*. First published 1977 revised 1997, London.

ACAS (ADVISORY, CONCILIATION AND ARBITRATION SERVICE) (2003): *Time off for trade union duties and activity: Code of Practice*. London.

ACAS (ADVISORY, CONCILIATION AND ARBITRATION SERVICE) (2003): *Disciplinary and Grievance Procedures: Code of Practice*. London.

AMICUS (Ed.) (2004): *Information and consultation at work: an Amicus guide for members*.

BROWN, W. / DEAKIN, S. / HUDSON, M. (1999): *Redundancy consultation: a study of current practice and the effects of the 1995 regulations*. DTI.

CULLY, M. / O'REILLY, O. / MILLWARD, N. / FORTH, J. / WOODLAND, S. / DIX, G. / BRYSON, A (1998): *The 1998 Workplace Employee Relations Survey: First Findings,* DTI.

DTI (Department of Trade & Industry) (2005): "The Information and Consultation of Employees Regulations 2004", in: DTI Guidance.

IPA CASE STUDY Number 10; November 2005. London.

IRS Employment Review (2005): no 833.

KERSLEY, B. / ALPIN, C. / FORTH, J. / BRYSON, A. / BEWLEY, H. / DIX, G. / OXENBRIDGE, S. (July 2005): *Inside the Workplace*. DTI, Routledge.

LABOUR RESEARCH DEPARTMENT (May 2004): "Worker Representation in Europe". London.

MILLWARD, N. / BRYSON, A. / FORTH, J. (2000): *All Change at Work?* E-book.

NEATHEY, F. / ARROWSMITH, J. (1999): *Early implementation of the Working Time Regulations.* DTI.

The Information and Consultation of Employees Regulations (2004): Statutory Instrument 2004 No 3426, Crown Copyright.

TUC (eds) (November 2002): *Union reps – winning respect at work.*

TUC (eds) (2005): *Trade Union Trends: focus on recognition.* April 2005.

UNISON (eds) (2005): *European Information and consultation directive: Fact Sheet.*

WERS (2004): *First findings from the 2004 Workplace Employment Relations Survey.*

Workplace Report (April 2006).

Troisième partie

Europe centrale et orientale:
vers de nouvelles formes de participation?

*Mittel- und Osteuropa:
hin zu neuen Formen der Partizipation?*

The state of industrial relations with a view to workers participation and organizational innovation in the Central Eastern European new member states of the EU

Béla GALGÓCZI

Introduction

The current round of European enlargement is definitely unprecedented in history both in regard to its scope and to the fact that the development gap between old and new member states is substantial.

Enlargement can be regarded as an attempt for the integration of the less developed part of Europe (among others) in order to bring the "destructive forces" of competition under control. The integration of Central Eastern Europe (CEE) on the basis of commonly shared economic and social values – the 'acquis communautaire', the European Social Charters and the European Constitution – opens the perspective of a win-win situation.

We have to see, that enlargement is not going to be a "one-way street". It will also stimulate some of the necessary reforms to be implemented in Western Europe in order to strengthen its competitiveness in the global environment. Pressure towards change in countries with "great inertia", like France or Germany will probably grow. Some move for flexibilisation and the loosening of the sometimes "ossified" bureaucratic structures and co-ordination mechanisms seems to be necessary and overdue anyway. It needs to be stressed that the real cause of this is globalisation, enlargement is just the answer and an opportunity. The most important however is that all the dynamisation happens is applied in a way that doesn't undermine the basic achievements of the European

Social Model. To achieve this, social partners both on national and European level should play an active role in the process.

The above principle is also true for our more restricted topic of industrial relations and workers participation.

Qualitative side of competitiveness

In the next sections we will demonstrate the qualitative side of the competitive potential coming from the East with regard to the industrial renewal, export performance and productivity development.

Even in the time of Europe's artificial partition it was clear that while in certain characteristics Eastern Europe was resembling third world countries, in the field of education and social welfare a rather high level was maintained. The quality of the workforce was close to European standards, giving a suitable basis for quick restructuring.

As mentioned in the introduction, the structure of the economy of the CEE countries went through a fundamental change during the nineties, by which it came rather close to that of the EU countries. The most spectacular changes took place in the industry due to direct foreign investment and privatisation.

Productivity growth was substantial in candidate countries, especially from the second half of the nineties, although in an *uneven distribution* among individual countries. Even so, the productivity of the manufacturing industry in the group of the CEE 10 grew by 50% on average compared with the roughly 10% increase of the EU15 in the period 1995-2001. (European Commission 2003). The dynamism of the process is even higher, if we examine the whole decade of the 90's. In case of the frontrunners, manufacturing productivity had been tripled within a decade.

It is no wonder that CEE countries were very successful in increasing their *export performance*. The overall export performance (expressed in USD) of the CEE 10 grew to a ratio of 300% between 1990 and 2001 (Boillot 2003). This is undoubtedly a high competitive pressure. When looking at the structure of their manufacturing exports to the EU15, a substantial qualitative improvement can be observed. The share of labour intensive industries has decreased, whereas that of technology driven and high skill industries grew dynamically. In case of Hungary the share of technology driven industries within its EU manufacturing exports grew from 20% in 1995 to 50% by 2001, whereas the share of labour intensive exports decreased from 20 to 10% (European Commission 2003). It can be stated that the Czech Republic, Slovakia, Slovenia and especially Hungary focus less on labour intensive industries in their exports to the EU than Greece and Portugal. Hungary's share of labour intensive exports to the EU is comparable to that of Austria, Denmark and Italy.

All these clearly show that the industrial and investment map of Europe is changing dramatically (more on this in Boillot 2003 and European Commission 2003). Finally, we highlight how the once purely low wage based competition is changing towards more human resource and R&D based competition, then indicating some of the potential impacts of this on Western Europe.

Second wave of structural change

Since the second half of the nineties we have witnessed a process that is often called the *"second wave of structural change"* in certain CEE countries. The profile of FDI (foreign direct investment) was gradually shifting from labour intensive, mass production facilities, low value added assembly and wage processing towards high quality and value added knowledge intensive activities. Simultaneously, previous production facilities that were based on cheap labour only have started to move further to the East, mostly to China.

It is quite clear that the future of the CEE industry *cannot rely on the comparative advantage of low wages in the long run. Higher added value, rather than loan work based assembly* is required in order to have a chance of integrating a higher level of European industrial co-operation.

There are signs already that this development is well on its way, as the *importance of the quality of human resources* plays an increasing role in investment decisions. It is a positive trend, as well as the fact that more and more multinationals decide to move research & development facilities to Hungary, to the Czech Republic and in certain cases to Poland (Alcoa, Audi, General Electric, Philips, Nokia, Pharmaceutical industry, IT industry).

The impact of Western Europe not to be downplayed

We can conclude that although CEE countries went through enormous structural changes in the past decade an upgrading process is also underway with less emphasis on cheap labour, so that the competitive pressure from the East is considerably high. Even if CEE wages catch up, they will remain substantially lower in the foreseeable future compared to Western Europe. The competitive pressure will probably move from the low wage unskilled areas (which could be moved further to the East) towards relatively low wage, but higher value added and more research and human resource intensive areas.

It cannot be denied that the impact of this process can be negative for certain countries, especially in particular branches and regions. The enlargement process with its several integrative impacts (legal, environmental, labour and regional) on CEE countries to boost convergence can significantly diminish the negative impacts.

It must be also clearly understood that to a great extent multinational companies determines the pace of competition. Even if productivity in certain sectors of CEE economies has become comparable to EU levels, multinationals still adjust their wage policies to the local conditions and optimise their cost structures.

With the increasing pace of integration, an exciting development is taking place, where the imported European structures (through the EU directives and the practices of European multinationals) are setting foot. With the upgrading of activities from low wage based mass production towards HRM (human resources management) and technology intensive activities, the institution of workers participation is gaining more productive value. It is not going to act as a ballast but much more as a productive factor in the future.

Concluding the above, Western Europe has come to the limits of its post-War development in several aspects (demographic processes, institutional inflexibility, over-regulation and slow reactions to change). We can well expect that Europe would gain a new impulse for renewal and increase its capacity to cope with change through the pressures coming from the CEE region. If these countries have a large experience in something, than it is managing change.

The basic question is then, what kind of Europe is going to emerge through these turbulent processes in the future.

Industrial relations patterns in the CEE countries

General framework of Industrial relations

One of the foundations of the European Social Model is that the social partners are in a strong position. It is not so in CEE countries; we know through a great number of studies that the social partners still struggle with low legitimacy. Industrial relations systems did not develop in an organic way in CEE countries and it will take a considerable time until 'imported structures' become established in their local socio-economic environment. This is why, current absolute levels of trade union organisation and coverage rates still do not give an indicative picture on the potential of social actors.

The specificities and structure of their activities is also quite different than in most EU (15) member states. Performance comparisons – if done in the well-established structures of some of the member states – can thus be misleading. One conclusion can probably be drawn already: the social partners in the transformation of those countries, such as their companies have acquired more skills in managing change and coping with changing conditions in the past 13 years, than those of the established market economies of the West.

Table 1: Collective bargaining coverage rates and unionisation rates in candidate countries (%)

Country	Coverage rate of CB agreements	Unionisation rate
CZ	25-30	30
HU	45-50	20
Pl	30	15
MT	n.a.	60-70
SK	50	40
SL	Nearly full	41,3
EE	20	12
LV	Under 20	20
LT	10-15	15

Source: EIRO on-line 2004, ETUI 2004

When approaching the situation in a descriptive way, the greatest obstacles of a well working industrial relation system in the CEE region can be grouped, as follows:

– *Relatively weak positions of trade unions*, within which the following factors play a role:
– Legitimacy problems,
– Conflicts arising from trade union pluralism,
– Shrinking organisation grade,
– Lack of new strategies to expand towards the SME and services sectors,
– Over-politicised approach, which is counter-productive on the national level in the long run,
– Fragmented employer organisations that are not always devoted supporters of social dialogue,
– Distorted structure of social dialogue,
– Over-dimensioned national level,
– Weak branch level structures,
– Dual channel model of IR not having developed in an organic way,
– Functional disturbances between trade unions and works councils at company level.

Table 2: Collective agreements at sectoral level in candidate countries		
Country	Number of CB agreements	Coverage rate of collective agreements at sectoral level
CZ	12	n.a.
HU	19 sectoral + 33 multi-employer	17,8%
PL	136 multi-employer agreements, 20 of which sectoral	under 10%
CYP	12	n.a.
SK	55	50%
SL	38	close to 100%
EE	7 + 10 subsectoral	under 10%
LV	10	n.a.
LT	few	n.a.
Source: EIRO on-line 2003, ETUI CB yearbook 2003-2004		

The *basic characteristic* of the *IR system* of CEEC-s to Western Europe is that its development was not a result of organic changes. To a too large extent, it was an ad hoc development under pressure and to some extent as a result of a top-down approach. The system is still in a process of massive change, which takes time as it becomes an integrated element of the socio-economic structure.

Such a top-down approach is as apparent in the context of the "EU–national" dimension as it is at national level, i.e. in the dimension of the "government / social partners" relationship. It is also true that the transformation process has been a particularly sensitive period for the industrial relations system, since the social partners, especially trade unions have had to depart from their traditional role of "interest representation" towards becoming actors and generators in the restructuring and modernisation process. Such a role appears in fundamental contradiction with traditional workers representation values. In this regard, the transformation was and partially still is a "state of emergency" for industrial relations. This is what Western European unions cannot understand sometimes – but this on the other hand means that unions in the East have gained much more experience with change.

After the bulk of the transformation is over, it could be expected that the terrain for genuine interest representation will become broader. If this goes along with a strengthening of the social partners, the present trends reducing their influence could turn the other way round.

It must be clearly seen that trade union freedom and collective bargaining autonomy are legally guaranteed in all acceding countries, functional disturbances are more due to historical reasons and to the very nature of the transformation. Only confident and autonomous trade unions can function properly and can acquire wide public acceptance and legitimacy. The damages inflicted by the autocratic system to all forms of collectivism must be understood. Any imminent undemocratic pressure does not threaten the autonomy of unions. General mistrust and lack of legitimacy are the greatest problems. Only genuine and autonomous social partners can become successful. Any kind of administrative advantage that could work in other parts of the world (including EU countries in certain cases) and would maybe result in better organisation or collective bargaining coverage rates, is not necessarily applicable to CEE countries (Slovenia is a partial exception, since the legacy of collectivism is not so burdened there). The present trade union landscape – without such institutional advantages (like being bodies in charge of allocating certain welfare or holiday benefits) – shows the naked reality.

Trade union strategies

Only autonomous representatives of emancipated employees can perform the functions of genuine interest representation. Roles are getting clearer now, with the turbulent phase of the transformation coming to an end.

It must be added also that competence is a central issue for trade unions, as well. It is performance that matters most. Trade unions need competent and highly skilled representatives, who are being accepted as equal partners by managers, employers and their membership alike. They should develop offensive strategies and initiatives. Traditional trade union patterns that tend to emphasize the preservation of previous values and structures cannot successful. If they formulate demands that correspond to sustainability and to the new challenges, they will be taken as serious partners.

It must be also added that trade unions in CEE have acquired much competence in managing change in turbulent societies. They have to use these skills in a new environment under more consolidated conditions, where the previous "quiescence" and self-restraint can be changed for more dynamic attitudes.

Collective bargaining

Regarding collective bargaining, it is well known that branch level structures are the unions weakest link in CEE countries and the centre of bargaining practice is still the company. It is a paradoxical situation that the branch level structures should be established under a top down pressure, when in some EU countries (Germany), the traditional patterns of branch level agreements come under increasing pressure. We can probably expect some processes of convergence at this point in the future.

The relation between collective bargaining and employment creation have a different context in transformation economies due to the productivity reserve, accumulated before and also due to convergence processes underway.

Workplace representation and workers participation

The European pattern of workers participation

The concept of information and consultation of employees in the workplace is based on the universal principle of participation in decision-making: that is, the right of different groups to have a say in decisions and policies that affect them directly.

It is widely recognised that people should be informed and consulted before decisions are taken or policies formulated which are likely to affect them. Naturally, this general principle applies also to labour relations.

The right to be informed and consulted – the right to participate in decision-making – can be considered as a basic social and human right. It has been argued that in a democracy workers should enjoy the same political rights in the workplace as they, as citizens, enjoy in society. In other words, they should participate actively in the operation of their firm, and also select those who represent them in negotiations with management. In this way political democracy is strengthened by industrial democracy.

It has also been argued that the quality of workers' lives depends so much on the well being of their enterprise that they are entitled to a say in how it operates. Participation enables workers and their representatives to influence management decisions and to discuss working conditions.

Parallel to these political and social arguments there is also an economic argument: participation increases efficiency, improves productivity and fosters social peace, preventing industrial disputes at the workplace level. Participation research has produced substantial evidence demonstrating the link between workers' participation and economic efficiency.

However from time to time it is objected that workers' participation, by limiting the prerogatives of management and altering the balance of power in the company, adversely affects competitiveness. This argument has sometimes been used in Central and Eastern Europe to halt the creation of works councils.

It must be emphasised that this way of thinking is linked to Tayloristic work organisation models and does not fit the new work organisation patterns of the knowledge-based economy. This way, the principle of workers' participation and its advantageous impact on high quality oriented business models is largely accepted throughout Europe.

Information and consultation of employees at the workplace is an important component of both:

– the basic principles of the International Labour Organisation (ILO),
– the European Social Model.

Information and consultation of employees is also at the heart of the European Social Model. European-level regulation of workers' participation in the European Union has a long history; however, it has occasionally proved highly controversial between employers and trade unions and between different member states. In the mid-1980s Commission President Jacques Delors saw the need to create a mechanism for information and consultation at European level to accompany the Single Market. From the end of the 1980s workers' participation has received particular attention and has been embedded in several EU Directives. At the beginning of the 1990s the focus shifted towards direct forms of participation. This shift went hand in hand with the rediscovery in the business literature of the importance of human resources and trust-based employee relations. Several schemes were introduced to promote employee involvement, with the purpose of enhancing their commitment at company level. Thus, despite political difficulties, remarkable progress has been made towards creating institutions for direct participation.

The European participatory model has over the last decade become a distinctive part of the European Social Model, contrasting with the trends in the USA in the last decades.

Various directives have targeted consultation and information: employers have to inform and consult workers' representatives on specific subjects, including collective redundancies, transfer of undertakings, health and safety issues, and employee involvement in company boards.

EU efforts to ensure the right to information and consultation culminated in Directive 2002/14/EC, establishing a general framework for informing and consulting employees in the European Community. Compared to earlier, piecemeal regulations, Directive 2002/14/EC establishes a general framework for informing and consulting employees in the European Union. It establishes minimum requirements for information and consultation of employees in decisions which affect their interests, targeting firms with over 50 employees or establishments with at least 20 employees. Article 4 of the Directive lists the topics subject to information and consultation and stipulates manner and timing: information must be given at such a time, in such a fashion and with such contents as are appropriate to enable employees' representatives to examine the issues properly and, when necessary, to prepare for consultation. The consultation process is also regulated in detail: both employer and employee representatives have to inform, explain, justify and make decisions. According to the Directive, member states must make appropriate provisions to deal with non-compliance on the part of either employers or employees' representatives.

The Directive, on the one hand, mainly consolidates some traditional features of European law on information and consultation and the well-established practices of the majority of member states, which already have an institution for information and consultation functioning in the form of 'national' works councils. On the other hand, it represents a challenge for countries which do not have institutionalised workers' representation, such as Ireland and the UK. Similarly, most accession countries do not have a statutory system of works councils, devised to inform and be consulted on a regular basis concerning the financial, organisational or employment situation of the company. The Directive thus represents a challenge to the legal framework of the majority of accession countries to ensure regular consultation and information with workers' representatives at enterprise level.

Nonetheless, in the eyes of many public administration officials the Directive opens the door to national legislation creating national works councils to institutionalise routine participation for workers' representatives. The institutionalisation of works councils is particularly attractive, given the well-established practice of the majority of current EU member states.

Workers participation in Central Eastern Europe

As regards workers participation, we should never forget that the term still has some negative connotations in some CEE countries due to the malfunctions of self-management practices of the past. This also shows, how difficult it is to try to transfer ready made structures to a different economic, social and historical environment.

Both (self-management related) workers' councils and trade unions lacked legitimacy as bodies of workers' representation due to their integration in the regime, in the eyes of both the majority of employees and pro-democratic political movements. One of the main consequences of this widespread distrust since the democratic transition has been legal regulations which have heavily curtailed the rights of these institutions, with the exception of those countries where pro-democratic grassroots trade union movements have lent new legitimacy to institutionalised workers' representation. "Management-controlling" workers' councils were invariably abolished, completely or partially, after the transition by the new democratic regimes.

There were also concerted efforts to create a new normative and institutional environment more suited to the setting up of a market economy, as well as the framework for a pluralist industrial relations system suitable for a European accession strategy. This occurred partly through amendments of existing regulations and partly through selective institutional borrowing and adaptation of the best practices of various European countries. New labour legislation across the region sought to grant Western European style information and consultation rights to workers' representatives, replacing the earlier regulations on participation in management with extensive codetermination rights for trade unions. Regulations concerning information and consultation rights have been further expanded with the development of the EU accession process and the efforts of legislators to harmonise national regulatory regimes with EU directives and the practices of EU member states.

With the increasing integration of CEE countries into the EU, an exciting development is taking place, when the imported European structures (through the EU directives and the practices of European multinationals) are setting foot in the local environment. With the upgrading of activities from low wage based mass production towards HR and technology intensive activities, the institution of workers participation is gaining more productive value. It will less be looked upon as a drawback factor but much more as a productive factor for company performance.

EU accession countries can be divided into four groups as far as institutionalised channels of information and consultation are concerned:

- Countries with a single channel of employee interest representation: only trade unions are entitled to represent employees as far as information and consultation are concerned. Cyprus, Poland and Turkey belong to this group.

- Countries also with a single channel of representation – the trade union – but where the law also contains provisions for the election of workers' representatives for non-unionised workers, alongside union representatives. Estonia and Latvia belong to this group.
- Countries with a primary channel of representation – the trade unions – for information and consultation, but where the law allows election of a supplementary secondary channel of elected employees' representatives to represent workers in non-unionised workplaces. The secondary channel may take the form of works councils or other forms of elected employees' representatives, such as workers' trustees or employees' representatives. Until July 2003 Slovakia had a single system of workers' interest representation, since works councils could be established only in firms without trade unions. Currently, this group includes Bulgaria, the Czech Republic, Lithuania, Malta and Romania.
- Countries with dual-channel representation: statutory works councils operate alongside trade unions, which are also based on workplace level organisations. In this group, Hungary and Slovenia have relatively long experience of works councils – established in 1992 and 1993 respectively – operating simultaneously with trade unions in companies. Slovakia has just joined this group (switching from Group 3) with the amendment of the Labour Code of July 2003 that institutionalised works councils as statutory bodies for information and consultation in all firms.

A summary of the different workers participation and information/consultation practices in acceding (ACC) and candidate countries (CC) is to be found in graph 1.

National workplace IR in ACC + CC

	DUALISTIC MODEL	MONISTIC MODEL	MONISTIC WITH complementary channel for non-TU-companies		INFORM.	CONSULT.	CODETERM
SLo	WC+TU				Y	Y	Y
HU	WC+TU				Y	Y	Y
CZ			TU	Empl. council	Y	Y	Y
SK	WC+TU				Y	Y	
PL		TU			Y	Y	Y
LV		TU + electd rep. of non-unionised employees			Y	Y	Y
EE		TU + electd rep. of non-unionised employees			Y	Y	
LTu		TU			Y	Y	
BG			TU	Gen.meeting of empl.	Y	Y	
RO			TU	Empl.rep.	Y	Y	
CYP		TU			Y	Y	
MT		TU			Y	Y	
TR		TU			Y	Y	

ETUI EGI ISE

Source: ETUI.
KEY: y= yes

Note: WC stands for works council and TU for Trade Union

Workers participation practices in CEE countries after accession and development trends

With the accession of the new countries to the EU from May 2004 the European legislation concerning workers' participation will become effective:

– Employees of the new member states will then be able to delegate their representatives to existing *European Works Councils (EWC)* or to newly established EWC-s in cases of companies with headquarters in one of the new member states; the transposition of the EWC-Directive (Council directive 94/45/EC of 22 September 1994) into national legislation is already underway.

- The *EU-Directive of Information and Consultation* (Directive 2002/14/EC of the European Parliament and of the Council of 11 March 2002) should be transposed into national legislation a the latest by the year 2005, just as in all other member states; this presupposes the review of previous practices pursued in the respective countries.
- It should be possible also in the new member states to apply the SE-Statute from October 2004; that makes the transposition of the *EU-Directive supplementing the SE-Statute with regard to the involvement of employees* (Council Directive 2001/86/EC of 8 October 2001) into national legislation compulsory.

These Directives stress that institutionalised and continuous workers' participation extending to all levels – from the shop-floor to the highest management body – of a company is seen as a cornerstone of the European Social Model. By this, European workers, although being dependant employees, gain the opportunity to play an active role in shaping the social character of the European Community.

In order to live up to the opportunity, several preconditions should be met and some considerations need to be clarified. First of all, a integral transmission of the experiences and practices of the EU-15 is not achievable. This is why the project is founded on reciprocal exchanges.

The exchange of experiences will also have a central role in promoting the implementation of the directives on workers' participation. The extent to which applying the European patterns in the local environment succeeds will have an overall impact on the Europeanization of working relations. We have to bear in mind that restructuring and rationalisation processes in the new member states are in a crucial stage and the importance of an active involvment of social partners in companies is greater than ever.

Beside the revisions of national labour legislation, the European patterns are apparently setting foot in the practical field, as well: according to the data of the European Trade Union Institute there were in 2002 already 24 firms in Poland delegating national members to the EWC (out of the 206 which have an EWC). The same figures for the Czech Republic are 22 (117) and for Hungary 20 (114).

However, there are certain structural conditions in the future member states that make the implementation of the European patterns rather difficult:

– Works councils and trade unions at the company level often appear as rivals, although efficient employee representation would presuppose co-operation in the field of collective bargaining.
– The European directives on workers' participation rest on a social model that is built upon representative institutions of interest representation. In the future member states however, these bodies, also on the employee side, are challenged by a certain lack of confidence due to historical reasons. Many employees still prefer to pursue some sort of individual or small group level bargaining practices.
– Trade unions still find themselves in a process of changing roles. They need to develop new strategies towards employees and new approaches to companies aiming at building up confidence.
– Firms have a social function also, whether they like it or not, as for many people in a given region they are the only vehicle of hope and survival. Up till now, they often organised their internal working relations on an individual basis, one-sidedly reflecting the attitude of the management. They did not view themselves as collective social partners. This praxis could become dangerous in the future, when competitiveness would no longer be built on cost advantages, but on the quality of human resources, when a confident and autonomous employee force demands systematic forms of participation.

It is quite clear that co-operative forms of management- and entrepreneurial cultures are finally in the interest of both employers and employees. The rather abstract legal forms embodied in EU directives are necessary but by far not sufficient preconditions for this. The practical fulfilment of this objective lies in the willingness and competencies of social partners at all levels, in how they manage to fit these institutional and legal elements into the socio-economic environment of their countries. The basic question is thus, whether the EU-directives on workers' participation can lay down the foundations for a stable model of co-operative entrepreneurial and management culture in the new member states or whether they remain alien elements in the context of the diverse realities and preferences of the region.

There is not enough empirical evidence yet, on how the European legislative and institutional framework influences workers participation practices in the new member states. We can only suppose that with the ongoing qualitative upgrading of activities towards more human resource and technology intensive modes of production, workers participation, genuine information and consultation would prove to be beneficial for both employers and employees. The practices of multinational companies may also change in the future with the European legislation having become effective in CEE countries.

Nonetheless, the enlargement process and the obligation of accession countries to apply EU Directives put the issue of works councils on the agenda once again, regardless of domestic political agendas. The introduction of works councils will offer formal compliance with EU directives, supplement the trade unions and improve the representation of employees' interests at the workplace level.

A review of the laws and practices of candidate countries, however, clearly shows that it is not sufficient to have legislation on works councils if one wants a functioning system of information and consultation. The real challenge is to ensure that legal rights to information and consultation are actually used by workers, regardless of whether they work in an unionised or non-unionised workplace.

It has been argued that one obstacle to the introduction of a dual-channel model, or even complementary secondary channels, is the resistance of trade unions to potential "competition". Empirical evidence however suggests a more complex reality in which different expectations and strategies are at play. As far as the trade unions are concerned, the practices of certain countries show that the trade union role is mediated through historical experiences and practices in a path dependent way. Only past experiences could explain the different attitude of Slovenian unions to works councils compared to all other union movements in the region. Slovenian unions do not consider works councils to constitute competition in a horizontal dual-channel model; on the contrary, they fought hard for a statutory institution of workplace representation. Their strategy can also be explained in terms of historical experiences of self-management.

Their current organisational and political interests also mediate trade union attitudes to works councils. Slovenian unions, for example, did not enjoy – in contrast to Soviet-type unions – statutory rights at workplace level. As a consequence they saw works councils not only as a way of ensuring workers' interest representation, but also as a means of anchoring union organisation at workplace level and securing a voice for themselves. In 1992 Hungarian trade unions accepted works councils, which they identified as an opportunity to consolidate influence at workplace level. The wider political environment also shapes union attitudes to works councils.

When considering the CEE new member states, as a whole, there is a clear lack of workers' representation in companies without trade unions, the number of which is growing rapidly. This problem was also addressed by the EU report on the state of industrial relations in the accession and candidate countries. This can lead to a situation in which a majority of accession countries face the impossibility of ensuring workers' information and consultation, despite the fact that it is enshrined in their national legislation and represents an important element of the Community's *acquis*.

It is clearly the EU's intention to ensure information and consultation for employees across the economy. It should be noted that governments, trade unions and employers' organisations in candidate countries share the vision of a European-style regulatory environment, including an institutional solution for ensuring workers' information and consultation in most candidate countries. The recent legislation in Slovakia, and discussions on the institutionalisation of statutory works councils in many other countries, suggest that one of the major solutions on the agenda is the introduction of works council-style institutions to provide an institutionalised structure ensuring that workers have the chance to enjoy their right to be informed and consulted on business decisions affecting their lives, while preserving trade union prerogatives regarding collective bargaining and the right to conclude a collective agreement. It is still an open question wether such a development would be the dominant way of workers participation practices in the new member states.

Organisational innovation and the perspective of direct participation in CEE countries

Even, if forms of indirect participation, such as works councils, information and consultation practices and board level participation are in the foreground of attention nowadays in most CEE countries, there is evidence of a growing level of direct participation, as well.

Most of the current experience with direct participation is related to the organisational innovation introduced by multinational companies. The rediscovery in the business literature of the importance of human resources and trust-based employee relations drew the attention towards direct forms of participation by employees. Several schemes were introduced to promote employee involvement, with the purpose of enhancing their commitment at company level.

It was a general experience in all CEE countries that *multinationals had an overall positive impact on enterprise culture.* They bringing technology, management skill, they renew work organisation and develop work culture. In cases of larger organisations they mostly have well maintained industrial relations (they are the rules in such organisations) and most have collective agreements. Multinationals adapt to the local conditions also, especially if it is more easy-going to fit local patterns.

There are of course problematic cases, especially with Japanese and Korean firms, since they usually force their own models in to a totally different environment, and say for example that trade unions are not necessary. It is not true however that American companies do not care for industrial relations and co-operative management styles.

It is generally characteristic that industrial relations work much smoother in privatised companies, where trade union presence has a tradition, than at green-field investments, where the establishment of a union is sometimes difficult.

In privatised companies, massive reorganisation is necessary in most cases, which is often accompanied with substantial staff reductions. It is an elementary interest of the employer also to implement these measures through negotiations with labour representations in a co-operative manner.

At green-field investments on the other hand, when the starting position is not affected by a conflictual situation, but on the contrary where foreign employers offer higher wages than usual in the given labour market environment, the necessity of interest representation does not seem to be evident at the beginning.

Experience shows two major kinds of approaches of industrial relations by foreign companies:

- The first one could be characterised as *"adaptive"*, since the management adapts its relation to the traditions and legal framework of the host country in determining its attitude to the employees and the interest representation bodies. Changes in this case are mostly limited to "fine tuning" and reforms.
- The second one is the *"innovative"* approach, where the management wants to transfer the enterprise culture of its home country. In this case not only the company organisation, the management style and the organisation of production will be fundamentally transformed, but also industrial relations. For example, if works councils at the mother firm are dominant, the managemetn will try to favour works councils and weaken trade unions. In certain cases the presence of trade unions is not requested at all.

It is rather difficult to classify individual countries along these categories. Experiences are not that simple. Rigid transfer of domestic cultures is more characteristic for Asian firms. Americans prefer efficiency above all, and if it is a co-operative enterprise culture that promotes this goal, they do not object, on the other hand they do note devote much energy to establish such systems. As regards European, especially German firms, they have an innovative approach of enterprise culture, but in most cases they adapt their models to the local conditions also.

Usually they do not force their models on the local company, they easily adapt however, if it means a looser, more flexible structure, than what they are used to at home.

In some cases however they may happen to force the development of a German model, including the dominance of works councils vis-à-vis trade unions, but this strategy is not headed for success in the region. Without strong company union representation industrial relations would not function efficiently in CEE countries.

It is rather difficult to identify the direct influence of foreign firms on industrial relations. It is much better to say that *there is a strong interrelation between national and foreign enterprise cultures* with a dominance of the European model. This cannot be implemented by force however, as some of the bad examples indicate.

Most of the experiences show that the bulk of foreign companies does not feel the necessity of a missionary role and do not force the transmission of their models mechanically. The main goal is to achieve a system which works efficiently and in a co-operative way taking the local conditions into account. This is a basic interest of the company management as well.

It is also true that companies' *human resource policies* have a major importance in enterprise culture and can also have an impact on industrial relations. In this regard the influence of foreign firms is generally positive. The most important mission of such a creative HR strategy is the development of a learning organisation.

Above all, *corporate identity and loyalty of employees* is much more important for them. This is the core element of their human resource policies and this is the major terrain for direct participation of employees. Several organisational innovations serve this goal, from teamwork to 'exchange of ideas', talent- and career management and personal evaluations. It must be added that direct participation works more efficient in companies where forms of indirect participation are well established.

On the other hand, we have to mention one *specificity of the CEE transformating* economies as regards direct participation. *Financial participation* of employees has a different context in these countries. In the course of mass privatisation, several countries have experimented with different kinds of employee ownership and financial participation programmes. Very few of these have proved to be successful for a genuine form of financial participation. In most cases employees saw a source of extra income in stock ownership and sold their shares as soon as possible. In certain cases, especially at medium size companies with low capital assets, majority employee ownership in the form of ESOP privatisation proved to be successful. Employee ownership was successful on a larger scale in Slovenia, where previous self-management practices have a positive follow-up.

As a conclusion, it can be expected that co-operative forms of enterprise cultures and employee participation could result in efficiency gains in the future and will not remain purely decorative elements of company cultures. (Text January 2006)

Literature:

BOILLOT, J.-J. (2003): "Beyond transition: The challenge of enlargement for the current decade, research paper", in: *EU Enlargement-DREE.* Brussels.

EUROPEAN COMMISSION (2003): *European Competitiveness Report.* DG Enterprise, Brussels.

GALGÓCZI, B. / MERMET, E. (2003): "Wage developments in candidate countries", in: Transfer,Vol. 9, 2003/4, European Trade Union Institute, Brussels.

GHELLAB, Y. /TOTH, A. (2003): "The Challenge of Representation at the Workplace in EU Accession countries: Does the Creation of Works Councils Offer a Solution alongside Trade Unions". Research paper, ILO, Budapest.

KRIEGER, T. / SAUER, CH. (2003): "Will Eastern European Migrants Happily Enter the German Pension System after the EU Eastern Enlargement?". Discussion Paper No. 118. University of Goettingen.

LADÓ, M. (2002): "Industrial Relations in the Candidate Countries", in: http://www.eiro.eurofound.ie/about/2002/07/feature1.

STAJONEVIC, M. / GRADEV, G. (2003): "Workers' Representation at Company Level in CEE Countries", in: Transfer 1 (3): 31-49.

UNICE / UEAPME / ETUC (2001): *Social dialogue in the European Union candidate countries.* Bratislava, 16 and 17 March 2001, Brussels.

VAUGHAN WHITEHEAD, D. (2003): *EU Enlargement versus Social Europe? – The uncertain future of the European Social Model.* Edward Elgar, UK.

Litauen: Das Konzept der „universellen Arbeitnehmervertretung"

Tomas DAVULIS

Einführung

Die kollektive Wahrung von Rechten und Interessen der Arbeitnehmer ist eines der spannendsten Problemfelder des Arbeitsrechts. Wer unter welchen Voraussetzungen und bei welchen Angelegenheiten die Interessen der Arbeitnehmer gegenüber den Arbeitgebern vertreten darf – diese Fragen sind in allen Ländern unterschiedlich beantwortet worden. Man spricht oft von verschiedensten Modellen der Vertretung der Arbeitnehmer, bei deren nationaler Ausgestaltung die langjährigen Traditionen und Erfahrungen sowie soziale, wirtschaftliche und politische Bedingungen des jeweiligen Landes eine wichtige Rolle gespielt haben. Man könnte auch behaupten, dass die Modelle der kollektiven Vertretung der Arbeitnehmer selbst im Kern des nationalen Arbeitsrechts liegen und deswegen zu den sensiblen und „schwer beweglichen" Regelungsmaterien gehören.[1] Diese Bedenken schließen jedoch nicht aus, dass die Frage nach der kollektiven Vertretung der Arbeitnehmer immer wieder auf der Tagesordnung der nationalen Gesetzgebung steht, oder in der modernen Rechtslehre darüber immer wieder diskutiert wird. Zum Einen wird dies den Entwicklungen in der Europäischen Gemeinschaft zugerechnet[2]. Zum Anderen sind diese Fragen genau dort von großer Relevanz, wo vor kurzem die Regelung der kollektiven Vertretung der Arbeitnehmer fun-

---

1   Vgl. Art. 137 Abs. 1 Buchstabe f) und Art. 137 Abs. 5 EG. Beide Artikel beschränken die Befugnisse der Europäischen Gemeinschaft zum Erlass der gemeinschaftsweiten minimalen Standards im Bereich des kollektiven Arbeitsrechts erheblich.

2   Vgl. z.B. die Richtlinie des Europäischen Parlaments und des Rates 2001/86/EG zur Ergänzung des Statuts der Europäischen Gesellschaft hinsichtlich der Beteiligung der Arbeitnehmer (ABl. EG 2001, Nr. L 294, S. 22 ff.).

damental reformiert wurde und jetzt die Ergebnisse dieser Reform bewertet werden sollen.

Dieser Beitrag setzt sich mit der kollektiven Vertretung der Arbeitnehmer in Litauen, einem der zehn neuen Mitgliedstaaten der Europäischen Union, auseinander. Litauen zählt heute zu den Ländern Mittel-
und Osteuropas, die nach dem Übergang zu Demokratie und Marktwirtschaft auch ihr nationales Arbeitsrecht umfassend modifiziert haben. Die
Ergebnisse der litauischen Reform lassen sich erst nach der Re-Kodifizierung des Arbeitsrechts feststellen, die im Jahre 2002 erfolgte. Mit der
Verabschiedung des neuen Arbeitsgesetzbuches am 4. Juni 2002 (im
Folgenden: AGB 2002) hat der litauische Gesetzgeber auch die Modelle
der Vertretung der Arbeitnehmer auf betrieblicher Ebene novelliert (vgl.
Valstybės žinios [Staatliche Mitteilungen], 2002, Nr. 64-2569). Die Novellierung stellt darauf ab, den rechtlichen Rahmen für die Unterrichtung
oder die Anhörung der Arbeitnehmer gemäß den entsprechenden EG-
Richtlinien zu schaffen. Bemerkenswert ist hier die Tatsache, dass in
Litauen – im Gegensatz zu vielen westeuropäischen Ländern – die Sozialpartnerschaft auf betrieblicher Ebene eine viel größere praktische Bedeutung für die Festlegung der Löhne und der anderen Arbeits- und Beschäftigungsbedingungen hat als die kollektiven Verhandlungen auf
Branchen- oder territorialer Ebene. Die litauische Reform der Regelungen der betrieblichen Vertretung der Arbeitnehmer soll im vorliegenden
Beitrag vorgestellt und zugleich kritisch gewürdigt werden. Bevor indes
näher auf die Neuregelungen des AGB 2002 und anderer Gesetze eingegangen wird, soll zunächst die geschichtliche Entwicklung des litauischen Modells dargestellt werden.

Der vorliegende Beitrag kann nicht alle Formen der Arbeitnehmervertretung berücksichtigen. Er richtet sich grundsätzlich auf die sog.
betriebliche[3] Vertretung für die Zwecke der Kollektivverhandlungen und
zugleich auch für die innerbetriebliche Beteiligung, d.h. Anhörung, Unterrichtung oder Mitwirkung der Vertreter der Arbeitnehmer in betriebli-

---

3   Dem Begriff „der Betrieb" liegt hier die litauische Definition zugrunde. Danach
    umfasst der Begriff nicht nur Betriebe sondern auch Unternehmen (!), ferner auch
    Einrichtungen oder Organisationen des privaten oder öffentlichen Rechts, sowie
    natürliche Personen, denen der Arbeitnehmer seine unselbständige Arbeit anbietet.
    Damit ist praktisch der Arbeitgeber selbst gemeint.

chen Angelegenheiten. Der Grund liegt darin, dass anders als in Deutschland die Vertretung der Arbeitnehmer auf der Ebene des Betriebes in Litauen nach wie vor ein einheitliches Rechtsinstitut darstellt. Somit sind die Fragestellungen (Vertretung zum Zweck der Kollektivverhandlungen bzw. Abschluss des Kollektivvertrags oder die Vertretung zum Zweck der Unterrichtung und Anhörung bzw. Mitwirkung) hier von Anfang an nicht als voneinander getrennt, sondern als einheitliches Problemfeld zu betrachten. Die Institutionen oder Organe, die Arbeitnehmerinteressen auf dem Feld der Gesundheit und der Sicherheit am Arbeitsplatz vertreten, werden hier aufgrund ihrer klar umrissenen Befugnisse nicht behandelt[4].

Geschichtliche Entwicklung des litauischen Modells der betrieblichen Vertretung der Arbeitnehmer

Gewerkschaften und andere Arbeitnehmervertretungen im sowjetischen Arbeitsrecht

Während der Zeit der sowjetischen Annexion galt in Litauen wie in anderen Republiken der UdSSR das sowjetische Regelungsmodell der Arbeitsbeziehungen. Das staatliche Eigentum der Produktionsmittel schloss faktisch die Existenz privater Arbeitgeber aus, da der Staat selbst diese Rolle in verschiedenen Formen ausübte. Die Bedingungen der unselbständigen, entlohnten Arbeit wurden durch strikte und detaillierte Rechtsnormen der sowjetischen Gesetze (vor allem durch die UdSSRweit geltende sog. Grundlagen der Arbeitsgesetze, später auch durch das Arbeitsgesetzbuch der litauischen SSR von 1972 (in Folgendem: AGB 1972[5]) so geregelt, dass kaum Spielraum für die Ausgestaltung der Arbeitsbedingungen durch individuelle Vereinbarungen oder Kollektivverträge gelassen wurde[6]. Die Kollektivverträge, die auf der Ebene der staat-

---

4   Siehe dazu Nekrosius/Davulis 1998/1999.
5   Valstybės žinios, 1972, Nr. 18-137.
6   Vgl. Nekrošius/Davulis 1998/1999; 219 und Koch 1996; 62.

lichen Betriebe abgeschlossen wurden, waren keinesfalls ein Instrument
zur Kompromissfindung bezüglich der gegenseitigen Interessen der
Werktätigen und des Kapitals, sondern ein Mittel der Umsetzung der
Planvorgaben und eine Konkretisierung der staatlichen Sozialleistungen.
Gleichermaßen wurde den Vorschriften über die Mitwirkung der Arbeitnehmer eine grundsätzlich andere Rolle als in der westlichen Rechtstra-
dition zugemessen: sie dienten zur Kontrolle der Administration (Management) der staatlichen Betriebe. Der Arbeitskampf war im sowjetischen
„Staat der Arbeiter und Angestellten" auch nicht denkbar.

In diesem System kam den Gewerkschaften die Schlüsselrolle zu. Da
vom Staat unabhängige Koalitionen der Arbeitnehmer nicht zugelassen
wurden, handelte es bei den stark zentralisierten staatlichen Gewerkschaften um nichts anderes als den „verlängerten Arm der kommunistischen Partei". Ihnen wurde das Mandat der Vertretung aller Werktätigen
eingeräumt, was auch das Recht der Teilnahme bei verschiedenen staatlichen Angelegenheiten beinhaltete. Die vielschichtige Struktur der staatlichen Gewerkschaften hat sich auf die Ausgestaltung ihrer Kompetenzen ausgewirkt. Während die Zentral- oder Branchen-Gewerkschaften
mit den Staats- und Parteiorganen der entsprechenden Ebenen über die
Planvorgaben „diskutierten", beschäftigten sich die betrieblichen Strukturen mit ihrer innerbetrieblichen Umsetzung.

Als kleinste Zelle der staatsweiten gewerkschaftlichen Organisation
operierten in jedem Betrieb die betrieblichen Gewerkschaften, denen
üblicherweise mehr als 90 Prozent der Arbeitnehmer des Betriebes ange-
hörten. Dem hohen Organisationsgrad lag die Tatsache zugrunde, dass
viele soziale und gesellschaftliche Begünstigungen von der Mitgliedschaft in der Gewerkschaft abhingen. Die primäre Aufgabe der betrieblichen Gewerkschaft bestand darin, die Arbeitsproduktivität zu steigern
und zur Planerfüllung beizutragen. Die sowjetisch-litauische Gesetzgebung räumte dem leitenden Organ der betrieblichen Gewerkschaften –
dem Komitee der Gewerkschaft – weitgehende Kompetenzen ein[7]. Diese
reichten von der Förderung besonders produktiver Werktätiger über

---

7   Die sowjetisch-litauische Gesetzgebung befasste sich fast ausschließlich mit den
     betrieblichen Gewerkschaften. Die anderen Ebenen der gewerkschaftlichen Struk-
     tur wurden nur fragmentarisch als die sog. „höheren Organe der Gewerkschaften"
     erwähnt.

Maßnahmen zur Disziplinierung ungehorsamer Werktätiger (faktisch: Kontrolle der Arbeitnehmer) und der Mitwirkung bei betrieblichen Entscheidungen (faktisch: Kontrolle des Managements) bis hin zu der Teilnahme an der Lösung individueller arbeitsrechtlicher Streitigkeiten (faktisch: arbeitsrechtliche Judikatur).

Als die Hauptfunktion des Komitees der betrieblichen Gewerkschaft galt der Abschluss (der sowjetische Gesetzgeber sprach hier wohlgemerkt nicht von „Verhandlungen") des betrieblichen Kollektivvertrages mit der Administration des Betriebes. Das Komitee handelte hier formell als gesetzlicher Vertreter der Belegschaft (Art. 8 Abs. 1 AGB 1972), wobei die Abstimmung der Vollversammlung der Belegschaft über den Entwurf des betrieblichen Kollektivvertrages trotzdem erforderlich war (Art. 8 Abs. 2 AGB 1972). In dem jährlich neu abgeschlossenen Kollektivvertrag wurden die gesetzlichen Vorschriften konkretisiert und die Entscheidungen der Staatorgane implementiert. Da in dem betrieblichen Kollektivvertrag auch die finanziellen Mittel und Einrichtungen zum Wohlstand der Arbeitnehmer festgelegt wurden, diente er auch als Instrument zur Vermittlung der sozialen Leistungen des Staates. Die Verpflichtungen der Belegschaft, etwa die Planvorgaben zu erfüllen, die Produktivität und die Qualität der Produktion zu steigern, die technische Einrichtung der Arbeit fortzuentwickeln waren eher deklamatorisch und rechtlich nicht erzwingbar.

Dem Komitee der betrieblichen Gewerkschaft wurden auch weitreichende Rechte der betrieblichen Mitwirkung eingeräumt – viele Entscheidungen der Administration sowie die lokalen Rechtsakten zur Betriebsordnung durften nur nach Abstimmung mit dem Komitee der betrieblichen Gewerkschaft erlassen werden. So musste das Komitee bei betriebsbedingten Kündigungen, bei der Festlegung der Arbeitszeitpläne und der Arbeitszeitverteilung, bei der Normierung der Arbeit und Regeln der Entlohnung, und in vielen anderen Angelegenheiten (Ruhezeit, materielle und disziplinäre Verantwortung der Arbeitnehmer u.s.w.) befragt werden. Diese gesetzlichen Mitwirkungsrechte sollten die Direktionsmacht der Administration ziemlich stark beschränken, dienten jedoch, in der Realität eher als eine theoretische Möglichkeit zur Überwachung und Kontrolle der Administration des Betriebes durch die gewerkschaftlichen Funktionäre.

Das Komitee der betrieblichen Gewerkschaft galt lange als die einzige anerkannte institutionalisierte Vertretung der Arbeitnehmer. Kurz vor der politischen Wende wurde im Jahre 1988 der neue Slogan der sozialen Selbstverwaltung propagiert, um Kritik an der Ineffizienz und dem Missbrauch der sowjetischen Wirtschaftsorganisation entgegenzutreten. Mit der daran anschließenden Reform der Verwaltung der Betriebe versuchte man gemäß dem Beispiel der sozialistischen Staaten des Ostblocks das Interesse der Arbeitnehmer an der Selbstverwaltung im Betrieb zu wecken, und darüber hinaus die Beteiligungsrechte der Arbeitnehmer zu stärken. Es wurde proklamiert, dass die Belegschaft der Hausherr im Betrieb sei, der entscheidend an der Organisation der Arbeit und der Betriebsordnung teilnehmen müsse (Art. 268-1 AGB 1972 n.F.). Zur Kompetenz der Belegschaft zählte sogar die Wahl der leitenden Angestellten des Betriebes, einschließlich des Direktors, wobei die Ergebnisse der Direktorenwahl nachträglich von den zuständigen Staatsorganen gebilligt werden sollten (Art. 268-4 AGB 1972 n.F.). Die Kompetenzen der Belegschaft wurden der neuen Institution der Arbeitnehmervertretung – dem in der Vollversammlung des Betriebes gewählten Rat der Belegschaft – übertragen. Der AGB 1972 enthielt nach den Änderungen vom 30.3.1988 aber keine ausführlichen Regelungen über die Wahlordnung, die Zahl der Mitglieder oder die Amtszeit des Rates. Man findet jedoch in Art. 268-3 eine beeindruckende Liste von Angelegenheiten, an welchen der Rat beteiligt werden sollte: Fortentwicklung der Leitung und der Verwaltung des Betriebes, Personalplanung und Schulung, Disziplinierung und Förderung der Arbeitnehmer, betriebliche Lohngestaltung, Festlegung der Grundsätze der Lohnfindung, der freiwilligen Entgelte und verschiedenen Zuwendungen, die Einführung und Anwendung von technischen Einrichtungen, sowie Form, Ausgestaltung und Verwaltung von Sozialeinrichtungen des Betriebes u.a. Die Beteiligung des Rates der Belegschaft war praktisch auf die Unterrichtungs-, Anhörungs- und Vorschlagsrechte beschränkt; aber auch hier waren die Entscheidungen des Rates oder der Belegschaft an das Prinzip der engen Zusammenarbeit mit der kommunistischen Partei, den Staatsorganen und der Gewerkschaften gebunden (Art. 268-3 Abs. 3 AGB 1972 n.F.).

Die Einführung der auf den ersten Blick von Gewerkschaften und Parteien unabhängigen Institution der betrieblichen Vertretung der Arbeitnehmer neben der betrieblichen Gewerkschaft hat das gesamte System der kollektiven Vertretung nicht wesentlich geändert. Obwohl dem Rat der Belegschaft eine wichtige Rolle in der Verwaltung des Betriebes zukommen sollte, wurde ihm tatsächlich nur symbolische Bedeutung beigemessen. Das Komitee der betrieblichen Gewerkschaften verfügte nach wie vor über exklusive Kompetenzen wie z.B. den Abschluss der betrieblichen Kollektivverträge, die Verwaltung des Systems der sozialen Sicherung und weitgehende Mitwirkungsrechte, aber zwischen Gewerkschaftsrechten und Kompetenzen des Rates der Belegschaft konnte häufig keine klare Demarkationslinie gezogen werden. Das Zusammenspiel der verschiedenen Akteure (des Komitees der Gewerkschaft, des Rates der Belegschaft und der Administration) im Betrieb sollte die Steigerung der Produktivität und die Qualität der Produktion zur Folge haben, und die Kontrolle der Administration des Betriebs verschärfen. Über die Wahrung der Interessen der Werktätigen wurde damals nicht nachgedacht. Wie so häufig im sowjetischen System blieb auch die Selbstverwaltung der Arbeitnehmer rein deklamatorisch und hat demzufolge die faktische Leitung des Betriebes nie bedeutend beeinflusst.

Gesetzeslage und Praxis nach dem Wandel (1990-2002)

Nach der Wiederherstellung der Unabhängigkeit Litauens am 11.3.1990 begannen die Errichtung eines unabhängigen demokratischen Rechtsstaates und die Umstellung auf die Marktwirtschaft. Die umfassende Reform der nationalen Rechtsordnung bezog auch die Regelung der Arbeitsverhältnisse mit ein. Die schnelle, umfassende Re-Kodifizierung des Arbeitsrechts ist in Litauen damals nicht gelungen. Obwohl der erste Entwurf des neuen Arbeitsgesetzbuches im Auftrag des Parlaments von einer Gruppe von Arbeitsrechtlern und Beamten bereits 1991 dem Parlament vorgelegt wurde, hat der litauische Gesetzgeber sich nicht dazu entschließen können, die Reform des Arbeitsrechts in einem Schritt durchzuführen. Nicht zuletzt aufgrund des Einflusses von Verbänden der neuen und der „reformierten" alten Gewerkschaften hat der Gesetzgeber die Re-Kodifizierung vorläufig (in der Tat für mehr als 10 Jahre) aufgeschoben, und statt dessen eine langsamere Reformierung auf dem We-

ge des Erlasses der einzelnen arbeitsrechtlichen Gesetze gewählt[8]. Um
das Arbeitsrecht und die neue marktwirtschaftliche Ordnung in ein aus-
gewogenes Verhältnis zueinander zu stellen, wurde eine Reihe von wichtigen Arbeitsgesetzen innerhalb einer überaus kurzen Zeitspanne verabschiedet, welche die einzelnen Gruppen von Arbeitsbeziehungen regelten[9]. Das AGB 1972 galt aber dennoch weiter. Das bis zum Jahre 2003
geltende AGB 1972 entsprach zwar nicht mehr den neuen Wirtschaftsbe-
dingungen, regelte aber dennoch umfassend die einzelnen Bereiche des
individuellen Arbeitsrechts (die Arbeitsdisziplin, Schadensersatzpflicht
der Arbeitnehmer, Schutz und Garantien besonderer Arbeitnehmergrup-
pen u.a.), die von den neuen Arbeitsgesetzen nicht völlig erfasst wurden.

Die frühere Phase der Entwicklung (1990-1994)

Die Reformierung des Arbeitsrechts umfasste auch den Bereich des kollektiven Arbeitsrechts. Zuerst suspendierte das Parlament die Geltung
der Rechtsvorschriften des AGB 1972 über die Kompetenzen der Belegschaft und des Rates der Belegschaft über die Wahlen der Direktoren
und anderen leitenden Angestellten der Betriebe für unbestimmte Zeit[10].
Dies wurde formell mit der Verabschiedung der neuen Gesetze über die
Handelsgesellschaften begründet. Man kann annehmen, dass damit die
deutlichsten Widersprüche zwischen dem AGB 1972 und den damaligen
Vorstellungen über die unternehmerische Freiheit und die Verwaltung
der privaten Handelsgesellschaften entschärft werden sollten: die Arbeitnehmer dürfen keine Rechte an der Bestimmung des Managements der
Gesellschaft in Anspruch nehmen. In der Tat hatte diese Entscheidung

---

8   Zum Verlauf der Reform siehe Nekrošius 1999; 25 ff.
9   So wurden unter anderem folgende Arbeitsgesetze erlassen: das Gesetz über die
    Beschäftigung der Bevölkerung v. 13.12.1990 (seit den Änderungen v. 1.2.1996 –
    Gesetz der Förderung der Arbeitlosen), das Arbeitsentgeltgesetz v. 9.1.1991, das
    Arbeitsvertragsgesetz v. 28.11.1991, das Urlaubsgesetz v. 17.12.1991, das Gesetz
    über den Schutz der Menschen bei der Arbeit v. 7.10.1993 (seit den Änderungen
    v. 17.10.2000 – das Gesetz über den Schutz und die Gesundheit der Arbeitnehmer).
10 Gesetz vom 4.12.1990 zur Änderung und Ergänzung des Arbeitsgesetzbuches
    (Valstybės žinios, 1990, Nr. 36-863).

weitreichendere Konsequenzen als nur die Beschränkung der Rechte der Arbeitnehmer bei der Wahl der leitenden Angestellten. Im Ergebnis führte der partielle Abbau von Rechten zur vollständigen Aushebelung der geltenden Rechtsvorschriften des AGB 1972 über die Beteiligung der Belegschaft an den betrieblichen Angelegenheiten. Infolgedessen wurden die Gesetzesänderungen vom 30.3.1988 des AGB 1972 nicht mehr angewandt und auch nie auf ihre Gültigkeit hin untersucht. Damit hörten die Räte der Belegschaften vollends auf zu existieren – sie hatten ihre Rechtsgrundlage verloren und wurden nach nur wenigen Jahren in allen Betrieben praktisch aufgelöst. Die Arbeitnehmer haben das widerstandslos akzeptiert, wobei die Gewerkschaften auch nichts gegen die Abschaffung der nicht-gewerkschaftlichen Struktur der betrieblichen Vertretung einzuwenden hatten. Dieses Beispiel zeigt deutlich, dass die kurz vor dem Untergang des Regimes eingeführten Organe der Selbstverwaltung der Arbeitnehmer in Betrieben als fremde Körperschaften angesehen wurden: zu Beginn der marktwirtschaftlichen Reformen in Litauen wurden die Ideen über eine Beteiligung der Belegschaft der Arbeitnehmer in Form der Anhörung, Unterrichtung oder Mitwirkung als völlig fremde sowjetische Relikte aufgefasst.

Was die Gewerkschaften angeht, können wir eine partielle Modifizierung der sowjetisch-litauischen Gesetzgebung beobachten. Gerade nach dem Umbruch hatte der litauische Gesetzgeber sich mit der Frage nach der Zukunft der Gewerkschaften sowjetischen Typs auseinandergesetzt, um die Rahmenbedingungen der gewerkschaftliche Bewegung gemäß der Prinzipien der Internationalen Arbeitsorganisation (im Folgenden: IAO) neu zu konzipieren. Die Tätigkeit der reformierten alten gewerkschaftlichen Strukturen und der neuen Gewerkschaften westlicher Prägung wurde schon früh erlaubt, aber erst mit dem am 21.11.1991 vom Parlament verabschiedeten Gewerkschaftsgesetz (im Folgenden: GewerkschaftsG)[11] neu geregelt. Das mit wenigen Änderungen bis heute geltende GewerkschaftsG verankert die positive und negative Koalitionsfreiheit des Einzelnen und Garantien der gewerkschaftlichen Freiheiten. Es legt die Voraussetzungen zur Bildung von Gewerkschaft fest, räumt die Möglichkeit ein, territoriale, branchenabhängige oder nationale Ge-

---

11   Valstybės žinios, 1991, Nr. 34-933.

werkschaftsverbände zu bilden, zählt die Rechte und Pflichten der Gewerkschaften gegenüber Arbeitgebern und staatlichen Organen auf[12].
Das GewerkschaftsG selbst enthält richtungsweisende Normen. Das vollständige Bild gewerkschaftlicher Aufgaben und Kompetenzen ergibt sich aus dem Zusammenspiel verschiedener Vorschriften des GewerkschaftsG und den Gesetzen, die einen Rahmen für die kollektiven Arbeitsbeziehungen schaffen, nämlich des Gesetzes über Kollektivverträge v. 4.4.1991[13] (im Folgenden: KVG) und des Gesetzes über die Regelung der kollektiven Streitigkeiten v. 17.3.1992[14] (im Folgenden: GKS).

Art. 2 Abs. 1 KVG, das noch kurz vor dem Erlass des GewerkschaftsG verabschiedet wurde, räumte das Recht auf die Kollektivverhandlungen und den Abschluss der betrieblichen Kollektivverträge zwei verschiedenen Vertretern der Arbeitnehmer ein: den betrieblichen Gewerkschaften und den ad hoc gewählten Bevollmächtigten. Wie auch im AGB 1972 hat der litauische Gesetzgeber hier das Recht der betrieblichen Gewerkschaft auf die Kollektivverhandlungen anerkannt. Obwohl der Gesetzgeber von einer Pluralität der Gewerkschaften ausging, wurden die Kriterien zur gewerkschaftlichen Repräsentativität gesetzlich nie festgelegt. Es wurden jedoch im KVG die Regelungen bezüglich mehrerer konkurrierender Gewerkschaften getroffen: für die Zwecke der Kollektivverhandlungen sollten alle betrieblichen Gewerkschaften paritätisch ein gemeinsames Gremium bilden. Außerdem beinhaltete Art. 2 Abs. 1 Satz 2 KVG eine wichtige Regelung über andere Vertreter der Arbeitnehmer: die Interessen der Arbeitnehmer in Betrieben ohne betriebliche Gewerkschaften oder solcher, die nicht Mitglieder einer Gewerkschaft sind, werden von den gewählten Bevollmächtigten vertreten.

Die erste Option lässt sich sehr gut erklären mit der Zielsetzung der Unterstützung der kollektiven Wahrung der Interessen der Arbeitnehmer in kleineren privaten Unternehmen und Betrieben, deren Zahl mit der

---

12   Die individuelle Vereinigungsfreiheit und die gewerkschaftlichen Freiheiten wurden später auch in die neue Verfassung der Republik Litauen v. 25.10.1992 (Valstybės žinios, 1992, Nr. 33-1014) aufgenommen. Deutsche Übersetzung in: Brunner (Hrsg.), *Wirtschaftsrecht der osteuropäischen Staaten*, Loseblatt-Ausgabe, Band III 4, Litauen, Ziff. I1.).

13   Valstybės žinios, Nr. 12-312.

14   Valstybės žinios, Nr. 12-307.

Privatisierung und dem Wachstum des privaten Sektors ständig zunahm. Die Rechte der von der Belegschaft ad hoc gewählten Bevollmächtigten, die Kollektivverhandlungen einzuleiten und die Kollektivverträge abzuschließen (Art. 2 Abs. 1 KVG), sollten die entstandene Lücke der kollektiven Vertretung schließen.

Die zweite Option, die Bevollmächtigten auch in Betrieben mit betrieblichen Gewerkschaften zu wählen, kann nicht so einfach erklärt werden. Es entstand nämlich die Frage, ob Nicht-Gewerkschaftsmitglieder auf jeden Fall von den gewählten Bevollmächtigten vertreten werden müssen, oder ob sie eine parallele Vertretung erhalten sollten in dem Sinne, dass die gewählten Bevollmächtigten einen separaten Kollektivvertrag mit dem Arbeitgeber in ihrem Namen schließen dürfen; oder ob sie lediglich die Teilnahme an den Verhandlungen zusammen mit den Gewerkschaften beanspruchen können. Aus der Systematik des KVG folgte, dass der litauische Gesetzgeber wieder das sowjetische Konzept verfolgte, nach dem in einem Betrieb ein einziger Kollektivvertrag für alle Arbeitnehmer des Betriebes gelten sollte. Dies ergibt sich nicht nur daraus, dass das KVG keine Regelungen zur Konkurrenz der Kollektivverträge im Betrieb enthielt, sondern auch aus den Vorschriften, die Gewerkschaften bzw. die Bevollmächtigten als Vertreter der ganzen Belegschaft (also auch der Nicht-Mitglieder) definieren (Art. 2 Abs. 1 KVG). Das ist so zu verstehen, dass der Kollektivvertrag für alle Arbeitnehmer des Betriebes, unabhängig von der Mitgliedschaft in der Gewerkschaft, gilt (Art. 5 Abs. 1 KVG), und dass die Vertreter der Belegschaft und der Arbeitgeber den Kollektivvertrag nur nach Abstimmung in der Vollversammlung der Belegschaft unterschreiben dürfen (Art. 4, 11 KVG). Der Verweis auf die gewählten Bevollmächtigten der Nicht-Mitglieder ist demnach so auszulegen, dass nur die Option der Teilnahme an der von den Gewerkschaften geführten Kollektiverhandlungen vorgesehen ist, und die Bevollmächtigten der Nicht-Mitglieder keine Berechtigung haben, einen parallelen Kollektivvertrag für diese auszuhandeln. Diese Regelung des Art. 2 Abs. 1 Satz 2 KVG war von grundlegender Bedeutung: in der Zeit der Verabschiedung des KVG wurden die Gewerkschaften nicht a priori als die Vertreter aller Arbeitnehmer für die Zwecke der Kollektivverhandlungen betrachtet. Ihre Vertretungsmacht beschränkte sich anfangs nur auf ihre Mitglieder. Diese Auffassung des Gesetzgebers spiegelt sich in den damaligen Regelungen des GewerkschaftsG wider. Die Präambel des GewerkschaftsG in der Fassung v. 21.11.1991 definierte die Gewerkschaften als freiwillige, selbständige Vereinigungen, deren Zweck in der Vertretung und Verteidigung der wirtschaftlichen und sozialen Rechte und Interessen ihrer Mitglieder besteht. Art. 11 GewerkschaftsG besagt nach wie vor, dass die Gewerkschaften beim Abschluss der Kollektivverträge Vertreter Ihre Mitglieder sind, aber durchaus auch als Vertreter der ganzen Belegschaft handeln können. Mit den gesetzlichen Vorschriften zu den Kollektivverträgen korrespondierten im Grunde auch die Regelungen des Streikrechts. Das Recht, betriebliche Streikaktionen einzuleiten, wurde ausdrücklich sowohl als Recht der betrieblichen Gewerkschaft, als auch der gewählten Bevollmächtigten[15] anerkannt: beide waren berechtigt, Forderungen an den Arbeitgeber zu stellen (Art. 2 GKS), den Streik auszurufen (Art. 10 GKS) und den Streik zu verwalten (Art. 11 GKS). Ähnlich wie beim Abschluss des betrieblichen Kollektivvertrags durfte die Gewerkschaft hier nicht im eigentlichen Sinne selbständig handeln: um den Streik auszurufen, war nämlich auch die Abstimmung der Vollversammlung der Belegschaft (1/2 der Stimmen im Vollversammlung oder 2/3 der Stimmen in der Konferenz der Vertreter) erforderlich.

Diese Neuregelungen der Rechte der gewählten Bevollmächtigten haben damals den Raum zur Anwendung des KVG und GKS wesentlich erweitert, da die kollektive Wahrung der Rechte der Arbeitnehmer ohne gewerkschaftliche Strukturen stattfinden durfte. In großen Industrieunternehmen, die den Übergang zur Marktwirtschaft überlebt hatten, konnten sich die Gewerkschaften aufgrund ihrer großen Mitgliederzahl und der bereits gesammelten Erfahrungen den neuen Bedingungen ohne große Schwierigkeiten anpassen. In kleineren, privaten Unternehmen hingegen erwies sich die Gründung von Gewerkschaften von Anfang als sehr schwierig. Dort weigerten sich die Arbeitnehmer vehement, neue gewerkschaftliche Strukturen aufzubauen, obwohl die gesetzlichen Voraussetzungen für die Gründung neuer Gewerkschaften nicht als zu streng

---

15 Das Gesetz (GKS) verwendet die Definition der „Bevollmächtigten" nicht, sondern spricht von der „Belegschaft". Dies macht jedoch keinen großen Unterschied, weil die Belegschaft als solche nur durch die in der Vollversammlung der Belegschaft legitim gewählten Vertreter handeln darf.

angesehen werden können. Zur Gründung von betrieblichen Gewerkschaften waren (und dies gilt bis heute) erforderlich: eine Mindestzahl
von Gründungsmitgliedern (30 Arbeitnehmer oder 1/5 der Belegschaft,
aber nicht weniger als 3 Arbeitnehmer), ferner Satzungen, die in der
Versammlung der Mitglieder festgelegt werden sollten, und schließlich
die gewählten leitenden Organe der Gewerkschaft (Art. 6 Abs. 2 GewerkschaftsG). Andere Voraussetzungen für die Anerkennung der betrieblichen Gewerkschaften durch den Arbeitgeber waren gesetzlich
nicht vorgesehen[16]. Diese Zurückhaltung der Arbeitnehmer bezüglich der
Gründung von Gewerkschaften ist auf mehrere eher nicht-rechtliche
Ursachen zurückzuführen: vor allem die Angst um Arbeitsplätze in dem
neuen Arbeitsmarktbereich, wo hohe Arbeitslosigkeit herrscht; ferner auf
das in der Öffentlichkeit vorherrschende negative Bild von Gewerkschaften, oder der mit großer Argwohn betrachtete Kollektivismus.
Schließlich wird in der post-sowjetischen Gesellschaft jegliche Form von
sozialer Aktivität sehr oft abgelehnt. Der Kündigungsschutz für Gewerkschaftsmitglieder (Art. 21 Abs. 2 GewerkschaftsG) konnte diese skepti-
sche Haltung gegenüber Gewerkschaften nicht beseitigen. Somit hat sich
die Möglichkeit der Ersetzung der gewerkschaftlichen Vertretung durch

---

16   Die Frage nach der rechtlichen Bedeutung der in Art. 8 Abs. 4 Gewerk-
      schaftsG vorgesehenen Eintragung der Gewerkschaften war bis zum Inkrafttre-
      ten am 1.7.2001 des neuen litauischen Zivilgesetzbuchs vom 18.7.2000 (Val-
      stybės žinios, 2000, Nr. 74-2262) durchaus umstritten. Das GewerkschaftsG
      unterscheidet deutlich zwischen der Erfüllung der Voraussetzungen zur Grün-
      dung der Gewerkschaft und der Eintragung der Gewerkschaft bei den Gebiets-
      körperschaften bzw. beim Ministerium für Justiz. Die Eintragung wurde for-
      mell mit dem Erwerb des Status der juristischen Person verbunden. Da dies
      formell nicht obligatorisch wurde, hieß es in der Rechtslehre, dass der Gesetz-
      geber zwischen arbeitsrechtlicher und zivilrechtlicher Rechtsfähigkeit der Ge-
      werkschaft differenziert – die Gewerkschaft darf im Arbeitsrecht auch ohne
      Eintragung als Rechtssubjekt handeln. Dieser Auslegung hat sich der Litaui-
      sche Oberste Gerichtshof nach damaliger Rechtssprechung nicht angeschlos-
      sen: jede Vereinigung, die als Gewerkschaft auftreten möchte, soll den Status
      einer juristischen Person besitzen. Art. 2.38 des neuen litauischen Zivilgesetz-
      buchs verankert eine einzigartige Ausnahme: im Unterschied zu anderen juris-
      tischen Personen erhalten die Gewerkschaften eine volle eigene Rechtfähigkeit
      sobald die gesetzlichen Voraussetzungen zu ihrer Gründung erfüllt sind. Eine
      formelle Eintragung in das Register der juristischen Personen ist nicht erfor-
      derlich.

die gewählten Bevollmächtigten auf die gesamte Situation eher positiv
ausgewirkt: bei abflauender Konjunktur haben die von Bevollmächtigten
abgeschlossenen Kollektivverträge und von ihnen eingeleitete Streikaktionen den im großen und ganzen sehr negativen Eindruck von der kollektiven Regelung der Arbeitsbeziehungen etwas verbessert.

Nun soll die Situation hinsichtlich der betrieblichen Mitbestimmung
näher betrachtet werden. Wie bereits erwähnt verankerte AGB 1972
viele Vorschriften über die Mitwirkungsrechte des Komitees der betrieblichen Gewerkschaften. Gleich nach der Wende erfuhren sie dasselbe
Schicksal wie auch die Bestimmungen über die Berechtigungen der Be-
legschaftsräte. Zuerst hat der litauische Gesetzgeber mit dem Erlass des
GewerkschaftsG vom 21.11.1991 die stark von der Politik abhängigen
Rechtsnormen des Kapitels XVI AGB 1972 über die Zuständigkeiten der
staatlichen sowjetischen Gewerkschaften außer Kraft gesetzt. Davon
wurden die in verschiedenen Artikeln des noch geltenden AGB 1972
verankerten Mitwirkungsrechte des Komitees der betrieblichen Gewerkschaft nicht berührt. Dadurch entstand eine paradoxe Situation: die nicht
außer Kraft gesetzten Rechtsnormen des AGB 1972 fanden nur teilweise
Anwendung. Formell gesehen mussten die vor dem Inkrafttreten der
litauischen Verfassung v. 25.11.1992 erlassenen Rechtsvorschriften, also
auch die nicht außer Kraft gesetzten sowjetischen Rechtsnormen, auf
verfassungsrechtliche Konformität überprüft werden (Art. 2 des Gesetzes
v. 6.11.1992 über die Einführung der Verfassung[17]). Die entscheidende
Bedeutung bei der praktischen Unanwendung dieser Rechtsvorschriften
kam jedoch dadurch, dass die von ihnen betroffenen Rechtsgebiete
(Einstellung oder Kündigung, Arbeitszeit und Urlaubzeit, Schutz der
Gesundheit der Arbeitnehmer u.a.) von neuen Arbeitsgesetzen völlig
überdeckt wurden[18]. Die neuen Arbeitsgesetze enthielten solche Rechts-

---

17 Valstybės žinios, 1992, Nr. 33-1015.
18 Die Ausnahme, nach welcher Gewerkschaften noch ihre sehr starke Positionen be-
    haupten konnten, betraf die Regelung der individuellen Rechtsstreitigkeiten. Ge-
    mäß Art. 241 AGB 1972, wurde das Komitee der betrieblichen Gewerkschaft nicht
    nur ermächtigt, die Vertreter der betrieblichen Streitkommission zu bestimmen,
    sondern wurde sogar als die Berufungsinstanz (!) zur Entscheidungen dieser Streit-
    kommission anerkannt. An der verfassungsrechtliche Konformität dieser sowjeti-
    schen Rechtsnormen wurde bis zum Inkrafttreten des Gesetzes über die Regelung

normen nicht, weil sie nach der damals herrschenden Auffassung marktwirtschaftlicher Ordnung und privater unternehmerischer Freiheit widersprochen hätten. Im Ergebnis haben die Unterrichtung und die Anhörung der Arbeitnehmer sowie die anderen Formen der Mitwirkung der Arbeitnehmer in Litauen an Bedeutung verloren. Zu den rudimentären Einzelbestimmungen über die Unterrichtung und Anhörung der Arbeitnehmer traten erst viel später neue Arbeitsgesetze, die der erforderlichen Umsetzung von entsprechenden EG-Richtlinien nachkamen.

Die Mitbestimmung der Arbeitnehmer in den staatlichen Unternehmen bzw. in der staatlichen Aktiengesellschaft hat jedoch eine neue Form erfahren. Die damalige litauische Gesetzgebung, nämlich das Gesetz über die Staatlichen Unternehmen vom 25.9.1990[19] verankerte auch die Rechte der Arbeitnehmer, den bestimmten Teil der Mitglieder des Aufsichtsorgans (1/3 in der staatlichen Aktiengesellschaften und 2/3 in den sog. staatlichen Unternehmen und) zu wählen. Diese sollten durch eine geheime Abstimmung getrennt von den leitenden Angestellten (Administration) und von den übrigen Arbeitnehmern gewählt werden. Vermutlich zielte diese Regelung darauf ab, die Arbeitnehmer zur zusätzlichen Überwachung der Privatisierung und des Managements zu benutzen. Aber auch hier zeigte sich, dass wegen der Korruption oder des Mangels der Kenntnisse die Arbeitnehmer sich als schlechte Verteidiger der staatlichen Interessen und der Interessen der Arbeitnehmer erwiesen. In der Praxis hatte es noch nie eine schnellere Ausbeutung des staatlichen Eigentums, zahlreichere Werkschließungen und Massenentlassungen gegeben als in den ersten Jahren der Privatisierung. Mit dem Erlass des neuen Gesetzes über die Staatsunternehmen und die Unternehmen der Selbstverwaltung vom 21.12.1994[20] wurden diese Regelungen abgeschafft.

---

der Individuellen Streitigkeiten vom 20.6.2000 (Valstybės žinios, 2000, Nr. 64-2569) nicht gezweifelt.
19   Valstybės žinios, 1990, Nr. 30-709.
20   Valstybės žinios, 1994, Nr. 102-2049.

Die Änderungen von 1994:
Rückkehr zur Monopolstellung der Gewerkschaften

Das Jahr 1994 hat erhebliche Änderungen für das litauische Modell der Vertretung der Arbeitnehmer gebracht. Hier sind einige Umstände zu erwähnen. Zuerst wurde im Jahre 1994 die Ratifizierung einer Reihe von IAO-Übereinkommen vollzogen, die heute zum Kern der von der IAO geschützten Koalitionsfreiheiten gehören (die sog. fundamentalen Übereinkommen). Daran anschließend erfolgte die Revision der nationalen Vorschriften des kollektiven Arbeitsrechts im Hinblick auf ihre Übereinstimmung mit IAO-Standards. Daneben verstärkten die Gewerkschaften, die sich mit einem bedrohlich werdenden Rückgang ihrer Mitgliederzahlen konfrontiert sahen, ihren Druck auf den Gesetzgeber: die Bevollmächtigten der Belegschaft seien das Hindernis für die Koalitionsfreiheit, das den Arbeitnehmer von der Gründung von Gewerkschaften abhielte. Das sei ein Verstoß gegen die gewerkschaftlichen Freiheiten, wie sie nach Übereinkommen der IAO gewährleistet werden. Mit Hilfe dieses Arguments forderten die Gewerkschaften die ausschließlichen Rechte der Vertretung der Belegschaft des Betriebes für die Zwecke der Kollektivverhandlungen und Streikaktionen zurück. Als zusätzliches Argument wurde auch die neue litauische Verfassung vom 25.10.1992 angeführt, die in Art. 50 Abs. 1 die Vertretungsmacht der Gewerkschaften ausdrücklich *nicht* auf ihre Mitglieder beschränkt: die Gewerkschaften [...] verteidigen die beruflichen, wirtschaftlichen und sozialen Rechte und Interessen *der Arbeitnehmer*. Diese Vorschrift wurde damals als das verfassungsrechtliche Gebot aufgefasst, das den Gewerkschaften das Recht auf die Vertretung von Nicht-Mitgliedern einräumt (siehe unten).

Diese Argumente haben den Gesetzgeber überzeugt: kurz vor der Ratifizierung der IAO-Übereinkommen Nr. 87 und Nr. 98 am 23.6.1994 wurden KVG und GKS umfassend novelliert. Die Änderungen vom 31. 3.1994[21] haben die Möglichkeit der Wahl der Bevollmächtigten der Nicht-Mitglieder sowie der Bevollmächtigten in Betrieben ohne betrieb-

---

21   Gesetze vom 31.4.1994 über die Änderungen des Gesetzes über Kollektivverträge (Valstybės žinios, 1994, Nr. 29-511) und des Gesetzes über die Regelung der kollektiven Streitigkeiten (Valstybės žinios, 1994, Nr. 29-512).

liche Gewerkschaften völlig aufgehoben. Das hatte zur Folge, dass auf Betriebsebene nur die betriebliche Gewerkschaft als Vertreter der Belegschaft handeln durfte (Art. 7 Abs. 2 KVG n.F., Art. 2 GKS n.F.). Die Entwicklung hin zur ausschließlichen Vertretungsmacht der Gewerkschaften wurde auch dadurch deutlich, dass im Falle der Pluralität der betrieblichen Gewerkschaften das Gesetz vorschrieb, aus ihnen ein gemeinsames Gremium zu bilden. Für den Fall, dass die konkurrierenden Gewerkschaften sich über die Besetzung des Gremiums nicht einigen könnten, sollte die Vollversammlung der Arbeitnehmer eine der beiden Gewerkschaften als *bargaining agent* bestimmen, der über die ausschließliche Kompetenz der Kollektivverhandlungen verfügte (Art. 7 Abs 2 KVG n.F.). Die entsprechenden Änderungen wurden auch im GKS eingeführt. Die betriebliche Gewerkschaft bzw. das gemeinsame Gremium der betrieblichen Gewerkschaften wurde als einziges Rechtssubjekt zur Zuleitung der kollektiven Forderungen der Arbeitnehmer an den Arbeitgeber und zur Ausrufung des Streiks im Betrieb bestimmt (Art. 3 GKS n.F., Art. 10 Abs. 1 GKS n.F.). Nach wie vor war sowohl für den Abschluss des betrieblichen Kollektivvertrags als auch für den Streik die Zustimmung der Vollversammlung der Belegschaft des Betriebes notwendig (Art. 9 KVG, Art. 10 Abs. 1 GKS).

Im Grunde genommen bedeuteten die Gesetzesänderungen vom 31.3. 1994 die Rückkehr zum sowjetischen Konzept der ausschließlichen Vertretung durch die Gewerkschaften, wonach die betrieblichen Gewerkschaften über die Rechte der Repräsentativität der Mitglieder wie auch der Nicht-Mitglieder verfügten. In diesem Zusammenhang hat der Gesetzgeber auch die Änderungen des GewerkschaftsG vorgenommen. Nach den Änderungen vom 24.5.1994[22] wurden in der Präambel des GewerkschaftsG die Gewerkschaften schon als Vertreter der Rechte und Interessen nicht *der Mitglieder*, sondern *der Arbeitnehmer* bezeichnet. Die anderen Rechtsvorschriften des GewerkschaftsG, die Kompetenzen der Gewerkschaften aufzählten, wurden inkonsequenterweise nur fragmentarisch geändert. Im Ergebnis sprechen einige Vorschriften des GewerkschaftsG auch heute noch von der Kompetenz der Gewerkschaften, im Namen von Mitgliedern zu handeln, andere wieder über die Vertre-

22 Valstybės žinios, 1994, Nr. 42-758.

tung aller Arbeitnehmer bzw. der Belegschaft des Betriebes. So sieht etwa Art. 10 Abs. 4 GewerkschaftsG vor, dass hinsichtlich der Beziehungen zum Arbeitgeber die Gewerkschaften *ihre Mitglieder* vertreten und die Rechte und Interessen *der Mitglieder* verteidigen, obgleich nach Art. 11 GewerkschaftsG bei den Verhandlungen und dem Abschluss der Verträge mit dem Arbeitgeber die Gewerkschaften die Rechte *der Arbeitnehmer* des Betriebes vertreten. Gem. Art. 23 Abs. 2 GewerkschaftsG dürfen die Gewerkschaften bei der Verteidigung der Rechte der Mitglieder Arbeitskämpfe führen, obwohl GKS von der Vertretung der ganzen Belegschaft ausgeht: schließlich schrieb es die Notwendigkeit der Zustimmung der Vollversammlung der Belegschaft zum Streik vor. Letztendlich war die rechtliche Situation so unübersichtlich, dass auch das litauische Verfassungsgericht sich mit der Frage nach der Vertretungsmacht der Gewerkschaften auseinandergesetzt hat. Im Ausgangsverfahren handelte es sich um die von Nicht-Mitgliedern angefochtene Berechtigung der betrieblichen Gewerkschaft, die Mitglieder der betrieblichen Streikkommission zu bestimmen (Art. 241 AGB 1972). Das Amtsgericht hat Art. 50 Abs. 1 Satz 2 der litauischen Verfassung vom 25.10.1992, gemäß welchem die Gewerkschaften [...] die beruflichen, wirtschaftlichen und sozialen Rechte und Interessen *der Arbeitnehmer* verteidigen, nicht nur als eine verfassungsrechtliche Legitimation der Vertretungsmacht über die Außenseiter ausgelegt, sondern sogar als Aufforderung an den Gesetzgeber verstanden, wonach die Aufgaben und Kompetenzen der Gewerkschaften so auszugestalten seien, dass sie zur Vertretung *aller Arbeitnehmer* nicht nur berechtigt, sondern auch verpflichtet sind. Vor diesem Hintergrund wurde das Verfassungsgericht nach der verfassungsrechtlichen Konformität der einzelnen Vorschriften des GewerkschaftsG gefragt, die die Vertretungsmacht der Gewerkschaft nur auf ihre Mitglieder beschränkten.

Ungeachtet einer Inkonsequenz des Gesetzgebers bei der Festlegung der Aufgaben der Gewerkschaften und des Kreises der von ihnen vertretenen Personen im GewerkschaftsG, folgte das Verfassungsgericht nicht der wenig überzeugenden Argumentation des Amtsgerichts. Bei der Ablehnung des Antrages hat sich das Verfassungsgericht der systematischen und teleologischen Auslegungsmethoden bedient. In seiner *obiter dicta* unterstrich es die zweifache Funktion der Gewerkschaften. Zum einen hätten die Gewerkschaften das Recht (und auch die Verpflichtung), die Rechte und Interessen ihrer Mitglieder zu verteidigen. Zum anderen würden sie in gesetzlich vorgesehenen Fällen alle Arbeitnehmer des Betriebes vertreten. Hier verwies das Verfassungsgericht auf die Beispiele des Abschlusses der betrieblichen Kollektivverträge und des Ausrufs des Streiks – also auf die Fälle, bei denen die Gewerkschaften die Funktion der Vertretung nicht eigenständig, sondern nur mit Zustimmung der Belegschaft ausüben dürfen[23].

Das Urteil des Verfassungsgerichtes führte zu zweierlei rechtlichen Konsequenzen. Erstens hat das Verfassungsgericht das verfassungsrechtliche Gebot der Vertretung *aller* Arbeitnehmer durch die Gewerkschaft ausdrücklich abgelehnt – ob und bei welchen Angelegenheiten die Gewerkschaften die Nicht-Mitglieder vertreten dürfen, hängt nicht von der Verfassung (Art. 50 Abs. 1 Satz 2), sondern vom Gesetzgeber ab. Diese Erwägung wurde vom Gericht nicht mit dem Argument der Belange der staatlichen Sozialpolitik begründet, sondern mit der geschichtlichen Tradition: „Geschichtlich sei es so gewesen, dass die ersten Gewerkschaften traditionell als Vertreter *aller Arbeitnehmer* gegründet wurden." Darüber hinaus führte das Gericht die Berechtigung der Gewerkschaften an, im Namen aller Arbeitnehmer mit den Arbeitgebern, den Organisationen der Arbeitgeber oder den entsprechenden staatlichen Organen zu verhandeln. Dieser Verweis auf die Geschichte der Gewerkschaften mag nicht überzeugen, da die Erfahrungen in Westeuropa nicht so eindeutig sind. Vielmehr verfolgen die Staaten mit starker demokratischer Tradition ein anderes Konzept – die Handlung der Koalition wird grundsätzlich nur im Namen der Mitglieder zugelassen. Somit spiegelt die Begründung des litauischen Verfassungsgerichtes – im Gegensatz zum entsprechenden Urteil des ungarischen Verfassungsgerichts[24] – vielmehr die sowjetische

---

23 Urteil des Litauischen Verfassungsgerichtes vom 14.1.1999 in der Rs. 8-98 (Valstybės žinios, 1999, Nr. 9-199). Alle Urteile des Verfassungsgerichtes sind auch in Englisch unter http://www.lrkt.lt/index_en.htm abrufbar.

24 Der Tenor der Entscheidung des ungarischen Verfassungsgerichtes im Rs. 8/90 lautet, dass die Gewerkschaften selbst und eigenverantwortlich die Interessen ihrer Mitglieder wahrnehmen sollten und andere Arbeitnehmer nicht ohne ihre Zustimmung von einer Gewerkschaft vertreten werden dürfen. Dieses Recht hat das ungarische Verfassungsgericht vom Recht auf Menschenwürde und vom Selbstbestimmungsrecht der Person hergeleitet. Konsequenterweise wurde das ungarische

Tradition wider, wo allein die staatlichen Gewerkschaften das Mandat der Vertretung ganzer Massen von Werktätigen beanspruchten.

Die Novellierung vom 31.3.1994 hat sich zum Ziel gesetzt, die kollektive Wahrung der Interessen der Arbeitnehmer durch Stärkung der Stellung der betrieblichen Gewerkschaften zu verbessern[25]. Die Arbeitnehmer wurden einfach gesetzlich gezwungen, Gewerkschaften zu bilden: nur durch die gewerkschaftlichen Organisationen erhielten sie das Recht auf kollektive Verhandlungen, Kollektivverträge und das Streikrecht. Dies hat aber zum Ergebnis, dass die anderen Formen der Arbeitnehmervertretung im Betrieb völlig an den Rand gedrängt wurden: in nicht-organisierten Betrieben konnten weder Kollektivvereinbarungen noch Streikaktionen zustande kommen.

Das Arbeitsgesetzbuch 2002 – Abschaffung der Monopolstellung der Gewerkschaften?

Das Arbeitsgesetzbuch vom 4. Juni 2002 (AGB 2002), das am 1. Januar 2003 in Kraft trat, hat wesentliche Neuerungen in das litauische Modell der betrieblichen Vertretung eingebracht.

Das Problem der Vertretung der Arbeitnehmer in der Debatte über das Arbeitsgesetzbuch 2002

Im Laufe der Erarbeitung des Entwurfs des neuen AGB zwischen 1998 und 2000 wurde die Frage nach der betrieblichen Vertretung der Arbeitnehmer wieder ins Blickfeld gerückt. In den Diskussionen spielte diese

---

Modell der kollektiven Vertretung von dieser Entscheidung stark beeinflusst (vgl. Gärtner 1996).

25 Zusätzlich wurden mit der Novellierung vom 31.3.1994 die Kollektivverhandlungen auf der überbetrieblichen, d.h. auf der territorialen oder branchenspezifischen Ebene zum ersten Mal verankert. Als Parteien dieser Vereinbarungen wurden neben den Gewerkschaften und den Arbeitgebern auch deren Verbände sowie die Regierung und die Ministerien benannt.

Frage aber eine größere Rolle als viele andere Streitpunkte, bei denen jede Interessengruppe ihre Ansicht voranzubringen suchte. Die betriebliche Vertretung der Arbeitnehmer wurde als zentrales Problem im gesamten Kontext der unternommenen Reformen des Arbeitsrechts betrachtet. Einerseits wurde angesichts der wirtschaftlichen Entwicklung von einem Großteil der Rechtslehre und vom Gesetzgeber die Notwendigkeit der Flexibilität im Arbeitsrecht und der Liberalisierung der damals noch geltenden Regelungen des AGB 1972 und der nach 1990 erlassenen Arbeitsgesetze anerkannt. Andererseits vertraten einige auch die Meinung, dass die Liberalisierung und Flexibilisierung der geltenden Vorschriften nur dann hätte umgesetzt werden dürfen, wenn die notwendigen Voraussetzungen für Sozialpartnerschaft und kollektive Verhandlungen geschaffen worden wären (Nekrošius 2003; 153). Auf dieser Grundlage wurde die Reform des Arbeitsrechts so konzipiert, dass sie Raum für Flexibilität in den Arbeitsbeziehungen schuf, die Abweichungen von gesetzlichen Mindeststandards jedoch nicht von den Parteien des Arbeitsvertrages, sondern von dem Konsens der Sozialpartner abhängig machte. Um diese Situation besser zu beleuchten, sollen hier nun einige Beispiele solcher Flexibilität erwähnt werden. So verankert das AGB 2002 die Möglichkeit, in Kollektivverträgen den Fall der Befristung der Arbeitsverträge ohne sachlichen Grund vorzusehen, wobei in der Regel die Befristung ohne sachlichen Grund unzulässig ist (Art. 109 Abs. 2 AGB 2002). Ungeachtet der Regelung des Art. 254 AGB 2002, wonach die Schadensersatzhaftung des Arbeitnehmers auf drei durchschnittliche Monatslöhne begrenzt ist, verankert AGB 2002 auch die Möglichkeit, im Kollektivvertrag den Fall der unbeschränkten Schadensersatzhaftung der Arbeitnehmer anzuführen (Art. 255 AGB)[26]. Somit galt der Kollektivvertrag im neuen AGB 2002 sehr oft als „ein Mittel der Liberalisierung" (Nekrošius 2003; 155). Andererseits haben rechtsvergleichende Studien und die Praxis in westeuropäischen Ländern den litauischen Gesetzgeber überzeugt, dass die „sowjetischen" Regelungen, welche die Macht der

---

26 Die letztgenannten Beispiele können als Abweichungen von gesetzlichen Mindeststandards *in peius* angesehen werden, wobei kollektivvertragliche Abweichungen *in favorem* ohne gesetzlichen Hinweis möglich sind, abgesehen von Ausnahmen des Arbeitsentgelts und Urlaubsvergünstigungen für Arbeitnehmer des öffentlichen Dienstes.

Direktoren und des Managements in sowjetischen Betrieben begrenzten, nicht unvereinbar mit den Prinzipien der Marktwirtschaft sind. Somit wurden einzelne Rechtsnormen, die die Grenzen der Direktionsmacht des Arbeitgebers festlegten, als Formen der betrieblichen Sozialpartnerschaft wieder in Kraft gesetzt. So darf der Arbeitgeber beispielsweise die Betriebsordnung, die den Arbeitsablauf im jedem Betrieb regelt, nur nach Abstimmung mit den Arbeitnehmervertretern festgelegen (Art. 230 AGB 2002). Laut Art. 147 Abs. 1 AGB 2002 legt der Arbeitgeber die Arbeitszeitpläne (Schichtzeitpläne) nach Abstimmung mit den Arbeitnehmervertretern fest. Die Ausschreibungsbedingungen und die Listen der auszuschreibenden Ämter, sowie die Qualifikationsprüfungen dürfen vom Arbeitgeber nur nach Anhörung der Arbeitnehmervertreter festgesetzt werden (Art. 101 Abs. 2, Art. 103 Abs. 2 AGB 2002). Bei jeder betriebsbedingten Kündigung sollen die Arbeitnehmervertreter angehört werden (Art. 130 Abs. 4 AGB 2002). Diese und noch viele andere Beispiele, die auch die verschiedenen Formen der Mitwirkung wie Unterrichtung, Anhörung oder Abstimmung vorsehen, zeigen die Bedeutung auf, die der Gesetzgeber der betrieblichen Sozialpartnerschaft beimisst. Und hier tauchte wieder die grundsätzliche Frage auf, wer als Partner des Arbeitgebers im Betrieb anerkannt werden soll (der sog. „Arbeitnehmervertreter"), der die Rechte und Interessen der Arbeitnehmer gegenüber dem Arbeitgeber vertritt.

Schon seit 1994 kritisieren die Arbeitgeber immer wieder die Monopolstellung der Gewerkschaften. Die Arbeitgeber erklärten ihre Zustimmung zum sozialen Dialog im Betrieb, verwiesen aber auf die Abwesenheit der Gewerkschaften in der Mehrheit der Betriebe. Nicht alle Arbeitgeber, bei denen die betrieblichen Gewerkschaften funktionierten, waren mit der Lage der Sozialpartnerschaft zufrieden. Aufgrund der gewerkschaftlichen Pluralität gab es in vielen Fällen mehrere Gewerkschaften in einem Betrieb, die wegen der Zugehörigkeit zu unterschiedlichen nationalen Verbänden nicht zu einem konstruktiven Kooperationsverhältnis kommen konnten. Es wurde gefordert, dass es in einem Betrieb einen einzigen kompetenten Partner geben sollte, der die Interessen der ganzen Belegschaft einheitlich vertritt. Darüber hinaus wurde die Frage nach einer neuen Form der Arbeitnehmervertretung aufgeworfen. Es wurde mehrmals darauf hingewiesen, dass sich die Idee der gewerkschaftlichen Vertretung in mehreren Jahrzehnten litauischer Praxis nicht durchgesetzt habe – angesichts der geringen Präsenz der betrieblichen Gewerkschaften, der geringen Effizienz der gewerkschaftlichen Strukturen und des Problems der Vielzahl der Gewerkschaften in Betrieben, sollte nach dem Beispiel der westeuropäischen Länder eine Möglichkeit geschaffen werden, ein neues Organ der Arbeitnehmervertretung einzurichten: den Betriebsrat (litauisch: *darbo taryba*). In Plädoyers für diese neue Möglichkeit wurde grundsätzlich nicht zwischen Kompetenzen des Betriebsrates und der betrieblichen Gewerkschaft differenziert[27]. Ihrer Vorstellung nach sind die Betriebsräte keine Organe der betrieblichen Verfassung, sondern eine andere Institution der Arbeitnehmer, die mit den betrieblichen Gewerkschaften um die Kompetenz der Vertretung der Belegschaft konkurrieren darf und ggf. alle Kompetenzen der Arbeitnehmervertretung erhält, einschließlich der Befugnisse, die Kollektivverhandlungen durchzuführen und die Kollektivverträge über die Gehälter und andere Aspekte der Arbeitsbeziehungen abzuschließen. Ihrer Meinung nach soll die Belegschaft in der Vollversammlung die Wahlordnung, die Amtszeit, die Geschäftsführung sowie die konkreten Kompetenzen und Ermächtigungen (!) des Betriebsrates festlegen.

Es ist offenkundig, dass den Vorschlägen der Arbeitgeber zufolge die Grenze zwischen betrieblichen Gewerkschaften und Betriebsräten völlig verwischt werden sollte, so dass die Aufgaben, die Zusammensetzung, der Sachaufwand der Betriebsräte sich von denen der Gewerkschaften nicht unterscheidet. Diese angestrebte Gleichstellung beider Institutionen wurde auch dadurch deutlich, dass die Arbeitgeber sich keine gesetzlichen Verpflichtungen gegenüber den Betriebsräten vorstellen konnten – die Freistellung der Mitglieder des Betriebsrates, die Aufwandskosten, Schulungs- und Bildungsmöglichkeiten sollten erst im Kollektivvertrag vorgesehen werden.

Grundsätzlich konnten die Gewerkschaften sich nicht gegen das Argument der schwachen Repräsentativität und ineffizienter Kollektivverhandlungen wehren. Es liegt auf der Hand, dass die erhofften Ergebnisse der Gesetzesänderungen vom 31.3.1994 nicht erreicht wurden. Die Gesamtzahl der betrieblichen Kollektivverträge war entgegen den Erwar-

---

27 Vgl. Šimašius 1998 und Litauisches Institut des freien Marktes 2000 Nr. 6.

tungen nicht gestiegen. Die geltenden Kollektivverträge wurden nach
wie vor meistens in den größeren Betrieben mit starken Gewerkschaften
abgeschlossen. Die Gewerkschaften waren nach wie vor in nicht mehr
als 5-10% der Betriebe (und zwar größeren Betrieben mit mehr als 200
Arbeitnehmern) präsent und die Kollektivverhandlungen in den anderen
90% der Betriebe konnten wegen der ausschließlichen Monopolstellung
der Gewerkschaft einfach nicht zustande kommen. Die mit den Änderungen vom 31.3.1994 eingeführte Möglichkeit, die Kollektivverträge
auf nationaler, regionaler oder Branchen-Ebene abzuschließen, führte
genau sowenig zu einer Verbesserung der Lage. Die praktische Bedeutung dieser Verträge scheint bisher gering zu sein. Im Laufe von mehr
als 8 Jahren wurde im Ministerium der Justiz nicht mehr als 40 solcher
Kollektivverträge zwischen territorialen oder Branchen-Verbänden der
Gewerkschaften und Arbeitgebern eingetragen; davon könnten im übrigen mehr als die Hälfte eher als Firmenkollektivverträge angesehen werden, da diese mit Monopol-Arbeitgebern (Post, Bahn, Telekom u.s.w.)
abgeschlossen wurden. Auch die Analyse des Inhalts der Branchenkollektivverträge führt zum Ergebnis, dass sie entweder Verträge zur gegenseitigen Anerkennung oder Niederschriften der gesetzlichen Regelungen
sind, die keine eigenen Rechtsnormen über Löhne und Gehälter, Arbeitszeit oder Urlaub enthalten. Der Hauptgrund dafür ist nicht nur die Wei-
gerung der Arbeitgeber, mit den Arbeitgeberverbänden zum Zwecke der
kollektiven Regelung der Arbeitsverhältnisse Abkommen zu schließen,
sondern auch der geringe Druck von Seiten der Gewerkschaften. Nach
offiziellen Angaben liegt der gewerkschaftliche Organisationsgrad bei
etwa 15 Prozent[28]. Die tatsächliche Mitgliederzahl liegt aber deutlich
niedriger[29]. Zusätzliche Hindernisse für effektive Kollektivverhandlungen stellen die gesetzlichen Regelungen zum Streikrecht dar, welche die
Gewerkschaften praktisch handlungsunfähig machen. Die im GKS festgelegten Beschränkungen und das komplizierte Verfahren haben dazu
geführt, dass im Laufe der Jahre nur sehr wenige rechtmäßige Streikaktionen zustande gekommen sind. Dies hat die Aufmerksamkeit der Euro-

28   RegelBull. EG, Beilage 11/98, S. 11.
29   Vgl. Lithuanian Human Development Report 1997; 55 und Dovydeniene 2000; 8 f.

päischen Kommission[30], sowie der IAO[31] geweckt; die Situation hat sich bisher aber nicht geändert (Davulis 1999; 5 f.). Der Staat selbst hat kein großes Interesse für Kollektivverhandlungen gezeigt: die trilateralen Abkommen auf nationaler Ebene, sowie die kurzfristigen Branchenkollektivverträge im Bereich des Gesundheitswesens und der Bildung enthielten lediglich rechtlich nicht erzwingbare politische Deklarationen.

Die Mehrheit der nationalen Gewerkschaften hat schließlich auch anerkannt, dass sich das gewerkschaftliche Monopol im Ergebnis zum Schaden für die Arbeitnehmer auswirken würde. Mit einigen Vorbehalten haben sie der Suche nach anderen Konzepten der Arbeitnehmervertretung zugestimmt. Die litauische Regierung und das Ministerium für Soziale Sicherheit und Arbeit haben die Verbesserung der betrieblichen Interessenvertretung schon wegen der Übernahme der auf die Unterrichtung und Anhörung zielenden EG-Richtlinien für sehr geboten erachtet, dabei aber keine eigenen Lösungen vorgeschlagen. Die Entscheidung über das Modell der betrieblichen Vertretung sollte in der Gruppe zur Erarbeitung des AGB-Entwurfs gefunden werden. Die politische Unterstützung, die die derzeit herrschende sozialdemokratisch-sozialliberale Koalition im Parlament *(Seimas)* den Gewerkschaften traditionell gewährt, hat jedoch die Suche nach dem optimalen Modell sehr erschwert. Ungeachtet der Tatsache, dass sich die Mehrheit der Arbeitsrechtler in der Gruppe für die Abschaffung der Monopolstellung der Gewerkschaften und die Einführung der Betriebsräte als einer parallel existierenden Institution („dualistisches System") eingesetzt haben, wurde letztendlich infolge des Drucks von Seiten der Gewerkschaften dieses Konzept mit vielen Voraussetzungen und Vorbehalten vom Parlament umgesetzt.

30 Stellungnahme der Kommission zum Antrag Litauens auf Beitritt zur Europäischen Union, Bull. EU, Beilage 12/97, S. 19.
31 Siehe Klage der Föderation der Arbeiter des Motortransports gegen litauische Regierung, behandelt im Ausschuss der Koalitionsfreiheit der IAO, Vol. LXXXIV, 2001, Report Nr. 324, Rs. 2078. Dazu *Woolfson 2002; 2003.*

Details des aktuellen litauischen Modells der betrieblichen Arbeitnehmervertretung

Einen umfassenden Eindruck vom heute geltenden litauischen Modell der Vertretung der Arbeitnehmer auf der betrieblichen Ebene gewinnt man grundsätzlich aus den in den beiden wichtigsten Gesetzen enthaltenen Regelungen: dem AGB 2002 und dem Gesetz vom 26.10.2004 über Betriebsräte (BetriebsräteG)[32].

Regelungen des Arbeitsgesetzbuches 2002

Die grundlegende Regelung ist in Art. 19 „Arbeitnehmervertreter" zu finden. Art. 19 Abs. 1 AGB 2002 lautet:

> als Vertreter und Verteidiger der Rechte und Interessen der Arbeitnehmer dürfen die Gewerkschaften[33] auftreten. Wenn im Betrieb keine Gewerkschaft vorhanden ist, und die Vertretung und Verteidigung der Arbeitnehmer durch eine Vollversammlung der Belegschaft nicht der entsprechenden Branchengewerkschaft überlassen wurde, übernimmt der Betriebsrat, der durch eine geheime Abstimmung in der Belegschaftsvollversammlung gewählt wurde, die Vertretung der Arbeitnehmer.

Gemäß Art. 21 Abs. 1 AGB 2002 verfügt der Betriebsrat über alle Rechte der kollektiven Vertretung, wenn es in einem Betrieb oder in einem Unternehmen keine funktionierende Gewerkschaft gibt und die Funktion der Vertretung und Verteidigung der Arbeitnehmer durch eine Belegschaftsversammlung nicht der entsprechenden Branchengewerkschaft überlassen wurde. Laut Art. 21 Abs. 3 AGB 2002 darf der Betriebsrat keine Aufgaben wahrnehmen, die im Einklang mit der Gesetzgebung als ein Vorrecht der Gewerkschaften anerkannt sind. Die Rechtsstellung und die Bildung des Betriebsrates wird in speziellen Gesetzen bestimmt (Art. 21 Abs. 1 AGB 2002).

Nach eingehender Analyse der Rechtsvorschriften des AGB 2002 und des Vergleichs mit bisher geltenden Rechtsvorschriften lassen sich die

---

32 Valstybės žinios, 2004, Nr. 163-5972.
33 Obwohl das Gesetz dies nicht näher definiert, ergibt sich aus dem darauf folgenden Satz, dass es sich um die betrieblichen Gewerkschaften handelt.

wesentlichen Merkmale der neuen „litauischen Modelle" der Vertretung der Arbeitnehmer auf der betrieblichen Ebene übersichtlich darstellen.

Erstens: Nach wie vor geht der litauische Gesetzgeber von dem Konzept der sog. „universellen Vertretung" der Arbeitnehmer aus. Ihm zufolge sind die Kompetenzen nicht unter verschiedenen Vertretern der Arbeitnehmer verteilt; sondern ein einziger Vertreter (die betriebliche Gewerkschaft bzw. Branchengewerkschaft oder der Betriebsrat) verfügt über alle Kompetenzen der Vertretung. Er soll grundsätzlich alleine (im Falle der Pluralität der Gewerkschaften das spezielle Gremium der Gewerkschaften für die Zwecke der Kollektivverhandlungen) gegenüber dem Arbeitgeber auftreten. Ferner ist er ermächtigt, Kollektivenverhandlungen zu führen und betriebliche Kollektivverträge abzuschließen. Ihm stehen auch die im AGB 2002 aufgenommenen Mitwirkungsrechte des „Arbeitnehmervertreters" zu.

Zweitens: Wie bisher ist der Vertreter der Arbeitnehmer (die betriebliche Gewerkschaft bzw. Branchengewerkschaft oder der Betriebsrat) berechtigt, alle Arbeitnehmer, d.h. auch Nicht-Gewerkschaftsmitglieder zu vertreten. Obwohl die bisherige Regelungsmacht der Gewerkschaften gegenüber Nicht-Mitgliedern von Anhängern des liberalen Marktes stark kritisiert wurde (Teismu praktika [Die Rechtsprechung] 1997, Br. 5-6), wurde in den Diskussionen über das neue AGB die Frage nach der Vertretungsmacht der Gewerkschaften nicht berührt. Dies stützt sich zum Teil auf die aus Sowjetzeiten stammende Auffassung in der Rechtlehre, dass die Belegschaft selbst (!) Träger der Rechte und Pflichten, und der Vertreter der Arbeitnehmer ein Vertreter der gesamten Belegschaft ist (vgl. Vgl. Jarichevskij 1975; 11 ff.). Manchmal wurde die einheitliche Vertretung aller Arbeitnehmer im Betrieb als ein Vorteil angesehen, der jegliche Streitigkeiten zwischen Arbeitnehmern ausschließt. Obwohl dieses Argument nicht zu überzeugen scheint, wurde das Konzept der sog. „einheitlichen" Vertretung aufgrund des Urteils des Verfassungsgerichtes auch im AGB 2002 beibehalten.

Drittens: Die Monopolstellung der Gewerkschaften im Betrieb wurde *de jure* abgeschafft, da das Gesetz jetzt die Möglichkeit der Bildung des Betriebsrates vorsieht. Wenn man Art. 19 Ab. 1 AGB aber genauer betrachtet, bemerkt man, dass die Gewerkschaften *de facto* eine klar privilegierte Stellung einnehmen. Die betrieblichen Gewerkschaften sind *de lege* als Vertreter der Arbeitnehmer mit allen Rechten und Kompetenzen anerkannt, wobei die anderen Vertreter der Belegschaft (Branchenge-werkschaft und Betriebsrat) nur im Ausnahmefalle zugelassen werden: nämlich dann, wenn es keine betriebliche Gewerkschaft im Betrieb gibt.

Die erste Option stellt nämlich lediglich einen Versuch dar, die Bran-chengewerkschaft mit der Vertretungsmacht auszustatten, um so die Entstehung der Betriebsräte im Betrieb möglichst lang zu verhindern. Wenn die Gründung einer betrieblichen Gewerkschaft sich nämlich als problematisch erweisen sollte, wollte man den Arbeitnehmern – statt dass sie gleich einen Betriebsrat wählen – eine letzte Möglichkeit ein-räumen, eine gewerkschaftliche Vertretung durch die Branchengewerk-schaften zu erhalten. Ob diese Voraussetzung wirklich eine geeignete Lösung darstellt, und ob sie von Dauer sein wird, muss angesichts der heutigen Lage ernsthaft in Frage gestellt werden[34].

Die zweite Option sieht die Bildung des Betriebsrates zur kollektiven Wahrung der Rechte und Interessen der Arbeitnehmer des Betriebes vor. Hier sollen einige wichtige Problembereiche angesprochen werden.

Der erste Problembereich betrifft die Voraussetzungen zur Bildung eines Betriebsrates. Die Entstehung des Betriebsrats ist gesetzlich gere-gelt, wobei das Verfahren zur Einrichtung von Betriebsräten gewisse Probleme bereiten kann. Eine entscheidende Voraussetzung besteht dar-in, dass im Betrieb keine betriebliche Gewerkschaft tätig ist. Der Ge-setzgeber spricht von einer „handelnden Gewerkschaft", bemüht sich aber nicht, dies näher zu definieren. Somit sind es die Gerichte, die in der Auslegung dieser Definition sich entweder der formellen oder der funktionellen Ansicht anschließen können. Nach der formellen Auffas-sung würde jede legitim gegründete Gewerkschaft als „handelnde Ge-werkschaft" anerkannt. Die funktionelle Auffassung setzt gewisse Merkmale oder Beweise ihrer Tätigkeit voraus (wie etwa Zahl der Mit-glieder, faktischer innerbetrieblicher Druck u.s.w.). Angesichts der frü-heren Rechtslage vertrat der Litauische Oberste Gerichtshof eine eher

---

34 Die Rechtsvorschriften des AGB 2002 über die Möglichkeit, die Branchengewerk-schaften mit den Vertretungskompetenzen der Vertretung der Arbeitnehmer des Betriebes zu beauftragen, gelten bereits mehr als 2 Jahre. Dem Autor dieses Auf-satzes ist allerdings kein Betrieb in Litauen bekannt, wo die Vollversammlung der Belegschaft von dieser Vorschrift Gebrauch gemacht hat.

formelle Ansicht, wonach jede eingetragene Gewerkschaft als handelnde Gewerkschaft anerkannt wurde[35]. Es ist heute aber klar, dass die formelle Existenz der Gewerkschaft im Betrieb nicht mehr ausreicht. Mit dem Inkrafttreten des Zivilgesetzbuches vom 18.7.2000 sind die gesetzlichen Anforderungen der Gewerkschaftsgründung deutlich vereinfacht worden[36]. Ihre Erfüllung reicht einfach nicht mehr aus, um den Status der „handelnden Gewerkschaft" anzuerkennen. Vielmehr sollten die Gerichte selbst zusätzliche Kriterien der „handelnden Gewerkschaften" formulieren[37].

Der zweite Punkt betrifft die Kompetenzen des Betriebsrates. Das Wort „Betriebsrat" wird nur wenige Male im AGB 2002 verwendet: in den oben erwähnten Art. 19 und 21, in Art. 60, der die Kollektivvertragsparteien definiert, und in Art. 69, der die Rechtssubjekte zur Formulierung kollektiver Forderungen an den Arbeitgeber genauer beschreibt. Alle anderen Rechte und Pflichten kommen dem Betriebsrat laut AGB nicht als Betriebsrat zu, sondern nur als „Arbeitnehmervertreter". Laut Art. 21 Abs. 2 S. 1 verfügt der Betriebsrat über alle Rechte des Rechtssubjekts der kollektiven Vertretung, d.h. er sollte als gleichwertiger Arbeitnehmervertreter im Sinne des Art. 19 AGB 2002 angesehen werden, wenn die oben erwähnten Voraussetzungen zur Entstehung des Betriebsrates erfüllt sind und der Betriebsrat ordnungsgemäß gewählt ist. Aber das gesamte Konzept beginnt dann brüchig zu werden, wenn man die einzelnen Bestimmungen des AGB 2002 näher betrachtet. Eine erste Korrektur bedeutet Art. 21 Abs. 3 AGB 2002: der Betriebsrat darf keine Aufgaben wahrnehmen, die im Einklang mit der Gesetzgebung als ein Vorrecht der Gewerkschaften anerkannt sind. Das Problem ist, dass bis heute weder GewerkschaftsG noch AGB 2002 solche Rechte der Gewerkschaften verankert hat. Selbst der Begriff „Vorrechte" wurde in der litauischen Gesetzgebung bisher nicht verwendet. Man findet ihn im

---

35 *Teismų praktika* (Die Rechtsprechung), 1997, Nr. 5-6.

36 Urteil des Litauischen Verfassungsgerichts vom 14.1.1999 in der Rs. 8/90 (Valstbès žinios 199, Nr. 9-199).

37 Die Gründung einer Gewerkschaft als einer juristischen Person ist, im Gegensatz zur Auflösung einer solchen, durchaus erleichtert worden. Diese Praxis, nach welcher Gewerkschaften leicht zu gründen, aber nur schwer aufzulösen sind, kann die Entstehung von Betriebsräten für Jahrzehnte blockieren.

Übereinkommen (IAO) Nr. 135 und in der Empfehlung (IAO) Nr. 145 von 1971. Es ist bemerkenswert, dass in der Debatte um die Einführung der Betriebsräte im AGB 2002 beide internationale Rechtsakte als eine Legitimation und zur Unterstützung der Betriebsräte genutzt wurden (Nekrošius 2003; 155 f.). Das Übereinkommen (IAO) Nr. 135 bezüglich Schutz und Erleichterungen für Arbeitnehmervertreter und die damit verbundene Empfehlung (IAO) Nr. 145 zielen darauf hin, die betrieblichen Arbeitnehmervertreter gegen jede Benachteiligung (einschließlich Kündigung aufgrund ihrer Stellung oder Betätigung als Arbeitnehmervertreter) wirksam zu schützen. In der Gesetzgebung und Praxis vieler Länder sind gewählte Arbeitnehmervertreter verankert – wie etwa die deutschen Betriebsräte oder die französischen Betriebsausschüsse. Diese gewählten Interessenvertretungsorgane stellen im Unterschied zu den Gewerkschaften keine Arbeitnehmerkoalitionen dar. Um diese Vertreter in den Schutzbereich der Bestimmungen mit einzubeziehen, bezeichnet das IAO-Übereinkommen nicht nur die Gewerkschafter oder die Gewerkschaftsvertreter als „Arbeitnehmervertreter", sondern auch Vertreter, die von den Arbeitnehmern des Betriebs im Einklang mit den Bestimmungen der innerstaatlichen Gesetzgebung oder Kollektivverträgen frei gewählt werden (gewählte Arbeitnehmervertreter). Das Übereinkommen selbst spricht sehr vorsichtig über die Rechtsstellung gewählter Vertreter in der innerstaatlichen Rechtsordnung des Landes. Erstens dürfen sich ihre Funktionen nicht auf Tätigkeiten erstrecken, die in dem betreffenden Land als ausschließliches Vorrecht der Gewerkschaften anerkannt sind (Art. 2 Buchstabe b). Zweitens gilt: wenn in einem Betrieb sowohl Gewerkschaftsvertreter als auch gewählte Vertreter tätig sind, so sind nötigenfalls geeignete Maßnahmen zu treffen, um zu gewährleisten, dass das Vorhandensein gewählter Vertreter nicht dazu benutzt wird, um die Stellung der beteiligten Gewerkschaften oder ihrer Vertreter zu untergraben. Vielmehr ist die Zusammenarbeit zwischen gewählten und gewerkschaftlichen Interessenvertretern in allen einschlägigen Fragen zu fördern (Art. 5)[38]. Es ist sehr fraglich, ob aus den oben erwähnten Vorschriften des Übereinkommens die Legitimation oder die

---

38   Entsprechend auch Art. 2 Buchstabe b), Art. 4 der Empfehlung (IAO) Nr. 143 betreffend Schutz und Erleichterungen für Arbeitnehmervertreter im Betrieb.

Grundlage zur Einführung von Betriebsräten in die innerstaatliche Rechtsordnung abgeleitet werden kann, da sie keine Anforderungen zur Verankerung nichtgewerkschaftlicher Institutionen oder Formen der Arbeitnehmervertreter festlegen. Vielmehr schreiben sie die Hauptprinzipien des Zusammenlebens der Gewerkschaften und der gewählten Vertreter vor, wenn solche nach innerstaatlichen Vorschriften existieren. Dabei muss man beachten, dass die IAO die Gewerkschaften als betriebliche Arbeitnehmervertretung befürwortet: die gewählten Vertreter dürfen nicht in die *exklusive* Kompetenz der Gewerkschaften eindringen oder dazu genutzt werden, um die Stellung der Gewerkschaften zu schwächen. Somit könnte man die Schlussfolgerung ziehen, dass der litauische Arbeitgeber mit der Annerkennung der gewerkschaftlichen Vorrechte die Leitlinien der IAO zu verfolgen hat. Es fehlt aber bis heute das wichtigste Steinchen im Mosaik: die exakte gesetzliche Bestimmung der gewerkschaftlicher Vorrechte.

Laut Art. 21 Abs. 1 AGB 2002 verfügt der Betriebsrat über alle Rechte des Subjekts zur kollektiven Vertretung mit Ausnahme der ausschließlichen Vorrechte der Gewerkschaften, die zur Zeit noch nicht im Gesetz vorgesehen sind. Wenn im Betrieb keine Gewerkschaft handelt, oder wenn die Vollversammlung der Belegschaft die Funktion der Vertretung nicht der entsprechenden Branchengewerkschaft überlassen hat, darf der Betriebsrat den betrieblichen Kollektivvertrag mit dem Arbeitgeber abschließen[39]. Was das Streikrecht angeht, ist die Situation allerdings nicht so eindeutig. Laut Art. 69 Abs. 2 darf der Betriebsrat unter denselben Voraussetzungen auch die kollektiven Forderungen an den Arbeitgeber stellen, was als erster Schritt zum Schlichtungsverfahren gilt. Aber wenn es schon um die Ausübung des Streikrechts geht, enthält das AGB kein Recht des Betriebsrats zur Ausrufung des Streiks oder auf dessen Verwaltung. Diese Beschränkung entspricht nämlich nicht dem litauischen Konzept der universellen Arbeitnehmervertretung, vielmehr verweist sie auf den Wunsch des Gesetzgebers, das Streikrecht als Vorrecht der Gewerkschaft anzuerkennen. Diese Regelung ist möglicherweise von der deutschen Betriebsverfassung übernommen; sie ist aber unter litauischen

---

39 Der Art. 60 Abs. 4 des AGB 2002 regelt die innerbetrieblichen Aufgaben von Betriebsräten, die per Definition auf überbetrieblicher Ebene nicht handlungsbefugt sind.

Umständen logisch schwer begründbar: wie kann der Betriebsrat ohne Streikrecht anstelle der Gewerkschaft erfolgreich den Kollektivvertrag aushandeln?

Das dritte Problem betrifft die Beziehungen des Betriebsrates zu anderen Arbeitnehmervertretern. Wenn die Arbeitnehmer mit großer Mühe die Mitglieder des Betriebsrates gewählt haben und diese ihr Amt antreten, besteht weiterhin die Möglichkeit, dass die Gruppe der unzufriedenen Arbeitnehmer eine betriebliche Gewerkschaft gründet, die im Namen der Arbeitnehmer die Vertretung gegenüber dem Arbeitgeber beansprucht (die sog. „handelnde Gewerkschaft"). Ferner besteht die Möglichkeit, dass die Belegschaft in der Vollversammlung die Branchengewerkschaft als ihre Interessenvertretung wählt. Das AGB gibt keine direkte Antwort auf die Frage, was in solchen Fällen mit dem Betriebsrat passieren soll. Soll er *ipso facto* abgelöst werden, oder darf er weiter die Rechte und Interessen der Arbeitnehmer vertreten? Wenn ja, über welche Kompetenzen verfügt er dann und welche Rechte der Gewerkschaft darf er wahrnehmen?

Das neue Betriebsrätegesetz vom 26. 10. 2004

Das AGB 2002 legt die Prinzipien der betrieblichen Arbeitnehmervertretung fest, lässt aber eine Reihe von Fragen offen. Die Modalitäten der Bildung des Betriebsrates und seine Rechtsstellung sollte in einem speziellen Gesetz bestimmt werden (Art. 21 Abs. 1 AGB 2002). Nach Art. 2 AGB-Einführungsgesetz werden die Bestimmungen des AGB über Betriebsräte erst nach dem Inkrafttreten des BetriebsräteG rechtswirksam.

In Art. 5 AGB-EinführungsG wurde die litauische Regierung dazu verpflichtet, bis Oktober 2002 den Entwurf des BetriebsräteG dem Parlament vorzulegen. Dies geschah jedoch erst im Juni 2003. Der vom Ministerium für Soziale Sicherheit und Arbeit vorbereitete Entwurf wies jedoch gravierende sozial- und rechtspolitische, wie auch technische Mängel auf, sodass der parlamentarische Ausschuss für Soziale Sicherheit und Arbeit sich gezwungen sah, ihn abzulehnen, und eine Gruppe von Arbeitsrechtlern und Vertretern der Sozialpartner mit der Vorbereitung des neuen Entwurfs zu beauftragen. Ein erstes großes Problem des Gesetzentwurfs des Ministeriums bestand darin, dass der Vollversammlung der Belegschaft weitgehende Kompetenzen zugewiesen wurden,

darunter auch solche, die heftig umstritten waren. Die im Entwurf zuge-
standenen Ermächtigungen der Vollversammlung der Belegschaft bezüglich des Wahlverfahrens und der Amtszeit, sowie die Kompetenz (!) des
Betriebsrates, den Wahlvorstand zu bilden, würde derzeit in Litauen
gewisse Gefahren beinhalten. Es sei daran erinnert, dass in Litauen keine
demokratische Versammlungstradition besteht. Die Arbeitnehmer sind
leider sehr oft einfach nicht in der Lage, alleine ordnungsgemäß Diskussionen zu führen, und eigene Entscheidungen demokratisch zu treffen.
Außerdem zeigt die Praxis solcher Versammlungen, dass diese Versammlungen nichts anders sind, als eine Fiktion der industriellen Demokratie – man spürt in solchen Versammlungen häufig die „unsichtbare
Hand" des Dirigenten – des Arbeitgebers, der mit eigenen verschiedenen
Mitteln die Entscheidungen der Vollversammlung beeinflussen kann.
Der Gesetzentwurf verankerte keine Schutzmechanismen bezüglich einer
freien Willenserklärung der Mehrheit der Arbeitnehmer bei den Be-
triebsratswahlen. Ein zweites großes Problem des Gesetzentwurfs des
Ministeriums betraf die Kompetenz des Betriebsrates sowie die Rechtsstellung der Mitglieder des Betriebsrates, einschließlich ihres Schutzes
und ihrer Schulungs- und Bildungsmöglichkeiten, was alles nicht vorgesehen war. Diese Fragen sollte der Kollektivvertrag regeln. Der Entwurf
beinhaltete keine eindeutige Abgrenzung von Betriebsräten und betrieblichen Gewerkschaften. Der einzige Unterschied bestand darin, dass die
Betriebsräte von der gesamten Belegschaft gewählt werden, und die Gewerkschaften freiwillige Zusammenschlüsse (Koalitionen) sind. Zusammenfassend ist festzustellen, dass der Gesetzesentwurf des Ministeriums
in vollem Umfang dem Wunsch der Arbeitgeber entsprach, die eine Art
nicht-gewerkschaftliche Struktur ohne effektiven gesetzlichen Schutz
schaffen wollten, wobei das Recht auf Gründung eines Betriebsrates so
unklar war, dass der Einfluss des Arbeitgebers nicht ausgeschlossen
werden konnte.

Der neue Entwurf des BetriebsräteG wurde von der Arbeitsgruppe im
Dezember 2003 dem Parlament vorgelegt und erst am 26. Oktober 2004
kurz vor dem Ende der Amtsperiode des Parlaments erlassen[40]. Der

---

40 Da der zweite Entwurf des Gesetzes vom Parlament direkt in Auftrage gegeben,
    und nicht von der Regierung vorgelegt wurde, konnte die Anhörung der Sozial-
    partner in dem Nationalen Dreiparteienrat vermieden werden. Es ist bemerkens-

Grund für eine solche Verspätung war, dass die Arbeitgeber und einzelne
Abgeordnete sich nachdrücklich gegen das sog. „Sozialpaket" (Freistellung, Schulungs- und Bildungsmöglichkeiten) aussprachen und den Zusammenhang von Entstehung und Auflösung der Betriebsräte mit der
Gründung der betrieblichen Gewerkschaften heftig kritisiert haben (siehe
unten). Das Recht auf vertrauliche Behandlung von Informationen wurde
zu einem großen Thema gemacht; doch wurde diese Angelegenheit später ohne großen Widerstand im Einklang mit entsprechenden Vorschriften der Richtlinie 2002/14/EG geregelt.

Gem. Art. 2 Abs. 2 BetriebsräteG ist der Betriebsrat eine Institution
zur Wahrnehmung der beruflichen, arbeitsrechtlichen, wirtschaftlichen
und sozialen Rechte der Arbeitnehmer und zur Vertretung ihrer Interessen. Im Gegensatz zum ersten Entwurf sieht das Gesetz umfassende und
detaillierte Regelungen zur unmittelbaren und geheimen Wahl des Betriebsrates in Betrieben mit mindestens 20 ständig beschäftigten Arbeitnehmer vor; dabei kommt es nicht darauf an, ob der Betrieb Zweignie-
derlassungen, Vertretungen und strukturelle Einheiten hat – in einem
Betrieb soll ein Betriebsrat gewählt werden. Das BetriebsräteG sollte für
alle Betriebe des Privat- wie auch des öffentlichen Rechts gelten, in welchen unselbständige Arbeit geleistet wird. Die Grenze von 20 Arbeitnehmern bedeutet jedoch nicht, dass Kleinbetriebe vom Geltungsbereich
des Gesetzes ausgenommen sind. Ihnen wurde die Möglichkeit eingeräumt, einen Arbeitnehmer als Vertreter der Belegschaft zu wählen, der
mutatis mutandis dieselben Rechte und Pflichten wie der Betriebsrat
erhält[41]. Die Zahl der Betriebsratsmitglieder ist nach der Zahl der Arbeit-

---

wert, dass der Nationale Dreiparteienrat dem ersten Entwurf des BetriebsräteG zugestimmt hat.

41   Dieser Hinweis kann nicht unbedingt als glücklich bezeichnet werden, weil damit
     eine Fülle von Problemen entstehen dürfte. Die Verankerung der Rechte und
     Pflichten des Belegschaftsvertreters ist nicht vorgenommen worden im *primus inter
     pares* AGB 2002, das eine ausführliche Liste der Vertreter der Arbeitnehmer vor-
     sieht. Zweitens ist es problematisch, die Anwendung aller Rechtsnormen des
     BetriebsräteG auf die kleineren Betriebe zu übertragen. Es ist fraglich, ob der Ver-
     treter der Belegschaft wirklich dasselbe Schutzniveau und dieselben Kompetenzen
     erhalten sollte, welche die Betriebsräte der größeren Betrieben genießen. Vielmehr
     sollten hier die Beschränkungen oder Sondervorschriften bezüglich der Vertreter in

nehmer gestaffelt – von 3 bis 15 Mitglieder. Wählbar sind alle Arbeitnehmer, die wenigstens 6 Monate dem Betrieb angehören und das 18. Lebensjahr vollendet haben. Die Amtszeit des Betriebsrates beträgt in der Regel 3 Jahre. Der neue Entwurf sieht weder einen Betriebsrätezwang vor, noch einen einheitlichen Termin für die Wahlen der Betriebsräte – die Betriebsräte müssen erst nach schriftlicher Initiative von mindestens 1/5 der Arbeitnehmer des Betriebes gewählt werden. Der Arbeitgeber ist auch verpflichtet, aus den Mitgliedern der Initiativgruppe den Wahlvorstand zu bilden. Demnächst übernimmt der Wahlvorstand die Einleitung und die Durchführung der Wahlen.

Das BetriebsräteG zählt die Aufgaben und Kompetenzen des Betriebsrates auf, die im Wesentlichen dem Konzept der sog. „universellen Vertretung" der Arbeitnehmer entsprechen. Es handelt sich dabei um das Recht auf Aushandlung und Abschluss betrieblicher Kollektivverträge[42], die Teilnahme an Unterrichtungs- und Anhörungsverfahren, die Annahme oder Ablehnung zustimmungsbedürftiger Entscheidungen des Arbeitgebers, die Ausübung von Vorschlags- und Beratungsrechten, die Überwachung der Einhaltung von arbeitsrechtlichen Gesetzen, Kollektivverträgen und anderen Vereinbarungen, einschließlich des Rechtes zur Rechtsmitteleinlegung vor Gericht gegen Entscheidungen und Handlungen des Arbeitgebers. Das BetriebsräteG sieht die Konkretisierung der Verfahren der gesetzlichen oder kollektivvertraglichen Anhörung, Unterrichtung und Mitwirkung des Betriebsrates vor. Dies ist an sich positiv zu bewerten, aber bisher wurden noch keine dementsprechenden Ausführungsbestimmungen erlassen. In der Praxis bleibt damit die konkrete Ausgestaltung dieser Form der Sozialpartnerschaft weiterhin ungewiss. Das BetriebsräteG legt auch die Pflichten des Betriebsrates fest, die sich grundsätzlich auf die Öffentlichkeit der Handlungen des Betriebsrates, die Gleichbehandlung der Arbeitnehmer, die vertrauensvolle Zusammenarbeit mit dem Arbeitgeber und die Geheimhaltungspflicht von Betriebs- und Geschäftsgeheimnissen, beziehen. Außerdem werden auch die Rechtsstellung der Mitglieder des Betriebsrates, einschließlich ihrer Freistellung (min. 60 Stunden jährlich) und ihrer Bildung und Schulung

---

Kleinbetrieben zur Anwendung kommen, um die Konkurrenzfähigkeit dieser Betrieben nicht zu vermindern.

42   Ein Streikrecht besteht nicht.

(min. 3 Arbeitstage jährlich), geregelt. Um Raum für mehr Flexibilität zu schaffen, bestimmt BetriebsräteG hier den Umfang dieser Verpflichtungen des Arbeitgebers, gewährt aber auch, die Abweichungen im Kollektivvertrag in favorem als auch in peius zu vereinbaren.

Nun sollen auch die Instrumente der gemeinsamen Absprachen des Betriebsrats und des Arbeitgebers erläutert werden. Gem. Art. 60 Abs. 4 AGB 2002 und BetriebsräteG darf der Betriebsrat mit dem Arbeitgeber einen betrieblichen Kollektivvertrag abschließen, was aber nur dann rechtsmäßig ist, wenn die Vollversammlung bzw. Konferenz der Belegschaft dem Entwurf des Kollektivvertrages zustimmt. Nur ordnungsgemäß abgeschlossene Kollektivverträge ordnet Art. 3 Abs. 2 AGB 2002 Quellen des Arbeitsrechts zu. Diese Zuordnung verleiht den Kollektivverträgen normative Wirkung, was bei anderen schriftlichen Vereinbarungen kollektiver Art nicht der Fall ist. Bis zur Verabschiedung des BetriebsräteG war keine kollektive Vereinbarung dieser Art im litauischen Arbeitsrecht bekannt. Das BetriebsräteG verankert heute die Möglichkeit, die Fragen des „Zusammenlebens" von Betriebsrat und Arbeitgeber in einer Vereinbarung zu regeln, die sich auf Bestimmungen zur Schulung der Mitglieder des Betriebsrates beziehen kann, und sogar das Verfahren der Ausübung der gesetzlichen oder vertraglichen Mitwirkungsrechte einschließt. Gemäß Art. 3 Abs. 2 AGB 2002 sind diese Abkommen nicht den Quellen des Arbeitsrechts zuzuordnen; anders als Betriebsvereinbarungen in Deutschland erhalten sie keine normative Wirkung. Sie werden als Verpflichtungen privatrechtlicher Art angesehen, aus denen sich Ansprüche des Betriebsrates, aber nicht der einzelnen Arbeitnehmer ableiten lassen.

Bei der Ausgestaltung der Kompetenzen des Betriebsrates konnte das BetriebsräteG nicht von grundlegenden Prinzipien des AGB 2002 abweichen. Das BetriebsräteG verdeutlicht im Unterschied zum AGB 2002, dass nur die Neugründung eines Betriebsrates davon abhängig ist, ob es im Betrieb bereits eine „handelnde Gewerkschaft" gibt. Dort, wo Betriebsräte bestehen und anschließend eine Gewerkschaft gegründet wird, führt dies nicht zwingend zur sofortigen Auflösung eines bereits gewählten Betriebsrates. Art. 21 BetriebsräteG schreibt vor, dass

> wenn im Betrieb eine betriebliche Gewerkschaft gegründet wird bzw. die Vollversammlung einer Branchengewerkschaft die Vertretungskompetenz einräumt,

soll der gewählte Betriebsrat bis zum Ende seiner Amtzeit weiterbestehen (!). Die beiden Institutionen sollen zum Zwecke der Kollektivverhandlungen und der Ausübung anderer Rechte der Arbeitnehmervertreter ein gemeinsames Gremium bilden. Wenn sie sich über die Zusammensetzung des Gremiums nicht einigen können, soll die Vollversammlung der Belegschaft über die Vertretung entscheiden.

Obwohl der litauische Gesetzgeber traditionell von einem Konzept der „einheitlichen Vertretung" ausgeht, welches die Wahrung der kollektiven Interessen durch parallel handelnde Institutionen ausschließt, ist die Lösung des Problems der Konkurrenz zwischen Betriebsräten und Gewerkschaften rechtsdogmatisch schwer begründbar. Erstens kennt das AGB 2002 kein solches gemeinsames Gremium aus Betriebsrat und Gewerkschaft; somit ist die Legitimität des Gremiums und seiner Handlungen überaus zweifelhaft. Zweitens sieht das AGB 2002 ein Gremium aus mehreren betrieblichen Gewerkschaften vor, welches im Falle der Pluralität der Gewerkschaften den Kollektivvertrag aushandeln und abschließen darf (Art. 60 Abs. 2-3). Dies ist aber als „Zusammenschluss von Gleichen" (Koalitionen) anzusehen. Es ist fragwürdig, ob dasselbe Prinzip auf den Zusamenschluss von Koalition und gewählten Vertretern übertragen werden darf. Drittens verschwindet bei einer solchen Konstellation das Rechtssubjekt, das die vorgesehenen Befugnisse und die damit verbundene Verantwortung eigenständig zu tragen hat. Viertens bleibt völlig unklar, wie dieses Gremium zusammengesetzt sein soll, insbesondere wenn nicht eine, sondern zwei oder mehr Gewerkschaften im Betrieb agieren: wie soll das Gremium Beschlüsse fassen, über welche eigenen Rechte und Pflichten verfügt es? Weitere Fragen ließen sich anschließen. Fünftens kann es passieren, dass die Vollversammlung der Belegschaft die Kompetenz der Vertretung nicht der Gewerkschaft, sondern dem Betriebsrat überträgt. Welche Rechte der Vertretung bleiben dann der Gewerkschaft? Wie ist diese Situation mit Art. 21 Abs. 3 AGB 2002 vereinbar, der besagt, dass der Betriebsrat nicht die ausschließlichen Rechte der Gewerkschaften wahrnehmen darf?

Die Lösung des Art. 21 BetriebräteG kann juristisch nicht überzeugen. Wo liegen die Ursachen? Die Grundlagen des Modells der Arbeitnehmervertretung wurden im AGB 2002 auf der Basis des damals bestehenden sozialpolitischen Kompromisses festgelegt. Bei der Verabschiedung des BetriebsräteG herrschte unter den politischen Parteien Einigkeit darüber, dass das AGB 2002 in dieser Legislaturperiode nicht geändert werden sollte. Das BetriebsräteG gelangte nur „ans Tageslicht", weil im Parlament ein fragiler politischer Kompromiss bezüglich des Zusammenhangs von Betriebsrat und Gewerkschaft hergestellt werden konnte. Im Ergebnis ist es der Gewerkschaften nicht gelungen, das Konzept des AGB 2002 weiter voranzubringen, in dem Sinne, dass die Gründung der betrieblichen Gewerkschaft die Tätigkeit des gewählten Betriebsrats beendet. Die Arbeitgeber haben ihre Interessen hinsichtlich der Betriebsräte auch nicht völlig umgesetzt, da im BetriebräteG eine relativ starke Rechtsstellung des Betriebsrates festgelegt wird. Sie sollten sich damit begnügen, dass der Betriebsrat (zumindest der gewählte Betriebsrat) durch die betrieblichen Gewerkschaften nicht aufgelöst wird, sondern bis zum Ende der Amtsperiode bestehen bleibt. Es ist fraglich, ob angesichts der durch das Vorhandensein zweier Arbeitnehmervertretungen verursachten Kosten die Existenz des gemeinsamen Gremiums des Betriebsrates und der Gewerkschaften für die Arbeitgeber wirklich eine bessere Lösung ist. Dies ist insbesondere dann der Fall, wenn der Betriebsrat und die Gewerkschaft sich über die Besetzung des gemeinsamen Gremiums nicht einigen können, und die Vollversammlung der Belegschaft die Vertretungsmacht der Gewerkschaft überträgt. Ein positiver Effekt ist aber darin zu sehen, dass es im Betrieb endlich eine Vertretung gegeben wird, was in Litauen als eine Erleichterung der Kollektivverhandlungen, der Unterrichtung, Anhörung oder Mitwirkung betrachtet wird.

Zukunftsperspektiven des litauischen Modells

Das beschriebene litauische Modell der Vertretung der Arbeitnehmer auf der betrieblichen Ebene dürfte bei unseren westeuropäischen Kollegen, die mit den nationalen Problemen des Zusammenhangs der Gewerkschaften und der gewählten Vertreter jahrzehntelang konfrontiert waren, sehr viele Fragen aufwerfen. Diese Fragen lassen sich vielleicht mit einer generellen Frage kurz zusammenfassen: stellt das Modell ein Ergebnis der homogenen Entwicklung des litauischen Arbeitsrechts mit entsprechender legislatorischer Qualität dar, oder ist es ein „gutes" Beispiel für einen schlechten Transfer der westeuropäischen arbeitsrechtlichen Strukturen auf die Länder Mittel- und Osteuropas[43]?

Die Antwort muss vor dem Hintergrund der litauischen Umstände und der gegenwärtigen Realität gegeben werden. Man darf natürlich den Einfluss der einzelnen arbeitsrechtlichen Elemente der westlichen Staaten nicht unterschätzen. Bis heute dienen die politischen, wirtschaftlichen und rechtlichen Ordnungen der „alten" Mitgliedstaaten der Europäischen Union für Litauen als auch für andere Staaten Mittel- und Osteuropas als moderne und erfolgreiche Vorbilder der westlichen Demokratie mit marktwirtschaftlichem System[44]. Obwohl man in Westeuropa immer heftiger über die Vor- und Nachteile der stark ausgeprägten Sozialpartnerschaft in der globalisierten Marktwirtschaft diskutiert, bieten die westeuropäischen Arbeitsrechte nach wie vor einen möglichen Lösungsansatz für die Stärkung der kollektiven Wahrung der Rechte und Interessen der Arbeitnehmer in Ländern wie Litauen. Dies muss nicht unbedingt die arbeitsrechtliche Nachlässigkeit im Vergleich zu modernen europäischen Wirtschaften bedeuten. Es ist sehr vieles auch damit zu erklären, dass zwischen der Situation bezüglich der kollektiven Wahrung der Interessen der Arbeitnehmer im kontinentalen Westeuropa und in Litauen noch eine große Lücke klafft. Man sieht sich in Litauen formal mit einer unbeschränkten Macht der Gewerkschaften konfrontiert, während es faktisch fast keine organisierte Macht der Arbeitnehmer gibt. Man beklagt sich hier nicht über die strikten, unflexiblen Kollektivverträge, weil da es nach wie vor keine echten Kollektivverträge gibt, abgesehen von Sammlungen der gesetzlichen Mindestregelungen. Man bezweifelt die durch die Mitbestimmung entstehenden Hindernisse der unternehmerischen Freiheit nicht, weil es keine Mitbestimmung gibt[45].

---

43 Vor den Gefahren solcher Transfers der westeuropäischen Elemente in die Länder Mittel- und Osteuropas hat Prof. M. Weiss (1994; 209 ff.) schon sehr früh gewarnt.

44 Vgl. Kranjc; 34 f. / Goleva; 58 f. / Wyrzykowski; 142 f., alle in: Tomuschat (Hrsg.) 1995.

45 Laut Report des Instituts des europäischen Gewerkschaftsbundes (ETUI), liegen nur in den baltischen Staaten und in Zypern keine Vorschriften über die Mitbestimmung der Arbeitnehmervertreter im Sinne der RL 2001/86/EG vor; hier ist das Recht gemeint, einen Teil der Mitglieder des Aufsichts- oder des Verwaltungsorgans der Gesellschaft zu wählen oder zu bestellen. Vgl. ETUI; 74.

Die Versuche des Gesetzgebers, die kollektive Vertretung auf der betrieblichen Ebene effektiver auszugestalten resultieren nicht nur aus der Notwendigkeit, die „soziale Dimension" der Europäischen Union umzusetzen, sondern auch aus dem (vielleicht auch etwas verspäteten[46]) Bemühen, die Arbeitsbedingungen der litauischen Arbeitnehmer zu verbessern[47]. Dabei greift der litauische Gesetzgeber aus vielen bereits erwähnten Gründen nicht auf traditionelle gewerkschaftliche Institutionen zurück, sondern sucht nach neuen Einrichtungen der betrieblichen Interessenvertretung.

Die Tendenz, die gewerkschaftliche Vertretung durch neue Formen der Arbeitnehmervertretung zu ersetzen, ist in Mittel- und Osteuropa sowie in den Ländern mit Kandidatenstatus seit mehr als zehn Jahren zu beobachten. Nach dem politischen Umbruch haben diese Länder – unter starker Berücksichtigung westeuropäischer Erfahrungen – vier verschiedene Wege der Ausgestaltung der betrieblichen Vertretung der Arbeitnehmer gewählt (Vgl. IAO-Bericht von Toth/Ghellab 2003):

(1) ein duales System, wo die Rechte der Vertretung dem Betriebsrat und zugleich auch der betrieblichen Gewerkschaft eingeräumt werden (Slowenien, Ungarn, seit 2003 auch die Slowakei),

---

46   Mehrere Autoren merken an, dass die Regierungen Mittel- und Osteuropas bemüht sind, die Stellung der gewerkschaftlichen Strukturen gesetzlich zu schwächen um so die Opposition gegen notwendige wirtschaftliche Reformen zu eliminieren, und ausländische Investoren anzulocken. Vgl. dazu Sewerynski 1996; 341 und Casale 1996; 130.

47   Heute liegt der gesetzliche Mindestlohn bei 500 Litas (etwa 144 Euro) monatlich und gilt *de facto* für 25% der Arbeitnehmer. Der Monatslohn beträgt im Durchschnitt brutto etwa 1260 Litas (etwa 365 Euro). Das gilt auch für hochqualifizierte Arbeitnehmer in den Bereichen Gesundheitswesen und Ausbildung. Deshalb ist es kaum verwunderlich, dass der nationale Arbeitsmarkt mit etwa 1.4 Millionen Arbeitnehmern gewisse Spannungen verursacht. In letzten 10 Jahren die Auswanderungstendenz wurde sehr deutlich – etwa 250 Tausend von 3.75 Millionen Einwohner sind nach Ausland ausgezogen. Seit dem EU-Beitritt beläuft sich die Zahl der Auswanderer (erste Welle der Arbeitnehmer mit geringer Qualifikation) auf 5-7 Tausend monatlich. Im Ergebnis haben die litauischen Bauunternehmen begonnen, Arbeitnehmer aus Weißrussland und Russland einzustellen. 2005 ist mit einer Auswanderungswelle von hochqualifizierten Arbeitskräften (zweite Welle) zu rechnen.

(2) ein monistisches System, wo die Vertretung der Arbeitnehmer nur von gewerkschaftlichen Strukturen ausgeübt wird (Polen, Zypern, Türkei),

(3) ein monistisches System mit betrieblichen Gewerkschaften und den gewählten Vertretern für nicht-organisierte Betriebe (Rumänien, Bulgarien, Tschechische Republik, bis 2003 Slowakei) und

(4) ein monistisches System mit betrieblichen Gewerkschaften und gewählten Vertretern für nicht-organisierte Arbeitnehmer (Estland, Lettland).

Die geschilderte Entwicklung in Litauen weist überzeugend nach, dass der litauische Gesetzgeber lange Zeit mit unterschiedlichen Modellen der Arbeitnehmervertretung experimentiert hat. Bis 1994 gehörte Litauen wie Estland und Lettland zur 4. Gruppe der Staaten des monistischen Systems mit betrieblichen Gewerkschaften und gewählten Vertretern für nicht-organisierte Arbeitnehmer. Aufgrund der Änderungen vom 31.3. 1994 wurde Litauen – wie das Nachbarland Polen – zunächst in die 2. Gruppe (monistisches System) eingegliedert. Seit 2003 gehört Litauen zur Gruppe 3 (monistisches System mit betrieblichen Gewerkschaften und gewählten Vertretern für die nicht-organisierte Betriebe). Die Rechtslage sieht ähnlich wie in der Tschechischen Republik aus. Seit 2001 sieht das tschechische Arbeitsrecht ebenfalls die Möglichkeit vor, einen Betriebsrat zu bilden. In Bulgarien und Rumänien sind die vom Arbeitnehmer direkt gewählten Vertreter nicht institutionalisiert (Toth/Ghellab 2003; 12 ff. und 19).

Die sozialpolitischen Entscheidungen des litauischen Gesetzgebers von 1991 und 1994 haben nicht zum erwünschten Effekt einer Belebung der Kollektivverhandlungen geführt, um dadurch die unternehmerische Freiheit des Arbeitgebers bei den wichtigsten sozialen innerbetrieblichen Beschlüssen einzugrenzen. Es ist heute aber fraglich, ob das im AGB 2002 und im BetriebsräteG verankerte Modell sich als dauerhaft erweisen wird. Da in Litauen bisher keine Tradition von Betriebsräten besteht, wird es noch eine Weile dauern, bis die Folgen der Regelungen nachgezeichnet und abschließend bewertet werden können. Dennoch lässt sich schon jetzt absehen, dass – wenigstens dogmatisch – viele unbeantwortete Fragen für die arbeitsrechtliche Praxis aufgeworfen werden. Viele geltende Regelungen bezüglich des Streikrechts des Betriebsrates, des

Zusammenhangs des Betriebsrates mit neu gegründeten betrieblichen Gewerkschaften u.a.m. lassen vermuten, dass das heute geltende Modell noch nicht das Ende des Reformprozesses darstellt. Es handelt sich vielmehr um eine Art Übergangslösung, um festzustellen, wie der Betriebsrat als Institution der kollektiven Vertretung von den Arbeitnehmern und den Arbeitgebern akzeptiert wird. Die Praxis der nächsten 2-3 Jahre wird sich entscheidend auf die Zukunft des litauischen Modells der Vertretung der Arbeitnehmer auswirken. Es sind zwei Szenarien möglich. Wenn die Betriebsräte sich nicht etablieren, können sie als Last für die Betriebe angesehen werden und demzufolge entweder gesetzlich von vornherein aufgelöst, oder – wie es heute in Tschechien der Fall ist – mit der Gründung der betrieblichen Gewerkschaft aufgelöst werden. Sollte sich das Betriebsratsmodell allerdings als erfolgreich erweisen, wird es als eine effektive Möglichkeit der innerbetrieblichen Vertretung der Arbeitnehmer akzeptiert werden. Sehr wahrscheinlich würde dies dann – wie die letzte Reform des Arbeitsrechtes in der Slowakei vermuten lässt[48] – zur Verankerung des dualistischen Systems führen, wonach die Betriebräte gesetzlich nicht als ein vorläufiges Substitut der Gewerkschaften, sondern als eine parallele Institution der Vertretung der Arbeitnehmer angesehen werden. Ein wichtiger Schritt in Richtung Anerkennung des dualistischen Systems in Litauen war schon die Regelung des BetriebsräteG, wonach die Gründung der betrieblichen Gewerkschaft *ipso facto* den Betriebsrat nicht auflöst (Art. 21 BetriebsräteG). Das dualistische System hatte ferner die Abkehr vom Konzept der universellen Vertretung der Arbeitnehmer zum Ergebnis. Darüber hinaus wurde die Notwendigkeit erkannt, dass Kompetenzen und Ermächtigungen unter den beiden betrieblichen Vertretern verteilt werden müssen. Dies würde für die Ge-

---

48   Ähnlich wie die Tschechische Republik hat auch die Slowakei im Jahre 2001 im neuen slowakischen Arbeitsgesetzbuch 2001 die Bildung von Betriebsräten als Vertreter der Arbeitnehmer in nicht-organisierten Betrieben ermöglicht. Obwohl nach Einschätzungen von Toth/Ghellab (2003; 43 f.) die Betriebsräte von den Arbeitnehmern nicht unbedingt als großer Fortschritt angesehen werden, hat die liberale slowakische Regierung die Einführung des dualen Systems dennoch nicht verzögert. Heute besteht in der Slowakei eine Ko-Existenz von Betriebsräten und betrieblichen Gewerkschaften, und viele Kompetenzen, die bis dahin den Gewerkschaften vorbehalten waren, sind den Betriebsräten übertragen worden (vgl. Barancova 2003; 181 f.).

werkschaften einen kaum akzeptablen Kompetenzverlust bedeuten, der nur teilweise durch ausdrückliche gesetzliche Garantien gewerkschaftlicher Vorrechte kompensiert werden könnte. Diese sollten sowohl das Feld der Kollektivvertragspolitik (Aushandlung und Abschluss von Verträgen, Streikrecht) als auch die aktive Rolle der Gewerkschaften bei der Bildung des Betriebsrates beinhalten. Die Unterrichtungs-, Anhörungs- und Mitwirkungsrechte könnten sodann durch den Betriebsrat umgesetzt werden. Viel bedrohlicher als der Kompetenzverlust würde sich für die Gewerkschaften die Frage auswirken, ob die litauischen Arbeitnehmer sich zwei betriebliche Vertretungen wünschen. Diese Frage sollte der litauische Gesetzgeber schon heute an sich selbst richten.

(Text abgeschlossen im Januar 2006)

Bibliografie

BARANCOVA, H. (2203): „Analysis of the 2003 Labour Law Reform in the Slovak Republic", in: Darbo teisė suvienytoje Europoje (Arbeitsrecht im vereinigten Europa), Konferenz der Universität Vilnius, 16.-18. Oktober 2003. S. 181 f.

BRUNNER, G. (Hrsg.) (o.J.): *Wirtschaftsrecht der osteuropäischen Staaten*. Loseblatt-Ausgabe, Band III 4, Litauen, Ziff. I1. Dresden.

BULLETIN DER EG (Beilage 11/98): „Regelmäßiger Bericht der Kommission über Litauens Fortschritte auf dem Weg zum Beitritt"; 11.

CASALE, G. (1996): „Experiences of Tripartite Relations in Central and Eastern European Countries", in: The International Journal of Comparative Labour Law and Industrial Relations. Vol. 16/2, 1996; 130.

DAVULIS, T. (1999): „Kolektyviniai susitarimai: kolektyvinių darbo santykių reguliavimo problemos" (Die Kollektivverträge: die Probleme der Regelung der kollektiven Arbeitsverhältnisse), in: Teisė (Das Recht), 1999, Nr. 33 (1); 5 f.

DOVYDENIENE, R. (2000): „Trade Union Responses to Globalisation in Lithuania". Discussion Paper, Geneva, 2000.

ETUI (o.J.): „The European Company – Prospects for Board level Representatio". Brussels.

GÄRTNER, W. (1996): *Die Neugestaltung der Wirtschaftsverfassungen in Ostmitteleuropa: eine vergleichende Untersuchung am Beispiel Ungarns, Polens, der Tschechischen und der Slowakischen Republik.* Berlin.

GOLEVA, P. (1995): „Schwierigkeiten bei der Anwendung der westeuropäischen Rechtsmodelle", in: Tomuschat; 58 f.

JARICHEVSKIJ (1975): *Pravovoe polozhenyje trudovogo kollektiva.* (Die Rechtsstellung der Belegschaft) Moskva; 11 ff.

KOCH, F.-M. (1996): „Die Entwicklung des estländischen und litauischen Arbeitsrechts", in: Adomeit (Hrsg.) (1996): *Das Arbeitsrecht im Übergang vom Sozialismus zur Marktwirtschaft.* BWV Berliner Wissenschaft, Berlin.

KRANJC, J. (1995): „Die Übernahme ausländischer Rechtssätze in das nationale Rechtsystem als Problem der Rechtskultur", in: Tomuschat; 34 f.

LITAUISCHES INSTITUT DES FREIEN MARKTES (2000): „Darbuotojų ir darbdavių santykiai" (Die Verhältnisse der Arbeitnehmer und Arbeitgeber), in: Laisvoji rinka (Der freie Markt), 2000, Nr. 6.

LITHUANIAN HUMAN DEVELOPMENT REPORT (1997).

NEKROŠIUS, I. (1999): „Lietuvos Respublikos darbo kodekso rengimo problemos" (Die Probleme der Ausarbeitung des Arbeitsgesetzbuches der Republik Litauen), in: Teise (Das Recht) Nr. 33 (1); 25 ff.

NEKROŠIUS, I. (2003): „Lietuvos darbo kodekso rengimo ir įgyvendinimo problemos" (Die Probleme bei der Vorbereitung und Umsetzung des neuen Arbeitsgesetzbuches), in: Darbo teisė suvienytoje Europoje (Arbeitsrecht im vereinigten Europa). Konferenz der Universität Vilnius, 16.-18. Oktober 2003.

NEKROŠIUS, I. / DAVULIS, T. (1999): „Employees' Representation in Enterprises in Lithuania", in: East-West Review of Labour Law and Social Policy, Vol. 4, No. 1; 78 ff.

NEKROŠIUS, I. / DAVULIS, T. (1999): „The Problems of Collective Agreements", in: Jagiellonian University Yearbook of Labour Law and Social Policy. *1998/1999*, Vol. 10; 219.

SEWERYNSKI, M. (1996): „Prospects for the Development of Labour and Social Security Law in Central and Eastern Europe in the Twenty-

First Century", in: The International Journal of Comparative Labour Law and Industrial Relations. Vol. 12/4.

ŠIMAŠIUS, R. (1998): „LLRI akiratyje – darbo santykių reglamentavimas" (Im Gesichtskreis des litauischen Institutes des freien Marktes – die Regelungen der Arbeitsverhältnisse), in: Laisvoji rinka (Der freie Markt), Nr. 6.

TEISMŲ PRAKTIKA (Die Rechtsprechung) (1997): Nr. 5-6.

TOMUSCHAT, CH. / KÖTZ, H. / MAYDELL, B. V. (Hrsg.) (1995): *Europäische Integration und nationale Rechtskulturen. Referate des 13. Symposiums der Alexander von Humbold-Stiftung vom 19. bis 23. September in Bamberg.* Carl Heymanns, Köln, Berlin.

TOTH, A. / GHELLAB, Y. (2003): „The Challenge of Representation at the Workplace in EU Accession Countries: Does the creation of Works Councils offer a Solution alongside Trade Unions?". ILO, Budapest.

URTEIL DES LITAUISCHEN VERFASSUNGSGERICHTES v. 14.1.1999 in der Rs. 8-98 (VALSTYBĖS ŽINIOS, 1999, Nr. 9-199). Alle Urteile des Verfassungsgerichtes sind auch in Englisch unter http://www.lrkt.lt/ index_en.htm abrufbar.

VALSTYBĖS ŽINIOS (Staatliche Mitteilungen): 1972, Nr. 18; 137.

VALSTYBĖS ŽINIOS: 1990, Nr. 36-863: Gesetz vom 4. 12. 1990 zur Änderung und Ergänzung des Arbeitsgesetzbuches.

VALSTYBĖS ŽINIOS (Staatliche Mitteilungen): 2002, Nr. 64-2569 (in Kraft seit 1. Januar 2003).

WEISS, M. (1994): *Arbeitsrechtliche Regelungsprobleme in Mittel- und Osteuropa.* ROW; 209 ff.

WOOLFSON, CH. (2002): „Social Cohesion and Labour Rights in pre-accession Lithuania", in: Review of Central and East European Law, Vol. 28.

WYRZYKOWSKI, M. (1995): „Wege zur Rechtsstaatlichkeit in mittel- und osteuropäischen Staaten", in: Tomuschat; 142 f.

Estland: Der Dualismus von Vertrauenspersonen

Gaabriel TAVITS

Einleitung

Der Europäische Grundlagenvertrag (EGV) legt im Art. 137 I f. die Kompetenzen der Europäischen Union auf dem Gebiet der Sozialpolitik fest. Eines der wichtigsten sozialpolitischen Ziele besteht in der Förderung des sozialen Dialogs zwischen den Sozialpartnern. In Verfolgung dieses Ziels hat die Europäische Kommission im Jahr 2002 eine Richtlinie verabschiedet, die den Rahmen für das allgemeine Verfahren der Unterrichtung und Anhörung von Arbeitnehmern festlegt. Die Richtlinie sollte ursprünglich bis zum 23. März 2005 umgesetzt werden – aber Estland gehört zu den Mitgliedstaaten, die diesen Termin nicht eingehalten haben.

Warum ist diese Richtlinie in Estland noch nicht umgesetzt? Es kann eine Reihe von Gründen angeführt werden, aber die zentrale Ursache liegt wohl in der Auseinandersetzung um die Monopolstellung der Gewerkschaften, die bisher das Feld der betrieblichen Interessenvertretung beherrschen. Neuere Gesetzesentwürfe, mit denen die Richtlinie bis März 2006 umgesetzt werden soll, zielen darauf ab, diese Situation zu verändern.

Bei der Realisierung des Ziels der Europäischen Union, die Zusammenarbeit zwischen den Sozialpartnern zu fördern, ist der Tatsache Rechnung zu tragen, dass in den meisten Mitgliedstaaten der Europäischen Union schon seit Jahrzehnten Organe der Arbeitnehmerinteressenvertretung bestehen. Konkret geht es also darum, zu überprüfen, ob nationale Institutionen den Intentionen der EU-Richtlinie entsprechen. In folgendem Beitrag werden die spezifischen Probleme der Arbeitnehmervertretung in Estland erörtert. Ausgehend von der am Ende des Kalten Kriegs bestehenden Situation sollen die Perspektiven einer möglichen

Entwicklung aufgezeigt werden, wobei die Frage nach den wichtigsten Einflussfaktoren aufgeworfen wird.

Weichenstellungen nach der Unabhängigkeit

Die arbeitsrechtliche Entwicklung zwischen 1989 und 2000

Die Ausgestaltung der kollektiven Arbeitsbeziehungen und der (betrieblichen) Arbeitnehmervertretung war zu Beginn der 90er Jahre in Estland ein brisantes Thema. Nach der Unabhängigkeit der Estnischen Republik von der UdSSR stellte sich die Frage nach der zukünftigen Regulierung der Arbeitsbeziehungen. Zwei Optionen standen zur Debatte:

– Sollte man das alte sowjetische Arbeitsgesetzbuch im Prinzip trotz grundlegender Detailreformen beibehalten oder
– sollte man durch Einzelgesetze jeweils einzelne Bereiche des Arbeitsgesetzbuches ersetzen, um zu einem späteren Zeitpunkt ein neues Arbeitsgesetzbuch zu schaffen?

Es wurde die letztgenannte Möglichkeit gewählt: Regelungen des alten Arbeitsgesetzbuchs der ESSR (Estnische Sozialistische Sowjetrepublik) wurden Schritt für Schritt durch eine Reihe von Einzelgesetzen ersetzt[1]. Die graduellen Reformen führten noch nicht zur Verabschiedung eines neuen Arbeitsgesetzbuches. Wie sahen die Etappen des Reformprozesses aus, in denen wichtige Arbeitsgesetze verabschiedet wurden, um den Schutz der Arbeitnehmer abzusichern?

Bereits 1989 – also noch vor der Proklamierung der Unabhängigkeit (30.03.1990) – wurde ein neues Gewerkschaftsgesetz verabschiedet[2].

---

1   Diese Idee wurde bisher nur teilweise verwirklicht. Das alte AGB der ESSR ist noch immer in Kraft. Dies gilt insbesondere im Bereich der Verantwortung für Schäden, die von einem Arbeitnehmer verursacht werden. Der Entwurf eines umfassenden neuen Arbeitsgesetzbuches ist immer noch nicht in Sicht (vgl. Orgo 1996).

2   Das Gesetz über die Gewerkschaften in der ESSR (Eesti NSV ametiühingute seadus) – Eesti NSV Ülemnõukogu teataja 1989, 40, 623.

Angesichts der absehbaren politischen und wirtschaftlichen Transformationsprozesse sollte mit diesem Gesetz der Status der Gewerkschaften abgesichert werden, um ihre Handlungsfähigkeit auch nach dem Übergang von der Plan- zur Marktwirtschaft zu erhalten. Konkret ging es um die Absicherung gewerkschaftlicher Privilegien. Unbeschadet von diesem Bestandschutz beinhaltete das Gewerkschaftsgesetz keine befriedigende Regelung der betrieblichen Arbeitnehmervertretung. In der Umbruchsituation spielten die Gewerkschaften keine wichtige Rolle mehr. Aber es fehlten auch neue Institutionen, die sich in der veränderten Situation mit der Frage der Arbeitnehmervertretung beschäftigten konnten oder wollten.

Nach dem im Jahre 1989 verabschiedeten Gewerkschaftsgesetz der ESSR waren die Gewerkschaften als unabhängige Organisationen dafür zuständig, die Interessen der Arbeitnehmer zu fördern und zu vertreten. Es wurde auch vorgesehen, dass die Gewerkschaften den Status eines eingetragenen Vereins erhalten sollten. Das neue Gesetz verlieh den Gewerkschaften im System der Arbeitsbeziehungen keine herausgehobene Stellung. Es begnügte sich damit, die politische Unabhängigkeit von Gewerkschaften und ihre „Lossagung" von der ehemaligen kommunistischen Ideologie vorzuschreiben. Das Gesetz beinhaltete Rechtsgarantien für die Existenz der Gewerkschaften, aber es ließ offen, wie ihre Befugnisse im Betrieb, in der Branche, im Staat aussehen sollten. Abgesehen davon war es auf der Grundlage des alten estnischen Arbeitsgesetzbuches nicht möglich, ein Gewerkschaftsgesetz zu verabschieden, das die Grundlagen für Branchentarifverträge enthält. Sozialpartnerschaftliche Vorstellungen und Gedanken der Tarifautonomie ließen sich einfach deshalb nicht durchsetzen, weil in dem dualen System der Tarifpartnerschaft der Ansprechpartner für Gewerkschaften – die Arbeitgeberverbände – fehlte.

Nach der Unabhängigkeitserklärung wurden mit der Verabschiedung der neuen Verfassung der Estnischen Republik (1992) die Weichen für die weitere Entwicklung der Arbeitsbeziehungen gestellt. Besondere Bedeutung kommt dem 1992 beschlossenen Arbeitsvertragsgesetz zu[3].

---

3   Vgl. „Das Arbeitsvertragsgesetz der Estnischen Republik". Das Arbeitsvertragsgesetz wurde im Mai 1992 verabschiedet – die Verfassung einen Monat später.

Die Verfassung der Estnischen Republik verankert das Recht der Arbeitnehmer, Gewerkschaften zu gründen (positive Koalitionsfreiheit) und sie sichert das Streikrecht ab[4]. Hier wird jedoch präzisiert, dass die Ausübung des verfassungsrechtlich garantierten Streikrechts per Gesetz geregelt wird.[5] Mit diesen Verfassungsrechten wurden die Grundlagen für die gesetzliche Regelung der betrieblichen Arbeitnehmervertretungen geschaffen, die im Arbeitsvertragsgesetz (AVG) niedergelegt sind.

Das AVG (Arbeitsvertragsgesetz) hebelt im Prinzip das gewerkschaftliche Monopol der betrieblichen Interessenvertretung aus; denn es legt fest, dass die Arbeitnehmervertretung nicht ausschließlich in den Händen der Gewerkschaften liegt. Im Spektrum der Rechte und Pflichten der Arbeitnehmervertretung sind zwei Punkte festzuhalten. Arbeitnehmervertreter genießen einen besonderen Kündigungsschutz[6]. Zu ihren Vertretungsbefugnissen gehört insbesondere das Recht, die Belegschaft bei drohenden Entlassungen zu vertreten. Das AVG von 1992 sah beispielsweise vor, dass Arbeitnehmervertreter die vom Arbeitgeber vorgesehenen Kündigungstermine verschieben können[7].

Nach dem AVG wurden bis 1994 weitere Gesetze verabschiedet, die insbesondere die kollektiven Arbeitsbeziehungen regelten: das Tarifvertragsgesetz[8], das Gesetz über die Vertrauensperson der Arbeitnehmer[9] und das Gesetz über kollektive Arbeitstreitigkeiten[10]. In der Summe ergeben sich daraus ergänzende und einander überschneidende Regelungen der betrieblichen Arbeitnehmervertretung. Ob zu Beginn der 90er Jahre die Arbeitnehmervertretung zum Gegenstand einer wissenschaftlichen Diskussion gemacht wurde, ist zweifelhaft. Es ist vielmehr davon auszugehen, dass die Gesetze unter einem enormen Zeitdruck verabschiedet

---

4   Die verfassungsrechtliche Absicherung besteht beispielsweise auch in Frankreich, nicht aber in Deutschland.

5   § 29 IV der Verfassung der Estnischen Republik – RT 1992, 26, 349.

6   Arbeitsvertragsgesetz § 94.

7   Diese Regelung hatte damals nichts gemeinsam mit Massenentlassungen im Sinne der Richtlinie 98/95/EG.

8   Tarifvertragsgesetz (Kollektivlepingu seadus) – RT I 1993, 20, 353.

9   Gesetz über die Vertrauensperson der Arbeitnehmer (Töötajate usaldusisku seadus) – RT I 1993, 40, 595.

10 Gesetz über die kollektiven Arbeitsstreitigkeiten (Kollektiivsete töötülide lahendamise seadus) – RT I 1993, 26, 442.

wurden, weil es erforderlich war, diese Bereiche gesetzlich möglichst schnell neu zu regeln. Vor diesem Hintergrund konnte nicht lange darüber debattiert werden, welches „Modell" der Arbeitnehmervertretung für Estland am besten geeignet wäre.

Die Vorschriften des Tarifvertragsgesetzes und des Gesetzes über kollektive Arbeitsstreitigkeiten schufen eine in Westeuropa weitgehend unbekannte Situation: nicht nur Gewerkschaften waren dazu befugt, Tarifverträge abzuschließen und Streiks führen. Auch von Arbeitnehmern eines Betriebs gewählte Personen wurden bevollmächtigt, als Interessenvertreter der Arbeitnehmer Tarifverträge abschließen. Diese Arbeitnehmervertreter müssen nicht Gewerkschaftsmitglieder sein. Der Frage der Tarifvertragsfähigkeit von betrieblichen Arbeitnehmervertretern kommt eine besondere Bedeutung zu, weil in Estland nach der Unabhängigkeit die meisten Tarifverträge auf Betriebsebene geschlossen wurden. Überbetriebliche Tarifverträge (mit Branchenverbänden der Unternehmer oder mit dem Staat) bilden bis heute die große Ausnahme von der Regel.

Das 1993 verabschiedete Gesetz über die Vertrauenspersonen der Arbeitnehmer sieht in den Betrieben zwei Arten von Vertrauenspersonen vor: Vertrauenspersonen, die von den Mitgliedern der Gewerkschaft gewählt werden und Vertrauenspersonen, die von nicht gewerkschaftlich organisierten Arbeitnehmern gewählt werden. In einem Betrieb können beide Typen der Vertrauenspersonen bestehen. Sie können ein gemeinsames Gremium bilden, aus dem eine „Hauptvertrauensperson" gewählt wird. Bei dieser Option bleibt offen, wie weit die Befugnisse der „Hauptvertrauensperson" reichen. Handelt sie als Vertreter aller in einem Betrieb tätigen Vertrauenspersonen oder vertritt sie nur ihre Wähler?

Den Befugnissen der Vertrauensperson wurden relativ enge Grenzen gesetzt. Grundsätzlich verfügen sie weder über das Recht, Arbeitskampfmaßnahmen zu organisieren noch können sie Tarifverträge abschließen. Aber das Gesetz von 1993 sieht die Möglichkeit vor, dass die Belegschaft den Vertrauenspersonen ein Mandat für Arbeitskampfmaßnahmen und Tarifverhandlungen verleiht. Hierbei handelt es sich nur um eine Kann-Regelung; denn die Arbeitnehmer können alternativ neben der Vertrauensperson besondere Vertreter wählen, die ein Mandat für die

Führung von Arbeitskampfmaßnahmen und Tarifverhandlungen erhalten.

Die Unterscheidung zwischen den beiden Typen von Vertrauensleuten (gewählt durch Gewerkschaftsmitglieder bzw. durch nicht gewerkschaftlich organisierte Betriebsangehörige) mündete nicht in eine unterschiedliche Ausgestaltung von Kompetenzen. Die Befugnisse der Vertrauenspersonen waren unabhängig von ihrer Legitimationsbasis fast gleich: sie regelten Konflikte zwischen den Arbeitgebern und Arbeitnehmern; sie überprüften, ob die Mindestarbeitsbedingungen eingehalten werden usw.[11] In Verfolgung dieser Aufgaben konnten sie Tarifverträge abschließen und wenn notwendig auch zu Streikaktionen aufrufen. Eine allgemeine Pflicht zur Unterrichtung und Anhörung der Vertrauenspersonen war in dem Gesetz von 1993 nicht enthalten.

Stellungnahmen der Gewerkschaften blieben in dieser Zeitperiode zurückhaltend. Obwohl die Tätigkeit der Gewerkschaften während des Transformationsprozesses de jure nicht unterbrochen wurde, waren die Gewerkschaften aufgrund ihres historischen Hintergrunds mit der Tatsache konfrontiert, dass sie nicht immer von den Arbeitgebern und Arbeitnehmern anerkannt wurden. Deshalb erschienen die Vertrauenspersonen auf den ersten Blick als eine Alternative zu den Gewerkschaften. Aber bei den in zahlreichen Betrieben durchgeführten Wahlen zeigte sich sehr schnell, dass viele Vertrauenspersonen Gewerkschaftsmitglieder waren. Die Einrichtung der Vertrauenspersonen sicherte damit indirekt die gewerkschaftliche Präsenz im Unternehmen ab.

Zusammenfassend lässt sich die Zeit bis 1994 folgendermaßen charakterisieren: Die Position der Gewerkschaften war geschwächt. Sie waren nicht mehr stark genug, um die Rechte der Arbeitnehmer wirksam zu vertreten. Um ein Mindestniveau von Arbeitnehmerrechten zu garantieren, wurden in verschiedenen Einzelgesetzen explizite Schutzmaßnahmen verankert. Auf der Ebene der betrieblichen Interessenvertretung erhielt die Institution der Vertrauenspersonen eine Schlüsselstellung. Bei den von Vollversammlungen der Arbeitnehmer gewählten Vertrauens-

---

11   § 6, Gesetz über die Vertrauensperson der Arbeitnehmer (Töötajate usaldusisiku seadus) Riigi teataja I 1993, 40, 595.

personen setzten sich in aller Kandidaten mit einer gewerkschaftlichen Zugehörigkeit durch.

Die Lage seit dem Jahr 2000

Die rechtliche Stellung der Arbeitnehmervertreter, die sich in den Jahren 1992-1993 herausgebildet hatte, gilt in ihren Grundzügen auch heute noch. Nach wie vor können auf der Grundlage der estnischen Gesetzgebung zwei betriebliche Vertretungsinstitutionen gebildet werden: die Vertrauenspersonen der unorganisierten Arbeitnehmer und Vertrauenspersonen der Gewerkschaften. Aber das im Jahr 2000 verabschiedete neue Gewerkschaftsgesetz hat die rechtliche Stellung der Gewerkschaften gestärkt. Das neue Gesetz gibt ihnen mehr Rechte und Befugnisse. Insbesondere wurde ein gewerkschaftliches Recht auf Unterrichtung und Anhörung verankert[12].

Um eine Gewerkschaft in einem Betrieb zu gründen, braucht man nur fünf Arbeitnehmer[13]. Die betrieblichen Gewerkschaften müssen sich als eingetragene Vereine anmelden. Sie erhalten dadurch den Status einer juristischen Person. Der Vorsitzende der Gewerkschaft besitzt gleichzeitig die Rechte und Pflichten einer Vertrauensperson. Das bedeutet: sobald der Vorstand einer Gewerkschaft gewählt wird, ist damit gleichzeitig die Vertrauensperson des Betriebs gewählt worden. Der Vorstand einer Gewerkschaft braucht keine besondere Vollmacht von den nicht gewerkschaftlich organisierten Arbeitnehmern eines Betriebs. Der Vorstand der Gewerkschaft hat somit alle Befugnisse, die nach dem Gesetz über die Vertrauensperson Arbeitnehmervertretern zustehen. Im Ver-

---

12   § 22 des Gewerkschaftsgesetzes – RT I 2000, 57, 372 sieht zwei unterschiedliche Verfahren vor: das Verfahren zur *Unterrichtung* und das Verfahren zur *Anhörung* der Gewerkschaft. Die Unterrichtung der Gewerkschaft beinhaltet nur die Pflicht, dass der Arbeitgeber den Gewerkschaften bestimmte Information geben muss. Die Anhörung bedeutet, dass der Arbeitgeber ohne vorherige Konsultation der Gewerkschaft keine Entscheidung treffen darf. Wenn der Arbeitgeber die Pflicht zur Unterrichtung und Anhörung verletzt, kann er im Rahmen von öffentlich-rechtlichen Maßnahmen bestraft werden. Im Gesetz bleibt unklar, ob Entscheidungen des Arbeitgebers, die ohne Anhörung der Gewerkschaft getroffen wurde, nichtig sind.
13   § 7 I des Gewerkschaftsgesetzes – RT I 2000, 57, 372.

gleich zu nicht-gewerkschaftlichen Vertrauenspersonen ist seine Stellung stärker, weil ihm das neue Gewerkschaftsgesetz zusätzliche Kompetenzen verleiht.

Bezüglich der Vertretungsmacht der Gewerkschaften sind bestimmte Besonderheiten zu beachten. Bei individuellen arbeitsrechtlichen Streitigkeiten kann die Gewerkschaft nur ihre Mitglieder vertreten, aber auf dem Feld der kollektiven Arbeitsbeziehungen verfügen die Gewerkschaften über eine universelle Vertretungsmacht, d.h. sie vertreten die Interessen aller betrieblichen Arbeitnehmer – unabhängig davon, ob sie gewerkschaftlich organisiert sind oder nicht.

Das Gewerkschaftsgesetz lässt eine Reihe von Fragen offen. Das positive Koalitionsrecht ermöglicht einen Gewerkschaftspluralismus. Falls in einem Betrieb mehrere Gewerkschaften bestehen, lassen die Regelungen nicht erkennen, welche Gewerkschaften dazu berechtigt sind, Tarifverträge abzuschließen. Mit welcher Gewerkschaft kann bzw. muss der Arbeitgeber die Verhandlungen führen, um die betrieblichen Arbeits- und Lohnbedingungen zu regeln? Zusätzliche Komplikationen treten dadurch auf, dass die Gesetzgebung faktisch ein dualistisches Interessenvertretungssystem zulässt, wobei die Aufgaben von Gewerkschaften und Vertrauenspersonen nicht eindeutig definiert sind. Gegenwärtig wird die Frage nach dem Zuschnitt der Kompetenzen noch dadurch überdeckt, dass die Aufgaben der Arbeitnehmervertretung meistens entweder von den Gewerkschaften (Gewerkschaftsvorstand als Vertrauensperson) oder von gewerkschaftlich organisierten Vertrauenspersonen ausgeübt werden. Aber was passiert, wenn in einem Betrieb die nicht-gewerkschaftliche Vertrauenspersonen mit betrieblichen Gewerkschaften zusammenarbeiten müssen?

Neben den Gewerkschaften und den Vertrauenspersonen besteht eine weitere Institution der Arbeitnehmervertretung, die im Gesetz über die Arbeitssicherheit und Arbeitsgesundheit vorgesehen ist[14]. In den Unternehmen müssen Arbeitssicherheitsräte oder Vertreter der Arbeitsicherheit gewählt werden[15]. Diese sind für alle Fragen, die die Sicherheit am

<hr>

14		§ 17 und § 18 des Gesetzes über die Arbeitssicherheit und Arbeitsgesundheit (Töötervishoiu ja tööohutuse seadus) – RT I 1999, 60, 616.

15		§ 18 des Gesetzes über die Arbeitssicherheit und Arbeitsgesundheit (Töötervishoiu ja tööohutuse seadus) – RT I 1999, 60, 616.

Arbeitsplatz betreffen, zuständig. Wie die Zusammenarbeit mit anderen Institutionen der Arbeitnehmervertretung aussieht, ist noch offen.

Die neuesten Regelungen bezüglich der Arbeitnehmervertreter betreffen die Interessenvertretung in Betrieben, die einem Unternehmen mit Standorten in mehreren Mitgliedstaaten der EU angehören (EBR[16]) und die Europäische Aktiengesellschaft (SE)[17]. Bisher haben diese Regeln noch keine Anwendung gefunden, da in Estland weder eine SE noch ein EBR-pflichtiges Unternehmen gegründet wurde.

Zusammenfassend lässt sich feststellen, das in Estland alle rechtlichen Grundlagen für die Einführung von betrieblichen Arbeitnehmervertretungen vorhanden sind. Trotz aller Lücken in der Gesetzgebung hat sich ein System der Arbeitnehmervertretung etabliert, das theoretisch die Möglichkeit der Entwicklung eines dualistischen Interessenvertretungssystems offen hält. Es gibt zwei (unterschiedliche) Modalitäten zur Arbeitnehmervertretung – die Gewerkschaften mit ihrer Struktur und ihren Befugnissen auf der einen Seite und die Vertrauenspersonen auf der anderen Seite. Derzeit wird die betriebliche Praxis aber durch Gewerkschafter dominiert.

Gibt es Arbeitnehmervertreter im Aufsichtsrat und im Vorstand?

Bei der Behandlung der Interessenvertretung in Betrieben und Unternehmen stellt sich (insbesondere bei deutschen Beobachtern) die Frage, ob Arbeitnehmervertreter auch in Leitungsorganen der Unternehmen vertreten sind (Mitbestimmung auf Unternehmensebene).

---

16 Mit der Einrichtung des EBR wird folgendes Ziel verfolgt: „Bessere Durchsetzung des Anspruchs auf Unterrichtung und Anhörung der Arbeitnehmer in gemeinschaftsweit operierenden Unternehmen und Unternehmensgruppen" vgl.: http://europa.eu.int/scadplus/leg/de/cha/c10805.htm; 29.01.06.

17 Das Gesetz über die Mitbestimmung der Arbeitnehmer in übergemeinschaftlichen Unternehmen, der Gruppe der Unternehmen und Europäischen Aktiengesellschaft (Üleühenduselise ettevõtja, üleühenduselise ettevõtjate grupi ja Euroopa äriühingu tegevusse töötajate kaasamise seadus) – RT I 2005, 6, 21. Zum Statut der Europäischen Gesellschaft vgl. auch http://europa.eu.int/scadplus/leg/de/lvb/ l26016.htm (29.01.06).

In Estland sind die Handelsgesellschaften nach dem dualistischen Modell aufgebaut. Das Handelsgesetzbuch[18] sieht zwei Organe vor: den Vorstand und den Aufsichtsrat, der die Kontrolle über den Vorstand ausübt. Das Handelsgesetzbuch sieht nicht vor, dass Arbeitnehmervertreter im Aufsichtsrat oder gar im Vorstand Sitz und Stimme haben. Auch die arbeitsrechtlichen Vorschriften sehen diese Möglichkeit nicht vor.

Die Frage der Arbeitnehmervertretung in Aufsichtsräten[19] wurde von den Gewerkschaften aufgeworfen. Sie wollten tarifvertraglich regeln, dass Arbeitnehmervertreter in den Aufsichtsrat entsandt werden können. Die Vertreter der Arbeitgeberverbände lehnten die Forderung ab. Ihr Hauptargument war, dass der Aufsichtsrat kein Organ der Arbeitnehmervertretung sei. Vielmehr sei er dafür gedacht, geschäftliche Probleme zu behandeln und die wirtschaftliche Tätigkeit einer Gesellschaft zu planen. Demgegenüber argumentierten die Gewerkschaften, dass die Arbeitnehmer mehr Information über die wirtschaftlichen Entscheidungen, die die Arbeitnehmer betreffen, benötigen. Aber ob derartige Information durch die Beteiligung in Aufsichtsräten erhalten werden können, erscheint aus wissenschaftlicher Sicht als zweifelhaft.

Nach dem Gewerkschaftsgesetz können die Gewerkschaft vom Arbeitgeber bestimmte Informationen verlangen[20]. Deswegen ist es nicht dringend notwendig, dass die Arbeitnehmer auch in den Aufsichtsräten beteiligt sind. Wenn die Gewerkschaften darauf verweisen, dass sie nicht genug Information bekämen, ist kritisch zu hinterfragen, ob Gewerkschaftsvertreter erhaltene Informationen wirklich weiterleiten, an Gewerkschaftsmitglieder weitergeben. Das Problem der Informationsverarbeitung kann nicht dadurch gelöst werden, dass Arbeitnehmervertreter als Aufsichtsratsmitglied tätig werden.

18 Handelsgesetzbuch (Äriseadustik) – RT I 1995, 26-28, 355.
19 Die Aufsichtsräte sind bei den GmbHs und bei den AGs vorgesehen, s. § 189 und § 318 des Handelsgesetzbuches – RT I 1995, 26-28, 355.
20 § 21 des Gewerkschaftsgesetzes – RT I 2000, 57, 372.

Europäische Ansätze für die Beteiligung der Arbeitnehmer und deren Umsetzung in das estnische Recht

Die Arbeitnehmervertreter im Recht des Europarates

Das estnische Recht der Arbeitnehmervertretung ist durch unterschiedliche Normen internationaler Organisationen beeinflusst. Insbesondere hat Estland die Normen des Europäischen Rates und der Europäischen Union zu berücksichtigen. Im Jahr 2000 ratifizierte Estland die Europäische Sozialcharta[21] und akzeptierte damit alle Vorschriften, die für die Gestaltung der kollektiven Arbeitsbeziehungen bedeutsam sind (Art. 5: Vereinigungsrecht; Art. 6: Recht auf Kollektivverhandlungen; Art. 21: Recht auf Unterrichtung und Anhörung). Mit der Unterzeichnung der Sozialcharta verpflichtete sich Estland schon vor dem Beitritt zur Europäischen Union dazu, den sozialen Dialog zu fördern[22].

Das Europäische Komitee der sozialen Rechte stellte in seinem ersten Bericht über die Europäische Sozialcharta in Estland keine konkreten Probleme bei der Umsetzung der Art. 5, 6 und 21 fest. Aber das Komitee verzichtete auf eine Stellungnahme zur Umsetzung der Art 5, 6 I–III und 21 und reklamierte hier zusätzliche Informationen. Deutliche Kritik wurde aber an der Umsetzung des Art 6 IV der europäischen Sozialcharta

---

21   Wir beziehen uns hier auf die am 03.05.1996 revidierte Fassung der Sozialcharta (http://conventions.coe.int/Treaty/ger/Treaties/Html/163.htm; 29.01.06). Dabei ist anzumerken, dass nicht alle Mitgliedstaaten die revidierte Fassung ratifiziert haben (dies gilt beispielsweise für Deutschland vgl. http://www.auswaertiges-amt.de/ www/de/aussenpolitik/menschenrechte/europarat/konventionen/sozialcharta_html; 29.01.06). Die ursprüngliche Fassung (http://conventions.coe.int/Treaty/ger/ Treaties/Html/035.htm; (29.01.06) von 1991 enthält das Recht auf Unterrichtung und Anhörung nicht.

22   Die rechtliche Bedeutung der Europäischen Sozialcharta ist nicht eindeutig geklärt. Nach der estnischen Verfassung werden Normen von ratifizierten internationalen Verträgen ein Bestandteil des estnischen Rechtssystems. Das estnische Parlament (Riigikogu) will aber keine internationalen Verträge ratifizieren, die im Widerspruch zur eigenen Verfassung stehen. Daraus folgt, dass die Bedeutung der Europäischen Sozialcharta geringer als die der Verfassung, aber größer als die von einfachen Gesetzen ist.

geübt. Hier wurde betont, dass die Gesetzgebung im Bereich des öffentlichen Dienstes im Widerspruch zu Forderungen der europäischen Sozialcharta steht. Konkret wurde moniert, dass nach der estnischen Gesetzgebung im öffentlichen Dienst kollektive Arbeitskampfmaßnahmen verboten sind[23].

Die Arbeitnehmervertreter im Recht der Europäischen Union

Eine Reihe von Richtlinien der Europäischen Union sieht vor, dass die Arbeitgeber bei bestimmten Angelegenheiten die Vertreter der Arbeitnehmer informieren und konsultieren müssen. Zwei Richtlinien sind hier von besonderer Bedeutung: die EU-Richtlinie über die Massenentlassungen[24] und die EU-Richtlinie über die Bewahrung der Rechte der Arbeitnehmer im Fall des Betriebsübergangs[25]. Beide Texte verpflichten den Arbeitgeber dazu, die Arbeitnehmervertreter bei bevorstehenden Massenentlassungen und bei geplanten Unternehmensveränderungen zu konsultieren. Das setzt voraus, dass auf nationaler Ebene Institutionen der innerbetrieblichen Arbeitnehmervertretung vorhanden sind und dass die europäischen Richtlinien mit ihren Vorschriften über Informations- und Konsultationsrechte der Arbeitnehmervertreter in nationales Recht umgesetzt worden sind.

Die beiden oben genannten Richtlinien finden im estnischen Arbeitsrecht Berücksichtigung. Nach dem AVG § 6/3 muss der Arbeitgeber die Arbeitnehmervertreter bei geplanten Betriebsübergängen konsultieren. Dabei ist abzuklären, welche Folgen der Betriebsübergang für die Arbeitnehmer haben könnte und welche Maßnahmen zu ergreifen sind, um

---

23   European Committee of Social Rights. Conclusions 2004, Estonia. http://www. coe.int; 19.11.2005.

24   Richtlinie 98/59/EG des Rates vom 20. Juli 1998 zur Angleichung der Rechtsvorschriften der Mitgliedstaaten über Massenentlassungen (http://europa.eu.int/ scad plus/leg/de/cha/c10808.htm, 29.01.06). Abl von 12.08.1998, L 225, S. 16-21.

25   Richtlinie 2001/23/EG des Rates vom 12. März 2001 zur Angleichung der Rechtsvorschriften der Mitgliedstaaten über die Wahrung von Ansprüchen der Arbeitnehmer beim Übergang von Unternehmen, Betrieben oder Unternehmens- oder Betriebsteilen (http://europa.eu.int/scadplus/leg/de/cha/c11330.htm; 29.01.06). Abl von 22.03.2001, L 82, S. 16-21.

die Arbeitsplätze zu sichern. AVG § 89/1 sieht bei einer geplanten Massenentlassung die Konsultation der Arbeitnehmervertreter vor, wobei das Ziel darin besteht, die Massenentlassung zu vermeiden. Estland hat mit diesen Vorschriften die in den EU-Richtlinien vorgesehenen Pflichten bezüglich Anhörung und Unterrichtung der Arbeitnehmer übernommen. Unklar bleibt jedoch, welche Arbeitnehmervertreter zu konsultieren sind. Diese Frage ist aber klärungsbedürftig, da das Arbeitsvertragsgesetz zwei Typen der Arbeitnehmervertretung ermöglicht. Das Recht der Europäischen Union bietet dabei keine Hilfestellung; denn die EU schreibt keine konkrete Form der Arbeitnehmervertretung vor. Die Mitgliedstaaten können und müssen selbst entscheiden, welche Institutionen der Arbeitnehmervertretung für bestimmte Fragen zuständig sind und wie das Verfahren der Unterrichtung und Anhörung im nationalen Recht verankert wird.

Die EU Richtlinie 2002/14 und deren Umsetzung in das estnische Recht

Die Förderung des sozialen Dialogs zwischen Arbeitnehmern und Arbeitgebern gehört zu den sozialpolitischen Zielen der Europäischen Union. Eine Reihe von EU-Richtlinien stellt darauf ab, die Zusammenarbeit zwischen den Arbeitnehmern und Arbeitgebern zu fördern und zu entwickeln. In diesem Sinne verpflichtet die Richtlinie 2002/14/EU die Mitgliedstaaten dazu, im nationalen Recht ein Verfahren zur Information und Anhörung der Arbeitnehmer abzusichern.

Aus estnischer Sicht wirft die Umsetzung der Richtlinie Probleme auf. Die einzig eindeutige Regel der Richtlinie besteht in der Pflicht, Verfahren der Unterrichtung und Anhörung einzuführen. Dabei wird vorgeschrieben, dass diese Vorschrift für alle Unternehmen mit mindestens 50 Arbeitnehmern (bzw. Betriebe mit 20 Arbeitnehmern) gilt. Für die vollständige Umsetzung der Richtlinie haben die Mitgliedstaaten bis zum Jahr 2008 Zeit – bis dahin dürfen Übergangsregelungen angewandt

werden[26]. Aber der Text der Richtlinie präzisiert nicht hinreichend, in
welchen Fragen die Arbeitnehmervertreter zu unterrichten und in welchen Fragen sie anzuhören sind. Auch der qualitative Unterschied von
Unterrichtung und Anhörung wird nicht deutlich, weshalb die jeweiligen
rechtlichen Konsequenzen beider Verfahren unklar bleiben. Vor diesem
Hintergrund stellt sich insbesondere in den „Transformationsländern" die
Frage, wie im Rahmen der arbeitsrechtlichen Reformen die Voraussetzungen für eine EU-konforme Ausgestaltung des Verfahrens der Unterrichtung und Anhörung geschaffen werden können.

Bis heute ist es in Estland nicht gelungen, die Richtlinie 2002/14/EU
in nationales Recht umzusetzen. Das Hauptproblem resultiert aus der
Frage, welcher Arbeitnehmervertreter bzw. welches Organ der Arbeitnehmervertretung in Verfahren der Information und Konsultation einzu-
binden ist. Sollen diese Rechte ausschließlich (betrieblichen) Gewerkschaften vorbehalten sein? Gelten sie nur für Vertrauenspersonen? Oder
gibt es einen dritten Weg? Könnte dies z.B. ein Betriebsrat sein, der
nicht von der Gewerkschaften gewählt ist, in dem aber Gewerkschaftsmitglieder aktiv sein können?

Die Umsetzung der Richtlinie 2002/14/EU liefert in Estland einen
Impuls, die faktische Monopolstellung der Gewerkschaften zu überden-
ken. In der Reformdiskussion wird zunehmend dafür plädiert, dass Arbeitnehmervertreter nicht nur von der Gewerkschaften gewählt werden
sollten, sondern von der Generalversammlung aller Arbeitnehmer eines
Betriebs. Dabei sollte es keine Rolle spielen, ob die Kandidaten von den
Mitgliedern oder Nichtmitglieder der Gewerkschaft gestellt werden.
Neben diesem zentralen Problem sind in Estland weitere Detailfragen
abzuklären. Dazu gehört die Frage nach der Betriebsgrößenordnung: ab
welcher Beschäftigtenzahl müssen Unternehmen die Vorschriften über
Verfahren der Unterrichtung und Anhörung berücksichtigen?

Derzeit liegt ein Gesetzesentwurf vor, mit dem das Gesetz über die
Vertrauensperson der Arbeitnehmer novelliert werden soll. Mit der Ge-
setzesnovelle sollen die Vorschriften der EU-Richtlinie 2002/14/EU

---

26   Vgl. Art 10 der Richtlinie 2002/14/EG des Europäischen Parlaments und des Rates
     vom 11. März 2002 zur Festlegung eines allgemeinen Rahmens für die Information
     und Anhörung der Arbeitnehmer in der Europäischen Gemeinschaft. Abl vom
     23.3.2002, L80, S. 29-34.

umgesetzt werden. Der Entwurf sieht vor, dass Unternehmen mit mindestens 30 Arbeitnehmern der Pflicht zur Einrichtung von Verfahren der Unterrichtung und Anhörung unterliegen. Nach dem Entwurf gibt es keine Übergangsphase, während derer die Zahl der betreffenden Arbeitnehmer ausnahmsweise höher sein kann.

Schon vor zwei Jahren (2003) hatte das estnische Sozialministerium einen Gesetzesentwurf vorbereitet, um Vorschriften des nationalen Arbeitsrechts an die Richtlinie anzupassen. Der erste Entwurf sah keine Mindestzahl von Arbeitnehmern vor. Das hätte dazu geführt, dass jeder Betrieb, der zwei Beschäftigte hat, verpflichtet gewesen wäre, Informations- und Anhörungsrechte der Arbeitnehmer zu respektieren. Die Arbeitgeber waren nicht damit einverstanden, dass alle Betriebe zur Einhaltung von Informations- und Konsultationsverfahren verpflichtet werden sollten. Es sei sinnvoll, die neuen Vorschriften auf größere Unternehmen zu begrenzen. Außerdem plädierten sie für Übergangsregelungen: bei der betrieblichen Umsetzung solle unbedingt von der nach der Richtlinie erlaubten Übergangsphase Gebrauch gemacht werden[27].

Weitere Diskussionen ergaben sich aus der Kluft, die auch in Estland zwischen Theorie und Praxis besteht. Theoretisch eröffnet das Gewerkschaftsgesetz den Gewerkschaften eine Reihe von Informations- und Anhörungsrechten. Praktisch kommt es aber nicht selten vor, dass die Gewerkschaften von diesen Möglichkeiten keinen Gebrauch machen.

Das estnische Gewerkschaftsgesetz räumt den Gewerkschaften auf dem Feld der Unterrichtung und Anhörung der Arbeitnehmer eine gewisse Monopolstellung ein[28]. Nach Paragraph 22 des Gewerkschaftsgesetzes haben Gewerkschaften das Recht, vom Arbeitgeber gewisse Information zu verlangen. In bestimmten Fragen muss der Arbeitgeber die Meinung der Gewerkschaften vor einer Entscheidung anhören. Falls der Arbeitgeber das Unterrichtungs- und Anhörungsverfahren nicht beachtet

---

27   Nach den unterschiedlichen statistischen Angaben beschäftigen die estnischen Unternehmen durchschnittlich neun Arbeitnehmer. Die Mehrheit der estnischen Unternehmen gehört zur Kategorie von Kleinunternehmen. Wenn in Estland die Arbeitnehmermindestzahl auf dem Niveau 30 bleiben sollte, wäre die Mehrheit der Unternehmen von dem Pflichtverfahren zur Unterrichtung und Anhörung befreit.

28   Für Vertrauenspersonen sieht die Gesetzgebung keine Befugnis hinsichtlich der Verfahren zur Unterrichtung und Anhörung vor.

oder bewusst umgeht, drohen ihm Bestrafungen mit Bußgeldern. Die im Gewerkschaftsgesetz verankerten Verfahren der Unterrichtung und Anhörung werden von einigen Experten dahin gehend interpretiert, dass es keinen Widerspruch zwischen dem estnischen Recht und dem EU-Recht gebe. Daher sei es nicht notwendig, weitere Reformen in diesem Bereich durchzuführen. Vertreter dieser Position lassen die Frage offen, ob es wirklich notwendig ist, die Monopolstellung der Gewerkschaften in den Arbeitsbeziehungen beizubehalten.

Der aktuelle Gesetzesentwurf zur Änderung des Gesetzes über die Vertrauensperson der Arbeitnehmer sieht vor, dass die bisherige ausschließliche Zuständigkeit der Gewerkschaften bezüglich der Unterrichtung und Anhörung geändert wird[29]. Auf beiden Feldern sollen die von einer Generalversammlung der Arbeitnehmer gewählten Vertreter zuständig werden. Die Gewerkschaften befürchten einen Verlust ihrer Monopolstellung, eine „Vernichtung der Gewerkschaften"[30]. Die praktischen Konsequenzen dürften weniger dramatisch sein; denn Gewerkschaften behalten die Möglichkeit, eigene Kandidaten bei der Wahl von Arbeitnehmervertretern aufzustellen. Ihre Präsenz im Betrieb bleibt damit gesichert.

Bei den Vorbereitungen zur Umsetzung der Richtlinie 2002/14/EU wurde auch in Estland darüber diskutiert, ob es sinnvoll sei, einen besonderen Arbeitnehmerrat oder Betriebsrat einzuführen. Da diese Systeme grundlegende Veränderungen im estnischen kollektiven Arbeitsrecht voraussetzen, haben die Experten und Politiker diese Idee vorläufig zu den Akten gelegt. Es ist nicht damit zu rechnen, dass in näherer Zukunft ein besonderes Arbeitnehmervertretungsorgan – wie z.B. ein Betriebsrat – in das estnische Arbeitsrecht eingeführt wird.

---

29   Entwurf des Gesetzes über die Vertrauensperson der Arbeitnehmer. http://www. sm.ee, 18.11.2005.

30   Vgl. „In Estland ist das Gesetz vorbereitet, das die Vernichtung der Gewerkschaften vorsieht" (Eestis tehakse ametiühinguid hävitavat seadust). 07.11.2005. http://www.eakl.ee/uudised/0511071.htm. sowie "Der Gewerkschaftsbund kämpft gegen Entwuf, der arbeitnehmerfeindlich ist " (EAKL jätkab võitlust töötajavaenuliku eelnõu vastu). 03.02.2006. http://www.eakl.ee/uudised/0602021.htm.

Die möglichen Entwicklungen der Arbeitnehmervertretung in Estland

Die Frage – wer sind die Arbeitnehmervertreter in Estland? – ist bisher nicht eindeutig gelöst. Die Palette der möglichen Vertreter ist sehr bunt. Auf der einen Seite stehen die Gewerkschaften, die eine gesonderte Stellung haben. Auf der anderen Seite befinden sich die Vertrauenspersonen, die im Grunde genommen von allen Arbeitnehmern eines Betriebs – unabhängig von ihrer Gewerkschaftszugehörigkeit – gewählt werden können. Neben Gewerkschaften und Vertrauenspersonen können die Arbeitnehmer zusätzlich auch andere Personen wählen, die ihre Interessen in bestimmten Fragen – z.B. bei Tarifverhandlungen oder bei den kollektiven Arbeitsstreitigkeiten – vertreten können. Angesichts dieser Palette von Arbeitnehmervertretern ist in Estland nicht eindeutig geklärt, wer wann welche Befugnisse ausübt. Aus Arbeitgebersicht wirft dies Probleme auf. Einerseits ist unklar, wer jeweils als kompetenter Arbeitnehmervertreter anerkannt ist. Andererseits stellt sich dadurch auch die Frage, welche Arbeitnehmervertreter dem besonderen Kündigungsschutz unterliegen. Diese Ungewissheit bringt Arbeitgeber in eine schwierige Situation, weil sie keinen Überblick mehr darüber haben, wann Kündigungsschutzregelungen (und auch Freistellungsregelungen) gelten.

Insgesamt zeigt sich, dass Gewerkschaften und Vertrauenspersonen ihre Position seit der Unabhängigkeit Estlands stabilisieren konnten. Angesichts der gewerkschaftspolitischen Entwicklung (Gewerkschaftspluralismus) sind aber weitere Reformen des estnischen Arbeitsrechts erforderlich. Es sind klare Regeln zu definieren, mit denen festgelegt wird, welche Gewerkschaften dazu befugt sind, betriebliche Tarifverhandlungen durchzuführen. Ebenfalls abzuklären ist die Frage, welche Zuständigkeit die Gewerkschaften bei kollektiven Arbeitsstreitigkeiten haben.

Das herausragende Merkmal des estnischen Systems der Arbeitsbeziehungen besteht darin, dass die oben angesprochenen Einzelgesetze rechtlich die Möglichkeit bieten, in Betrieben und Unternehmen eine breite Palette von Arbeitnehmervertretungen einzurichten. Faktisch wird die betriebliche Interessenvertretung jedoch durch Gewerkschaftsmitglieder dominiert. Diese Situation ist für gewerkschaftlich unorganisierte Arbeitnehmer nicht unproblematisch. Wenn die Aufgaben der Arbeitnehmervertretung von den Gewerkschaften ausgeübt werden, dann kämpft die Gewerkschaft in aller Regel für die Rechte der Arbeitnehmer. Aber es kann durchaus passieren, dass die Rechte der Arbeitnehmer in den Hintergrund treten, wenn es der Gewerkschaft darum geht, ihre Position zu beweisen. Das wirft natürlich die Frage auf, ob die Vertretung der Arbeitnehmer auf der Betriebsebene eine rein gewerkschaftliche Angelegenheit sein kann und darf. Auch in Estland ist es problematisch, wenn Gewerkschaften das Monopol der betrieblichen Interessenvertretung für sich reklamieren.

Unter diesem Aspekt ist der Entwurf des neuen Gesetzes über die Vertrauensperson der Arbeitnehmer zu begrüßen, der nicht den Gewerkschaften, sondern den von allen Arbeitnehmern gewählten Vertretern eine Schlüsselstellung im System der betrieblichen Interessenvertretung zuweist. Es kann schließlich nicht die Aufgabe des Staates sein, mit gesetzlichen Maßnahmen die Monopolstellung der Gewerkschaften zu garantieren[31].

Schlusswort

Obwohl die neuen Regeln über die Unterrichtung und Anhörung der Arbeitnehmer nach der Regierungsplanung am 1. März 2006 in Kraft treten sollen, ist die Einhaltung des Termins fraglich, weil die Gewerkschaften harten Widerstand leisten und keine Bereitschaft zu Kompromissen zeigen. Aber nicht nur für Gewerkschaften und Arbeitgeber sind klare Regelungen der Arbeitnehmervertretung erforderlich. Die Angelegenheit ist für die gesamte estnische Gesellschaft wichtig; denn auch sie

---

31 Nachdem die geplanten neuen Regelungen über die Vertretung der Arbeitnehmer den Gewerkschaften bekannt wurden, zogen diese daraus die Schlussfolgerung, dass der Staat die Gewerkschaften vernichten wolle. Diese emotionalen Aussprüche kann man nicht gänzlich außer Acht lassen, aber sie dürfen auch nicht überschätzt werden. Selbstverständlich kann und muss der Staat die Fragen der Arbeitnehmervertretung klar regeln.

benötigt klare Aussagen darüber, wer berechtigt ist, Tarifverträge abzuschließen und Arbeitskampfmaßnahmen durchzuführen. Eindeutige Regelungen sind für den sozialen Frieden in der Gesellschaft erforderlich – und sie können auch dazu beitragen, die Position der Gewerkschaft in der Gesellschaft zu verbessern.
(Text abgeschlossen im Oktober 2006)

Bibliographie

EAKL (2006): Eakl jätkab võitlust töötajatevaenuliku eelnõu vastu (Der Gewerkschaftsbund kämpft gegen Entwuf, der arbeitnehmerfeindlich ist), in: Eakl 3.2.2006. http://www.eakl.ee/uudised/0602021.htm.

EESTI AMETIÜHINGUTE KESLIIDU (EAKL – CONFEDERATION OF ESTONIAN TRADE UNIONS): Eestis tehakse ametiühinguid hävitavat seadust (In Estland ist das Gesetz vorbereitet, das die Vernichtung der Gewerkschaften vorsieht), in: http://www.eakl.ee/uudised/0511071. htm; 07.11.2005.

Eesti NSV ametiühingute seadus (Gesetz über die Gewerkschaften in der ESSR), in: Eesti NSV Ülemnõukogu teataja 1989; 40.

Eesti Vabariigi töölepingu seadus (Arbeitsvertragsgesetz der Estnischen Republik), in: Riigi Teataja (RT) Gesetzblatt 1992, 15/16, 24.

Entwurf des Gesetzes über die Vertrauensperson der Arbeitnehmer, in: http://www.sm.ee; 18.11.2005.

EUROPÄISCHE GEMEINSCHAFTEN: „Sozialer Dialog und Arbeitnehmerbeteiligung; Europäischer Betriebsrat", in: http://europa.eu.int/scadplus/leg/de/cha/c11330.htm; 29.01.06.

EUROPEAN COMMITTEE OF SOCIAL RIGHTS: „Conclusions 2004, Estonia", in: http://www.coe.int; 19.11.2005.

Kollektiivsete töötülide lahendamise seadus (Gesetz über die kollektiven Arbeitsstreitigkeiten), in: RT I 1993; 26.

Kollektiivlepingu seadus (Tarifvertragsgesetz), in: RT I 1993, 20, 3.

ORGO, I.-M. (1996): „Labour law Reform in Re-independent Estonia", in: Juridica International; 99-105.

Richtlinie 2001/23/EG des Rates vom 12. März 2001 zur Angleichung der Rechtsvorschriften der Mitgliedstaaten über die Wahrung von

Ansprüchen der Arbeitnehmer beim Übergang von Unternehmen, Betrieben oder Unternehmens- oder Betriebsteilen, in: http://europa.eu.
int/scadplus/leg/de/cha/c11330.htm; 29.01.06. Abl von 22.03.2001, L
82, S. 16-21.

Richtlinie 2002/14/EG des Europäischen Parlaments und des Rates vom
11. März 2002 zur Festlegung eines allgemeinen Rahmens für die Information und Anhörung der Arbeitnehmer in der Europäischen Gemeinschaft. Abl vom 23.3.2002, L80, S. 29-34.

Richtlinie 98/59/EG des Rates vom 20. Juli 1998 zur Angleichung der
Rechtsvorschriften der Mitgliedstaaten über Massenentlassungen, in:
http://europa.eu.int/scadplus/leg/de/cha/c10808.htm, 29.01.06, Abl
von 12.08.1998, L 225; 16-21.

Sozialcharta der Europäischen Union, revidierte Fassung vom 03.05.
1996, in: http://conventions.coe.int/Treaty/ger/Treaties/Html/ 163.
htm; 29.01.06 und http://www.auswaertiges-amt.de/www/ de/ aussen
politik/ menschenrechte/ europarat/ konventionen/ sozialcharta_html;
29.01.06.

Sozialcharta der Europäischen Union, ursprüngliche Fassung, in: http://
conventions.coe.int/Treaty/ger/Treaties/Html/035.htm; 29.01.06.

Töötajate usaldusisku seadus (Gesetz über die Vertrauensperson der
Arbeitnehmer), in: RT I 1993, 40, 595.

Töötervishoiu ja tööohutuse seadus (Gesetz über die Arbeitssicherheit
und Arbeitsgesundheit) in: RT I 1999, 60, 616.

Üleühenduselise ettevõtja, üleühenduselise ettevõtjate grupi ja Euroopa
äriühingu tegevusse töötajate kaasamise seadus (Gesetz über die Mitbestimmung der Arbeitnehmer in übergemeinschaftlichen Unternehmen, der Gruppe der Unternehmen und Europäischen Aktiengesellschaft), in: RT I 2005, 6, 21. Zum Statut der Europäischen
Gesellschaft vgl. auch http:// europa.eu.int/ scadplus/ leg/ de/ lvb/
l26016.htm 29.01.06.

Pologne: La reprise du modèle occidental

Irina BORUTA

En Pologne, l'évolution de la participation des travailleurs s'est faite en trois étapes:

- tout d'abord à la suite des bouleversements sociaux durant la période communiste, lesquels ont entraîné l'adoption de lois sur «l'autogestion» des travailleurs dans l'entreprise d'Etat[1] (lois de 1956, 1958 et 1981);
- à la suite de la politique de privatisation menée après 1989;
- à la suite de la reprise du modèle occidental de participation des salariés, également après 1989.

L'autogestion des salariés dans les entreprises d'Etat

La loi du 25 septembre 1981 sur l'autonomie des travailleurs dans les entreprises d'Etat a introduit une certaine autonomie des travailleurs dans ce type d'entreprises, concrétisée sous forme d'autogestion dans le domaine des grandes décisions prises dans l'entreprise, sans que ceci n'interfère – en principe – avec la gestion quotidienne[2]. Cette loi est toujours en vigueur mais n'est pas, en principe, appliquée car la transformation des systèmes économique, social et politique après 1989 a éliminé ce type d'implication des travailleurs dans l'entreprise.

---

1   Dont l'Etat est propriétaire.
2   J.O. 24, p. 123.

Participation découlant de la privatisation

Participation à la gestion de l'entreprise

L'implication des travailleurs dans une entreprise donnée, entendue au sens où les anciens Etats membres de l'UE la conçoivent, signifie, en premier lieu, la participation à la gestion. Il s'agit de

> l'influence qu'a l'organe représentant les travailleurs et/ou les représentants des travailleurs sur les affaires d'une société en exerçant leur droit d'élire ou de désigner certains membres de l'organe de surveillance ou d'administration de la société; ou en exerçant leur droit de recommander la désignation d'une partie ou de l'ensemble des membres de l'organe de surveillance ou d'administration de la société et/ou de s'y opposer[3].

Cette forme de participation n'est apparue en Pologne qu'avec la privatisation. La loi du 13 juillet 1990 sur la privatisation des entreprises d'Etat[4], puis l'accord du 22 février 1993 relatif à la transformation des entreprises d'Etat (conclu par l'Etat, les organisations syndicales et les organisations patronales) et la loi du 30 septembre 1996 sur la commercialisation et la privatisation des entreprises d'Etat[5], laquelle résulte de cet accord, associent les représentants des travailleurs aux décisions prises dans l'entreprise.

L'un des processus de privatisation est la commercialisation, c'est-à-dire la transformation de l'entreprise d'Etat en société anonyme, dont l'Etat ne devient qu'un seul des actionnaires. Dans l'hypothèse d'une commercialisation, la participation des salariés se réalise de la manière suivante: des membres de l'organe de surveillance sont désignés par les travailleurs.

– Le conseil de surveillance, dans une société où seul l'Etat est actionnaire (c'est le cas au moment de la commercialisation), compte cinq membres dont deux sont des représentants des travailleurs. Dans

---

3   Directive 2001/86/CE complétant le statut de la Société européenne en ce qui concerne l'implication des travailleurs.
4   J.O. 51, p. 298.
5   J.O. 118, p. 561. Les règles diffèrent légèrement en ce qui concerne les travailleurs agricoles et les pêcheurs (art. 12 et suivants de la loi du 30 septembre 1996).

l'hypothèse où l'Etat n'est plus le seul actionnaire de la société, les travailleurs conservent le droit de désigner 2 membres si le conseil ne compte pas plus de 6 membres, 3 si le conseil compte de 7 à 9 membres et 4 si le conseil est composé de plus de 11 membres;
– En outre, dans les sociétés dont l'Etat est le seul actionnaire et qui emploient plus que 500 salariés, les travailleurs désignent un membre de l'organe d'administration.

Ces représentants des travailleurs, désignés en tant que membres de l'organe de surveillance et éventuellement de l'organe d'administration, ont été élus. La loi donne peu d'indications sur les élections. Elles ont lieu au suffrage direct et universel et à bulletin secret (ce n'est que la première élection au conseil de surveillance qui engage les délégués des travailleurs). Toute personne ayant la qualité de salarié d'une entreprise bénéficie du droit de vote.

En Pologne, il est à souligner qu'il n'existe aucun cadre juridique pour la participation à la gestion dans le secteur privé, alors même que ce secteur domine dans le paysage économique (63,2 % de PIB en 2000)[6].

Participation financière

La deuxième signification du terme «participation des salariés» au sens où l'entendent les pays occidentaux est la participation financière. En Pologne, ce type de participation est apparu principalement dans le cadre de la privatisation et sous différentes formes.

La première est l'actionnariat des salariés (participation au capital). La loi du 30 septembre 1996 sur la commercialisation et la privatisation des entreprises d'Etat prévoit l'acquisition d'actions de la société par les travailleurs lors d'une émission d'actions. Les options de souscription d'actions sont les suivantes. Les salariés ont droit à 15 % des actions (d'après l'état du jour de l'enregistrement de la société). La valeur nominale des actions ne peut dépasser un montant égal à 18 salaires moyens

---

6   Bureau National de Statistiques, Udział sektorów własności w tworzeniu produktu krajowego brutto (1995-2005) (PIB – participation d'après les secteurs de propriété).

mensuels multiplié par le nombre de travailleurs dans l'entreprise. La distribution des actions est gratuite. Le règlement ministériel fixe les droits de chacun des travailleurs en fonction de leur ancienneté. Plus l'ancienneté d'un salarié est importante, plus il obtient d'actions. Les salariés ont interdiction de vendre leurs actions pendant les deux premières années, étant entendu que le point de départ de ce délai est le jour de la première vente d'actions par la société.

La loi du 30 septembre 1996 sur la commercialisation et la privatisation des entreprises d'Etat prévoit en outre deux autres formes de participation dite financière des salariés. Premièrement, l'Etat peut donner son entreprise en location aux travailleurs contre paiement, pour une période allant jusqu'à 15 ans (privatisation directe). Les sociétés de travailleurs (dites sociétés de crédit-bail) ne peuvent être constituées qu'à condition que soient remplies les conditions suivantes: les actions appartiennent à l'Etat et aux travailleurs, les travailleurs détiennent au moins 20% du capital d'établissement, la majorité des travailleurs s'est prononcée en faveur de ce projet. Passé un délai de 15 ans, les travailleurs peuvent acheter la société (T. Mróz 1999; 162 f.).

Deuxièmement, en cas de vente d'une entreprise d'Etat, ce qui constitue l'une des formes de privatisation directe, l'acquéreur est obligé de transmettre 15% du prix de l'entreprise au fond social de l'entreprise transférée. Le prix de l'entreprise est réduit de cette somme. Les travailleurs ne perdent pas leur emploi grâce à la vente de l'entreprise; c'est la raison pour laquelle ce transfert de moyens est une forme de la participation financière des salariés.

Participation des salariés – la reprise du modèle occidental

Information et consultation dans l'entreprise

Le droit à l'information et à la consultation est considéré en Pologne comme l'une des formes de participation – coopération des salariés

(Gładoch 2005; 152). L'élan pour introduire ce type de droits a été insuf-
flé par les directives communautaires.

Actuellement, le droit à l'information et à la consultation est reconnu
dans les entreprises de dimension communautaire par la loi polonaise du
5 avril 2002 sur le comité d'entreprise européen qui a transposé la directive 94/45/CE du Conseil du 22 septembre 1994 concernant l'institution
d'un comité d'entreprise européen ou d'une procédure dans les entreprises de dimension communautaire et les groupes d'entreprises de dimension communautaire en vue d'informer et de consulter les travailleurs (Cf. Meardi 2003).

En outre, le droit à l'information et à la consultation sera bientôt consacré pour les Sociétés européennes. La loi polonaise du 20 janvier 2005
sur la société européenne est en attente de la dernière lecture auprès du
Sejm et de la signature du Président. Elle transposera la directive
2001/86/CE du Conseil du 8 octobre 2001 complétant le statut de la Société européenne en ce qui concerne l'implication des travailleurs (il est
à noter que la date limite de transposition de cette directive était fixée au
8 octobre 2004).

Par ailleurs, la Pologne doit transposer la directive 2002/14/CE du
Parlement européen et du Conseil du 11 mars 2002 établissant un cadre
général relatif à l'information et la consultation des travailleurs dans la
Communauté européenne – Déclaration conjointe du Parlement européen, du Conseil et de la Commission sur la représentation des travailleurs (la directive doit être transposée au plus tard le 23 mars 2005). Le
projet gouvernemental de loi sur l'information et la consultation a été
présenté au Parlement le 19 janvier 2005. Le 14 février 2005, la commission compétente du Parlement a voté contre ce projet. Le projet conçoit
le conseil d'entreprise en tant que plate-forme d'information et de consultation des travailleurs. On peut présumer que c'est l'une des raisons
pour lesquelles les travaux de préparation de la loi polonaise se sont arrê-
tés, les conseils d'entreprises rencontrant beaucoup d'adversaires. Ainsi,
parmi les adversaires aux conseils d'entreprise se trouvent notamment
les syndicats. Ces derniers ont présenté en mars au Parlement leur propre
projet de loi relative à l'information et la consultation des travailleurs.
D'après ce projet, les conseils d'entreprise ne pourraient être constitués
qu'en cas d'absence de syndicat dans une entreprise donnée. Quant aux

organisations d'employeurs, elles n'acceptent de conseils que dans les entreprises qui emploient plus de 50 travailleurs. Selon les employeurs, la directive 2002/14/CE ne doit être transposée avant le 23 mars 2005 que s'il n'existe pas d'autre système d'information et de consultation dans l'Etat membre en question. Pour gagner du temps jusqu'à 2007, les organisations de travailleurs présenteront bientôt au Parlement un projet de loi portant sur un autre système de participation des salariés selon lequel l'information et la consultation seraient négociées dans les convenions collectives ou dans les conventions conclues entre les employeurs et les représentants des travailleurs non-syndicaux[7].

De même, les travaux préparatoires sur la transposition de la directive 2003/72/CE du 22 juillet, complétant le statut de la société coopérative européenne en ce qui concerne l'implication des travailleurs, c'est-à-dire leurs droits à l'information et à la consultation, sont en cours.

Les salariés polonais bénéficient d'un droit de consultation en cas de transfert d'entreprise, droit découlant de la transposition de la directive 2001/23/CE du Conseil du 12 mars 2001 concernant le rapprochement des législations des Etats membres relatives au maintien des droits des travailleurs en cas de transfert d'entreprises, d'établissements ou de parties d'entreprises ou d'établissements (Art. 23.1 du Code du travail polonais).

Une autre loi polonaise du 13 mars 2003 sur les licenciements collectifs a introduit le droit des travailleurs à l'information et à la consultation en cas de licenciements collectifs[8]. La loi transpose la directive 98/59/CE du Conseil du 20 juillet 1998 concernant le rapprochement des législations des Etats membres relatives aux licenciements collectifs.

De plus, les dispositions de l'art. 237.11a du Code du travail polonais sur la consultation dans le domaine de la sécurité et de la santé sont en conformité avec la directive 89/391/CEE du Conseil, concernant la mise en oeuvre de mesures visant à promouvoir l'amélioration de la sécurité et de la santé des salariés au travail.

Il est intéressant de noter que ce sont les syndicats qui ont en principe mandat pour être informé et consulté au nom des travailleurs. Mais, dans

---

7   M. Januszewska Spór o kształt rad pracowniczych, «Rzeczpospolita» 60 (7049) 2005.
8   J.O. 90, p. 844.

l'hypothèse où n'est présent aucun syndicat dans l'entreprise, l'employeur est tenu d'informer et de consulter tous les travailleurs en cas de transfert d'entreprise[9], la représentation élue *ad hoc* notamment en cas de licenciement collectif[10] ou un délégué des travailleurs notamment en cas la protection de la santé et de la sécurité[11].

En ce qui concerne les activités sociales et culturelles, présentes dans l'entreprise, seuls les syndicats sont habilités à participer à la gestion de toutes ces activités établies dans l'entreprise au bénéfice des salariés ou des leurs familles[12].

Les conseils d'entreprise (sauf les comités dans les entreprises de dimension communautaire) ou les autres structures de participation des salariés reconnues dans les pays à économie de marché libre (y compris les formes de participation directe qui engagent les travailleurs par le biais de la participation à des postes de travail) sont inexistantes sur le plan juridique.

En Pologne, la notion d'implication des travailleurs dans l'entreprise ne comprend ni les syndicalisme, ni le dialogue social et ni les droits qui y sont liés[13]. Etant donné que la participation des salariés dépend aussi de la qualité des relations professionnelles, il s'avère nécessaire de décrire brièvement ces relations en Pologne. Malgré les transformations ayant eu lieu après 1989 et malgré plusieurs ajustements visant à mettre en conformité la législation polonaise avec le droit communautaire, la situation est loin d'être la même que dans les pays d'Europe de l'ouest[14]. Quelques remarques à ce sujet:

– Les relations professionnelles en Pologne s'organisent en parallèle autour de deux pôles situés aux extrémités: les négociations collectives décentralisées au niveau de l'entreprise et les négociations tri-

---

9   Par ex. l'art. 23.1 du Code du travail polonais.
10 Par ex. la loi du 22 août 1997 sur le plan de retraites, J.O. 116 p. 1205.
11 Art. 237.11a du Code du travail polonais.
12 Voir la loi du 4 mars 2004 Zakładowy fundusz świadczeń socjalnych (les prestations du fonds social d'entreprise), J.O. 1996, n° 70, p. 335.
13 Voir Jończyk (1995; 216) et Głądoch; 208.
14 Voir Vaughan-Whitehead (2003); Jouen; Ladó (2003), Meardi (Berlin 2003).

partites au niveau national[15]. Là encore, la commission tripartite en Pologne n'a pas la même signification que ce type de dialogue dans les anciens Etats Membres de l'UE. Alors que les commissions tripartites dans les anciens Etats membres de l'UE participent activement aux processus d'élaboration de politiques, ou du moins y jouent un rôle consultatif, ces rencontres n'ont en Pologne qu'un simple but: En réalité, le tripartisme en Pologne semble plutôt servir au Gouvernement d'instrument légitimant les décisions qu'il a prises avant la concertation[16]:

– Les relations sectorielles ne sont pas développées[17];
– Les partenaires sociaux sont faibles en Pologne. En ce qui concerne les syndicats, on note leur fragmentation. Les différents syndicats ne collaborent quasiment pas entre eux;
– Les syndicats restent, en principe, les seuls représentants des salariés;
– Quant aux organisations d'employeurs, elles sont organisées selon les structures des anciennes Chambres de commerce. Cette construction implique une sorte de double fonction remplie par l'organisation: elle est en même temps une organisation représentant les employeurs et une organisation d'affaires. En outre, le manque d'organisations d'employeurs au niveau sectoriel doit être souligné. Tout cela entraîne des difficultés importantes en matière de définition de l'identité des organisations d'employeurs et en matière de défense de leurs intérêts communs. A l'heure actuelle, des organisations d'employeurs existent dans le secteur public et dans les grandes entreprises, mais leur présence dans les petites et moyennes entreprises est extrêmement limitée;
– La combinaison de la faiblesse des partenaires sociaux et de la prédominance du gouvernement constitue un obstacle sérieux à l'existence d'un dialogue social efficace;

15 Voir A. Chouraqui, Social Actors' Participation in the Heart of Industrial Relations changes and challenges Towards à multi-level model of regulated autonomy (13th IIRA World Congress, Berlin, September 8-12th, 2003).
16 Voir Draus (2000b); Ladó / Vaughan-Whitehead (2003).
17 Cf. Ghellab / Vaughan-Whitehead (2003).

– La couverture par les conventions collectives et accords collectifs est faible par rapport à celle qui existe dans les anciens Etats membres de l'UE[18].

Participation financière

La participation financière, dont bénéficient potentiellement tous les travailleurs, existe en matière de plan de retraites, lequel constitue le troisième pilier du système national de la sécurité sociale[19]. Ce pilier est facultatif et comprend, entre autres, le fonds de retraite, doté par l'employeur[20].

De plus, les travailleurs peuvent, en profitant du support de leur employeur, fonder des caisses d'épargne[21]. C'est un système collectif et facultatif. Les caisses donnent aux salariés un support financier en cas de nécessité. L'entreprise aide à la gestion des caisses mais ne les dote pas. Seuls les syndicats représentent les travailleurs dans les relations caisses-employeur.

En revanche, ne sont reconnues en Pologne ni la participation obligatoire aux résultats de l'entreprise, ni les autres formes de participation financière des salariés.

Pratique de la participation des salariés en Pologne

En Pologne, le contexte n'est pas favorable à la participation et rien ne présage d'un changement immédiat de cette situation[22]. Les employeurs, en général, ne veulent pas impliquer les travailleurs dans les stratégies de

---

18 cf. Tóth /Ghellab (2003).
19 Loi du 13.10.1998 sur le système de la sécurité sociale (J.O. n137, p. 887) et autres.
20 La loi du 20.04.2004 sur le plan de retraites, J.O. 116 p. 1205.
21 Règlement du 19.12.1992 w sparwie pracowniczych kas zapomogowo – pożyczkowych oraz spółdzielczych kas oszczędnościowo-kredytowych w zakładach pracy J.O. n 100, p. 502.
22 Gardawski et Rudolf (2000; 6).

l'entreprise car ils considèrent la participation comme une menace à la liberté d'entreprendre. Les travailleurs, quant à eux, sont plutôt passifs: ils ne veulent pas s'engager dans les affaires de l'entreprise et présentent plutôt des comportements revendicatifs. Les syndicats, voulant conserver leur monopole en matière de représentation des salariés, sont hostiles à d'autres formes de participation des salariés. Comme il n'existe pas de partage clair des compétences entre les syndicats d'une part, et les représentants élus d'autre part, cela provoque la rivalité et le soupçon, ce qui n'aide pas à résoudre le problème de l'hostilité des syndicats aux autres formes d'implication des travailleurs. En outre, pour les raisons politiques et idéologiques, l'Etat n'offre pas – ou peu – de soutien à la participation[23].

Quant à la privatisation, bien qu'elle ait concerné beaucoup d'entreprises, elle n'a pas donné corps à la participation. Dans les années 1990-2003, la privatisation a englobé 7055 entreprises, dont 1541 ont été commercialisées et 2035 soumises à la privatisation directe. 824,7 milliers de personnes ont travaillé dans les entreprises touchées par le processus de privatisation fin 2003. A la fin de l'année 2003, il restait encore 1162 entreprises d'Etat[24]. Dans les années 1990-2003 ont été constituées 1287 sociétés de travailleurs. Il est à noter que les travailleurs ayant obtenu des actions ne se comportent pas comme des actionnaires. Ils ont traité et ils traitent les actions, reçues à titre gratuit, plutôt comme une prime liée à l'accord sur la privatisation et les vendent aussi vite que possible[25]. Ainsi, en réalité, les sociétés de travailleurs ne jouent pas un rôle important car les travailleurs ne sont pas dotés du capital[26].

L'apparition des régimes de retraites mis en place par les entreprises se développe lentement. En revanche, on note en pratique l'apparition de formes de participation qui sont le corollaire de l'économie de marché libre: il s'agit de la participation directe par le biais de postes de travail, comme par exemple la gestion des changements, le travail en groupe, les

---

23 cf. Rudolf (2000;.5) und Wratny (2002; 78).
24 cf. Bureau national de statistiques: Privatisation des entreprises d'Etat.
25 cf. Wratny (2000; 205).
26 cf. Jarosz (2000).

contrats des dirigeants et les options des dirigeants, la collaboration des travailleurs dans le lancement de la stratégie d'une entreprise, etc.[27].

Au sujet de la pratique de la participation des salariés en Pologne, il faut également mentionner les pactes sociaux, informels, qui accompagnent la privatisation et qui se concentrent sur la participation financière des travailleurs[28].

Vers une «Culture d'entreprise» européenne

La participation des salariés est très souvent considérée dans les anciens Etats membres de l'UE comme un élément important de la «culture d'entreprise» européenne. Cette culture est une culture d'autoréalisation par le travail, d'auto-motivation, de Total Quality Management – c'est-à-dire une culture de la coopération et de la coresponsabilité. Elle a pour but de favoriser le dialogue à l'intérieur de l'entreprise, et par là, de contribuer à renforcer la collaboration entre l'employeur et le personnel. Les employeurs et les travailleurs constituent une communauté, ce qui permet une meilleure perception des conflits[29]. Les régimes de participation financière, quant à eux, jouent un rôle important en contribuant à stimuler la croissance de nouvelles entreprises dynamiques. Il semble évident que la participation agit en faveur des travailleurs et des employeurs. Les travailleurs bien informés s'identifient à l'entreprise; ils sont donc plus motivés et plus productifs. Ainsi, les entreprises obtiennent de meilleurs résultats et deviennent plus concurrentielles, ce qui s'inscrit dans la «logique» (dite exigence) de la mondialisation[30].

Etant donné l'état du développement de la participation des salariés en Pologne, force est de constater que, dans ce pays, les formes anciennes d'implication des travailleurs dans une entreprise sont en train de disparaître, tandis que dans le même temps, les nouvelles formes, propres aux pays qui réalisent le modèle de l'économie de marché libre,

---

27   cf. Nogalski/Walentynowicz (2000; 125) et Kollonay-Lehoczky (1997).
28   cf. Wratny (2000; 74-80 et 100-101).
29   Rudolf; 9.
30   cf. Turner (2004).

n'apparaissaient pas encore[31]. Autrement dit, la Pologne se trouve au début d'un processus de développement de l'implication des travailleurs dans l'entreprise.

La question est de savoir comment sortir de l'étape d'ébauche et comment stimuler relativement rapidement le développement la participation[32]. Cette nécessité est comprise par plusieurs auteurs qui se prononcent en faveur de l'application des outils modernes de gestion des ressources humaines et qui reconnaissent les avantages potentiels de l'utilisation à plus grande échelle d'une grande variété de formules de participation des travailleurs salariés. Il s'agit en fait pour la Pologne de profiter de l'opportunité historique qui lui est offerte pour faire émerger une nouvelle approche de l'entreprise dans laquelle l'économique et le social affirment leur complémentarité et dans laquelle les salariés accèdent au rôle de partenaires.

En recherchant à pousser au développement rapide de la participation en Pologne, plusieurs auteurs soulignent le rôle de la Communauté Européenne[33]. Il semble que ce rôle pourrait être encore plus intensif. En effet, la Communauté Européenne pourrait par exemple préconiser une plus grande participation – y compris financière – des travailleurs dans les entreprises, qu'il s'agisse des régimes d'actionnariat, des options d'achat d'actions ou de l'intéressement aux bénéfices; elle pourrait également lancer une série de mesures communautaires telles que l'identification des meilleurs pratiques et l'étalonnage des performances, en vue d'améliorer la compréhension mutuelle des différents systèmes et politiques nationaux.

L'influence exercée par les acquis communautaires n'est pas le seul facteur du progrès de la propagation de la «culture d'entreprise» européenne en Pologne. Le développement de la démocratie (postindustrielle) et des piliers tels que le dialogue social et la négociation collective doit être poursuivi car dans cette matière, on note un déficit important. En outre, les partenaires sociaux devraient être davantage sensibilisés à la question de la participation. La formation des partenaires

---

31   Rudolf (2000; 7).
32   cf. Rudolf (1998).
33   Voir par. ex. Weiss (2004).

sociaux dans le domaine des régimes de contribution financière serait aussi nécessaire.

L'Etat devrait, quant à lui, jouer un rôle beaucoup plus actif dans la création d'un climat de confiance, d'autonomie et de participation. Il serait souhaitable qu'il élabore une législation-cadre et qu'il encourage les entreprises par des incitations fiscales ou des primes, d'autant plus que plusieurs éléments tendent à attester que la participation, y compris l'actionnariat salarié, est appelée à prendre de plus en plus d'ampleur dans les années à venir. En résumé, l'Etat devrait promouvoir la mise en place de régimes d'implication des travailleurs dans une entreprise.

Cependant, la question fondamentale reste la suivante: est-on prêt à utiliser la participation des salariés afin d'améliorer la culture d'entreprise en Pologne?

(Texte mai 2005)

Bibliographie

BUREAU NATIONAL DE STATISTIQUES (2003): *Prywatyzacja przedsiębiorstw państwowych* (Privatisation des entreprises d'Etat).

CHOURAQUI, A. (2003): «Social Actors' Participation in the Heart of Industrial Relations changes and challenges towards à multi-level model of regulated autonomy» (13th IIRA World Congress, Berlin, September 8-12th, 2003).

DRAUS, F. (2000b): «Social Dialogue in European Candidate Countries – Overview», Bruxelles.

GARDAWSKI, J. (2000): «Questionnaire for RIRO comparative study in the CCEECs on the functioning of national level tripartism in the light of joining the EMU – case of Poland», EIRO online, in: Rudolf (2000).

GHELLAB, Y. / VAUGHAN-WHITEHEAD, D. (2003): «Sectoral Social dialogue: A Link to Be Strengthened», in: NILAND, J. R. / LANSBURYL, R. D. /VEREVISS, C. (eds): *The Future of Industrial Relations. Global Change and Challenge.* Thousand Oaks-London-New Delhi.

GŁADOCH, M, (2005): *Uczestnictwo pracowników w zarządzaniu przedsiębiorstwem w Polsce. Problemy teorii i praktyki na tle prawa wspólnotowego* (La participation des salariés à la gestion d'une entreprise. Problèmes de la théorie et de la pratique à la lumière du droit communautaire). Toruń.

JANUSZEWSKA, M. (2005): «Spór o kształt rad pracowniczych», in: Rzeczpospolita 60 (7049).

JAROSZ, M. (2000): «Walory i właściwości partycypacji pracowniczej» (Les avantages et traits de caractère de la participation des salariés, Dossier de la conférence), Lodz.

JOŃCZYK, J. (1995): *Prawo pracy* (Droit du travail). Warszawa.

JOUEN, M. (2003): «Quel modèle socio-économique pour une Union élargie?». Groupement d'études et de recherches Notre Europe on line.

KOLLONAY-LEHOCZKY, V. C. (1997): «The Emergence of New Forms of Workers Participation in Central and East European Contries», in: MARKEY, R. / MONAT, J.: Innovative and Employee Participation through Works Councils: International Case Studies. Avebury.

LADÓ, M. (2003): «Building an Enlarged Europe – Introductory Thoughts on Convergence and Diversity», in: 13th IIRA World Congress, Berlin 2003.

LADÓ, M. / Vaughan-Whitehead, D. (2003): «Social Dialogue in Candidate Contries:What for?», in: Transfer 1/2003, ETUC.

Loi du 4 mars 2004: Zakładowy fundusz świadczeń socjalnych (les prestations du fonds social d'entreprise), in: J.O. 1996, n° 70.

MEARDI, G. (2003): «Foreign direct investment in Central Eastern Europe and industrial relations: Lessons from the European Works Council in Poland», in: 13th IIRA World Congress, Berlin.

MROZ, T (1999): *Funkcje spółek kapitałowych w procesie prywatyzacji przedsiębiorstw państwowych* (Les fonctions des sociétés anonymes dans le processus de privatisation des entreprises d'Etat). Białystok.

NOGALSKI, B. / WALENTYNOWICZ, P. (2000): «Kontrakty kierownicze i opcje menadżerskie jako alternatywa dla partycypacji pracowników» (Les contrats des dirigeants et les options des dirigeants en tant qu'une alternative pour la participation des salariés), in: Partycypacja pracownicza. Echa przeszłości czy perspektywy rozwoju, Lódź.

RUDOLF, S. (1998): «The Objective Nature of the Democratization Process in the Workplace», in: Comparative Labour Law Journal 1998, no 3, vol. 9.

RUDOLF, S. (2000): *Wprowadzenie [w:] Partycypacja pracownicza. Echa przeszłości czy perspektywy rozwoju* (Participation des salariés – écho du passé ou perspectives du développement?). Łodź.

TOTH, A. / GHELLAB, Y. (2003): «Problem reprezentacji w miejsu pracy w krajach przystępujacych do UE» (La question de la représentation dans les pays candidats), le dossier de la conférence, Varsovie 12-13 décembre 2003.

TURNER, L. (2004): «Globalization and the Logic of Participation», Paper prepared for presentation at the IIRA 7th European Congres Lisbon, September 7-11.

VAUGHAN-WHITEHEAD, D. (2003): «L'élargissement de l'Union Européenne: une fuite en avant», Groupement d'études et de recherches Notre Europe, Policy paper 5/2003.

WEISS, M. (2004): «Enlargement and Industrial Relations: Building a New Social Partnership», in: The International Journal of Comparative Labour Law and Industrial Relations, Spring.

WRATNY, J. (2000): «Partycypacja pracownicza w warunkach gospodarki rynkowej w Polsce» (Participation des salariés dans le marché à l'économie sociale), in: GOŹDZIEWICZ, G. (ed.): Zbiorowe prawo pracy w społecznej gospodarce rynkowej, Toruń.

WRATNY, J. (2000): *Porozumienia socjalne związane z prywatyzacją przedsiębiorstw państwowych. Fenomen spłeczny i prawny* (Les pactes sociaux liés à la privatisation. Le phénomène social et juridique). Warszawa.

WRATNY, J. (2002): *Partycypacja pracownicza* (Participation des salariés). Warszawa.

Tschechische Republik: Import westlicher Modelle der industriellen Beziehungen oder eigenständige Entwicklung?

Danica Prazaková

Sozialer Dialog auf der nationalen Ebene

Nach 1989 setzte in der Tschechoslowakei[1] ein Prozess der wirtschaftlichen Deregulierung ein, der von einer Transformation der gesetzlichen Rahmenregelungen begleitet war. Im Transformationsprozess wurde nach einer politischen und gesetzlichen Plattform gesucht, die es erlauben sollte, die zu erwartenden Konflikte zu regeln.

Beim Übergang vom sowjetisch geprägten Arbeitsrecht zu einem auf marktwirtschaftliche Bedingungen zugeschnittenen Arbeitsrecht richtete die tschechoslowakische Regierung im Jahre 1990 auf nationaler Ebene mit dem Rat für wirtschaftliche und soziale Abkommen ein drittelparitätisches Organ ein, das aber bis heute nicht gesetzlich abgesichert ist.

Der Rat für wirtschaftliche und soziale Abkommen setzt sich aus Vertretern der Regierung, der Arbeitgeber und der Arbeitnehmer zusammen. Die Kriterien für die Präsenz im drittelparitätischen Rat legen fest, welche Arbeitgeber- und welche *Arbeitnehmervertreter* hier Sitz und Stimme haben:

– Zugelassen sind nur Verbände, die auf der nationalen Ebene operieren (keine Regionalverbände). Die Verbände agieren als Vertreter von kleinen, mittelständischen und großen Unternehmen. Sie vertreten die Industrie, das Bauwesen, den Transport oder den Dienstleistungsbereich.

---

1 Die *Tschechoslowakische Sozialistische Republik* bzw. später *Tschechische und Slowakische Föderative Republik* (ČSR bzw. ČSSR bzw. ČSFR) bestand bis 1992. Aus ihr gingen die Tschechische Republik und die Slowakische Republik hervor.

– Zugelassen sind nur Verbände, deren Mitgliedsunternehmen insgesamt mindestens 200.000 Arbeitnehmer beschäftigen.

Bisher erfüllen nur zwei Unternehmerverbände diese Kriterien: die Konföderation der Arbeitgeber- und Unternehmerverbände sowie der Verband für Industrie und Transport.

Für die Anerkennung von *Arbeitnehmervertretern* legen die Zugangskriterien fest, dass folgende Bedingungen erfüllt sein müssen:

– Die Verbände müssen eine gewerkschaftliche Tätigkeit ausüben, wobei der Nachweis durch die Teilnahme an Kollektivverhandlungen erbracht wird;
– Die Verbände (Gewerkschaften) müssen von der Regierung und den Arbeitgebern unabhängig sein;
– Die Verbände müssen als Konföderation aufgebaut sein. In der konföderativen Struktur müssen mindestens drei Einzelgewerkschaften vertreten sein, die insgesamt mindestens 150.000 Mitglieder vertreten[2].

Bisher erfüllen zwei Dachverbände diese Voraussetzungen. Es handelt sich dabei um die CMK OS, die insgesamt 800.000 Mitglieder hat. Ihre 31 Mitgliedsgewerkschaften sind nach dem Branchenprinzip aufgebaut (Metall, Chemie, Schulwesen, Gesundheitswesen, Dienstleistungsbereich, Bauwesen, Energie...). Der zweite Dachverband – die ASO – ist mit 160.000 Mitgliedern deutlich kleiner. Sie organisiert acht Einzelgewerkschaften. Ihre organisatorische Basis hat sie vor allem bei der Bahn und in der Landwirtschaft.

---

2   Das Quorum für Gewerkschaften liegt damit deutlich höher als für die Arbeitgeberverbände. Wenn wir – optimistisch gesehen – einen durchschnittlichen gewerkschaftlichen Organisationsgrad von 33% voraussetzen, müssen die Gewerkschaften Unternehmen erfassen, die insgesamt 450.000 Arbeitnehmer beschäftigten – während Unternehmerverbände anerkannt werden, die lediglich Unternehmen mit 200.000 Arbeitnehmern organisieren.

Aufgaben des Rates für wirtschaftliche und soziale Abkommen

Der Rat befasst sich mit allen Fragen der Wirtschaftspolitik. Er ist zuständig für die Arbeitsbeziehungen und die Tarifvertragspolitik, wobei in der Umbruchphase insbesondere Probleme der Beschäftigungssicherung einen herausgehobenen Stellenwert haben.

Neben dem Aspekt der Entlohnung werden hier auch sozialpolitische Fragen und Probleme der Arbeitssicherheit (Sicherheit am Arbeitsplatz) behandelt. Weitere Zuständigkeitsbereiche liegen auf den Feldern des Human Ressource Development (Personalentwicklungsstrategien). Auch übergreifende Themenfelder (Gestaltung des öffentlichen Dienstes und der Verwaltung sowie Fragen der EU-Integration) werden hier behandelt[3].

Der nationale Rat für wirtschaftliche und soziale Abkommen bildet in dem Transformationsprozess gewissermaßen ein Korrektiv für aktuelle Entwicklungen der Tarifvertragspolitik, die durch ein deutliches Übergewicht der Firmentarifvertragspolitik gekennzeichnet ist.

Die Tarifvertragspolitik

Die Gesetzgebung der tschechischen Republik definiert nur zwei Typen von Tarifverträgen: die betrieblichen Tarifverträge (Firmentarifverträge) und die „Tarifverträge der höheren Stufe", die von ihren Inhalten den deutschen Manteltarifverträgen entsprechen. Tarifverträge der höheren Stufe werden meist zwischen einer Einzelgewerkschaft und dem Arbeitgeberverband abgeschlossen, d.h. sie gelten für mehrere Arbeitgeber. Die Regelungen „höherer Tarifverträge" legen beispielsweise die Mindeststandards für die Arbeitsbedingungen fest.

Die tschechische Gesetzgebung kennt keine Branchentarifverträge, die – wie z.B. in Deutschland – die Lohn- und Gehaltsbedingungen in einer Branche festlegen. Wenn in Übersetzungen von „Branchentarifver-

---

3   Die Konstruktion des Rates für wirtschaftliche und soziale Abkommen erinnert an den in Frankreich bestehenden Wirtschafts- und Sozialrat, der von seiner Genese her im Kontext der „indikativen Planwirtschaft" verankert war.

trägen" gesprochen wird, sind de facto Manteltarifverträge, also „Tarifverträge der höheren Stufe" gemeint.
    In der aktuellen Situation besteht bei den Arbeitgebern keine Bereit-
schaft, Tarifverträge der höheren Stufe abzuschließen. Die gilt beispielsweise für das Hüttenwesen und die Automobilindustrie. Bei VW
wird seit sieben Jahren über den Abschluss eines Tarifvertrages der höheren Stufe diskutiert – aber es ist noch nicht zum Abschluss eines entsprechenden Vertrags gekommen. Die Ursache liegt unserer Einschätzung nach vor allem darin, dass die Legitimität der Arbeitgeberverbände
sehr umstritten ist[4].
    Insgesamt stellt sich die Situation der Tarifverhandlungspolitik als
sehr problematisch dar. Die Ursachen liegen aber nicht nur in Legitimi-
tätsdefiziten der Arbeitgeberverbände. Ein zweiter Grund ist schlicht und
ergreifend in der Tatsache zu sehen, dass die Arbeitgeber nicht bereit
sind, Mindeststandards der Arbeitsbedingungen vertraglich zu regeln. In
der Konsequenz gibt es derzeit so gut wie keine Manteltarifverträge in
der tschechischen Republik. Kann diese Lücke durch Tarifverhandlungen auf Betriebsebene geschlossen werden?

Interessenvertretung und Verhandlungen auf Betriebsebene

In der tschechischen Republik wird die Arbeitsgesetzgebung durch das
Leitmodell von „monistischen Interessenvertretungsorganen" geprägt.
Die Tatsache, dass der Gesetzgeber mit Bezug auf die Europäische Sozi-
alcharta und die Richtlinie über Informations- und Anhörungsrechte der
Arbeitnehmer die Möglichkeit geschaffen hat, gewählte betriebliche
Interessenvertretungsorgane einzuführen, darf nicht als Ansatz zur Etab-
lierung eines dualen Interessenvertretungssystems missverstanden wer-
den.

---

4   Der Handlungsspielraum und die Gestaltungsmöglichkeiten von multinationalen
     Unternehmen sind nicht nur durch nationale arbeitsrechtliche Vorschriften, sondern
     auch durch (noch?) bestehende Defizite beim Aufbau von Arbeitgeberverbänden
     gekennzeichnet. So kann – und will – beispielsweise VW nicht im Alleingang mit
     einer Gewerkschaft einen „Manteltarifvertrag" für sein Unternehmen verhandeln
     und unterzeichnen.

Dort, wo die Arbeitnehmerinteressen nicht durch (betriebliche) Gewerkschaftsorganisationen vertreten werden, können sie gewählte Interessenvertretungsorgane einrichten. In Betrieben mit mehr als 25 Mitar-
beitern können Betriebsräte gewählt werden und es können Vertretungsorgane eingerichtet werden, die sich mit Fragen der Arbeitssicherheit
beschäftigen. Die Handlungskompetenzen der gewählten Interessenvertretungsorgane sind deutlich enger als die der Gewerkschaften. Anders
als die betrieblichen Gewerkschaftsorganisationen haben die gewählten
Interessenvertretungsorgane nicht den Status einer juristischen Person.
Sie können also nicht im engeren Sinne als Vertragspartei auftreten. Ihre
Kompetenzen beschränken sich dementsprechend auf Informations- und
Konsultationsrechte. Die gewählten Interessenvertretungsorgane dienen
dem Austausch von Stellungnahmen. Sie sollen den innerbetrieblichen
sozialen Dialog fördern.

Die Existenz gewählter Interessenvertretungsorgane ist – wie in anderen neuen Mitgliedstaaten der EU auch[5] – prekär. Nur dort, wo keine
betrieblichen Gewerkschaftsorganisationen bestehen, dürfen gewählte
Interessenvertreter als „Ersatz" mit beschränkten Kompetenzen auftreten. Sobald sich im Betrieb eine Gewerkschaft gründet, müssen gewählte
Interessenvertretungsorgane aufgelöst werden! Polemisch zugespitzt
bedeutet das, dass die Unternehmensleitung gewählten Interessenvertretern den Boden unter den Füßen wegziehen könnte. Wenn sie nicht mit
den gewählten Interessenvertretern zurecht kommen, können sie (hinter
den Kulissen) eine kleine Gruppe von Arbeitnehmern auffordern, eine
betriebliche Gewerkschaft zu bilden. Wenn sie Arbeitnehmer findet, die
diesen Impuls aufgreifen, kann faktisch eine „gelbe Gewerkschaft" gebildet werden, deren Interessenvertretungspolitik sich nicht an Arbeitnehmerinteressen, sondern an Unternehmerinteressen orientiert.

Die Firmentarifvertragspolitik bzw. der Abschluss betrieblicher Tarifverträge bildet in der Praxis das Kriterium, mit dem die Gewerkschaften die Effizienz ihrer Arbeit nachweisen können (und müssen). Die
Aushandlung von betrieblichen Tarifverträgen stellt derzeit die wichtigste Form des sozialen Dialogs in der tschechischen Republik dar. Betriebliche Tarifverträge können direkt und effektiv die Lohn- und Arbeitsbe-

---

5   Vgl. ausführlich dazu den Beitrag von Davulis in dem vorliegenden Band.

dingungen in Betrieben und Unternehmen gestalten. Das Erfolgskriteri-
um der Gewerkschaftsarbeit besteht darin, nachzuweisen, dass ihre betrieblichen Gewerkschaftsorganisationen fähig sind, betriebliche Tarifverträge abzuschließen. In der Praxis treten dabei aber zahlreiche
Probleme auf:

– eine Reihe von Betriebsgewerkschaften verhalten sich passiv, enga-
  gieren sich nicht in betrieblichen Tarifvertragsverhandlungen;
– dort, wo Betriebsgewerkschaften aktiv werden, sind sie häufig mit
  Arbeitgebern konfrontiert, die ihrerseits nicht bereit sind, sich auf Tarifvertragsverhandlungen einzulassen;
– eine Reihe von Arbeitgebern entwertet abgeschlossene Tarifvereinba-
  rungen nachträglich dadurch, dass sie mit einseitigen Entscheidungen
  übertarifliche Leistungen anbieten (und damit indirekt die Effizienz
  der gewerkschaftlichen Verhandlungspartei diskreditieren).

Herausforderungen für den sozialen Dialog

Es muss verstärkt für eine Akzeptanz des sozialen Dialogs geworben
werden. Dazu muss die Öffentlichkeit über die Inhalte, den Ablauf und
die Ergebnisse des sozialen Dialogs informiert werden. Im weitesten
Sinne sind hier von der Regierung und den Verbänden Info-Strategien zu
entwickeln. Die PR-Arbeit müsste intensiviert werden – auch um das
Image der Sozialpartner „aufzupolieren".

Auf arbeitsrechtlicher Ebene wäre es sinnvoll, den Vertretungsan-
spruch der Gewerkschaften, die bisher de jure nur ihre Mitglieder vertreten, zu erweitern. Sie sollten als anerkannte Vertreter *aller* Arbeitnehmer
anerkannt werden. Im Prozess der Neu- bzw. Umstrukturierung von Gewerkschaften und Unternehmerverbänden stellt sich – vor allem mit
Blick auf den *Nationalen Rat für wirtschaftliche und soziale Abkommen*
– die Frage nach der Repräsentativität der Verbände. Weil derzeit kein
Verband verpflichtet ist, Auskunft über die Zahl seiner Mitglieder zu
geben, fällt die Einschätzung der Kräfteverhältnisse schwer. Es wäre

sinnvoll, die Verbände zur Offenlegung ihrer Mitgliederzahlen[6] zu verpflichten. Insgesamt ist zu konstatieren, dass die gravierendsten Schwächen des Systems der industriellen Beziehungen in der tschechischen Republik auf Arbeitgeberseite zu suchen sind. Während Gewerkschaften an Vorläuferorganisationen aus sozialistischen Zeiten anknüpfen können und eine Strategie einer demokratisch orientierten Transformation fahren können, gibt es auf Arbeitgeberseite keine „sozialistischen Vorläufer" von Arbeitgeberverbänden. Diese müssen erst noch aufgebaut werden. Die Bereitschaft von Arbeitgebern, sich in Verbänden zu organisieren, ist gering. Ob hier mit steuerlichen Anreizen die Organisationsbereitschaft gefördert werden könnte, wäre zu überprüfen.

(Text abgeschlossen im Oktober 2006)

6   Weil in der tschechischen Republik die Existenz der gewählten Interessenvertretungsorgane prekär ist, können anders als beispielsweise in Frankreich, die Ergebnisse der Betriebswahlen nicht als Indikator für die Repräsentativität einer Gewerkschaft heran gezogen werden.

Belarus:
Technische und arbeitsorganisatorische Modernisierungsprozesse als Wegbereiter der Partizipation

Volkmar KREISSIG, Peter JANSEN

Der folgende Beitrag basiert auf Forschungs- und Beratungserfahrungen in den „Transformationsländern" (vgl. die Beiträge von Kreissig in der Bibliografie). Er stellt darauf ab, anhand ausgewählter Vergleiche – vor allem mit Russland und der ehemaligen DDR – herauszuarbeiten, welcher Stellenwert den Verfahren der Arbeitnehmerbeteiligung in der ehemaligen Republik Belarus beigemessen wird.

Ausgehend von einer Abklärung des Partizipationsbegriffs sollen im wesentlichen drei Fragen behandelt werden. Welcher Typus von Transformationsprozess hat sich bisher in Belarus durchgesetzt? Wie werden im Transformationsprozess technische und arbeitspolitische Modernisierungen gewichtet? Welche partizipationspolitischen Perspektiven zeichnen sich gegenwärtig für Belarus ab?

Zum Begriff der Partizipation

Der Terminus „Partizipation" steht allgemein für die Teilhabe an Willensbildungs- und Entscheidungsprozessen. Bei der Ausgestaltung der Arbeitsbeziehungen geht es um die Mittel, die den Arbeitnehmern zur Verfügung stehen, um ihren Einfluss bei der Gestaltung von Produktionsprozessen und ihren Auswirkungen auf Arbeits- und Lebensbedingungen geltend zu machen. Die Teilnahme an Entscheidungsprozessen beinhaltet das Recht, bestehende Produktionsordnungen zu verändern und neu entstehende Produktionssysteme mit zu gestalten (Kreissig

1996). Wir unterscheiden zwischen der direkten und der delegativen Partizipation (Seul 1994, Kissler 1996).

Bei der *direkten Partizipation* nehmen die einzelnen Beschäftigten ihre Interessen unmittelbar wahr. Sie greifen als handelnde Individuen in die Ausgestaltung der Produktions- und Arbeitsprozesse ein. Dazu nutzen sie diverse arbeitsorganisatorische Angebote des Managements (Qualitätszirkel, KVP-Gruppen, Mitsprachegruppen, japanische Qualitätssicherungssysteme etc.). Aus Managementsicht stellt sich die direkte Partizipation als ein Mittel zur Verbesserung betrieblicher Abläufe dar. Spätestens seit der Auseinandersetzung um die Lean Production wird das partizipative Management in westlichen Industriestaaten als ein Mittel zur Produktivitätssteigerung verstanden (Abkehr von rein technikzentrierten Modernisierungsstrategien).

Bei der *delegativen Partizipation* übertragen die einzelnen Arbeitnehmer den Gewerkschaften und/oder gewählten Interessenvertretungsorganen (Betriebsräte, EBR...) die Aufgabe, ihre Interessen zu vertreten. Nationale Rechtsvorschriften regeln den Umfang von Mitsprache-, Mitwirkungs-, Zustimmungs- und Vetorechten[1]. Die delegative Partizipation stellt sich aus Sicht der Arbeitnehmer als Mittel zur *Demokratisierung* der Wirtschaft dar. Delegative und direkte Partizipation sind Bestandteile der Corporate Governance.

Die Chancen für die Entfaltung einer betrieblichen Partizipationskultur sind nicht nur von gegenwärtig bestehenden gesellschaftlichen und wirtschaftlichen Rahmenbedingungen sondern auch von nationalen Traditionen abhängig. Demokratische Länder, in denen die Teilhabe der Bürger an politischen Prozessen und an vielen Teilbereichen des gesellschaftlichen Lebens selbstverständlich ist, bieten andere Entwicklungschancen für die Arbeitnehmerpartizipation als autoritäre Gesellschaften (wie z.B. die Republik Belarus). Begrenzungen der politischen Partizipationsmöglichkeiten der Bürger in Belarus wirken sich negativ auf die *Produktionspartizipation* aus, hemmen die Entfaltung einer Partizipationsbereitschaft der Arbeitnehmer.

---

1   Jansen/Seul zeigen in ihrem Beitrag zu diesem Tagungsband, wie breit das Spektrum der in Europa etablierten Formen der Interessenvertretung ist.

Den Gesamtkomplex umfangreicher Reformen des politischen, wirtschaftlichen und sozialen Systems bezeichnen wir als Transformationsprozess. Die Ausgestaltung dieses Prozesses beruht auf „Richtungsentscheidungen". Grundsätzliche Handlungsalternativen, die wir in den Transformationstypen schematisch zusammenfassen, ergeben sich aus politischen Optionen (EU-Beitritt, Integration in die GUS, eigenständige Entwicklung).

Welcher Typus von Transformationsprozess hat sich bisher in Belarus durchgesetzt?

In der Analyse der gegenwärtig im ehemaligen Herrschaftsbereich der Sowjetunion ablaufenden Transformationsprozesse darf der Zusammenbruch der UdSSR nicht als Stunde Null betrachtet werden; denn es darf nicht vergessen werden, dass der Kollaps des kommunistischen Regimes auch illegal entwickelten Basisaktivitäten zu verdanken ist. Dabei erhielt die Gründung der oppositionellen Gewerkschaft *Solidarnosz* (Polen) einen gewissen Symbolcharakter. Die in kommunistischen Regimen ausgelösten Emanzipationsbewegungen mobilisierten Arbeitnehmer, die teilweise hohe Erwartungen an die Demokratisierung der Produktion und der Wirtschaft richteten.

Es stellt sich aber die Frage, ob ad-hoc Ansätze der Partizipation, die den Transformationsprozess erst ermöglichten, im weiteren Verlauf der Entwicklung auch dazu führen, dass Partizipationsrechte quasi als Bürgerrechte der Arbeitnehmer in den Verfassungen und im Arbeitsrecht mittel- und osteuropäischer Staaten verankert werden. Die Entwicklungsperspektiven sind unserer Meinung nach stark abhängig vom Typus der Transformation und von den Traditionen der betroffenen Länder.

Drei Typen des Transformationsprozesses

Bis zum Kollaps der Sowjetunion war das Spektrum konkurrierender Vorstellungen über die „bestmögliche Ausgestaltung", den „one best way" der Partizipation relativ breit. Die Systemkonkurrenz führte dazu, dass westliche Theoretiker und Gewerkschafter sich beispielsweise durch das jugoslawische System der Arbeiterselbstverwaltung inspirieren ließen und eigene Visionen der *Autogestion* (CFDT in Frankreich) entwickelten. Die bei der Suche nach einem „dritten Weg" stark favorisierten basisdemokratischen Konzepte übten noch vor dem Zusammenbruch der UdSSR auch in einzelnen Ostblockstaaten eine gewisse Faszination aus, aber sie haben das Ende des Kalten Krieges nicht überlebt.

In der *DDR* standen basisdemokratische Vorstellungen von Anfang an in Konkurrenz zu Traditionen der Wirtschaftsdemokratie, die auf die Weimarer Republik zurückgehen. Mit beiden Ansätzen wurde spontane Vorstellungen über eine Systemveränderung assoziiert, in der die Sanierung der zerrütteten Staatswirtschaft einen zentralen Stellenwert hatte. Ostdeutsche Arbeitnehmer lasteten „sozialistischen Leitern" die „sozialistische Misswirtschaft" an. Sie forderten ein Mitspracherecht bei der Besetzung von Führungspositionen in den zu privatisierenden Unternehmen und wollten dadurch verhindern, dass unfähige staatssozialistische Manager ihre Funktion behalten. Diese Forderung machten sie für alle Privatisierungsansätze der Treuhand – auch für „Management-Buy-Out-Verfahren" – geltend.

Den Arbeitnehmern bzw. den spontan von ihnen gewählten Betriebsräten wurden diese Rechte vorübergehend durch die Treuhandanstalt gewährt. Eine dauerhafte Verankerung derartiger Mitbestimmungsrechten wurde in dem Moment illusorisch, als das (west-) deutsche Betriebsverfassungsgesetz durch den Beitritt der DDR zur Bundesrepublik in den dann neu gebildeten Bundesländern Gültigkeit erlangte (Kreissig / Preusche 1997). Nur in mitbestimmungspflichtigen Unternehmen konnten sie weiterhin den Anspruch erheben, bei der Besetzung von Führungspositionen im Unternehmen mitzureden (vgl. dazu den Beitrag von Marita Körner).

Wenn wir diesen Ablauf der deutsch-deutschen Vereinigung mit der Osterweiterung der EU und Transformationsprozessen in EU-fernen Ländern Mittel- und Osteuropas vergleichen, können wir Gemeinsamkeiten und Unterschiede erkennen:

– Die „Wiedervereinigung" und die Erweiterung der EU um 10 neue Mitglieder sind begrifflich auf der Ebene des „Beitritts" angesiedelt.

Inhaltlich setzt ein Beitritt voraus, dass der Beitrittskandidat sich freiwillig bereit erklärt, Wertvorstellungen und Rechtsvorschriften zu
akzeptieren, die in dem aufnahmebereiten Staat (BRD) bzw. der suprastaatlichen Organisation (EU) bestehen. Dadurch werden im jeweiligen Beitrittsgebiet die Weichen für eine nachvollziehende Entwicklung gestellt.

– Erste Unterschiede zwischen dem Beitritt der DDR zur BRD und dem
Beitritt mittel- und osteuropäischer Länder zur EU ergeben sich aus
der Tatsache, dass im deutschen Vereinigungsprozess eine Rechts-
einheit hergestellt wird (Anwendung der Verfassung und der Gesetze
auf die Beitrittsgebiete). Dies zwingt zu einem Institutionentransfer
(1: 1 Übertragung des westdeutschen Systems der Arbeitsbeziehungen auf die neuen Bundesländer). Der Prozess wurde dadurch erleichtert, dass bundesdeutsche Gewerkschaften sich in den neuen Bundesländern in aller Regel als Rechtsnachfolger des FDGB und seiner
Industriegewerkschaften etablierten[2]. Nicht nur Rechtsstrukturen,
sondern westdeutsche Gepflogenheiten und Verhaltensmuster wurden
in die neuen Bundesländer exportiert.

– Die suprastaatlichen Organisation EU verpflichtet die Beitrittskandi-
daten zwar auch darauf, geltendes europäisches Recht zu respektieren
(Umsetzung der acquis communautaire). Europäische Richtlinien geben die Richtung der einzuschlagenden Entwicklung vor, d.h. sie
konditionieren den nationalen Gestaltungsspielraum beitrittswilliger
Staaten. In der Konsequenz können sich autonome Verfassungs- und
Rechtsnormen etablieren. Nationale Regierungen der neuen Mitgliedstaaten behalten – anders als die ehemalige DDR – ihre Souveränität.
Auf dem Feld der Arbeitsbeziehungen ist es ihnen möglich, nach Regelungen zu suchen, in denen die Wertvorstellungen der EU mit nationalen Gepflogenheiten austariert werden. Nicht der Institutionentransfer, sondern die Suche nach funktionalen Äquivalenten
kennzeichnet EU-zentrierte Transformationsprozesse. So kommt es in
den neuen Mitgliedstaaten nicht zum „Import" neuer Gewerkschaften, sondern zur Reform alter Gewerkschaften. Aber die Gewerk-

2   Der Rechtsanspruch leitet sich aus der Tradition der Gewerkschaftsbewegung in
der Weimarer Republik ab.

schaftsbewegung ist in den neuen Mitgliedstaaten der EU überwiegend durch die Konkurrenz zwischen (reformierten) „Staatsgewerkschaften" und neu gebildeten Gewerkschaften geprägt (vgl. Schröder 2004). Die Konsolidierung der Gewerkschaften ist einfacher als der Aufbau von Unternehmerorganisationen, weil diese Verbände grundsätzlich neu entwickelt werden müssen.

– Die Entwicklung in der seit 1991 selbständigen Republik Belarus erfolgt nicht unter der Perspektive des EU-Beitritts. Belarus ist nicht an Vorgaben der EU gebunden, muss sich nicht am Leitbild des sozialen Dialogs orientierten, ist nicht verpflichtet EU-Regelungen der Arbeitsbeziehungen in nationales Recht umzusetzen. Der ursprünglich vorhandene Spielraum zur Ausgestaltung des Transformationsprozesses hat sich im Jahre 1999 verengt: Belarus und Russland 1999 unterzeichneten einen Vertrag über die politische und wirtschaftliche Integration beider Länder. Belarus bleibt damit in der Tradition eines von Russland abhängigen Gestaltungspfades.

Ausländische Direktinvestitionen (bzw. die Übernahme ehemaliger Kombinate der DDR durch Westunternehmen) überformen nicht nur in den Transformationsländern sondern in allen konkurrierenden Industriestaaten den politischen Prozess von Verfassungs- und Gesetzesreformen. Technische und vor allem arbeitsorganisatorische Modernisierungen, mit denen die internationale Konkurrenzfähigkeit verbessert werden soll, liefern die Impulse zur Einführung managementorientierter Formen der direkten Partizipation (Qualitätszirkel, Gruppenarbeit oder KVP-Prozesse). Nur in Frankreich hat der Gesetzgeber versucht, mit der Einführung von Arbeitermitsprachegruppen eine gesetzlich abgesicherte Form der direkten Partizipation einzuführen (Seul 1988, Freyssenet 1996).

Diese Skizze von Transformationsprozessen können wir – ausgehend von politischen Unterscheidungsmerkmalen – auf drei Transformationstypen verkürzen:

1 die determinierte Transformation (DDR / neue Bundesländer);
2. die konditionierte Transformation (EU-Beitrittskandidaten / neue Mitgliedstaaten der EU) und
3. die offene Transformation (östlich gelegene MOE-Staaten).

Den drei Transformationstypen überlagert sich ein aus Globalisierungsprozessen resultierender Konvergenzdruck (Suche nach best practices), wodurch insbesondere Auslandsniederlassungen transnationaler Unternehmen (gewollt oder ungewollt) zu potentiellen „Soziallaboren" geraten. Hier zeigt sich schon heute der Trend, dass über etablierte Instrumente des benchmarking die in einem gestaltungsoffeneren Umfeld entwickelten Formen der Arbeitsbeziehungen eine Referenz für die Reformen im „alten Europa" bilden.

Nach dem 2005 aufgetretenen Korruptionsskandal bei der Volkswagen AG und ihrer tschechischen Tochter Skoda, in dessen Resultat der Gesamtbetriebsratsvorsitzende und der Personalvorstand von Volkswagen zurücktraten, verschärft sich in Deutschland die Kritik an der Mitbestimmung und dem Co-Management der Betriebsräte. Neu ist dabei vor allem der Vorwurf, dass das deutsche Modell der Arbeitsbeziehungen korruptionsanfällig ist. Unbeschadet vom Ausgang der innerdeutschen Diskussion wird dabei deutlich, dass konditionierte Transformationsprozesse zwar zu einer „Europäisierung der Arbeitsbeziehungen" führen, diese jedoch keinesfalls als Konvergenz in Richtung eines „one best way", also der Angleichung an „best practices" eines Mitgliedstaates verstanden werden darf. Die bereits angesprochene Suche nach funktionalen Äquivalenten führt günstigstenfalls zu einem „Modell-Mix". Für absehbare Zeit ist es jedoch realistischer, von der Koexistenz unterschiedlicher nationaler Modelle der Arbeitsbeziehungen auszugehen, die bestimmte Mindestanforderungen europäischer Richtlinien erfüllen.

Die determinierte Transformation in den neuen Bundesländern

Transformationprozesse in den neuen deutschen Bundesländern bilden einen durch vielfältige Spezifika gekennzeichneten Sonderfall. Der freiwillige *Beitritt* zur Bundesrepublik Deutschland[3] setzte zwingend die Anerkennung des westdeutschen Grundgesetzes und der gesamten Rechts- und Wirtschaftsordnung voraus (s.o.). In dem einheitlichen Sprachraum war es vor dem Hintergrund von (zeitweilig verdrängten) gemeinsamen Traditionen der Gewerkschaftsbewegung (Wirtschaftsdemokratie) möglich, den Institutionentransfer durch gewerkschaftliche Kontakte zu unterstützen.

In Ostdeutschland wurden die nach 1945 ebenfalls wiedererstandenen Betriebsräte bereits 1948 sehr schnell den staatssubordinierten Gewerkschaften untergeordnet und aufgelöst. Getreu dem stalinistisch-leninistischen Modell (Gewerkschaften als Transmissionsriemen) instrumentalisierte die SED die Gewerkschaften, nutzte sie zur Disziplinierung und Mobilisierung von Arbeitnehmern. Die in der Weimarer Republik entstandenen Ansätze zur Wirtschaftsdemokratie wurden durch die Übernahme des zentralistischen sowjetisch-stalinistischen Modells ausgelöscht. Aber diese Mitbestimmungstradition, in der das dualistische System der Interessenvertretung (vgl. Jansen/Seul im vorliegenden Tagungsband) einen Eckpfeiler bildet, lebte in der Zeit der politischen und wirtschaftlichen Transformation wieder auf.

Noch vor dem Beitritt zur Bundesrepublik Deutschland entstanden in der DDR unabhängige Betriebsräte, die z.T. großen betrieblichen und auch politischen Einfluss hatten. Im Unterschied zur alten Bundesrepublik, wo die Betriebsräte in der unmittelbaren Nachkriegszeit die Forderung aufstellten, die Führung von Betrieben und Unternehmen selbst zu übernehmen, bestanden derartige Forderungen in der DDR nicht. Nur dann, wenn mehrere Versuche der Privatisierung gescheitert waren, kam es in einzelnen Fällen dazu, dass Unternehmen erfolgreich als Gesellschaften im Arbeitnehmereigentum weitergeführt wurden.

Die durch die Treuhand vollzogene Privatisierung (Zerschlagung) der alten Kombinate brachte nicht nur westliches Kapital, sondern auch westliche Konzepte des Human Resources Management und des partizipativen Managements in die neuen Bundesländer. Dies kann gewisse

---

3   Chancen, im deutsch-deutschen Vereinigungsprozess das Grundgesetz einer kritischen Überprüfung zu unterziehen, wurden bewusst von westdeutscher Seite ausgeklammert.

positive Impulse für eine effiziente, Arbeitsplätze sichernde Privatisierung geben (Kreissig 2002) – aber die Realität entwickelte sich anders.

Die rasch ansteigende Arbeitslosigkeit als vorrangiges Problem verdrängte Diskussionen über Partizipation in Betrieben und Unternehmen. Der absehbare massenhafte Verlust von Arbeitsplätzen wirkte als scharfes Disziplinierungsinstrument, das es kaum ermöglichte, die Unterstützung der Arbeitnehmer für Forderungen nach einer betrieblichen Demokratisierung zu gewinnen. Reale Bedeutung erlangten in den neuen Bundesländern demgegenüber gerichtliche Kündigungsschutzverfahren bzw. die Aushandlung von Sozialplänen bei Massenentlassungen.

Die konditionierte Transformation in Mittel- und Osteuropa

Multinationale Unternehmen antizipierten den Beitritt von MOE-Staaten zur EU. Auf die von ihnen getätigten Auslandsinvestitionen richtete sich die Hoffnung zahlreicher Beobachter, dass es damit zu einer zumindest teilweisen Übertragung von Ansätzen der Corporate Governance und zum „Export" westlicher Modelle der Arbeitsbeziehungen kommen werde. Unternehmen, die im Osten investierten bzw. Betriebe durch Privatisierung aufkauften, brachten die in ihren Heimatländern gesetzlich fixierten Vorschriften zur Gestaltung der betrieblichen Sozialverfassung aber nur in „abgerüsteter Form" ein. So stand beispielsweise bei Skoda nach der Beteiligung von Volkswagen die Übertragung des westdeutschen Modells der Betriebsräte nicht auf der Tagesordnung. Der „Import" westlicher Partizipationsmodelle war durch einen gewissen Pragmatismus gekennzeichnet – nationale Vorschriften und betriebliche Gegebenheiten der Arbeitnehmervertretung wurden respektiert. Unbeschadet von nationalen Regulierungen ließen sich Formen der direkten Partizipation implementieren, die vornehmlich auf Rationalisierungen, Effizienzsteigerungen und Qualitätsverbesserungen abzielten. Typisch ist dafür der von VW propagierte Ansatz der Kontinuierlichen Verbesserung (KVP[2]). Die Beschäftigten nahmen diese Möglichkeiten gern wahr, auch wenn sie manchmal als „Formen der Rückkehr des ehemaligen sozialistischen Wettbewerbs" im Unternehmen belächelt wurden. Der „Import" westlicher Formen der delegativen Partizipation war und ist auch deshalb kaum möglich, weil sich bei der Konsolidierung arbeitsrechtlicher Reformen die in Westeuropa dominanten Formen der dualen

Interessenvertretung in den Transformationsländern kaum durchsetzen konnten.

Die Erwartung einer Angleichung an westeuropäische Verhältnisse verstärkte sich mit dem Beitritt zur Europäischen Union. Die neuen Mitgliedstaaten wurden darauf verpflichtet, europäische Richtlinien über Arbeitnehmervertretung – von den Informations- und Konsultationsrechten der Arbeitnehmer, über die Einrichtung Europäischer Betriebsräte bis hin zum aktuellen Entwurf einer Europäischen Aktiengesellschaft – in nationales Recht umzusetzen (Jansen /Seul 2005).

Bei Beginn des Transformationsprozesses stand in erster Linie die technologische und arbeitsorganisatorische Modernisierung der Wirtschaft, das Abgehen von den ehemals staatssozialistischen Formen der Wirtschaftslenkung und die politische Demokratisierung der Gesellschaft auf der Tagesordnung. Gleichzeitig waren mitunter auch hohe Erwartungen an die Demokratisierung der Produktion und des Wirtschaftslebens vorhanden. Dieser Prozess hatte mit dem Entstehen der unabhängigen Gewerkschaft *Solidarnosc* in Polen und mit den von ihr entwickelten Vorstellungen zur betrieblichen Selbstverwaltung begonnen. Die Ambitionen der Beschäftigten, die Unternehmen selbst zu führen, ebbten im Verlauf einer marktwirtschaftlich orientierten Transformation schnell ab. An ihre Stelle trat die moderatere Erwartung einer Demokratisierung von Betrieben und Unternehmen. Und selbst diese Erwartungshaltung musste dem Ziel einer Sicherung des wirtschaftlichen Überlebens des Unternehmens untergeordnet werden.

Nachdem Gorbatschow das Amt des Generalsekretärs der kommunistischen Partei in der Sowjetunion angetreten hatte, begannen auch in der Sowjetunion erste Diskussionen über die notwendige Modernisierung und Demokratisierung des Wirtschaftslebens. Erste Reformansätze zielten vor allem darauf ab, den Unternehmen eine größere Unabhängigkeit zu gewähren, sie aus dem starren Gerüst der Planwirtschaft schrittweise zu lösen. Bei Veränderungen der Arbeitsbeziehungen konnte die UdSSR nicht wie z.B. Ostdeutschland oder Polen auf eigene Traditionen der Mitbestimmung oder der Mitwirkung zurückgreifen. Man diskutierte in den letzten Jahren der Sowjetunion die demokratische Wahl von Betriebsleitern und von führenden Managern in den Unternehmen etc. durch die Beschäftigten. Auch dort, wo Managern und Beschäftigten größere Entscheidungs- und Handlungsspielräume eingeräumt wurden, blieb der Kontrollanspruch der kommunistischen Partei unangetastet (vgl. dazu den Beitrag von Davulis). Radikale Ansätze der Selbstverwaltungs- oder Autogestions-Diskussion (Linhard 1996) waren der Sowjetunion ebenso fremd wie Versuche, westliche Formen der Mitbestimmung aus Deutschland oder Österreich in das System der sowjetischen Arbeitsbeziehungen zu übernehmen.

Der Bruch mit der Tradition des leninistisch-stalinistischen „Demokratischen Zentralismus" stand nicht zur Diskussion. Arbeitnehmerbeteiligung und neue Rechte des Managements orientierten sich weiterhin an dem Ziel, top-down Entscheidungen der staatlichen Planwirtschaft gestützt auf Initiativen der betrieblichen Basis einzulösen oder zu überbieten[4]. Eine Beteiligung an der Entwicklung staatlicher Planvorgaben war nicht vorgesehen.

Die im Transformationsprozess nach dem Kollaps der Sowjetunion eingeleitete Privatisierung der Wirtschaft verstärkte die Bedeutung ausländischer Direktinvestitionen. Mit dem zunehmenden Einfluss westlicher Multis (z.B. Volkswagen AG, BMW, Siemens, Rhône-Poulenc oder Daimler-Chrysler) importierte der Osten nicht nur Kapital, sondern auch westliche Ansätze des Human Resources Management und die darin vertretenen Partizipationsvorstellungen. Diese greifen ehemalige Produktionstraditionen (Arbeitskollektive) nur sehr bedingt auf. Alternativen, von der Basis der Beschäftigten angeregte bzw. getragene Formen der Interessenvertretung entwickelten sich nicht.

Die offene Transformation in östlichen MOE-Ländern

Nach dem Ende der Sowjetunion erlangte eine Reihe ehemaliger Sowjetrepubliken den Status einer souveränen Eigenstaatlichkeit. Abgesehen von den baltischen Staaten, die der EU beigetreten sind, firmiert derzeit keine der Sowjetrepubliken, die eine staatliche Unabhängigkeit erlangt auf, auf der Liste von EU-Bewerberkandidaten. Hier eingeleitete Trans-

---

4   Ob das in westlichen Unternehmen entwickelte Instrument der Zielvereinbarungen grundsätzlich vom Muster staatlicher Planvorgaben abweicht, darf indes bezweifelt werden.

formationsprozesse bewegen sich im Spannungsfeld des europäisch-westlichen und des russischen Einflusses.

Russland selbst können wir als Prototyp der offenen Transformation bezeichnen: das Land verfügt über Ressourcen, die eine eigenständige Gestaltung der Wirtschafts- und Arbeitsbeziehungen ermöglichen. Aber nach dem Zusammenbruch der UdSSR optierte das Land nicht für die Entwicklung eines wie auch immer gearteten „dritten Weges", sondern es entschied sich für eine marktwirtschaftliche Orientierung.

Mit der Privatisierung von Staatsunternehmen erfolgten die ersten Weichenstellungen in Richtung Marktwirtschaft. Die Regierung griff auf die von einem „postsowjetischen" Wirtschaftsberater, dem Harvardprofessor Geoffrey Sachs empfohlene Form der Arbeitnehmerbeteiligung zurück. Beschäftigte der staatseigenen Betriebe erhielten im Zuge der Privatisierung Anteilscheine (sog. Vouchers). Dies weckte bei den Arbeitnehmern die Hoffnung, nunmehr am betrieblichen Reichtum und an betrieblichen Entscheidungsprozessen automatisch beteiligt zu werden.

Als die Voucher durch die fast in allen ehemaligen Ostblockländern eintretenden Währungskrisen in den Jahren 1997-99 zu weitgehend wertlosen Papieren wurden, verloren die Beschäftigten ihr Interesse an dieser Form der Partizipation und sie verkauften ihre Anteile. Dadurch gerieten große Unternehmensanteile relativ „geräuschlos" und mit geringem Kapitaleinsatz in die Hände einer Minorität, die in Russland als clevere „neue Russen" oder „Businessmeni" bezeichnet werden. Diese Cliquen setzten sich aus ehemaligen Managern, Eliten der Jugendverbände und Parteien sowie oft einfach aus den mit der nötigen „kriminellen Energie" ausgestatteten ehemaligen Bürgern dieser Länder zusammen. Durch ihren Zugriff auf die Kapitalanteile der Arbeitnehmer fand eine grundlegende Umverteilung der betrieblichen Macht- und des nationalen Reichtums statt.

Die „Businessmeni" konnten, gestützt auf ihre Beziehungen zu Vertretern der westlichen Demokratien, ihren Einfluss ausbauen. Ausländische Geldgeber unterstützten die einheimischen „Privatisierungsgewinner" durch legale und illegale Kapitalzufuhren. In Russland führte dies dazu, dass eine Handvoll von Managern sich das ehemaligen Staats- bzw. Volkseigentum aneignen konnte. Besonders deutlich wird dies im Bereich der extraktiven Industrie, welche die natürlichen Rohstoffe

Russlands verwertet. Die neuen Milliardäre strebten oft danach, einen neuen politischen Einfluss zu erlangen, um ihre betriebliche Macht zu sichern (Kreissig/Lang 2000). Bei später auftretenden Konflikten zwischen nationalen Besitzern und ausländischen Investoren waren die neuen nationalen Besitzeliten in der Regel im Vorteil.

Die von Geoffrey Sachs empfohlene Privatisierungsstrategie war weniger erfolgreich als erwartet. Die versprochene zusätzliche Kapitalakkumulation fand nicht statt. Damit fehlten die Mittel für erforderliche technische (und arbeitsorganisatorische) Rationalisierungen. Eine umfassende Reorganisation der Produktion fand in Russland noch nicht statt. Der Einstieg in die Marktwirtschaft wurde nicht durch Strategien zum Aufbau eines sozialen Dialogs flankiert, der sich westliche Vorstellungen über Arbeitnehmervertretungen zu eigen macht.

Wie sieht die Gewichtung von technischen und arbeitspolitischen Modernisierungsprozessen in Belarus aus?

Belarus: ein Staat ohne Tradition?

Belarus – in Deutschland besser bekannt unter dem Namen *Weißrussland*[5] – ist der westlichste Staat der Nachfolgeorganisation der Sowjetunion (GUS – Gemeinschaft Unabhängiger Staaten). Es grenzt durch die gemeinsame Grenze mit Polen unmittelbar an die EU und an die NATO.

Belarus war Teil des litauisch-polnischen Großreichs und fiel 1795 mit der dritten polnischen Teilung an Russland. Nach der russischen Oktoberrevolution erfolgte im Jahr 1921 die Gründung der Sowjetrepublik Belarus. Die wechselvolle Geschichte des Landes, das aufgrund seiner exponierten Lage zum Schlachtfeld von Welt- und Revolutionskriegen, zur Zielscheibe des „roten Terrors der Oktoberrevolution" und zum Gegenstand stalinistischer Repressionen geriet, deutet an, dass Be-

---

5 Selbst in dem 2005 erschienen Lexikon der Zeitschrift „Die Zeit" steht unter dem Begriff Belarus nur der Verweis auf Weißrussland.

larus nach der 1991 erlangten Eigenstaatlichkeit Probleme hat, eine eigene Identität zu finden.

Für uns stellt sich dabei insbesondere die Frage, ob der durch die Unabhängigkeit eingeleitete Transformationsprozess mit tradierten Elementen der auf dem Staatseigentum beruhenden sowjetischen Planwirtschaft bricht und eine marktwirtschaftliche Entwicklung einleitet, die Spielräume für die Entfaltung „westlicher" Partizipationsvorstellungen eröffnet.

Der wirtschaftliche Transformationsprozess in Belarus

Die wirtschaftliche Lage von Belarus war zu Beginn der 90-er Jahre im Vergleich zu anderen ehemaligen Sowjetrepubliken nicht schlecht. Gemessen an sowjetischen Standards verfügte das Land über relativ moderne Produktionsstätten. Es besaß einen High-Tech-Sektor, gute Wissenschaftler und qualifizierte Arbeitskräfte. In bestimmten Branchen (Nutzfahrzeuge, Chemie) beanspruchte es im ehemaligen Ostblock die Marktführerschaft.

Eigentlich hätte Belarus, ähnlich wie die baltischen Staaten, als eine der am weitesten wirtschaftlich und technologisch entwickelten Teilrepubliken der ehemaligen Sowjetunion, günstige Voraussetzungen gehabt, anstehende Transformationsprozesse so auszurichten, dass sie mittelfristig einen Beitritt zur EU ermöglichen. Aber ein EU-Beitritt stand für das nach der Unabhängigkeit etablierte autoritäre Präsidialregime von Lukaschenko nicht zur Debatte.

Bei den wirtschaftspolitischen Reformen deutete das Privatisierungsgesetz von 1993 eine Entstaatlichung der Wirtschaft an. Belarus griff nicht auf den in Russland praktizierten Ansatz einer Verteilung von Anteilsscheinen (Vouchers) zurück. Dadurch konnten negative Tendenzen einer spekulativen Aneignung des volkswirtschaftlichen Reichtums durch eine kleine Elite vermieden werden. Bis zum heutigen Zeitpunkt vollzieht sich die Privatisierung extrem langsam.

Die wirtschaftliche Bedeutung des Privatsektors, zu dem die de jure privatisierten Großunternehmen sowie kleine und mittelständische Privatunternehmen gehören, ist gering. Er umfasste 2004 in der dynamischsten Wirtschaftsregion von Belarus, im südlichen Bezirk Gomel z.b., nur 8% der Beschäftigten. Angesichts dieser Größenordnungen muss von einer gescheiterten Privatisierung der belarussischen Wirtschaft gesprochen werden. Die wichtigen Wirtschaftseinheiten sind zumeist noch im Staatsbesitz oder sie haben den Status von geschlossenen Aktiengesellschaften, deren Aktien in der Regel nicht am Kapitalmarkt veräußert werden dürfen. Dort, wo der Handel mit den Aktien zugelassen ist, verfügt der Staat über sogenannte „goldene Aktien", durch die er weitgehende Vetorechte bei der Gestaltung der Geschäftspolitik absichert[6].

Der insgesamt eher marginale privatwirtschaftliche Sektor kann sich nicht frei entfalten. Er wird durch einen staatlichen Verwaltungsapparat gegängelt, in dem Ministerrat und Präsidentenadministration oft noch konkurrierende oder widersprüchliche wirtschaftsleitende Entscheidungen treffen. Häufige Gesetzesänderungen und „Ukasse"[7] aus dem Präsidialamt bieten den Privatunternehmen (und ausländischen Investoren) nicht die für eine kontinuierliche Entwicklung erforderliche Planungs- und Rechtssicherheit. Die hohe Frequenz der „Ukasse" des Präsidenten führt dazu, dass noch vor der Umsetzung von Vorschriften neue Verordnungen erlassen werden, die vorhergehende Entscheidungen korrigieren oder aufheben.

Private Initiativen werden in Belarus nach wie vor beargwöhnt[8]. Die Entwicklung vornehmlich neuer, privater, kleiner und mittelständischer Unternehmen wurde im Vergleich zu anderen Transformationsländern

---

6   Eine vergleichbare Konstruktion gibt es auch bei VW in Deutschland. Hier hält das Land Niedersachsen etwa 20% der Anteile. Per Gesetz wird das Stimmrecht von anderen Aktionären auf maximal 20% begrenzt – auch wenn diese Aktionäre einen höheren Anteil der Aktien erwerben. Mit dieser von der EU scharf attackierten Sonderregelung soll der Einfluss des Landes Niedersachsen abgesichert werden – und Risiken einer feindlichen Übernahme sollen gleichzeitig vermindert werden.
7   Der Terminus „Ukas" geht auf das alte zaristische Regime zurück.
8   Dieser Tatbestand war im ehemaligen Sowjetsystem in den mittel- und osteuropäischen Staaten übrigens üblich. Privater Kleinhandel wurde schon als Spekulation bezeichnet. Dies ist sicherlich ein Begriff, der noch aus den Zeiten des sogenannten Kriegskommunismus, in der die sowjetische Wirtschaft im Sinne einer Minimalversorgung der Bevölkerung mit dem zum Überleben Nötigsten zutiefst staatlich-zentralistisch reguliert, kontrolliert und reglementiert wurde, stammt.

sehr erschwert. Das betrifft sowohl ihre Gründungsmodalitäten als auch
die steuerliche Benachteiligung, die schleppenden und oft unübersichtli-
chen administrativen Verfahrensabläufe und Genehmigungsverfahren.
Die öffentlich-moralische Bewertung unternehmerischer Tätigkeit ist
überwiegend negativ geprägt.

Außenwirtschaftliche Aktivitäten der staatlich kontrollierten Unternehmen und der privaten Unternehmen werden mehr oder weniger direkt
von den Staats- und gar den Sicherheitsorganen kontrolliert. Offiziell
sollen dadurch unmittelbare Bereicherungen und die Korruption der Unternehmer und Manager verhindert werden. Faktisch führt dies zunehmend zur Einmischung von häufig inkompetenten Kontrollorganen in
alle wirtschaftliche Transaktionen. Das für die Privatwirtschaft ungüns-
tige Klima schreckt Auslandsinvestoren ab.

Beispielsweise wurden Tenderausschreibungsverfahren für Neuinves-
titionen, mit denen ausländische Technologien erworben werden sollten,
argwöhnisch durch den Staat überwacht. Diese Praxis steht im Widerspruch zum erklärten Wunsch der Regierung, das Engagement ausländischer Unternehmen in Belarus zu stärken. Trotz vielfältiger, eher propa-
gandawirksamer Aktionen, wie zahlreicher Investitionskonferenzen, ist
das Volumen ausländischer Direktinvestitionen weit hinter den Erwartungen zurückgeblieben.

Fehlendes Eigenkapital und ausbleibende Auslandsinvestoren führen
zum Verschleiß der vorhandenen Produktionsbasis. Auch nach regie-
rungsoffiziellen Angaben sind die vorhandenen Produktionsanlagen 20
bis 40 Jahre alt[9]. Der technische Modernisierungsbedarf ist enorm. Alle
Bemühungen der Regierung konzentrieren sich derzeit auf technikzent-
rierte Modernisierungsstrategien. In der Konsequenz wird organisatori-
schen Innovationen (Unternehmens- und Arbeitsorganisation, Arbeitsbeziehungen) faktisch keine Bedeutung zugeordnet.

9   Dieses Bild trifft nach unseren Erfahrungen auf alle Industriebranchen (Maschi-
     nenbau, Automobilindustrie, Chemie) zu.

Modernisierungsansätze in belarussischen Unternehmen

Selbständige Wirtschaftssubjekte bleiben in der belarussischen Gegenwart de facto die Ausnahme von der Regel. Deshalb muss auch bei Aktionen, wie der Beschaffung technischer Neuausrüstungen immer wieder der Staat bemüht werden. In letzter Instanz behält dabei die Präsidentenadministration alle Entscheidungskompetenzen.

Staatliche und private Unternehmen haben in den weitgehend erhaltenen „Kommandostrukturen" einer staatlich kontrollierten Wirtschaft Probleme, eigenständige Strategien zur Unternehmensmodernisierung zu entwickeln, Investitionen in neue Techniken zu tätigen oder nach neuen Absatzmärkten zu suchen. Gemessen an aktuellen Anforderungen privatwirtschaftlicher Modernisierungsstrategien ist die staatliche Wirtschaftspolitik kontraproduktiv. Die Subventionierung veralteter Unternehmen führt dazu, dass mit den verschlissenen Produktionsanlagen veraltete, kaum noch marktfähige Produkte erstellt werden. Typisch ist dafür das ehemalige Traktorenwerk in Minsk, das mit sinkender Qualität jahrelang auf „Halde" produzierte. Die veralteten Produkte fanden nur noch mit Hilfe staatlich gestützter Dumpingpreise zögerlichen Absatz in verschiedenen Entwicklungsländern. Inländische Abnehmer (wie z.B. die Polizei und die Stadtverwaltungen etc.) wurden gezwungen oder animiert, die Traktoren zu kaufen. Erst nach dem Aufschwung des russischen Markts fanden die technisch robusten Produkte wieder Käufer (Kreissig 2005).

In den quasi-staatlichen Unternehmen, in denen das Management die neuen Erfordernisse verschiedener Märkte erkennt, geraten die dann fälligen Investitionsentscheidungen zum Gegenstand sehr zäher Entscheidungsprozesse, für die es noch keine Routinen gibt. Die sehr unterschiedlichen Interessen zahlreicher Share- und Stakeholder (ausländische Joint – Venture – Teilhaber, Management, Staatsbeamte, Arbeitnehmer als Teileigentümer, Gewerkschaften etc.) müssen unter einen Hut gebracht werden. Die innerhalb und zwischen den Interessengruppen bestehenden Konflikte werden verdeckt ausgetragen. Über dem damit ohnehin schon schwierigen Entscheidungsprozess schwebt zu allem Überfluss immer ein Damoklesschwert: der Staat kann jederzeit seinen

Einfluss geltend machen und betriebswirtschaftliche Entscheidungen aus politischen Gründen revidieren.

Die seit dem Sommer 2005 drastisch steigenden Erdölpreise beleben die russische Konjunktur. Davon profitiert auch der belarussische Export, der überwiegend nach Russland geht. Nach neueren Einschätzungen der Weltbank verbessern sich in diesem Umfeld die Aussichten, dass der bisher verschleppte Transformationsprozess nun in Gang kommen könnte.

Rückständige Formen der Unternehmens- und Arbeitsorganisation als Merkmale der belarussischen Industrie

Die Formen der Unternehmens- und Arbeitsorganisation haben sich seit Anfang der 90-er Jahre kaum verändert. Es wird weitgehend wie zu sowjetischen Zeiten produziert. Von Lean – Production – Systemen, wie sie heute in der modernen Automobil- und Fahrzeugindustrie üblich sind, vom Outsourcing der Produktion ganzer Baugruppen, von der Neugestaltung der Zulieferketten etc. ist in der belarussischen Fahrzeugindustrie nichts zu bemerken.

Die meisten „Zulieferunternehmen" befinden sich bei dem relativ großen LKW-Hersteller MAS „Minsker Avtomobilni Savod" noch innerhalb des Unternehmens, das preiswerte und technisch ausreichend ausgestattete Mittelklasse-LKWs relativ erfolgreich für den Exportmarkt der ehemaligen Sowjetunion (Litauen, Russland) produziert. Ob durch die Zusammenarbeit mit MAN[10] ein Wandel der Unternehmensorganisation bewirkt wird, können wir derzeit noch nicht beurteilen.

Im Rahmen von Consulting-Aufträgen konnten wir feststellen, dass die großen, noch weitgehend im Staatsbesitz befindlichen Unternehmen zwar nicht mehr offiziell als „Kombinate" bezeichnet werden, aber weiterhin wie Kombinate strukturiert sind. Auch hier sind alle wichtigen

---

10   Das belarussische Joint-Venture MAS-MAN stellt in Belarus Lastwagen her. An dem Grundkapital der 1998 registrierten geschlossenen Aktengesellschaft ist MAN zu 51% beteiligt. MAN hatte bei seiner Investitionsplanung vor allem den russischen Markt im Visier (Belarus-News Nr. 7, Herbst 1999).

Zulieferunternehmen in den Konzern integriert, der allen formalen Privatisierungsbemühungen zum Trotz weiterhin zentralistisch gesteuert wird. Dies gilt durchgängig für alle von uns besuchten Unternehmen: das Minsker Traktorenwerk, das angeblich das größte der Welt ist, verschiedene Chemieunternehmen bzw. Raffinerien in Novopolozk und Mosyr, Maschinenbauunternehmen in Baranovitschi und das Chemiefaserwerk in Mogilev. Auf dem Feld der internationalen Konkurrenz wirken die vertikal integrierten belarussischen Konzerne wie Dinosaurier, die vom Aussterben bedroht sind.

Nicht nur die Unternehmensorganisation, sondern auch die Arbeitsorganisation hält den Standards eines internationalen benchmarkings nicht stand. Seit Veröffentlichung der MIT-Studie über die Lean-Production hat sich in westlichen Unternehmen die Überzeugung durchgesetzt, dass technische Innovationsstrategien von arbeitsorganisatorischen Innovationen flankiert werden müssen, um die internationale Konkurrenzfähigkeit abzusichern. Die in diesem Kontext einsetzende Diskussion über Qualitätszirkel, Gruppenarbeit und Kontinuierliche Verbesserungsprozesse (KVP) hat die direkte Partizipation beim westlichen Management salonfähig gemacht. Aber gilt dies auch für das belarussische Management?

Bevor wir auf diese Frage eingehen, wollen wir kurz auf eine arbeitsmarktpolitische Barriere eingehen, die eine konsequente Umsetzung der Lean-Production verunmöglicht. Die staatlichen Betriebe in Belarus sind heute mit sehr hohen nicht ausgelasteten Personalbeständen „overstaffed". Z.B. stellte die von uns 2004 besuchte Maschinenfabrik Baranovitschi, die zu Sowjetzeiten jährlich ca. 60 Werkzeugmaschinen-Bearbeitungszentren für den sowjetischen Markt produzierte, nur noch 2 solcher Zentren pro Jahr her. Ein Personalabbau durfte nicht vorgenommen werden. Die Überkapazitäten an Maschinen und Personal konnten mit Retrofitting, d.h. der Überholung von älteren Maschinen nicht oder nur begrenzt ausgefüllt werden. Weil die Regierung mit aller Macht einen Anstieg offizieller Arbeitslosenquoten verhindern will, können im personalpolitischen Bereich keine „schlanken Produktionsstrukturen" durchgesetzt werden.

Kehren wir zur Frage zurück, ob Ansätze der direkten Partizipation im belarussischen Management salonfähig geworden sind. Das bereits

erwähnte Beispiel MAS (Nutzfahrzeugbau in Minsk) belegt, dass technische Modernisierungen gewisse, vom Management angeordnete arbeitsorganisatorische Veränderungen mit sich gebracht haben. Aber bei diesen Veränderungen spielen westliche Ansätze des partizipativen
Managements nach unseren Beobachtungen keine Rolle. Wir konnten
vielmehr feststellen, dass selbst Begriffe wie „Total – Quality – Systeme" und Gruppenarbeit beim Management unbekannt sind. Einheimi-
sche Unternehmen ohne ausländische Kapitalbeteiligung sind damit weit
davon entfernt, als Protagonisten eines partizipativen Managements auf-
zutreten. Können hier Auslandsinvestoren Anstöße zur Überwindung
dieser „Modernisierungslücke" geben?

Zunächst einmal ist auf der rein quantitativen Ebene festzustellen,
dass westliche Firmen weit weniger Kapital in Belarus investierten als in
EU-Beitrittsländer oder in Russland. Von den großen deutschen Firmen
Siemens und Bosch über Vertretungen, MAN, VW/Skoda und Zeiss im
Rahmen von produzierenden Joint-Ventures tätig. Auch Ford ist in
Minsk vertreten. Bei den Niederlassungen von Siemens und Bosch handelt es sich um Verkaufseinheiten – von ihnen ist kein Beitrag zur Ver-
änderung der Arbeitsorganisation in der Industrie zu erwarten. Die Joint-
Ventures von Zeiss und von MAN sind vergleichsweise klein. Selbst
wenn hier Ansätze des partizipativen Managements eingeführt würden,
könnte Zeiss allein schon wegen der Größenordnung kaum nachhaltige
Impulse für die Entwicklung des partizipativen Managements liefern. Ob
dies beim Joint-Venture MAS-MAN, in das etwa 3 Mio US-Dollar investiert wurden, anders aussieht, kann noch nicht beurteilt werden.

Alle Erfahrungen sprechen dafür, dass ausländische Investoren nicht
aktiv werden, um ihr nationales System der Arbeitsbeziehungen nach
Belarus zu „transferieren". Vielmehr ist zu erwarten, dass sie sich dem
nationalen Kontext anpassen.

Perspektiven der wirtschaftlichen Entwicklung

Bei Teilen der belarussischen Führungseliten ist ein Umdenkungsprozess
zu verzeichnen, der auch durch das Studium der Erfolge der baltischen

Anrainerstaaten und Polens bei der Umgestaltung der Wirtschaft beeinflusst wurde. Insbesondere scheint sich eine positivere Einschätzung ausländischer Investoren durchzusetzen.

Ausländische Investitionen sollen neue Technologien in das Land bringen. Deutschen Unternehmen wird dabei oftmals eine besonders wichtige Rolle zugemessen. Deutsche Technologien sind bekannt, haben einen guten Ruf – auch oder gerade jene, die ihren Ursprung in Ostdeutschland haben.

Der stellvertretende Wirtschaftsminister der Republik Belarus vertrat sowohl im März 2003 im deutschen Wirtschaftsklub als auch auf der internationalen Krisenmanagerkonferenz an der IBB Minsk im Dezember 2003 die Einschätzung, dass die technische Basis der Unternehmen durchschnittlich um ca. 40 Jahre veraltet sei. Vor diesem Hintergrund sei ausländisches Kapital für die Modernisierung der Produktionsbasis dringend erforderlich. Vorausgegangen war im Februar 2003 eine Plenarsitzung des Beirates für Auslandsinvestitionen beim Ministerrat der Republik Belarus. Sie verabschiedete einen Katalog für ausländische Investitionen, in dem alle Unternehmen verzeichnet sind, für die ausländische Investitionen gewünscht werden. Der Katalog wird von Maßnahmen zur Stärkung der volkswirtschaftlichen Stabilität und zur Verbesserung des Investitions- und Geschäftsklimas flankiert.

Offizielle, staatlich sanktionierte Dokumente und Entscheidungen listen auf, in welchem Umfang einzelne Unternehmen investieren wollen, welche finanziellen Eigenbeiträge möglich sind und welche ausländischen Investoren erwartet / angesprochen werden. Der Katalog unterscheidet zwischen Unternehmen, die bereits über entsprechende Businesspläne und konkrete Investitionsvorstellungen verfügen und Unternehmen, die lediglich bestimmte Wunschvorstellungen äußern.

Auf der Plenarsitzung zeigte sich, dass die Kenntnisse des Managements über die Anbieter neuer Technologien und über die optimalen Finanzierungskonditionen gering waren. Zu diesem Zeitpunkt befand sich Belarus z.B. bei den Konditionen für deutsche hermesgesicherte Investitionskredite in der sogenannten Gruppe 7 – d.h. das Land rangierte auf demselben Level wie Entwicklungsländer. Das Hermes-Rating spiegelt die Einschätzung der volkswirtschaftlichen Möglichkeiten von Belarus und des erreichten Standes der wirtschaftlichen Reformen wieder. Dadurch war die Besicherung für deutsche und aber auch andere Technologieexporte nach Belarus relativ teuer und schwierig zu realisieren.

Ein anderer Engpass für Modernisierungsinvestitionen ergibt sich daraus, dass langfristige Kredite verstärkt an staatliche Betriebe der Industrie und Landwirtschaft vergeben werden, um deren Lohnzahlungen zu sichern. Diese Mittel fehlen bei internen Finanzierungsquellen für Investments in neue Technologien. Staatlich festgelegte Erhöhungen der Mindestlöhne, die nicht durch Rationalisierungsgewinne abgesichert waren, wirken sich negativ auf betriebliche Finanzierungsmöglichkeiten aus.

Beim Studium aller Dokumente, bei allen Unternehmensbesuchen und im Rahmen von Interviews konnten wir feststellen, dass die vordringliche Aufgabe gegenwärtig in der technischen Modernisierung der Produktionsanlagen gesehen wird. Unter den geschilderten makroökonomischen Rahmenbedingungen und angesichts der politischen Voraussetzungen wird einer Modernisierung der Arbeitsbeziehungen keine Bedeutung zugeordnet – sie taucht in den Dokumenten schlicht und ergreifend nicht auf.

Perspektiven auf dem Feld der Arbeitsbeziehungen

Die Republik Belarus hält allem Anschein nach an überkommenen arbeitsrechtlichen Regelungen fest, die aus der Zeit der Sowjetunion stammen.

Aus der alten Staatsgewerkschaft heraus konstituierte sich 1990 die Förderation der Gewerkschaften von Belarus (FPB), die mit ca. 4 Millionen Mitgliedern etwa 90% der 4,5 Millionen Arbeitnehmer organisiert. Konkurrierende Gewerkschaftsbünde, wie der Belarussische Kongress Demokratischer Gewerkschaften (BKB, ca. 20.000 Mitglieder) und die Belarussische Unabhängige Gewerkschaft können sich nicht frei entfalten. Nach einem 1995 vom BKB organisierten Streiks werden Konkurrenzorganisationen des BKB von der Regierung als oppositionelle Gewerkschaften, betrachtet. Sie sind permanent vom Verbot durch die Staatsmacht bedroht (Friedrich Ebert Stiftung 1999).

Der Internationale Gewerkschaftsbund und der EGB informierten die Europäische Kommission über systematische und schwerwiegende Verstöße gegen die Vereinigungsfreiheit. In einer mit belarussischen Behörden durchgeführten Überprüfung der Vorwürfe kommt die Kommission zu dem Schluss:

> Belarus verstößt in mehrfacher Hinsicht gegen das IAO-Übereinkommen Nr. 87 über die Vereinigungsfreiheit, indem sie das Recht auf Gründung unabhängiger gewerkschaftlicher Organisationen, die Koalitionsfreiheit, das Recht auf freie Wahl der gewerkschaftlichen Organisationen sowie das Recht auf Erwerb der Rechtspersönlichkeit durch diese Organisationen beschränkt. Belarus behindert die Arbeit der Gewerkschaften, insbesondere deren finanzielle Unterstützung durch internationale Gewerkschaftsverbände, und fördert die Auflösung bzw. die zeitweilige Einstellung von Gewerkschaften. Die belarussische Regierung verstößt mit ihrer gewerkschaftsfeindlichen Diskriminierung zudem gegen das IAO-Übereinkommen Nr. 98 (von 1949) über das Vereinigungsrecht und das Recht auf Kollektivverhandlungen (Beschluss der Kommission vom 17. August 2005).

Die Kommission konstatiert, dass dies die Rücknahme der Belarus gewährten Handelspräferenzen rechtfertigt.

In seinen Vorwürfen hatte der Internationale Bund freier Gewerkschaften auch ausgeführt, dass Präsident Lukaschenko den sozialen Dialog im Jahr 2001 faktisch suspendiert hat. Im Verlauf der weiteren Entwicklung setzte der Präsident auch die FPB unter Druck, brachte sie schließlich dadurch unter seine Kontrolle, indem er seinen Ex-Sekretär aus der Präsidialadministration als Leiter der FPB wählen ließ. In allen weiteren Treffen zwischen Regierungs- und Gewerkschaftsvertretern wurde nur noch die FPB als Vertreter akzeptiert. Ihre alte, aus Sowjetzeiten bekannte Monopolstellung wurde wieder etabliert.

Die FPB ist in keiner internationalen Arbeitnehmerorganisation vertreten. Ein Gedankenaustausch mit westlichen Gewerkschaften, Betriebsräten oder Forschungseinrichtungen (z.B. der deutschen REFA-Organisation) findet so gut wie nicht statt. Die Kenntnis westlicher Formen der Arbeitsorganisation, der betrieblichen Arbeitnehmervertretung und Ansätze des Corporate – Governance ist – vorsichtig ausgedrückt – defizitär. Entwicklungen in den angrenzenden neuen Mitgliedstaaten der EU (Polen, Estland, Lettland, Litauen), die einen Modus zur Umsetzung

von EU-Richtlinien suchen, finden in der FPB keine Resonanz. Ebenso-
wenig werden die von einzelnen Unternehmen der Nachbarländer praktizierten Formen des partizipativen Managements zur Kenntnis genommen. Die Grundeinstellung der Gewerkschaft ist durch ein Misstrauen
gegenüber „westlichen" Partizipationsvorstellungen gekennzeichnet.

Dies erklärt sich aus den Traditionen der belarussischen Gewerkschaftsbewegung. Gewerkschaften, die in vielen Ländern in irgendeiner
Weise als Organe delegativer Partizipation im Produktionsbereich fun-
gieren, hatten sich in Belarus bis zur Machtübernahme durch die Sowjets
allerhöchstens in Ansätzen herausgebildet. Sie wurden unter dem Einfluss des zaristischen Regimes und später im westlichen, polnisch besetzten Teil des heutigen Belarus vom Pilsudski-Regime unterdrückt. In
der Sowjetrepublik Belarus wurden Gewerkschaften im „demokratischen
Zentralismus" der Bolschewiki als „Transmissionsriemen" genutzt, d.h.
ihre Partizipationsaufgabe bestand darin, die in top-down-Entschei-
dungen entwickelten Planvorgaben umzusetzen bzw. zu überbieten.

In diesem Umfeld kann von den Arbeitnehmern kaum erwartet werden, dass sie offene Forderungen nach mehr Beteiligungsrechten stellen.
Der in der Produktion der belarussischen Unternehmen noch vorherrschende Typ des Beschäftigten, der als „Homo sovieticus" dazu erzogen
war, zu warten, was von oben angewiesen wurde, zeigt auch keine oder
wenig Bestrebungen selbst Aktivität im Sinne partizipativer Mechanismen zu erzeugen. Interviewfragen[11] zu diesem Gegenstand stießen aber
eher meist auf Unverständnis als auf Ablehnung.

Unter den Bedingungen eines Personalüberhangs Ansätze von direkter Partizipation erkennen oder entwickeln zu wollen, wäre eine Illusion.
Die Arbeitsplatzsicherheit ist das Thema, das alle Energien absorbiert.

---

11   Die Bereitschaft, sich in Interviews offen zu diesem Thema zu äußern, ist gering.
     Die Vorbehalte haben sich verstärkt, nachdem der amerikanische Präsident geäu-
     ßert hat, dass er nunmehr die „orange Revolution" aus der Ukraine auch nach Bela-
     rus und Moldawien tragen wolle.

Schlussbetrachtung

Die *fehlende Tradition* einer im westlichen Sinn freien Gewerkschaftsbewegung ist ein Erklärungsfaktor für den konstatierten Mangel an Par-
tizipationsbestrebungen, -diskussionen und realer Partizipation. Reale
Traditionen einer Gewerkschaft, die sich in der UdSSR als „Transmissionsriemen" von Partei und Regierung profilierten, wurden durch das
Leitbild des „demokratischen Zentralismus" geprägt. Weder im politischen noch im wirtschaftlichen Bereich wurden Ansätze einer demokratischen Entwicklung geduldet. Betriebsgewerkschaftsorganisationen, die
ihren Gewerkschaftszentralen direkt untergeordnet und der kommunistischen Partei als „Transmissionsriemen zu den Massen" nachgeordnet
waren, bildeten die einzigen anerkannten Organe der „Arbeitnehmervertretung", die faktisch ihre Aufgabe eher in der Disziplinierung der Mitglieder als in der Durchsetzung ihrer Forderungen verstanden. Das Mittel
des Arbeitskampfes war dem sowjetischen Arbeitsrecht ebenso fremd
wie freie Tarifverhandlungen. Anders als in den neuen deutschen Bundesländern, wo die Betriebsrätetraditionen der Weimarer Republik den
Transfer westdeutscher Betriebsräte erleichterten, fehlen in Belarus entsprechende institutionelle Traditionen.

Basisbewegungen und -initiativen waren nicht nur auf der politischen
Ebene sondern auch in der Produktion zuhöchst unerwünscht und verboten. Das war sicherlich, wenn wir das heutige auch produktivitätsstei-
gernde Potential von direkten Partizipationsmechanismen sehen, auch
ein Grund für das Produktivitätsrückstände des ehemaligen Ostblocks.

Eine Bewegung zur Partizipation kann sich erst entfalten, wenn das
Grundmuster von Top-Down-Befehlsketten, die von der Staatsspitze bis
an den einzelnen Arbeitsplatz reichen, aufgebrochen wird. Das amtie-
rende autoritäre Präsidialregime neigt aber weit eher dazu, das alte, aus
Sowjetzeiten bekannte System wieder zu stabilisieren. Mit der massiven
Behinderung „oppositioneller" Gewerkschaften, die von westlichen Gewerkschaftsbünden unterstützt wurden, wird dem Erfahrungsaustausch
mit dem Westen ein Riegel vorgeschoben.

Demzufolge fehlen auch Kenntnisse über westliche Partizipationsformen, ihre Vor- und Nachteile. Sowohl einfache Beschäftigte in Unternehmen als auch Gewerkschafter – staatsnahe und oppositionelle –

reagierten auf unsere Fragen nach Partizipation mit Unverständnis. Zum einen hatten sie wirklich unmittelbar andere Probleme: das wirtschaftlichen Überleben der veralteten Unternehmen. Zum anderen stärkt der US-Wunsch, die „orangene Revolution" der Ukraine nach Belarus zu führen, nicht gerade die Offenheit des Gesprächs mit westlichen Interviewpartnern.

Politische Weichenstellungen, die eine enge Union mit Russland anstreben, lassen kaum erwarten, dass EU-Vorstellungen über den sozialen Dialog in Belarus als Orientierungspunkt ernst genommen werden. Der schleppend verlaufende Privatisierungsprozess, der technologische Rückstand und ein vergleichsweise niedriges Engagement ausländischer Investoren zeigen, dass Belarus noch nicht in der Marktwirtschaft angekommen ist.

Wirtschaftliche, technische und demokratische Modernisierung der Unternehmen müssten komplex im Sinne sowohl von Partizipationsmöglichkeiten, als auch einer höheren Konkurrenzfähigkeit der Unternehmen im internationalen Maßstab stattfinden. Der bisher vorhandene übermäßige Schutz veralteter Produktionen und Unternehmen durch eine exzessive Importsteuer und Importverteuerung, hat sowohl ein weitgehendes Ausscheren belarussischer Unternehmen aus der internationalen Arbeitsteilung bewirkt als auch das Zurückbleiben hinter der internationalen Konkurrenz verursacht. Vorwiegend stehen andere politische und wirtschaftliche Probleme zur Zeit im Vordergrund, d.h. die schrittweise Erneuerung der verschlissenen Produktionsbasis und die Bewältigung der Probleme einer starken Überbeschäftigung. Partizipation könnte, wenn solche Mechanismen eingeführt und sich eine entsprechende Bewegung entfalten würde, in diesem Prozess durchaus positiv steuernd mitwirken und auch das Entstehen überproportionaler Arbeitslosigkeit mit bekämpfen helfen.

Die politische und eine gewisse wirtschaftliche Isolation von Belarus und der belarussischen Unternehmen, hat dazu geführt, dass eben Entwicklungen in anderen Ländern oder in internationalen Unternehmen, wie z.B. das Entstehen und Wirken europäischer Betriebsräte, unbekannt sind. Die mit der neuen EU-Außengrenze mögliche verstärkte Integration belarussischer Unternehmen in die europäische und internationale Arbeitsteilung kann den Erfahrungsaustausch auf dem Gebiet der Parti-

zipation befördern, indem Belarus näher an Europa heranrückt und entsprechende Ideen und Mechanismen in Belarus zu greifen beginnen.
(Text abgeschlossen im Januar 2007)

Bibliografie

ALTMANN, N. et al. (1992): *New Impacts on Industrial Relations,* Monographien aus dem Deutschen Institut für Japanstudien der Philipp-
Franz-von-Siebold-Stiftung, Band 3. Iudicium-Verlag, München.

AUTORENKOLLEKTIV (6) (1996): *RynotschnajaTransformazija v Vos-
totschnoi Evrope: Modeli i Realnost.* Verlag Informat, Moskau.

CHANARON, J.-J. (1996): „Die Umstrukturierung der Beziehungen zwischen Produktion und Distribution: Das neue Partnerschaftskonzept
in der französischen Automobilindustrie", in: KISSLER, L.: *Toyotismus in Europa – Schlanke Produktion und Gruppenarbeit in der
deutschen und französischen Automobilindustrie.* Campus Verlag,
Frankfurt/New York; 143-162.

DA COSTA, I. (1996): „Das japanische Produktionsmodell – eine Herausforderung für die französischen Gewerkschaften", in: KISSLER, L.:
*Toyotismus in Europa – Schlanke Produktion und Gruppenarbeit in
der deutschen und französischen Automobilindustrie.* Campus Verlag,
Frankfurt/New York:81-108.

DEPPE, F. (1996): „Imitation des japanischen Modells oder spezifische
Wege: Was kommt nach dem Toyotismus?", in: KISSLER, L.: *Toyotismus in Europa – Schlanke Produktion und Gruppenarbeit in der
deutschen und französischen Automobilindustrie.* Campus Verlag,
Frankfurt/New York; 281-289.

FREYSSENET, M. (1996): „Gruppenarbeit in Frankreich – der Fall Renault", in: KISSLER, L.: *Toyotismus in Europa – Schlanke Produktion
und Gruppenarbeit in der deutschen und französischen Automobilindustrie.* Campus Verlag, Frankfurt/New York 1996; 231-252.

FRITZE, L. / KREISSIG, V. / SCHREIBER, E. (Hg.) (1993): „Privatisierung
und Partizipation - ein Ost-West-Vergleich", Materialien der gleich-
namigen Konferenz, Eibenstock 1992, Arbeitspapier 1993-4 aus dem
Arbeitskreis SAMF, Gelsenkirchen.

GALGÓCZI, B. / KREISSIG, V. / PERETIATKOWICZ, A.(1995): *Privatisation – Enterprises Participation/Case studies in Eastern and Central Europe*. Rainer Hampp Verlag, München und Mering

HAIE, J. P. / HEBRAND, J. (1996): „Die direkte Partizipation als Element zur Modernisierung der Produktion: das Beispiel des Produktionszentrums Mulhouse, Automobiles Peugeot", in: KISSLER, L.: *Toyotismus in Europa – Schlanke Produktion und Gruppenarbeit in der deutschen und französischen Automobilindustrie*. Campus Verlag, Frankfurt/New York S; 217-228.

HEIDENREICH, M. (Hg) (1992): *Krisen, Kader, Kombinate - Kontinuität und Wandel in ostdeutschen Betriebe*. Sigma-Verlag, Berlin

JANSEN, P. / SEUL, O. (2005): „Law and Practice of Employee Participation in Corporations and Companies of Enlarged European Union", in: Law and Justice, Special Issue Riga; 2-8.

KISSLER, L. (1996): *Toyotismus in Europa – Schlanke Produktion und Gruppenarbeit in der deutschen und französischen Automobilindustrie*. Campus Verlag, Frankfurt/New York.

KREISSIG, V (1992): „Les mutations de la Saxe. L'exemple de la region de Chemnitz. Atouts et difficultes", in: Allemagne d'Aujourd'hui 121, juillet – septembre.

KREISSIG, V. (1992): „The German Unification Process and the Organization of Co-Determination Structures in East Germany", in: *New Impacts on Industrial Relations*, Monographien aus dem Deutschen Institut für Japanstudien der Philipp-Franz-von-Siebold-Stiftung. Band 3, Iudicium-Verlag, München; 198-228.

KREISSIG, V. (1996): *Kombinate – Privatisierung – Konzerne – Netzwerke / Ostdeutsche Automobil- und Zulieferindustrie und industrielle Beziehungen im Transformationsprozeß*. Rainer Hampp Verlag, München und Mering.

KREISSIG, V. (1996): „Modernisierung oder Demokratisierung der Betriebe – die direkte Partizipation als Machtproblem", in: KISSLER, L.: *Toyotismus in Europa – Schlanke Produktion und Gruppenarbeit in der deutschen und französischen Automobilindustrie*. Campus Verlag, Frankfurt/New York; 183-216.

KREISSIG, V. (1998): *Das System der Europäischen Betriebsräte – ein Beitrag zur Stärkung des sozialen Dialogs auf der europäischen Ebe-*

ne und seine Wirkungen in den neuen Bundesländern sowie in Mittel- und Osteuropa. Rainer Hampp Verlag, München und Mering.

KREISSIG, V. (1998): „Die Implementierung des (west-)deutschen Systems industrieller Beziehungen als Element des wirtschaftlichen und sozialen Transformationsprozesses in den neuen Bundesländern", in: LANG, R. (Hg.): *Führungskräfte im osteuropäischen Transformationsprozess – III. Chemnitzer Ostforum 5.-7. März 1997.* Rainer Hampp Verlag, München und Mering; 327-354.

KREISSIG, V. (1998): „Employee Participation and New Forms of Management in East Germany and Russia, Paper presented to the XIV. World Congress of Sociology, Summary", in: Sociological Abstracts suppl. from July/August 1998; 195.

KREISSIG, V. (2001): „Economic and social transformation in East Germany – 10 Years after unification and the dissolution of the former eastern bloc – results and comparison with Russian situation (1)", in: Keiza Riron (The Wakayama Economic Review) No. 299 January 2001; 107-136.

KREISSIG, V. (2001): „Economic and social transformation in East Germany – 10 Years after unification and the dissolution of the former eastern bloc – results and comparison with Russian situation (2)", in: Keiza Riron (The Wakayama Economic Review) No. 300 March 2001; 143-159.

KREISSIG, V. (2002): „Participation in privatisation – exclusion or need? – comparison of practices in Germany, Russia and Bulgaria", Paper presented to the XV. World Congress of Sociology, Brisbane/ Australia July 7-13, Summary, in: Programme/Abstracts; 142.

KREISSIG, V. (2003): „Participation in the organisation of production - Democratisation the Work Process?", in: SÜNKER, H. / FARNEN, R. / SZELL, G.: *Political Socialisation, Participation and Education.* Peter Lang, Frankfurt/ M.; 43-66.

KREISSIG, V. (2005): „Rahmenbedingungen für das Human Ressourcen Management im Transformationsprozess – Konvergenz oder Divergenz? – ein Vergleich zwischen den neuen Bundesländern, Russland, Bulgarien und Belarus (Weißrussland)", in: *The End of Transformation – V. Chemnitzer Ostforum.* Rainer Hampp Verlag, München und Mering; 341-362.

KREISSIG, V. / BLAGOV, J. E. (2001): „Businessethik in Russland – Konvergenz oder Divergenz mit Ostdeutschland und den anderen Ländern Zentral- und Osteuropas?", in: LANG, R.: *Wirtschaftsethik in Mittel- und Osteuropa, IV. Chemnitzer Ostforum.* Rainer Hampp Verlag, München und Mering; 109-131.

KREISSIG, V. / ERMISCHER, I. (1995): *Ökonomische Transformation und Arbeitsbeziehungen – die Rolle des sozialen Dialogs in den neuen Bundesländern.* Eigenverlag, Chemnitz.

KREISSIG, V. / LANG, R. (2000): „New Forms of Management, Privatisation and Participation", in: Materials of the International Conference at State University St. Petersburg, University Publishers St. Petersburg

KREISSIG, V. / LUNGWITZ, R. (1994): „Privatisation in East Germany and the Chance of Workers' Participation: A Problems Approach", in: CLARKE, TH.: *International Privatisation.* Walter de Gruyter, Berlin/New York; 234-244.

KREISSIG, V. / PREUSCHE, E. (1992): „Mitbestimmung in den neuen Bundesländern auf der betrieblichen Ebene - Entwicklung, Probleme und Tendenzen", in: WSI-Mitteilungen Heft 9/1992; 616-619.

KREISSIG, V. / PREUSCHE, E. (1994): „Industrial Relations at Enterprise Level in the Process of Transformation of Planned Economy into Market Economy in East Germany", in: Transformation of European Industrial Relations – Consequences of Integration and Disintegration. IIRA 4th European Regional Congress Helsinki, Finland 24-26 August 1994, Abstracts Nr. 6, S.72.

KREISSIG, V. / PREUSCHE, E. (1997): „Limits and possibilities of participation of employees in industrial enterprises in East Germany", in: MARKEY, R. / MONAT, J.: *Innovation and employee participation through works councils.* Avebury, Aldershot, Brookfield USA, Hong Kong, Singapore, Sydney; 190-209.

KREISSIG, V. / RICHTER, F. (1994): „Social dialogue in the East German automobile industry. The role of Volkswagen A.G in Saxony", Vortrag auf dem Internationalen Kolloquium der DG V der Europäischen Union, in: Industrial Change and Social Change in the Automobil Industry: Role of the social dialogue and industrial relations in the process of adaptation. Assago, Mailand; 7-29.

KREISSIG, V. / SCHREIBER, E. (1992): „Zur Entwicklung von Betriebsräten und ihrer Position zu Arbeitsförderungsgesellschaften in Ostdeutschland", in: Soziologentag Leipzig 1991. Akademie Verlag,
Berlin; 1043-1051.

KREISSIG, V. / SCHREIBER, E. (1992): „Participation and Technological
Alternatives in Germany: The Dilemma of Scientific Prediction and
Co-Management in the Past and Present", in: SZELL, G. (Ed.), *Labour
Relations in Transition in Eastern Europe*. Walter de Gruyter, Ber-
lin/New York.

KREISSIG, V. / SCHREIBER, E. (1993): „Entwicklungsperspektiven von
Arbeit: Automobilbranche in den neuen Bundesländern – in der Ab-
wärtsspirale oder im Aufstieg wie Phönix aus der Asche?", in: Son-
derforschungsbereich 333 der Universität München, Mitteilungen 6,
München; 79-96.

KREISSIG, V. / SCHREIBER, E. (1994): „Die Systemtransformation in
Ostdeutschland sowie in anderen mittel- und osteuropäischen Re-
formstaaten – zurückgenommene Industrialisierung versus technologische Modernisierung", in: BIESZCZ-KAISER, A. / LUNGWITZ, R.-E.
/ PREUSCHE, E. (Hg.): *Transformation, Privatisierung, Akteure*. Rainer Hampp, München und Mehring; 20-43.

KREISSIG, V. / SCHREIBER, E. (1994): „First Outcomes of the German-
German Unification Process – Chances, Risks and Requirements for
Employees' Economic and Social Participation in the Process of Eu-
ropean Unification", in: NICOLAOU-SMOKOVITII, L. / SZELL, G. (Eds)
(1994): *Participation, Organizational Effectiveness and Quality of
Work Life in the Year 2000*. Peter Lang, Frankfurt/M.; 241-248.

KREISSIG, V. / SCHREIBER, E. (1994): „The Transition to Market Economy in East Germany: The Chances of Participation in Industrial
Restructuring: Social Justice", in: Market Economy and Social Justice, Report No. 13 of the Institute of Social Sciences of the Chuo University, Tokyo; 107-118.

KREISSIG, V. / SCHREIBER, E. (1995): „System Transformation in East
Germany and the Reform Countries of Central and Eastern Europe:
De-industrialisation versus modernisation in technology", in: *Re-
search in Social Movement, Conflict and Change, Vol. 18*, JAI Press,
Greenwich, Connecticut/London; 37-58.

КРАЙЗИГ,Ф. / СМИРНОВА, Н.П. (1998): Система европейских советов предприятий – вклад в укрепление социалбного диалога на европейском уровне и его влияние на политику ив новых восточных землях Германии, в странах Восточной и Средней Европы, Издателъство Петрополис Санкт-Петерург.

КРАЙЗИГ, Ф. (1999): „Demokratija v proisvodstve – nemetzkaja model i jee ispolsovanije v prozesse transformazii v novych sojusnych semljach", in: Problemy demokratisazii v Rossii: sostojanije i perspektivy - materialy nautschno-praktitscheskogo seminara 21-22. Maja 1998, Verlag Petropolis St. Petersburg; 64-71.

LINHARD, D. (1996): „Ein japanisches Modell à la française oder ein französisches Modell à la ,japonaise'?", in: KISSLER, L.: *Toyotismus in Europa – Schlanke Produktion und Gruppenarbeit in der deutschen und französischen Automobilindustrie.* Campus Verlag, Frankfurt/New York; 265-280.

MARKEY, R. / MONAT, J. (Eds) (1996): *Innovation and employee participation through works council.* Avebury, Aldershot, Brookfield USA, Hong Kong, Singapore, Sydney.

NICOLAOU-SMOKOVITII, L. / SZELL, G. (Eds) (1994): *Participation, Organizational Effectiveness and Quality of Work Life in the Year 2000.* Peter Lang, Frankfurt/M.

SEUL, O. (1988): *Das Arbeitermitspracherecht und andere neue Arbeitnehmerrechte in Frankreich aus der Sicht der französischen Gewerkschaften. Theoretische Vorstellungen und Reformpraxis (1982-1985).* Diss.druck Universität Oldenburg.

SEUL, Otmar (éd.) (1994): *Participation par délégation et participation directe des salariés dans l'entreprise. Aspects juridiques et socio-économique de la modernisation des relations industrielles en Allemagne, en France et dans d'autres pays de l'Union européenne.* Ed. Chlorofeuilles, Nanterre.

SPRINGER, R. (1996): „Neue Formen der Arbeitsorganisation, Ursachen, Ziele und aktueller Stand in der Mercedes Benz AG", in: KISSLER, L.: *Toyotismus in Europa – Schlanke Produktion und Gruppenarbeit in der deutschen und französischen Automobilindustrie.* Campus Verlag, Frankfurt/New York; 61-80

SÜNKER, H. / FARNEN, R. / SZELL, G. (2003): *Political Socialisation, Participation and Education.* Peter Lang, Frankfurt/M.

SZELL, G. (2003): „Workplace, Democracy and Alienation – a Modern Drama until now in three Acts with a Prologue", in: SÜNKER, H. / FARNEN, R. / SZELL, G. (eds.): *Political Socialisation, Participation and Education.* Peter Lang, Frankfurt/M.; 33-42.

SZELL, G. (Ed.) (1992): *Labour Relations in Transition in Eastern Europe.* Walter de Gruyter, Berlin/New York.

Quatrième partie

Conclusion

Schlussfolgerungen

Droits d'information et de consultation dans l'entreprise:
La diversité harmonisée dans l'UE

Peter JANSEN, Otmar SEUL

En nous fondant sur la directive européenne relative aux droits d'information et de consultation des salariés (directive 2002/14/CE), nous voulons mettre en relief les impulsions données par les directives concernant l'harmonisation du droit du travail dans les Etats membres de l'UE.

Les pays qui souhaitent entrer dans l'UE s'engagent, dans le cadre des négociations portant sur leur adhésion, à transposer les acquis communautaires dans leur droit national[1]. Le respect des directives qui garantissent le dialogue social dans le domaine des relations professionnelles en fait partie. Au niveau de l'entreprise, il existe dans l'UE deux modèles de base institutionnalisés de représentation des intérêts des salariés. Le rôle des syndicats et des représentants élus y est réglementé de façon très différente. Dans les systèmes de représentation monistes, les syndicats conservent leur monopole, tandis que, dans les systèmes dualistes, syndicats et représentants élus des salariés se répartissent les fonctions. Ces deux modèles, tout comme toutes leurs variantes et formes mixtes, sont compatibles avec la directive 2002/14/CE.

La *policy diversity* (diversité des politiques mises en œuvre) trouve son expression la plus visible dans la *multiplicité des principes institutionnels* visant à garantir la représentation des salariés. *Shared european concerns* suivent l'idée que tous les systèmes pratiqués sont compatibles avec le modèle du *dialogue social* dans l'entreprise.

La directive résume la situation actuelle quant au respect, par les nouveaux Etats membres, des principes généraux reconnus en Europe

---

[1]   Carley (2002) dresse un tableau comparatif des relations industrielles dans les anciens Etats membres de IUE et dans les «pays candidats».

des Quinze. Il ne peut s'agir pour eux de copier le mieux possible les institutions de l'un ou l'autre des Etats membres, d'autant plus qu'il est manifeste que les systèmes de représentation en Europe des Quinze sont en crise – plus ou moins grave. Lors de la transposition de la directive communautaire de 2002 sur les *droits d'information et de consultation*, les nouveaux Etats membres s'intéressent en premier lieu au développement d'une forme de représentation des salariés au niveau de l'entreprise adaptée à leur contexte national, tout en étant compatible avec la réglementation européenne. Après l'élargissement de l'UE entamé en 2004, nous pouvons aujourd'hui évaluer la façon dont cinq Etats autrefois socialistes (Pologne, Slovénie, Slovaquie, République tchèque et Hongrie) et trois anciennes républiques soviétiques (Estonie, Lettonie, Lituanie) ont utilisé la latitude que leur offrait la directive en question. A l'occasion d'un bilan intermédiaire, nous étudierons trois problématiques:

1. Quelle marge de manœuvre la directive laisse-t-elle?
2. Quelles institutions de représentation des salariés dans l'entreprise sont garanties par les réformes de droit du travail dans les pays d'Europe centrale et orientale (PECO)?
3. Aboutit-on à une «européanisation» des relations professionnelles dans le cadre de l'élargissement?

Les droits d'information et de consultation dans l'UE: la directive 2002/14/CE

En exigeant une procédure d'information et de consultation «appropriée», l'UE transpose un principe qui était déjà contenu dans la *Charte des droits sociaux fondamentaux* de 1989. Sous l'effet d'innovations technico-organisationnelles et d'une multiplication de fusions d'entreprises, qui ont engendré pertes d'emploi et insécurités au plan social, des «droits d'information et de consultation» étendus ont été exigés au profit des salariés. Ces droits permettent une participation des salariés aux processus décisionnels. Selon cette définition la participation est un instrument de représentation des intérêts des salariés; ainsi, elle ne doit pas être confondue avec les principes d'une participation managériale (Greifenstein et al. 1993), laquelle est proposée par les directions d'entreprise pour promouvoir la productivité et la qualité (Seul 1995)[2].

L'analyse de chacune des directives (de celle sur le Comité d'entreprise européen de 1994 à celle relative au statut de la Société européenne de 2001) montre pourquoi la Commission a renforcé les efforts visant à fixer un cadre juridique commun pour l'«information» et la «consultation» depuis 1995. Des dispositions ayant un caractère obligatoire doivent être introduites (KOM1) et être applicables dans les grandes entreprises comme dans les petites et moyennes entreprises.

La directive sur l'information et la consultation des travailleurs est applicable dans les établissements comportant au moins vingt salariés ou dans les entreprises employant au moins cinquante salariés[3]. Ainsi, environ 50% des salariés de l'UE sont potentiellement concernés – c'est donc bien plus que le nombre de ceux relevant de la directive sur les Comités d'entreprise européens. Or, c'est justement dans les nouveaux pays membres, dans lesquels une myriade de grandes entreprises a été démantelée, qu'il est important de consacrer les principes de la participation des salariés dans les très nombreuses petites et moyennes entreprises. Par ailleurs, les représentations des intérêts des salariés dans les grandes entreprises constituent le fondement sur lequel repose la superstructure des comités d'entreprise européens.

Les droits d'information et de consultation sont conçus comme des éléments du «dialogue social» *interne à l'entreprise*. Ce dialogue est mené entre représentants des salariés et employeurs. Ces derniers sont tenus à une *coopération*: cela signifie qu'ils doivent s'engager à prendre en compte aussi bien les intérêts de l'entreprise ou de l'établissement que ceux des travailleurs (Directive 2002/14/CE, article 1, alinéa 2). D'après des observateurs allemands, la notion de *coopération* laisse penser que la

---

2   Otmar Seul (1995) nous en donne un aperçu.
3   Voir les définitions données par la Commission européenne: «*Entreprise*: toute entreprise publique ou privée exerçant une activité économique [...] située sur le territoire des Etats membres. *Etablissement*: unité d'exploitation définie conformément à la législation et aux pratiques nationales, et située sur le territoire d'un Etat membre, dans laquelle est exercée de façon non transitoire une activité économique avec des moyens humains et des biens.» (Directive 2002/14/CE Article 2 Définitions, cf. KOM 2001).

Directive préconise l'introduction de «Conseils d'établissement» *(Be-triebsräte)* (dominés par le principe du consensualisme) et non la garantie d'organisations syndicales d'entreprise (basées sur une approche conflictuelle). Mais, en réalité, une telle obligation n'aurait jamais été acceptée par le Royaume-Uni, où la loi n'impose pas de représentation des salariés. Donc, seul un texte ne prévoyant ni l'instauration d'une représentation des salariés, ni des procédures garantissant la mise en place de telles institutions (loi, convention ou droit coutumier) était susceptible d'être accepté.

La Directive ne contient pas de référence explicite à des syndicats d'entreprise, ni à des représentants élus (comme les *Betriebsräte* en Allemagne). Elle prévoit seulement que des *représentants* des salariés doivent disposer de droits d'information et de consultation. La notion de *représentants des salariés* est définie dans l'article 2 e). On entend par là les représentants des salariés prévus par la législation et/ou les pratiques[4] des Etats membres. Cette définition large des représentants des salariés couvre aussi bien les représentants élus (*works council, Betriebsrat*, Comités d'entreprise...) que les organisations syndicales d'entreprise (comme les *shop stewards* britanniques ou les sections syndicales françaises). La Directive laisse expressément la liberté à chacun des Etats membres de désigner les institutions qui prennent en charge les droits d'information et de consultation au niveau national (article 4 (1)). Cela peut résulter de lois ou de conventions conclues entre les *partenaires sociaux,* lesquels peuvent définir librement et à tout moment, par voie d'accord négociée, les modalités d'information et de consultation des travailleurs (article 5).

Conclusion: Des formules neutres et des dispositions de transposition flexibles sont inévitables, si l'on ne veut pas que certaines pratiques des

---

4   Le consensus minimal formulé dans la directive prend en compte non seulement la multiplicité des institutions, mais aussi la diversité des sources de droit qui garantissent les droits d'information et de consultation. Les lois et le droit des conventions collectives ainsi que le droit coutumier sont reconnus comme équivalents des règles d'Europe continentale reposant sur le droit romain. Le respect du droit coutumier est nécessaire dans l'UE si l'on veut que soient reconnues les règles applicables au Royaume-Uni, lesquelles reposent bien souvent sur le droit coutumier (cf. Bercusson/Mückenberger/Supiot 1992).

anciens Etats membres soient déclarées par la suite «illégales» (avec le problème de la rétroactivité que cela poserait). La Directive «légalise» en quelque sorte le large éventail des formes de représentation déjà en vigueur dans les anciens Etats membres, qui va de la *cogestion* à l'allemande au système britannique des *shop stewards,* consacré par la pratique coutumière.

La Directive ne prescrit ni la forme que doit prendre la représentation des salariés (syndicale ou élue), ni la procédure (légale ou conventionnelle) qui doit en garantir les droits. Elle oblige seulement les Etats membres à assurer aux salariés des droits d'information et de consultation. Cette garantie ne signifie pas que les règles nationales obligent tous les établissements comptant au moins vingt salariés ou, le cas échéant, toutes les entreprises ayant au moins cinquante salariés à mettre en place des institutions de représentation des salariés. Toutefois, les règles des Etats nationaux doivent accorder aux salariés le droit de constituer de telles institutions. Finalement, c'est la pratique qui décide si les salariés veulent ou peuvent mettre à profit la *possibilité* qui leur est accordée par le droit de créer des institutions représentatives de leurs intérêts.

Conceptions de la représentation des salariés d'entreprise au sein de l'UE

L'histoire de l'industrialisation fait apparaître les syndicats comme organes collectifs de représentation des intérêts des salariés. Dans les *systèmes monistes* (comme, par exemple, au Royaume-Uni), les syndicats ont conservé jusqu'à aujourd'hui leur monopole de représentation: les syndicats sont, au niveau de l'entreprise et de la branche professionnelle, les seules institutions légitimées pour défendre les intérêts des salariés.

Après la Première et la Seconde Guerres mondiales, des divergences politiques au sein du mouvement ouvrier ont conduit à l'apparition de systèmes *dualistes.* Ceux-ci se caractérisent par une coexistence durable qui repose sur une répartition des rôles entre syndicats et représentants élus des salariés. Les représentants élus, garantis le plus souvent par la loi, ne sont pas *de jure* des organes émanant des syndicats; ils existent

parallèlement à ces derniers. Selon leur appartenance politique, ce fonctionnement parallèle est ressenti par les syndicats, soit comme une concurrence, soit comme un relais qui vient compléter le travail syndical
dans l'entreprise[5]. Là où les élus sont considérés comme force d'appui
des syndicats, ils constituent le seul organe de représentation dans
l'entreprise réglementé par la loi (comme les *Betriebsräte* en Allemagne). Là où les élus sont perçus comme étant en concurrence avec les
syndicats, il existe deux cas de figure: soit les représentants élus et les
organisations syndicales sont également reconnus au sein de l'entreprise
(la France, avec, d'une part, les Comités d'entreprise et les Délégués du
personnel et, d'autre part, les Sections syndicales, en est un exemple);
soit la représentation est l'affaire exclusive des syndicats et seule la représentation syndicale est reconnue (c'est le cas au Royaume-Uni et dans
la plupart des nouveaux Etats membres). Dans ces deux modèles du système dualiste, les syndicats tentent d'imposer leurs candidats lors des
élections d'entreprise, afin de pouvoir contrôler le travail des organes
élus de représentation (= transmission et adaptation aux structures dualistes des principes du monopole syndical de représentation).

Une analyse plus poussée des systèmes *dualiste* et *moniste* met en relief des différences quant à la composition, à la légitimation des représentants présents dans les organes (vote, désignation par les syndicats ou
par la direction d'entreprise) et à leur fondement juridique (loi ou contrat
collectif).

– La caractéristique spécifique de la *variante allemande* du *dualisme
   inter-entreprise* réside dans la répartition durable des tâches: au sein
   de l'entreprise, ce sont les représentants élus (qui doivent s'engager à
   trouver un *consensus* avec les dirigeants de l'entreprise) qui sont
   compétents pour la discussion sur les conditions de travail et de rémunération en interne; en dehors de l'entreprise, la politique contractuelle relève de la compétence des syndicats revendicatifs. Un système dualiste au sens allemand, dans lequel les *élus* ont, de fait, un
   monopole de représentation au sein de l'entreprise, existe dans six

---

5   Cela ressort d'une analyse de l'OIT qui étudie la situation de départ des candidats à
     l'entrée dans l'UE – Cf. Toth/Ghellab.

pays de l'ancienne Europe des Quinze (Allemagne, Autriche, Belgique, Pays-Bas, Luxembourg et Grèce).

– Dans la *variante française* du «dualisme *interne* à l'entreprise», il existe dans les entreprises et les établissements des organes mixtes[6] et des sections syndicales d'entreprise qui disposent de tous les droits syndicaux (notamment en matière de négociations collectives et de grève). Cette variante existe dans trois autres pays (Espagne, Finlande, Portugal).

– Dans la *variante britannique*, ce n'est ni la loi, ni un contrat collectif qui garantit la représentation. Elle s'effectue par le biais de mandats confiés à des élus dans le cadre d'une consultation générale à l'intérieur de l'entreprise. Les seuls représentants reconnus des salariés sont ceux émanant des syndicats *(shop stewards)*[7]. Cinq Etats membres peuvent être rangés dans cette catégorie (Royaume-Uni, Danemark, Irlande, Italie et Suède).

Seules des représentations «à l'allemande» peuvent obtenir un mandat de négociation face à la direction de l'entreprise ou de l'établissement (par exemple en vue de la conclusion de conventions ou accords collectifs). En revanche, dans le système «à la française» où la structure du *comité d'entreprise* est bipartite (employeur, salariés), les représentants élus disposent seulement de droits d'information et de consultation. Puisque le partenaire contractuel siège et vote au niveau de cet organe consultatif, le modèle de représentation «à la française» ne permet pas *de jure* de conclure de convention collective ou d'accord d'entreprise avec la direction de l'entreprise ou celle de l'établissement.

---

6   En France, il existe parallèlement à cet organe à composition mixte les *délégués du personnel*, institution exclusivement composée de représentants élus des salariés qui est avant tout compétente pour la défense des salariés en matière de droit du travail.

7   La reconnaissance d'un syndicat n'est pas imposée par la loi, elle est le fait de chaque employeur.

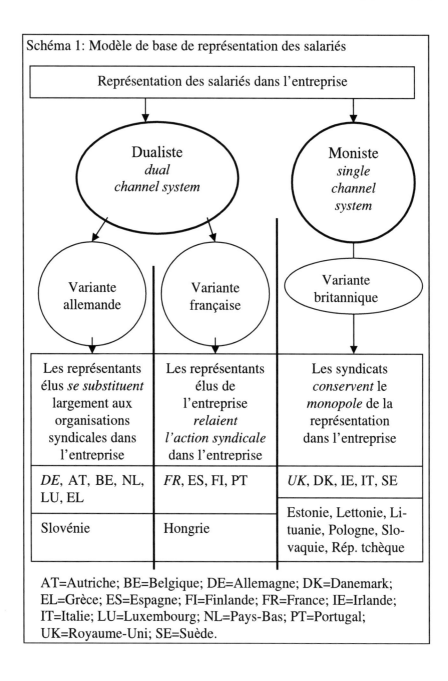

Schéma 1: Modèle de base de représentation des salariés

Représentation des salariés dans l'entreprise

Dualiste *dual channel system*

Moniste *single channel system*

Variante allemande

Variante française

Variante britannique

Les représentants élus *se substituent* largement aux organisations syndicales dans l'entreprise

Les représentants élus de l'entreprise *relaient l'action syndicale* dans l'entreprise

Les syndicats *conservent* le *monopole* de la représentation dans l'entreprise

DE, AT, BE, NL, LU, EL

FR, ES, FI, PT

UK, DK, IE, IT, SE

Slovénie

Hongrie

Estonie, Lettonie, Lituanie, Pologne, Slovaquie, Rép. tchèque

AT=Autriche; BE=Belgique; DE=Allemagne; DK=Danemark; EL=Grèce; ES=Espagne; FI=Finlande; FR=France; IE=Irlande; IT=Italie; LU=Luxembourg; NL=Pays-Bas; PT=Portugal; UK=Royaume-Uni; SE=Suède.

La représentation des salariés dans les nouveaux Etats membres de l'Union européenne

Au sein de l'Europe des Quinze, le système de représentation est *dualiste* dans dix pays. Cette prédominance avait – notamment en Allemagne – suscité l'espoir que ce modèle pourrait être facilement «exporté» dans les nouveaux Etats membres.

Mais seuls deux nouveaux Etats membres (Slovénie et Hongrie) ont eu recours à ce «modèle» dans leurs réformes du droit du travail. A l'inverse, six des huit PECO (Estonie, Lettonie, Lituanie, Pologne, Slovaquie, République tchèque) suivent le système moniste. Les syndicats ont pu assurer juridiquement leur monopole de représentation dans le cadre d'une loi. Des concessions (Lituanie, Slovaquie, République tchèque) ne sont faites que pour une période transitoire: tant que les syndicats ne parviennent pas à constituer d'organisations dans l'entreprise, le législateur prévoit comme alternative la mise en place dans l'entreprise d'organes élus (modèle dit «tchèque»). Ceux-ci doivent être dissous dès que l'entreprise dispose d'organisations syndicales. Les dispositions légales des nouveaux Etats membres respectent les conventions de l'OIT et les préoccupations européennes en matière de politique sociale *(«they share European social concerns»)*.

Les directives communautaires, qui fixent les principes du *dialogue social*, ont été transposées dans les législations nationales en s'inspirant le plus souvent du modèle moniste. Comment expliquer le fait que le monopole syndical ait été très largement maintenu?

La liberté de coalition, récemment acquise, conduit, dans les PECO, à la création de nouveaux syndicats qui sont en concurrence avec les confédérations syndicales issues des régimes communistes sous une forme «réformée». Dans le pluralisme syndical qui s'installe (cf. European Commission 2004 et 2006), les organisations syndicales autrefois communistes sont en général les plus puissantes. Les syndicats, qui luttent pour leur survie, voient dans les organes élus au sein de l'entreprise une concurrence et un affaiblissement de leur droit de représentativité. C'est la raison pour laquelle ils s'opposent à la mise en place de systèmes dualistes.

Tableau 1: Types de représentation (syndicats, élus) dans les PECO						
Pays	Confédérations syndicales	Type	Taux de syndicalisation	Couverture CC nationales	Représentants des salariés	Elus ou désignés par
Estonie (EE)	3	Pluralisme syndical	15%	20%	Syndicats	adhérents
Lettonie (LV)	1	Unité syndicale	20%	23%	Syndicat	adhérents
Lituanie (LT)	3	Pluralisme syndical	15%	12%	Syndicats ou Conseil d'établissement	adhérents ou ensemble du personnel
Pologne (PL)	4 + 180 syndicats autonomes	Pluralisme syndical	15%	30%	Syndicats	adhérents
Slova-quie (SK)	1 majori-taire + dissidents	Unité syndicale	40%	40%	Syndicat ou Conseil d'établissement	adhérents ou ensemble du personnel
Slovénie (SI)	*5 + syndi-cats auto-nomes*	*Plura-lisme syndical*	*42%*	*90%*	*Conseil d'établisse-ment.*	*ensemble du personnel*
Rép. tchèque (CZ)	1 majori-taire + 2 minoritaires	Unité syndicale	30%	45%	Syndicat ou Conseil d'établisse-ment	adhérents
Hongrie (HU)	6	*Plura-lisme syndical*	*20%*	*35%*	*Syndicats ou Conseil d'établisse-ment*	*adhérents ou ensemble du personnel*
Source: IG-Metall Vorstand (Hg) (2004): *Gewerkschaften und betriebliche Interessenvertretung in den neuen EU-Ländern*, Frankfurt am Main						

L'option moniste s'explique en outre par les faiblesses structurelles inhérentes à la mise en place à peine amorcée des systèmes de relations professionnelles. Dans la mesure où la politique contractuelle classique de négociations de branche n'en est qu'à ses premiers balbutiements faute d'organisations patronales en capacité de négocier, il est important de mettre en place des structures syndicales susceptibles de mener à bien, dans l'entreprise la négociation des conventions collectives. En Slovénie, où le taux de couverture conventionnelle des salariés par des contrats collectifs frôle les 100%, il est moins important de mettre en place une structure syndicale d'entreprise apte à exercer ses fonctions qu'en Lituanie, par exemple, où seuls 12% des salariés travaillent selon des conditions réglementées par des conventions collectives.

Dans l'ensemble, le taux de couverture par des contrats collectifs se situe entre 20% et 40% dans les nouveaux Etats membres. La politique contractuelle se résume, pour l'essentiel, à des accords d'entreprise conclus par les syndicats d'entreprise implantés dans les négociations de branche. Ce type d'accord est donc d'une importance capitale pour les syndicats dans les pays qui ne sont pas dotés d'un dispositif opérationnel de convention collective par branche.

Conclusions comparatives

Alors qu'avant l'élargissement, seuls cinq des quinze Etats avaient un système de représentation moniste, ceci est le cas désormais dans douze des vingt-cinq Etats (voire quatorze des vingt-sept avec l'entrée de la Bulgarie et de la Roumanie)[8]. Les Etats membres d'Europe centrale et orientale respectent les représentations traditionnelles de leurs fédérations syndicales nationales lors de la transposition de la Directive sur les droits d'information et de consultation. Sous l'égide de la Directive, la «*policy diversity*», donc la diversité des politiques mises en oeuvre augmente. Parler d'«harmonisation» des dispositions juridiques ne revient en fait qu'à faire référence au respect commun des principes et valeurs

---

8   A Malte et à Chypre, la conception des relations professionnelles est semblable à celle du Royaume-Uni.

de l'UE par des législations du travail qui restent éminemment nationales et autonomes.

Entre le droit national des Etats membres et la pratique développée dans les entreprises, il y a un gouffre énorme. L'impact social des dispositions prévu par le droit du travail est souvent déficitaire dans les anciens et dans les nouveaux Etats membres. La question de savoir si le recours à la législation est plus efficace que la pratique des accords collectifs continue de faire débat en Europe.

Les partisans d'une réglementation d'origine législative considèrent que les lois sont plus contraignantes pour les entreprises que les conventions collectives. Cette impression n'est pas étayée par les faits (cf. Carley et al. 2005). Dans la pratique, on remarque que l'impact social des réglementations est d'autant plus fort que la taille de l'entreprise est importante, indépendamment des sources de droit. *A contrario*, cela signifie que le droit de mettre en place des organes de représentation est peu mis à profit par les salariés et/ou les syndicats dans les petites et moyennes entreprises. La législation allemande prévoit la mise en place de «Conseils d'établissement» *(Betriebsräte)* dans des établissements comptant au moins cinq salariés. Or, en 2003, 80% des entreprises privées ne disposaient pas de *Betriebsrat*; un quart environ des entreprises et établissements occupant 101 à 199 salariés n'en étaient pas dotés; 52% des salariés du secteur privé n'étaient pas représentés par un «Conseil d'établissement» (cf. Artus 2005). Les chiffres prouvent que notamment les salariés qui travaillent dans des petites et moyennes entreprises ont des difficultés à mettre en pratique leur droit de *participation* aux processus décisionnels dans l'entreprise. La Directive 2002/14/CE ne comble ce déficit ni dans les nouveaux, ni dans les anciens Etats membres.

Dans le contexte de la comparaison intra-européenne présentée dans notre contribution, il serait souhaitable, à notre avis, de discuter les perspectives d'un ancrage législatif des droits des salariés à l'aide d'une comparaison point par point avec les situations en France et en Allemagne. En l'espèce se pose la question de savoir si le pluralisme syndical est structurellement compatible avec des organes de représentation élus ayant *de jure* un monopole de représentation dans l'entreprise («conseils d'établissement» allemands). Les expériences françaises et les évolutions dans les nouveaux Etats membres indiquent qu'un pluralisme syndical, fonctionnant de façon concomitante avec un droit d'organisation syndicale dans l'entreprise, ne constitue pas une base appropriée pour mettre en place un système dualiste selon le modèle allemand. Les syndicats, qui sont en concurrence dans les entreprises et dans les établissements, tendent en majorité à considérer les *sections syndicales d'entreprise* comme les piliers de la représentation des salariés dans l'entreprise.

– Mais dès que les sections syndicales d'entreprise obtiennent un mandat de négociation pour des accords collectifs d'entreprise, il n'est plus vraiment nécessaire de mettre en place des organes élus de représentation, et encore moins de revendiquer un mandat de négociation à leur profit.
– Là où il existe des sections syndicales d'entreprise, il suffit de limiter les droits des organes élus aux seuls droits d'information et de consultation (cf. les Comités d'entreprise en France). Il n'y a alors rien d'étonnant à ce que des élus des salariés, disposant seulement de droits d'information et de consultation, siègent au sein du même organe avec les représentants de la direction d'entreprise.

Soulignons-le encore une fois: la Directive européenne relative aux droits d'information et de consultation des salariés n'impose ni la création de sections syndicales d'entreprise, ni celle d'organes de représentation élus. En conséquence, toutes les options restent ouvertes à tout autre candidat à l'adhésion à l'Union européenne, à partir du moment où il est acquis que les salariés pourront exiger la mise en place de droits d'information et de consultation dans les entreprises et leurs établissements.

Bibliographie

ARTUS, I. (2005): «Betriebe ohne Betriebsrat: Gelände jenseits des Tarifsystems», in: WSI-Mitteilungen 7/2005; 392-397.
BERCUSSON, B. / MÜCKENBERGER, U. / SUPIOT, A. (1992): *Application du droit du travail et diversité culturelle en Europe, tome I rapport*

comparatif. Association de recherches en Sciences Humaines, Nantes.

CARLEY, M. / BARADEL, A. / WELZ, C. (2005): *Works councils, Workplace representation and participation structures.* European Foundation for the Improvement of Living and Working Conditions Dublin.

CARLEY, M. (2002): *Industrial relations in the EU Member States and candidate countries.* European Foundation for the Improvement of Living and Working, Dublin.

EUROPEAN COMMISSION, DIRECTORATE-GENERAL FOR EMPLOYMENT AND SOCIAL AFFAIRS, UNIT D.1 (2004): *Industrial Relations in Europe 2004.* Luxembourg.

EUROPEAN COMMISSION, DIRECTORATE-GENERAL FOR EMPLOYMENT, SOCIAL AFFAIRS AND EQUAL OPPORTUNITIES, UNIT F.1 (2006): *Industrial Relations in Europe 2006.* Luxembourg.

GREIFENSTEIN, R. / JANSEN, P. / KISSLER, L. (1993): *Gemanagte Partizipation. Qualitätszirkel in der deutschen und der französischen Automobilindustrie.* München und Mering.

IG-METALL VORSTAND (Hg.) (2004): *Gewerkschaften und betriebliche Interessenvertretung in den neuen EU-Ländern.* Frankfurt / Main.

KOM 2001 (296 endgültig): KOMMISSION DER EUROPÄISCHEN GEMEINSCHAFTEN (Brüssel, 23.5.2001): «Geänderter Vorschlag für eine RICHTLINIE DES EUROPÄISCHEN PARLAMENTS UND DES RATES zur Festlegung eines allgemeinen Rahmens für die Information und Anhörung der Arbeitnehmer in der Europäischen Gemeinschaft», in: http://ec.europa.eu/employment_social/labour_law/docs/com2001_29 6_de.pdf.

SEUL, O. (1995): «Arbeitnehmerpartizipation als Element industrieller Modernisierung. Zur Entwicklung der Arbeitsbeziehungen in Deutschland, Frankreich und anderen Ländern der EU», in: BIESZCZ-KAISER, A. / LUNGWITZ, R. / PREUSCH, E.: *Industrielle Beziehungen in Ost und West unter Veränderungsdruck.* München, Mering; 43-66.

TOTH, A. / GHELLAB, Y. (2003): *The Challenge of Representation at the Workplace in EU Accession Countries: Does the Creation of Works Councils offer a Solution alongside Trade Unions?* International Labour Office, Subregional Office for Central and Eastern Europe, Budapest.

Travaux Interdisciplinaires et Plurilingues en Langues Etrangères Appliquées

Travaux Interdisciplinaires et Plurilingues en Langues Etrangères Appliquées (LEA) est une collection née à l'initiative d'enseignants-chercheurs des universités de Grenoble 3 et Paris X-Nanterre. Son objectif est de favoriser la recherche inter-disciplinaire et plurilingue professionnalisée dans les filières de type LEA en France et dans d'autres pays européens et d'être un carrefour d'échanges pour tous ceux qui se reconnaissent dans ses centres d'intérêt.

Une recherche issue du cursus en *Langues Etrangères Appliquées* (LEA) doit s'ouvrir au monde extra-universitaire. C'est pourquoi nous donnerons une place importante aux publications qui sont en rapport avec le monde professionnel, que ce soit au niveau du management interculturel, de l'étude des aspects économiques et juridiques, des échanges internationaux ou de celui des problèmes terminologiques inter-européens. Notre ambition est aussi de compter parmi nos lecteurs des responsables d'entreprises, les faisant profiter de la recherche effectuée par de jeunes chercheurs formés en LEA et au sein de cursus comparables dans d'autres pays européens.

Vol. 7 Nassima Bougherara. *Les rapports franco-allemands à l'épreuve de la question algérienne (1955-1963)*. 2006.
ISBN 3-03911-164-7.

Vol. 8 María Pérez Calzada. *Transitivity in Translating. The Interdependence of Texture and Context. Preface by Ian Mason*. 2007.
ISBN 978-3-03911-190-6 / US-ISBN 978-0-8204-8398-2.

Vol. 9 Paul Vaiss & Klaus Morgenroth (éds). *Les relations internationales au temps de la guerre froide*. 2006.
ISBN 3-03911-201-5.

Vol. 10 Elisabeth Lavault-Olléon (éd.). *Traduction spécialisée: pratiques, théories, formations*. 2007.
ISBN 978-3-03911-218-0.

Vol. 11 Peter Jansen & Otmar Seul (Hrsg./éds). *Das erweiterte Europa: Arbeitnehmerbeteiligung an der Entscheidungsfindung im Unternehmen. L'Europe élargie: la participation des salariés aux décisions dans l'entreprise. Traditionen im Westen, Innovationen im Osten? Traditions à l'Ouest, innovations à l'Est?* 2009.
ISBN 978-3-03911-669-0.